Oskar von Riesemann

Monografien

zur russischen Musik

www.elv-verlag.de

von Riesemann, Oskar

Monografien zur russischen Musik

ISBN: 978-3-86267-488-6

Cover: Ausschnitt aus dem Gemälde von Ilja Repin "Michael Glinka".

Auflage: 1
Erscheinungsjahr: 2012
Erscheinungsort: Bremen, Deutschland

Europäischer Literaturverlag GmbH, Fahrenheitstr. 1, 28359 Bremen (www.elv-verlag.de).

Bei diesem Titel handelt es sich um den Nachdruck eines historischen, lange vergriffenen Buches aus dem Drei Masken Verlag, München 1923. Da elektronische Druckvorlagen für diesen Titel nicht existieren, musste auf alte Vorlagen zurückgegriffen werden. Hieraus zwangsläufig resultierende Qualitätsverluste bitten wir zu entschuldigen.

OSKAR VON RIESEMANN
MONOGRAPHIEN ZUR RUSSISCHEN MUSIK

*

ERSTER BAND

*

Die Musik in Rußland vor Glinka

Michael Iwanowitsch Glinka

Alexander Sergejewitsch Dargomyshski

Alexander Nikolajewitsch Sseroff

1 9 2 3

DREI MASKEN VERLAG MÜNCHEN

Meiner Schwester und treuen Helferin

FRAU TONY VON WENTZER

zugeeignet

INHALT

III. Alexander Sergejewitsch Dargomyshski . 229

VORWORT

Habent sua fata libelli. Auch das Manuskript dieses Buches hat sein Schicksal gehabt. Ein einigermaßen abenteuerliches sogar. Der letzte Federstrich daran wurde wenige Tage vor Ausbruch des Weltkrieges getan. Ein Buch in deutscher Sprache über russische Musik, und Krieg zwischen beiden Ländern! Da war für das Manuskript vorläufig nichts zu hoffen. So wurden denn die beiden vorhandenen Exemplare nach bestem Gutdünken in Moskau in Sicherheit gebracht. Das war im Jahre 1916. Der Sturm der Revolution, der bald darauf über Rußland hinwegbrauste, die zweite bolschewistische Revolution verschonten auch die Orte, an denen die beiden Exemplare des Manuskripts verwahrt waren, nicht: Feuersbrunst, Raub und Plünderung hier wie dort. Mit allem übrigen — so schien es — galt es den Verlust des Manuskriptes zu beklagen, soweit man damals, inmitten der Schrecknisse des Bürgerkrieges, solcher Gefühle überhaupt fähig war.

Als jedoch die Verbindung mit Moskau zu Ende des vorigen Jahres wiederhergestellt war, ergab sich überraschenderweise, daß eines von den Exemplaren des Manuskriptes nicht vernichtet, sondern dank den Bemühungen eines Freundes

„gerettet" worden und schon auf dem Wege aus Moskau nach Berlin war. Das immerhin freudige Wiedersehen wurde durch den Umstand ein wenig getrübt, daß die eigene Arbeit den Verfasser doch mit recht fremden Augen anblickte. Sieben Jahre sind eine lange Zeit. Im Kriege gelten die Jahre noch dazu mit Recht doppelt! Während dieser Frist kann sich die Stellungnahme zu den liebsten Dingen verändern, selbst wenn sie einem stets vor Augen stehen, geschweige denn, wenn man sich schon — mit ihrem Untergange abgefunden hat . . . .

Die vier Kapitel dieses ersten Bandes eines in ziemlich breitem Rahmen angelegten Werkes behandeln keinen aktuellen Stoff. Dennoch ist seine Kenntnis unerläßlich für jeden, der von der russischen Tonkunst und ihrem Entwicklungsgange ein richtiges Bild erhalten will. In Anbetracht des immer stärker werdenden Interesses für die moderne russische Musik, schien es geboten, endlich auch ihre Wurzeln bloßzulegen, die im russischen Volksliede und besonders in der russischen Kirchenmusik zu suchen sind. Diese Frage vertrüge natürlich auch eine ganz andere, rein wissenschaftliche Behandlungsweise, die jedoch in den vorliegenden, durchaus nicht nur für ein Fachpublikum berechneten Schilderungen nicht geboten werden konnte.

In den drei biographisch-kritischen Studien dieses Bandes kommt die Überzeugung zur Geltung, daß das Werk eines Künstlers nur aus seinem Milieu heraus zu verstehen ist. Besonders einem nicht-russischen Publikum gegenüber schien es angebracht, diesem Umstande erhöhte Aufmerksamkeit zuzuwenden. Sollten die Schilderungen für den Geschmack manchen Lesers zu ausführlich geraten sein, so mag die Erwägung als Entschuldigung dienen, daß es schwer ist, sich von einem Gegenstande loszureißen, der einem ans Herz gewachsen ist.

Das liebe alte Rußland, wie war es anziehend in vielen Äußerungen seines — ach so gänzlich unmodernen — Lebens!

Besonders betont sei, daß überall da, wo auf das Rußland „von heute" Bezug genommen wird; natürlich das Rußland der Vorkriegszeit gemeint ist.

Leider wurden mit dem Manuskripte des Buches die dazugehörigen Notizen nicht „gerettet". Infolgedessen bin ich außerstande, genaue Angaben über die benutzten Quellen zu machen. Das Wichtigste sei aus dem Gedächtnisse mitgeteilt.

Für das einleitende Kapitel kamen, außer den historischen Arbeiten von Kljutschewski und Miljukow, folgende Werke in Betracht:

Sabjelin: „Das Leben der russischen Zaren".

Lissowski: „Musikalischer Almanach des 18. Jahrhunderts".

Michnewitsch: „Abriß der Geschichte der Musik in Rußland".

Tscheschichin: „Geschichte der russischen Oper".

Findeisen: „Verstowski". — „Musikalische Altertümer" u. a.

W. Iwanow: „Geschichte der Musik in Rußland".

César Cui: „La Musique en Russie".

Außerdem wurden zahlreiche in den russischen Zeitschriften verstreute Artikel von W. Stassow und A. Sseroff benutzt; für die Geschichte der russischen Kirchenmusik, soweit sie in dieser Studie gestreift werden konnte, waren die hervorragenden Arbeiten von Rasumowski, Fürst Odojewski, Wosnessenski, Smolenski und Metallow maßgebend.

Für die drei biographischen Studien fand sich viel grundlegendes Material in den Arbeiten von

W. Stassow: „M. J. Glinka", „Lebenserinnerungen";
Findeisen: „M. J. Glinka", „A. N. Sseroff";
M. J. Glinka: „Memoiren";
Weimar: „M. J. Glinka";
A. S. Dargomyshski: „Autobiographie";
Arnold: „Erinnerungen";
Slawinski: „Erinnerungen";
Sokolow: „Erinnerungen";
V. J. Sserowa: „Erinnerungen an A. N. Sseroff".

Zu nennen wären auch die kleineren Arbeiten von Baskin, Basunow, Korsuchin u. a. Alle angeführten Werke sind in russischer Sprache verfaßt und in keine andere Sprache übersetzt. Nur das Buch von Cui ist französisch geschrieben.

Mögen diese Monographien dazu beitragen, der russischen Tonkunst und ihren Meistern in Deutschland neue Freunde zuzuführen — jener Kunst, von der man nicht weiß: ist sie das Abendrot einer versinkenden, oder das Morgenrot einer erwachenden Kultur.

Rom, im August 1922.

Dr. O. v. Riesemann

Die Musik in Rußland vor Glinka

Eine allgemeine Geschichte der russischen Musik zu schreiben, ist ein Ding der Unmöglichkeit, und zwar aus dem sehr einfachen Grunde, weil Rußland noch keine Musikgeschichte hat. Das Gebiet, auf das sich die Aufmerksamkeit des Historikers hauptsächlich richtet — die eigentliche Kunstmusik —, ist in Rußland bis zum Beginn des neunzehnten Jahrhunderts unbebaut geblieben. Erst ganz zum Schluß des achtzehnten Jahrhunderts beginnen die musikalischen Kräfte, die so lange latent im Schoße des russischen Volkes und inmitten der vom Hauche westeuropäischer Kultur bereits früher berührten höheren Schichten der russischen Gesellschaft geschlummert hatten, sich zu regen. Vorläufig ist es nur ein kraftloser Dilettantismus, der die ersten Furchen in den jungfräulichen Boden der russischen Musikkultur zieht und sich zunächst zweier Grenzgebiete, des Liedes und der leichten Spieloper, bemächtigt. Aber es ist immerhin ein Anfang. Noch läßt er freilich die immense Tragfähigkeit, die blühende Fruchtbarkeit des russischen musikalischen Erdreichs nicht ahnen.

Eine Eigentümlichkeit der slawischen Nationen überhaupt und besonders der russischen, ist ihre Unselbständigkeit in allen Kulturfragen. Die slawischen Nationen repräsentieren im Kollektivorganismus der kaukasischen Rasse das Prinzip der Passivität. Es bedarf eines Anstoßes, eines von außen herantretenden Beispiels, um ihren überaus regsamen Nachahmungstrieb und, erst als sekundäre Erscheinung, eine dann vielleicht um so tiefer dringende Initiative bei ihnen zu erwecken. Die gesamte Kultur- und Kunstgeschichte Rußlands, von der Epoche der petrinischen Reformen an, illustriert die Richtigkeit dieser Behauptung in nicht zu widerlegender Weise.

Die ganze Geistesgeschichte des westlichen Europas, deren untrüglichsten Index ihre literarischen Erzeugnisse bilden, wiederholt sich, bei getreulicher Einhaltung aller wesentlichen Entwicklungsphasen und selbst unbedeutender Abirrungen von der geraden Linie einer folgerichtigen Evolution, um einige Jahrzehnte später in Rußland.

Es wird die Aufgabe kommender Generationen sein, vielleicht auch auf dem enger begrenzten Spezialgebiete der musikgeschichtlichen Entwicklung Rußlands eine ähnliche Übereinstimmung nachzuweisen. So verlockend und interessant solch eine Aufgabe wäre, so mannigfache Gelegenheit zu Erörterungen allgemeinerer Natur sie bieten würde und so reichliche Ausbeute eine vergleichende Kulturgeschichte der europäischen Völker sich davon versprechen dürfte, so kann man an ihre Lösung vorläufig doch noch nicht denken.

Zur objektiven, historisch exakten Beurteilung von Tatsachen und Ereignissen jeder Art ist eine gewisse Distanz erforderlich, die wir selbst den Anfängen einer Geschichte der Kunstmusik in Rußland gegenüber noch nicht einnehmen. In der Abschätzung künstlerischer Vorgänge der zweiten Hälfte des neunzehnten Jahrhunderts hat die Kritik ihre Rechte noch nicht an die Geschichte abgetreten. Das gilt ebensogut für Deutschland oder Frankreich wie für Rußland. Die Kritik jedoch ist und bleibt immer in bestimmten Voraussetzungen und Begriffen befangen, die die geistige Atmosphäre ihrer Zeit ausmachen. Die Unabhängigkeit der Urteilskraft wird dadurch ebensosehr erschwert, wie die Freiheit des historischen Blickes beengt.

Die Persönlichkeit, die als Markstein die Grenze bezeichnet, von der aus das urbare Gebiet einer musikalischen Kultur in Rußland beginnt, ist Michael Glinka. Das Jahr 1836, genauer der 27. November dieses Jahres, der Tag der Uraufführung der ersten Oper Glinkas „Das Leben für den Zaren", ist der Ausgangspunkt, von dem die Genesis einer Kunstmusik in Rußland eigentlich erst zu datieren ist. Was voranging, kann eine ernsthafte, wissenschaftliche Behand-

4

lungsweise nicht beanspruchen. Daraus ergibt sich nach dem Vorhergehenden die unumstößliche, wenn auch bedauerliche Tatsache, daß nicht nur eine vergleichende, sondern auch eine jede, halbwegs autoritative Geltung beanspruchende pragmatische Geschichtsschreibung der russischen Kunstmusik verfrüht wäre.

Daß in diesen Ausführungen besonderer Nachdruck auf den Ausdruck „Kunstmusik" gelegt wird, hat seinen guten Grund. Durch das Beiwort „weltliche" Kunstmusik kann der damit gemeinte Begriff noch exakter bezeichnet werden. Im Gegensatz dazu gibt es im weiten Reiche der russischen Musik zwei Gebiete, die eine wissenschaftliche Behandlungsweise nicht nur vertragen, sondern geradewegs herausfordern — das russische Volkslied und die russische Kirchenmusik. Davon kann das eine — die Kirchenmusik — natürlich nur unter Geltendmachung der allerstrengsten historischen Gesichtspunkte betrachtet werden, wenn man sich über alle damit zusammenhängenden Fragen von speziellem und allgemeinerem Interesse einen klaren Überblick verschaffen will.

Die Geschichte der russischen Kirchenmusik reicht bis ins 9. Jahrhundert hinein, das heißt eigentlich bis zu der Zeit, als Rußland, während der Regierung des Apostolischen Fürsten Wladimir des Großen, von Byzanz her das Christentum übernahm. Wenigstens berichtet die älteste russische Chronik, daß gleichzeitig mit den byzantinischen Hierarchen auch einige Kirchensänger in Rußland eintrafen, um die neugetaufte slawische Christengemeinde mit dem „engelgleichen" Gesange der alleinseligmachenden byzantinischen Kirche bekannt zu machen. Anfangs vollständig unter dem Einflusse byzantinischer Vorbilder, entwickelte sich die russische Kirchenmusik bald zu einer selbständigen Macht, die sich dem griechischen gottesdienstlichen Gesange ebenbürtig zur Seite stellte. Eine eigene minutiös ausgebildete

5

Zeichenschrift diente zur Fixierung des russischen Kirchengesanges auf dem Pergament. Die ältesten musikalischen Schriftdenkmäler der russischen Kirche erstrecken sich bis zum 12. Jahrhundert. Da sich die Semeiographie (Zeichenschrift) in Rußland bis zum 17. Jahrhundert, freilich nicht ohne weitgreifende Veränderungen, erhielt, ist die historische Forschung in der glücklichen Lage, von den ältesten Formen dieser mit den sogenannten „Krjuki" (Häkchen) *) notierten Gesänge ein ziemlich lückenloses Bild rekonstruieren zu können. Die natürliche musikalische Begabung des russischen Volkes fand auf dem Gebiete des Kirchengesanges die erwünschte Gelegenheit, sich in einer Weise zu betätigen, die die berechtigte Bewunderung späterer Generationen erregt.

Die Kirche selbst fand Anlaß, sich dieser in ungeahnter Pracht emporblühenden Entwicklung des gottesdienstlichen Gesanges in Rußland nicht nur nicht zu widersetzen, sondern sie in jeder nur möglichen Weise zu unterstützen und zu fördern. Je prächtiger, großartiger und eindrucksvoller sich der Gottesdienst gestaltete, eine desto sicherere, allen Widerspruch niederzwingende Wirkung davon konnte man sich auf die unverdorbenen, naiven Gemüter des einfachen Volkes versprechen. Die Macht der Kirche wächst mit ihrer Pracht. Dieses in den ersten Kulturphasen der Völkergeschichte allerorts erprobte Axiom bewahrheitete sich auch in Rußland. Ein wie außerordentlich zuverlässiges Mittel zur Hebung des Ansehens der Kirche und zu ihrer Kraftentfaltung die Musik

---

*) Krjuk heißt auf russisch der Haken. Die Ethymologie des Wortes ist eigentlich eine andere und leitet sich vom griechischen „Κρούω" (Klimpern) ab. Doch gehört das nicht hierher, siehe darüber des Verfassers „Die Notationen des alt-russischen Kirchengesanges", VIII. Beiheft der Zeitschrift der Internationalen Musikgesellschaft, Leipzig, Breitkopf & Härtel, 1908.

war, sahen die russischen Hierarchen sehr schnell ein. Mit den Kirchen, die in ganz Rußland wie die Pilze aus der Erde schossen und deren Zahl sich in größeren Städten bis ins Unwahrscheinliche steigerte, wuchs auch die Zahl der Kirchenchöre und verbesserte sich ihre Qualität. Die stolzen Hierarchen, vom Metropoliten bis zum Protohiereos, setzten ihren Ehrgeiz darein, den gottesdienstlichen Gesang in ihren Kirchen zu einer möglichst hohen Stufe der Vollendung emporzuheben. An vielen Orten des Zartums Moskau und auch in den kleineren mehr oder weniger unabhängigen russischen Feudalstaaten entstanden Sängerschulen, von denen aus sich ein Strom kunstgerechten liturgischen Gesanges über alle Kirchen des Reiches verbreitete. Die Großen der Kirche bemühten sich darum, die besten Sänger in ihre Privatchöre zu bekommen und wetteiferten darin, die Leistungsfähigkeit dieser Chöre immer mehr und mehr zu steigern. Der Gesang der russischen Kirchenchöre erregte das höchste Entzücken nicht nur der einheimischen andächtig lauschenden Gemeinden, sondern auch aller durchreisenden Fremden, ausländischer Diplomaten und anderer zu längerem Aufenthalte in Rußland veranlaßter Personen, wofür mehr als ein Zeugnis erhalten ist. Besonderen Ruhmes erfreuten sich von jeher die „Zarischen Sänger", der Privatchor des Moskauer Zaren, dessen künstlerische Leistungen vom Regierungsantritte Iwans des Grausamen an einen außerordentlichen Aufschwung nahmen. Dieser Zar, die Gottesgeißel seiner Untertanen, hatte nämlich, neben seinen sonstigen, weniger harmlosen Interessen, eine ausgesprochene Vorliebe für den gottesdienstlichen Gesang der orthodoxen Kirche, an dem er sich sogar oft — entgegen dem herrschenden Brauch — selbst beteiligte. Nächst diesem Hofsängerchore taten sich die Sänger des Moskauer Patriarchen in rühmenswerter Weise hervor. Bei Aufhebung des russischen Patriarchats wurden sie dem Ressort des Heiligen Synods zuge-

zählt, und sind noch heute*) als „Moskauer Synodalsänger" erfolgreich darum bemüht, ihren Ruf, der beste Kirchenchor
der Welt zu sein, zu erhalten. Durch die zunehmende Kunst-
und Kehlfertigkeit der Sänger wurde der liturgische Gesang
der russischen Kirche um die Wende des sechzehnten Jahrhunderts jedoch dahin gebracht, daß er die Würde des
Gottesdienstes mehr gefährdete als hob. Im byzantinischen
Kirchengesange hatte sich dieselbe Erscheinung schon ein
wenig früher bemerkbar gemacht. Eine Virtuosität quand
même begann sich gegenüber den Forderungen der musikalischen Ästhetik und entgegen den Gesetzen ritualer Würde
durchzusetzen. Im russischen gottesdienstlichen Gesange
breitete sich eine ganze Reihe von Mißbräuchen aus, die
durch keinerlei Erwägungen anderer als gesangstechnischer
Art auf die Dauer gerechtfertigt werden konnten. Die
Eitelkeit der Sänger, die ihr virtuoses Können in glänzendstem Lichte zeigen wollten, schreckte vor gar nichts mehr
zurück. Die Textworte der gottesdienstlichen Gesänge wurden bis zur Unkenntlichkeit ausgedehnt, durch allerlei ein-
geschobene Vokalisationssilben sinn- und zusammenhanglos
verunstaltet, der ruhige Verlauf der Kantilenen wurde durch
Verzierungen und Koloraturen, sogenannte „Anenaiken"**),
von oft mehr als minutenlanger Dauer unterbrochen. Die
Kunstfertigkeit triumphierte auf Kosten der Schönheit, und
die echte Musik drohte, wie immer, wenn die Virtuosität
ihr Haupt erhebt, spurlos unterzugehen. Lange konnten
derartige Zustände natürlich nicht geduldet werden, ohne
den gebührenden Protest herauszufordern. Er erfolgte in
Form eines Allerhöchsten Ukases, durch den im Jahre 1652
der Zar Alexei Michailowitsch eine Kommission von 16 „Di-
daskalen" (Lehrern), d. h. in Fragen des russischen Kirchen-

---

*) 1914.
**) Der Name leitet sich von den Silben na-ne-na her, die solchen
Koloraturen als Textunterlage dienten.

gesanges autoritativen Männern, einberief, denen die Korrektur der in der russischen Kirche gebräuchlichen Gesangstexte, die Säuberung der Kantilenen von allen unnötigen Zieraten und vor allem auch die endgültige Fixierung der zur Niederschrift der Gesänge verwandten Semeiographie übertragen wurde. Durch den Streit des Zaren mit dem Patriarchen Nikon, der nachher zum Schisma der russischen Kirche, dem sogenannten „Raskól" führte, wurde die Arbeit dieser ersten Kommission unterbrochen. Erst einer zweiten Kommission, die sechzehn Jahre später unter Vorsitz des Alexander Mesenez, eines überaus gelehrten Mönches und gründlichen Kenners des russischen „Krjuki"-Gesanges, zusammentrat, gelang im Laufe von zwei Jahren das schwierige Werk, Ordnung ins Chaos des russischen Kirchengesanges zu bringen, auf höchst befriedigende Weise. Der Kommission des Alexander Mesenez lagen Gesangshandschriften der russischen Kirche aus dem Zeitraume von über vierhundert Jahren vor. Auf Grund dieses reichen Materials wurde die Rekonstruktion der ursprünglichen Texte und der dazu gehörigen Kantilenen vorgenommen. Die Frucht dieser Arbeit war ein vollständiges „Hirmologon *) des Zeichengesanges", der die hauptsächlichsten Gesänge der russischen Liturgie in einer von allen überflüssigen, willkürlichen, nur der Eitelkeit der Sänger fröhnenden Verbrämungen gesäuberten Gestalt vereinigte. Die Notierungsweise vermittelst der alten Zeichenschrift, den „Krjuki", wurde beibehalten, und es hatte den Anschein, als müsse dieser durch die Tradition geheiligte Besitz der russischen Kirchenmusik ihr nun für alle Zeiten erhalten bleiben. Um diese Zeichenschrift vor allen Umdeutungen und der Willkür späterer Sängergenerationen zu bewahren, tat Mesenez noch ein übriges und ver-

---

*) Hirmus (griechisch εἱρμός) — Melodie, Name der mit Melodienotierung versehenen Modellstrophen der byzantinischen und russischen Kirchengesänge.

faßte ein ausführliches „Alphabet des Krjuki-Gesanges" —
eine Art musikalischer Grammatik, in der die Bedeutung der
einzelnen Zeichen, ihrer Verbindung und Kombinationen
klar und deutlich festgestellt wurde. Dieses Werk, das gegen
Ende des neunzehnten Jahrhunderts von St. Smolenski, einem
der talentvollsten und großzügigsten Forscher auf dem Gebiete des russischen Kirchengesanges, zum erstenmal im
Druck herausgegeben und mit überaus interessanten An-
merkungen versehen wurde, ist für den russischen Musikhistoriker natürlich von unschätzbarem Wert. Mit Hilfe der
Mesenezschen Grammatik ist es möglich, obzwar nicht
immer leicht, die Entzifferung selbst sehr alter russischer
Kirchenhandschriften vorzunehmen. Auf die Perspektiven,
die sich dadurch auch für die allgemeine Musikforschung,
speziell für die Entzifferung alt-byzantinischer Musikhand-
schriften ergeben, kann hier nur flüchtig hingewiesen werden. Daß die russische und die byzantinische Semeiographie
auf eine gemeinsame Quelle zurückgehen, darf auf Grund
der neuesten Untersuchungen als feststehend angenommen
werden. Eine Aufklärung der daraus sich ergebenden Zusammenhänge muß jedoch einer Arbeit von ganz speziellem
Charakter vorbehalten bleiben.

Die Hoffnung aller mehr oder weniger gelehrten Adepten
des russischen Kirchengesanges, mit Alexander Mesenez an
der Spitze, daß durch die Arbeit der zweiten Kommission die
russische Kirchenmusik ein für alle Ewigkeiten feststehendes, unerschütterliches Fundament erhalten hätte, erwies
sich als trügerisch. Das welterobernde Notenliniensystem
hielt unmittelbar, nachdem die Kommission ihre Arbeit beendet hatte, seinen Einzug in Rußland. Von Süden her, aus
Polen, das der westeuropäischen Kultur von jeher näher
stand als das Moskauer Zartum, über Kleinrußland und die
älteste Stätte autochton-russischer Kultur, Kiew, drangen die
ersten modernen musikalischen Strömungen in Rußland ein.

Mit einer geradezu unglaublichen Schnelligkeit verbreiteten sich die „Kiewschen Zeichen", das heißt das System der Notenlinien und Köpfe in allen Sängerschulen und Kirchenchören Rußlands. Einige Jahrzehnte genügten, um die alte Zeichenschrift der „Krjuki" vollständig außer Gebrauch zu setzen und vergessen zu machen. Leichtfertig und unüberlegt wurde der durch die Tradition von Jahrhunderten gefestigte Besitz aufgegeben. Der Sieg des Liniensystems über das der Krjuki würde weniger wichtig erscheinen, wenn es sich dabei wirklich nur um die äußere Darstellungsform der Kantilenen gehandelt hätte. Allein die dadurch bewirkten Veränderungen drangen tiefer. Sie betrafen nicht nur das äußere Bild der russischen Kirchengesänge auf Papier und Pergament, sondern berührten ihr innerstes musikalisches Wesen in der allerempfindlichsten Weise.

Eine der charakteristischsten, mit seinem musikalischen Wesen aufs engste verwachsenen Eigentümlichkeiten des russischen Kirchengesanges war sein freier, unsymmetrischer, nur von den prosodischen Deklamationsregeln des Textes abhängiger Rhythmus. Die Zeichenschrift der „Krjuki" wurde diesen rhythmisch-prosodischen Forderungen in der vollkommensten Weise gerecht, da sie speziell zur Darstellung derartiger musikalischer Zeitverhältnisse erfunden war. Die starre, gradlinige Taktquadratur des modernen Notensystems war dazu nicht geeignet. Eine Individualisierung jeder einzelnen musikalischen Phrase, wie sie mit Hilfe der mannigfaltigen und verschiedenartigen „Krjuki" möglich war, die außer der Tonhöhenveränderung und des rhythmischen Verhältnisses auch noch alle dynamischen und agogischen Nuancen exakt zur Darstellung brachten, war vermittelst der groben uniformen Notenköpfe nicht zu erzielen. Diese Unzulänglichkeiten des Liniensystems, wodurch es trotz seiner Bequemlichkeit und Einfachheit für den russischen Kirchengesang eigentlich unbrauchbar war, wurde jedoch übersehen. . Alle Proteste, darunter auch die warnende Stimme des alten Mesenez, wurden überhört. Nur die Sekten der Altgläubigen, die „Raskolniki", die sich gerade damals von der herrschenden Staatskirche absonderten, blieben auch in dieser Beziehung der geheiligten Überlieferung der Vergangenheit getreu, und noch heute werden beim gottesdienstlichen Gesange der Altgläubigen ausschließlich „Krjuki"handschriften verwandt.

Ein unleugbarer Vorzug des Notenliniensystems war seine größere Übersichtlichkeit, wodurch besonders die Darstellung mehrstimmiger Partituren erleichtert wurde. So kann es einen nicht wundern, daß im Gefolge der modernen Notenschrift auch die Mehrstimmigkeit ihren sieghaften Einzug in die russische Kirchenmusik hielt. Alles das waren jedoch nur Vorboten viel tiefer greifender, den russischen Kirchengesang von Grund aus umgestaltender, im Sinne russophiler Anschauungen verderblicher Reformen, die sich nun vorbereiteten

Die Epoche Peters des Großen, der ja bekanntlich die gesamte russische Kultur auf den Kopf stellte, ging auch an der russischen Kirchenmusik nicht spurlos vorüber. Auf allen Gebieten des öffentlichen und gesellschaftlichen Lebens öffnete Peter den Einflüssen westeuropäischer Bildung und Kultur freie Zugänge nach Rußland. Auf musikalischem Boden war Italien die führende Macht, und der reformenwütige Zar zögerte, ebenso wie seine Nachfolger, keinen Augenblick, das ganze Gebiet des russischen Kirchengesanges italienischen Einflüssen schutzlos preiszugeben. Hatte man sich anfangs damit begnügt, die alten Kantilenen der russischen Kirche, sozusagen durch häusliche Behandlung den gesteigerten Bedürfnissen des musikalischen Geschmacks anzupassen und in höchst kunstloser, ja fehlerhafter Weise drei- und vierstimmig auszusetzen, so wurden nun italienische Komponisten verschrieben, die es den russischen

Sängern beibrachten, auf ihre Art Gott zu preisen und zu loben. Auch sandten Peter und seine Nachfolger vielversprechende russische Chorknaben nach Italien zur weiteren Ausbildung und Erlernung des italienischen musikalischen Stils. Von italienischen Komponisten, die sich in Petersburg aufhielten und „Konzerte" und „Motetten", bislang in Rußland natürlich völlig unbekannte Kompositionsformen, für die russische Kirche schrieben, waren die bedeutendsten Galuppi und Sarti.

Balthasar Galuppi hielt sich in den sechziger Jahren des 18. Jahrhunderts in Petersburg auf, war unter anderem Direktor der Kaiserlichen Hofsängerkapelle und hat, als erster, eine ganze Reihe mehrstimmiger „Konzerte" für den russischen gottesdienstlichen Gebrauch geschrieben. An anderer Stelle, bei der Betrachtung der russischen Theaterzustände im 18. Jahrhundert, werden wir ihm wieder begegnen.

Giuseppe Sarti war zu Zeiten der von seinen Leistungen hochentzückten Kaiserin Katharina II. der musikalische Beherrscher Rußlands. Ein viertel Jahrhundert lang, vom Jahre 1784 an, hielt er sich auf seinem Posten als musikalischer Autokrat in der Newaresidenz der russischen Zaren. Es gelang ihm sogar beim Regierungsantritt Pauls I., der im übrigen tabula rasa mit allen Überbleibseln der ihm verhaßten „Katharinischen" Epoche machte, seine Stellung zu behaupten. Erst 1801, auf dem Rückwege nach Italien, starb er. Der sensationshungrige, die gröbsten Effekte nicht verschmähende Schaffensdrang Sartis fand auf dem Gebiete der eigentlichen Kirchenmusik in Rußland nicht das rechte Feld, um sich frei und ungebunden gehen zu lassen. Aus der griechisch-orthodoxen Kirche ist das Orchester bekanntlich verbannt. Nur das Orchester aber konnte Sarti die Wirkungen hergeben, die er für seine Werke beanspruchte. So schrieb er denn einige geistliche Oratorien, mehrchörig, mit Kanonensalut und

Glockengeläute, die er in Konzertaufführungen seiner hohen Protektorin vorführte. Eines dieser Oratorien, ein Te Deum von grandioser Ausdehnung, das zuerst auf dem Landgute Potemkins aufgeführt wurde, brachte es doch zu einer Aufführung in den Mauern des Alexander-Newski-Klosters in Petersburg während einer Hoftafel der Kaiserin.

Die italienischen Einflüsse auf die russische Kirchenmusik beschränkten sich jedoch, wie gesagt, nicht auf solche extravagante Kraftproben italienischer Komponisten. Sie durchsetzten bald die russische Kirchenmusik in allen ihren Äußerungen. Und als die russischen, in italienischer Schule gebildeten Komponisten selbst für den gottesdienstlichen Gebrauch ihrer Kirche die Musik zu liefern begannen, wurde der italienische Stil in der russischen Kirchenmusik der alleinherrschende. Die bedeutendsten russischen Kirchenkomponisten des 18. Jahrhunderts waren Maxim Beresowski (1745—1777) und Dimitri Bortnjanski (1751—1825). Beide waren Kleinrussen, standen ihrer Abstammung nach dem katholischen Polen näher als dem eigentlichen Rußland. Beresowski, ein Schüler des berühmten Padre Martini in Bologna, und Bortnjanski, dessen Lehrer Galuppi war, haben die russische Kirchenmusikalische Literatur um eine große Anzahl wertvoller Werke bereichert. Daß ihre Musik einen durchaus italienischen und keineswegs russischen Charakter hat, kann im Interesse der organischen Entwicklung der national-russischen Kirchenmusik bedauert werden; die hohe musikalische Qualität ihrer Kompositionen, besonders einiger Werke von Bortnjanski, wird dadurch nicht geschmälert. Das Urteil Glinkas, der in der Musik Bortnjanskis nichts als „zuckersüßen Honigseim" zu erblicken vermochte, ist jedenfalls zu hart. Dennoch hatte Glinka von seinem Standpunkte aus recht, als er das Überhandnehmen italienischer Einflüsse in der russischen Kirchenmusik, die in den alten traditionellen Kantilenen einen noch völlig unberührten Schatz national-musikalischen Materials besaß, so lebhaft bedauerte. Leider war es ihm selbst nicht vergönnt, gleichwie auf dem Gebiete der Oper, auch auf dem eine ebenso reiche Ernte verheißenden Felde der Kirchenmusik bahnbrechend für eine stolz und frei emporblühende national-musikalische Kultur seines Vaterlandes zu wirken.

Läßt sich die Geschichte der russischen Kirchenmusik bis ins 11., mit Anstrengung sogar bis ins 9. Jahrhundert verfolgen, so muß das nämliche Unterfangen in bezug auf die weltliche russische Kunstmusik schon an der Schwelle viel späterer Zeiten scheitern. Bis zum Anfang des 17. Jahrhunderts gab es in Rußland keine andere weltliche Musik als das — Volkslied. Dieses allerdings wucherte und sprießte allüberall in üppigster Pracht im weiten russischen Reiche. An natürlicher musikalischer Begabung kann sich kaum eine andere Nation mit der russischen messen. Ein unerschöpflicher Born von Melodien quillt im russischen Volke. Von den Ufern der Wolga bis zu den Tundren Sibiriens, von den Höhenzügen des Urals bis zum Weißen Meer widerhallen die Ebenen Rußlands von Liedern und Melodien, die nicht nach Hunderten, sondern nach Tausenden gezählt werden müssen. Jedes dieser Lieder mag seine Geschichte haben, jedoch in einem für die Musikhistorie belanglosen Sinne. Wer kennt den Sänger, dessen Brust es zum erstenmal entströmte, und was geht sein Name uns an! In den russischen Volksliedern spiegelt sich all das Leid, all die Freude wider, die die russische Nation im Verlaufe von Jahrtausenden erlebt hat. Das Persönliche tritt hinter dem Allgemeinmenschlichen vollständig zurück.

Bei der Betrachtung der Volksmusik einer beliebigen Nation sind streng historische Gesichtspunkte natürlich nicht anwendbar. Vom Volksliede können wir nur wissen, wie es ist, nicht wie es wurde. Theoretische Untersuchungen seines musikalischen Baues bieten für irgendwelche entwicklungsgeschichtliche Bestimmungen nur eine sehr unsichere Handhabe. Schriftliche Denkmäler dieses Kunstgebietes, auf die man sich bei derartigen Erwägungen mit größerer Sicherheit stützen könnte, fehlen für die fernere Vergangenheit vollständig. Die erste russische Volksliedersammlung erschien am Anfang des 19. Jahrhunderts.

Wenn man auf Grund gelehrter Untersuchungen über den Bau des russischen Volksliedes nachweisen zu können glaubt, daß diese Lieder mit ihrer aus einem System getrennter und verbundener Hexachorde emporwachsenden Melodik, mit ihrer eigentümlich frei gehandhabten Rhythmik in irgendeinem Zusammenhange mit der altgriechischen Musik stehen, so ist damit im Grunde genommen nicht viel gewonnen. Am interessantesten ist diese Erkenntnis für eine von der Musikgeschichte fernabliegende Wissenschaft — für die Etnographie. So hat sich denn in der Tat die Völkergeschichte des Studiums des russischen Volksliedes mit mehr Eifer bemächtigt als die Musik- und Literaturwissenschaft. Ein spezieller Zweig der Ethnographie, der sich erst in letzter Zeit gebildet hat, die musikalische Ethnographie, ist mit bestem Erfolge bemüht, manche interessante bisher nicht in den Kreis wissenschaftlicher Betrachtung gezogene Zusammenhänge zwischen den vielen verschiedenen Völkerschaften des russischen Reiches und angrenzender Gebiete aufzudecken. Musikwissenschaftliche Erwägungen haben hierbei natürlich keine selbständige, sondern nur eine angewandte Bedeutung. Doch ist ihr Nutzen unverkennbar. Die rein kunstwissenschaftlichen Forschungen auf dem Gebiete des russischen Volksliedes krankten bisher an einem Übelstande, durch den die Gewinnung wirklich positiver Resultate nicht unerheblich erschwert wurde. Die Literaturhistoriker, die sich der Textuntersuchung der russischen Volkslieder zuwandten, waren zu wenig Musiker, um auch dieser Seite ihres Studienobjektes gerecht werden zu können.

Und die Musiker ihrerseits beachteten ausschließlich die melodische Konstruktion der russischen Volkslieder und brachten den literarischen Grundlagen nur ein geringfügiges Interesse, wenn überhaupt eines, entgegen. In der musikalischen Ethnographie ist ein Grenzgebiet geschaffen, auf dem sich die Vertreter dieser beiden gesonderten Lager die Hand zu gemeinsamer ersprießlicher Wirksamkeit reichen, ein Gebiet, auf dem sich Literatur- und Musikwissenschaft unter der Oberhoheit der Völkergeschichte vereinigen.

Die Nachrichten von der Musik der Slawen sind älter als die Geschichte des russischen Reiches, zu dem sich im 9. Jahrhundert die verschiedenen slawischen Stämme vereinigten. Schon im 6. Jahrhundert erzählen byzantinische Schriftsteller von gefangenen Slawen, die zwar keine Waffen zu handhaben verstanden, wohl aber die „Gusli" meisterten, jenes älteste russische Volksinstrument, das sich über ein Jahrtausend lang im Gebrauche des musizierenden russischen Volkes erhalten hat. Schon der arabische Schriftsteller Ibu-Fosslan, der im 10. Jahrhundert auf Befehl des Kalifen Mukschedi das südliche Bulgarien besuchte, berichtet von der Bestattung eines russischen Kaufmannes, dem, nach dem Brauche der damaligen Zeit, das Liebste, was er besaß — seine „Gusli" — mit ins Grab gegeben wurde.

Ist man schon auf Grund derartiger Zeugnisse, denen sich noch einige andere anreihen, berechtigt anzunehmen, daß unter den slawischen Völkern in der frühesten Epoche ihrer Geschichte die Musik weiteste Verbreitung hatte, so wird diese Annahme noch gestützt durch den Inhalt der ältesten russischen Heldensagen, die sich im Munde des Volkes erhalten haben, und deren Sprache auf Grund philologischer Erwägungen über ihr Alter keinen Zweifel läßt. Aus diesen russischen „Byliny", kulturhistorischen Fundgruben von unerschöpflichem Reichtum, geht zur Evidenz hervor, eine wie bedeutende Rolle die Musik im geselligen

Volksleben des prähistorischen heidnischen und auch während der ersten Jahrhunderte des christlichen Rußland spielte. Die Helden dieser Volksepen, etwa der prächtige, an Jung-Siegfried gemahnende Dobrynja Nikititsch oder Sadko, der reiche Kaufherr und unübertroffene Gusli-Spieler des alten Nowgorod, werden nicht nur vom Volke, sondern auch von den Fürsten und Großen des Reiches über alle Maßen verehrt. Die Schatzkammern der Bojaren werden geplündert, um die Sänger für ihr „gewaltig Spiel und zarten Sang" zu entlohnen. Allein die Idealzustände naiver Sangesfreudigkeit sollten auch in Rußland nicht lange dauern. Die Kirche mit ihren starren Prinzipien mischte sich hier, wie überall, in die Lebensgewohnheiten des Volkes ein. Harmlose Daseinsfreude mit ihren naiven Äußerungen durfte nicht geduldet werden. Zerknirschung, Reue, Buße, Demütigung — das war es, was die Kirche von ihren Gemeindegliedern verlangte. „Fleischeslust" in jeder Form ward verpönt und geächtet. Am schlimmsten kam in Rußland dabei die Musik weg. Vom 12. Jahrhundert an beginnt in Rußland eine unbarmherzige Verfolgung der Musik seitens der Kirche, die voller Wut und Ingrimm geführt wurde. Musik und Gesang in jeder Form außerhalb der gottesdienstlichen Liturgie wird als „Satansspuk", „Teufelsspiel" und „Götzendienst" in Acht und Bann getan. Als einer der wütigsten Feinde musikalischer Unterhaltungen jeder Art trat der Metropolit von Kiew, Kyrill, im 13. Jahrhundert auf. Sein Einfluß erstreckte sich über einen Zeitraum von fast drei Jahrhunderten. Alle Literaturdenkmäler dieser Zeit eifern mit schäumendem Unwillen gegen die „gottlose Ketzerei" und „sündhafte Gotteslästerung", die ihre Verfasser, zumeist natürlich Mönche, in Gesang und Spiel außerhalb der Kirche erblickten. Durch strenge Maßregeln war man bemüht, die Zunft handwerksmäßiger Musikanten, der sogenannten „Skomorochi", die im russischen mittel-

18

alterlichen Volksleben eine ähnliche Rolle spielten wie die „Jongleure" und „fahrenden Sänger" des Westens, auszurotten. Noch die 1551 publizierte Gesetzsammlung Iwan IV. verbot unter Androhung der härtesten Strafen alle öffentlichen Schaustellungen und Belustigungen, die von Gesängen und Tänzen begleitet waren, und die Skomorochi, die ausgesprochenen Lieblinge des einfachen Volkes und manches hohen Herrn, der sie nur ungern bei seinen Gelagen mißte, wurden als ehrloses Gesindel klassifiziert. Die Liebe des russischen Volkes zur Musik konnte durch solche Gewaltmaßregeln natürlich nicht vernichtet werden, wohl aber wurde dadurch jede selbständige Entwicklung musikalischer Kunstformen auf dem Boden der nationalen Kultur unterbunden. Jede Art von weltlicher Musik war für den Verlauf von zwei Jahrhunderten aus dem öffentlichen Leben verbannt. Selbst der Schnitter oder Mäher, die Burschen und Mädchen auf dem Dorf mußten, wenn sie ihr Lied erschallen lassen wollten, sich scheu umsehen, ob nicht der Scherge mit der Knute hinter ihnen stand.

Nicht weniger schlimm als das öffentliche Musizieren durch die von Kirche und Staat ausgehenden Verbote betroffen wurde, litt jede Art der häuslichen Musikübung unter der grausamen Strenge, mit der zu jenen dunklen Zeiten in Rußland jedes geschriebene und gedruckte Wort verfolgt wurde, das nicht in unmittelbarem Zusammenhange mit der Religion und Kirche stand. „Ein Lied auf dem Papier aufschreiben", bemerkt Sabjelin in seinen höchst interessanten kulturhistorischen Skizzen über das häusliche Leben des russischen Volkes und seiner Zaren im 16. und 17. Jahrhundert, „bedeutet Ketzerei und Lasterhaftigkeit. Man verschrieb dadurch seine Seele unabänderlich dem höllischen Feuer, und das Erdenwallen solch eines Unvorsichtigen wurde zum mindesten durch eine Bastonnade versüßt, wenn man nicht gar eine gründliche Läuterung vermittelst eines strengen und rauhen Regimes in einem Kloster in Angriff nahm. Dort konnte er dann an der Kette sitzen, allerhand schwere Klosterarbeit verrichten und unentwegt seine unbedachte Sünde büßen". An eine Sammlung der russischen Volkslieder und ihre Niederschrift war unter solchen Umständen in jenen Zeiten natürlich nicht zu denken, und selbst einer der Moskauer Zaren, der diesen Gedanken dennoch zu fassen wagte, war den kirchlichen Vorurteilen seiner Zeit gegenüber nicht mächtig genug, ihn durchzusetzen.

Was das Musizieren in den vier Wänden des eigenen Hauses anbetraf, so ließ man die Warnungen der Kirche vor diesem „satanischen Vergnügen" nur gar zu gern ungehört verhallen. Der erste, der in dieser Beziehung mit gutem Beispiel voranging, war nicht selten der Moskauer Zar selbst. Im Jahre 1490 verschrieb sich der Zar Iwan Wassiljewitsch III. einen „Orgelspieler", der wahrscheinlich auch zugleich Orgelbauer war, denn von der Zeit an werden im Inventarverzeichnis des Moskauer Zarenhofes stets allerhand „Orgeln" aufgezählt. Im 16. Jahrhundert wurden sogar die ersten „Klavichorde und Zimbalen" im Moskauer Kremlschloß aufgestellt. Es waren Geschenke, die der englische Gesandte Jersey dem Zaren Fedor mitgebracht hatte, und deren äußere Gestalt und reiche Ausstattung zunächst mehr Verwunderung und Entzücken erregte als ihre Qualität als Musikinstrumente. Bald jedoch gehörte ein „Zimbalist" zum ständigen Hofstaate des Moskauer Zaren. Zumeist waren es Deutsche, doch werden auch früh schon russische Namen erwähnt. Mit was für Musikstücken diese Organisten und Zimbalisten die Moskauer Zaren amüsierten — denn die Musiker dienten ausdrücklich zum „Amüsement" und rangierten direkt neben den Hofnarren, Zwergen und Tierbändigern —, entzieht sich leider unserer Kenntnis, da alle Nachrichten darüber fehlen. Neben den ausländischen Instrumenten wurden übrigens die einheimischen nicht vergessen. Unter den Musikern des Zaren befanden sich ganze Regimenter von „Gusli"-Spielern und russischen Musikanten, die die Domra, Surna, Balalaika und wie die alten russischen Volksinstrumente alle heißen meisterten. Auch ein sogenannter „Bacharj" oder Volksmärchensänger fehlte am Moskauer Hofe ebensowenig wie im Hause eines jeden wohlhabenden Bojaren der damaligen Zeit. Die Annahme liegt nahe, daß die reichen Bojaren sich nach dem Muster des Moskauer Hofes auch kleinere oder größere Orchester von russischen Volksinstrumenten und vielleicht auch ausländischen Musikern hielten, denn der Moskauer Zar war ja unter seinen Bojaren eigentlich nichts anderes als der tonangebende primus inter pares, der Moskauer Kreml — ein großer Gutshof, auf dem es nicht anders herging als auf den kleineren Fürsten- und Bojarenhöfen auch. Unter dem beweglichen Besitz eines Fürsten Golizyn, der dem Staate als Erbe zufiel, werden z. B. gegen Ende des 17. Jahrhunderts, 1690, nicht weniger als vier Orgeln und eine ganze Reihe anderer Musikinstrumente erwähnt, die einen für die damalige Zeit beträchtlichen Wert repräsentierten.

Im zweiten Drittel des 17. Jahrhunderts hatte die weltliche Musik in Rußland übrigens noch eine Zeit der schwersten Anfechtung und Verfolgung zu überstehen, gegen die alles bis dahin Erduldete und Erlittene verblaßte. Der Zar Alexei Michailowitsch zeichnete sich während der ersten dreißig Jahre seiner Regierung durch eine an den schwärzesten Obskurantismus des katholischen Mittelalters erinnernde Gesinnung aus. Von der um das Ansehen der Kirche damals mehr denn je besorgten Geistlichkeit, besonders von den Moskauer Patriarchen, wurde er in seiner, jede Art von Fleischeslust leidenschaftlich verpönenden Sinnesart natürlich aufs eifrigste unterstützt. Es erfolgte eine ganze Reihe von Ukasen, die abwechselnd vom Zaren und von dem Moskauer Patriarchen ausgingen und in denen dem Volke die Sündhaftigkeit jeder Art von musikalischen Vergnügungen in den lebhaftesten Farben ausgemalt wurde. Als diese Ermahnungen nicht viel fruchteten, griff man zu ganz radikalen Mitteln, um die Musikliebe des Volkes mit Stumpf und Stiel auszurotten. Im Jahre 1636 erließ der Moskauer Patriarch Joasaph ein Dekret, in dem den Bewohnern Moskaus nicht nur die Ausübung jeder Art von Instrumentalmusik unter Androhung von Kirchenbann und schweren Freiheitsstrafen angedroht wurde, sondern der außerdem noch den Befehl enthielt, den Musikliebhabern der Stadt alle Instrumente abzunehmen, sie am Ufer der Moskau aufzutürmen und zu verbrennen. Fünfzig Fuhren mit Musikinstrumenten wurden zusammengebracht und unter dem Gejohl einer immer schaulustigen und sensationslüsternen Volksmenge zu Preis und Ehren Gottes eingeäschert. Dieses Autodafé, das übrigens mehrmals, auch in der Provinz, wiederholt wurde, erinnert lebhaft an die wahnwitzige Bildstürmerei Savanarolas in Italien. Fielen dort einem finsteren Glaubensfanatismus die herrlichen Erzeugnisse der Malerei und Skulptur zum Opfer, so wurde der Vernichtungskampf hier mit nicht geringerer Wut gegen die Musik geführt. „Nun herrschte endlich Ruhe in allen russischen Landen", bemerkt dazu der Chronist mit ersichtlichem Behagen. Allein, wahrscheinlich unter dem Einfluß seiner zweiten Gemahlin, Natalie Naryschkin, die vom Bojaren Matwejew, einem seine Standesgenossen an innerer und äußerer Kultur weit überragenden Manne, erzogen worden war, änderte sich die religionsfanatische, weltfeindliche Gesinnungsart Alexeis zum Schluß seiner Regierung in höchst überraschender Weise. Eine andere Auffassung bringt diese erfreuliche Sinnesänderung in Zusammenhang mit den tiefen Eindrücken, die der alternde Zar vom Spiel einer wandernden deutschen Schauspielertruppe empfing, die der Ehre gewürdigt wurde, am Moskauer Hofe einige Vorstellungen zu geben, sich jedoch weigerte, das ohne Musik zu tun, „da man ohne Musik ebensowenig wie ohne Beine tanzen könne". Wie dem auch sei, jedenfalls war der Stimmungsumschlag am Moskauer Zarenhofe in bezug auf die Musik ein vollständiger. Der Zar erließ sogar den Befehl, eine eigene Schauspielertruppe zusammenzubringen, die sich aus Deutschen und Russen rekrutierte und ihm im Jahre 1670 zum ersten Male ein Intermedium von Ottavio Rinuccini vorspielte. Der russische Musikhistoriker M. Iwanow nimmt an, daß es die Pastorale „Euridice" mit der Musik von Peri war, die zur Vermählungsfeier Heinrich IV. mit Maria Medici am Florentiner Hofe zum erstenmal aufgeführt worden war. Um diese Theateraufführungen mit allem der damaligen Zeit zugänglichen Komfort auszustatten, ließ Alexei Michailowitsch in seinem Landgute Preobrashenskoje sogar ein Theater, einen „Komödientempel", erbauen, und der Bojar Matwejew, der eigentliche Initiator und die Seele dieser ersten Moskauer Theaterära, errichtete eine eigene Theaterschule, deren Leitung einem gewissen „Magister Gottfried", dem Direktor der erwähnten deutschen Schauspielertruppe, übertragen wurde. Vier Jahre, bis zum Tode Alexei Michailowitsch, dauerte diese kurze Blütezeit des Moskauer Theaters, das vom Nachfolger Alexeis, dem gottesfürchtigen und weichlichen Zaren Fedor Alexejewitsch wieder geschlossen wurde.

Mit dem 18. Jahrhundert beginnt in der Geschichte Rußlands jene Periode der abenteuerlichsten Gewalttätigkeiten, durch die der im Verhältnis zur europäischen Kultur weit zurückgebliebene Staat, der jedoch in seinem Inneren höchst vielversprechende Keime organischer Entwicklungsmöglichkeiten trug, zwangsweise in eine schlechte Kopie der zivilisierten europäischen Reiche verwandelt wurde. Peter der Große, der, nach dem bekannten Ausspruche Puschkins, in die Mauer, die Rußland von Westeuropa trennte, „ein Fenster hineinschlug", hat sich die Frage nie vorgelegt, ob die Zugluft, die auf dem so geschaffenen Wege eindrang, dem Organismus seines Staates sehr bekömmlich sein würde. Er empfand die vom Weihrauchdunst der orthodoxen Kirche geschwängerte, durch jahrhundertelange Abgeschlossenheit dumpf und stickig gewordene Atmosphäre, die das Geistesleben Rußlands umlagerte, so schwer und drückend, daß er ihr irgendwohin einen Ausgang öffnen mußte. Über die Richtung hat er sich nicht viel Kopfzerbrechen gemacht.

Der Radikalismus, mit dem Peter seine sogenannten „Reformen" durchsetzte, hat in der Geschichte der europäischen Staaten seinesgleichen nicht. Innerhalb eines unwahrscheinlich kurzen Zeitraumes veränderte sich das äußere Bild Rußlands bis zur Unkenntlichkeit. Das äußere Bild. Denn in der Tiefe wurde von den petrinischen Reformen kein einziges Gebiet der russischen Kultur mit seinen charakteristischen Äußerungsformen berührt. Kulturelle Eigentümlichkeiten, die durch den Charakter einer ganzen Nation bedingt sind, lassen sich wohl verdecken, verschütten, verheimlichen, nie aber spurlos ausrotten. Derselbe urwüchsige Prachtbojare, der im pelzverbrämten Kaftan und in schweren hohen Stiefeln über die engen Gänge und Treppen des Moskauer Kreml dahergestampft war, mußte sich nun rasiert, in gepuderter Perücke und modischer französischer Kleidung, in der er sich halb nackt vorkam, auf dem spiegelblanken Parkett der wie durch einen Zauberschlag aus den Newasümpfen emporgewachsenen Paläste bewegen, in seinem Inneren jedoch blieb er genau derselbe Grobian und Naturmensch, der er auch vorher gewesen war, und sehnte voller Leidenschaft das Ende dieser ihm lächerlich und unwürdig erscheinenden Maskerade und die Vernichtung des „Antichristen" Peter herbei. Es ist ein fast unwahrscheinliches Bild, das sich bietet, wenn man es sich vergegenwärtigt, wie Peter es kraft seiner eisernen Persönlichkeit durchzusetzen vermochte, daß ganz Rußland an diesem Mummenschanz, der sich auf alle Äußerungen des staatlichen und gesellschaftlichen Lebens erstreckte, teilnahm, ohne daß von irgendeiner Seite her ein die Autorität des Herrschers beanstandender Protest erfolgt wäre. Nur in der Stille der weltabgeschiedenen Bojarenhöfe, in den verschwiegenen Urwäldern und endlosen Ebenen des Reiches war des Murrens kein Ende. Ans Tageslicht wagte sich die finstere, geduckte Opposition kaum hervor. Peter allein blieb den Millionen seiner Untertanen gegenüber Sieger. Als Peter der erste Ansturm gelang, den er mit dem gesamten Rüstzeug der westeuropäischen Bildung auf die byzantinisch-orientalischen Pfahlbauten der russischen Kultur unternahm, brauchte er ein späteres Erwachen wirksamen oppositionellen Geistes nicht mehr zu befürchten. Die Passivität der slawischen Nation, die auch das Mongolenjoch jahrhundertelang ruhig ertragen hatte, gewährleistete ihm ein willenloses, gefügiges Material für seine reformatorischen Experimente. Später taten dann Gewöhnung und das Anpassungsvermögen jüngerer Generationen das ihrige, um die westeuropäische Halbkultur des Russischen Reiches auf Jahrhunderte hinaus zu erhalten.

Peter der Große war nichts weniger als eine künstlerisch veranlagte Natur. Dennoch war er weitsichtig genug, um der Kunst als dekorativem Element der westeuropäischen Kultur, die er der russischen Eigenart aufpfropfen wollte, eine gewisse Bedeutung zuzuerkennen. Auf allen „Assembléen" und anderen geselligen Vergnügungen, die Peter, nach französischem und deutschem Muster, zur Verzweiflung der Geladenen in Petersburg veranstaltete, durfte natürlich auch die Musik nicht fehlen. Zwar war nach dem Zeugnis Bergholz', dessen Memoiren eine der interessantesten Quellen für die Kulturgeschichte der petrinischen Epoche sind, „alles schlecht", was in Petersburg auf dem Gebiete der schönen Künste geleistet wurde, aber immerhin dienten auch die gröbsten künstlerischen Produktionen dazu, den Geschmack der höheren Schichten des russischen Publikums nach einer gewissen Richtung hin auszubilden. Die Orchester, die Peter nach europäischem Beispiel nicht nur bei einigen Regimentern des neuuniformierten Militärs einführte, sondern auch zum Zwecke ausschließlich musikalischer Unterhaltung bei seinem Hofstaate begründete, beschränkten sich in ihrem Repertoir allerdings auf die niedrigste Sorte von Musikstücken, allerhand Märsche, Fanfaren und die gangbaren Tänze der damaligen Zeit, Menuette, Ekossaisen u. dgl. aber das Ohr der Russen wurde durch diese gewißlich ziemlich rauhen Klänge an die in Westeuropa schon zum Allgemeingut gewordenen Tonfolgen der damaligen deutschen und italienischen musikalischen Praxis gewöhnt. Hin und wieder werden sogar „Konzerte" und „Serenaden" in den Berichten der Zeitgenossen über die musikalischen Unterhaltungen der damaligen Zeit erwähnt. Die Gründung einer ständigen Oper in Petersburg wurde während der Regierung Peters noch nicht vollzogen. Dem Theater freilich wandte Peter von vornherein seine ganz besondere Aufmerksamkeit zu, doch war sein eigener Kunstgeschmack wohl noch nicht differenziert genug, um überhaupt einen Unterschied zwischen einfachem Komödienspiel und der Oper oder, nach einem Ausdruck der damaligen Zeit, zwischen „gesprochenen und gesungenen Handlungen" zu machen. Ein Theater mußte Peter haben, um auch in dieser Beziehung nicht hinter den Beherrschern zivilisierterer Staaten zurückzustehen. Ob in diesem Theater aber mit oder ohne Gesang agiert wurde — das war eine Nebensächlichkeit, die dem großzügigen Reformator gleichgültig war. Er führte alle seine Reformen sozusagen im Alfreskostil durch. Auf Einzelheiten ließ er sich nicht ein.

Im Jahre 1701 wurde in Danzig die erste ständige Theatertruppe unter Leitung eines gewissen Johann Kunscht für das russische Hoftheater, den „Komödientempel" auf dem Roten Platz in Moskau, angeworben. Kunscht brachte auch die Frage von der Zusammenstellung einer deutschen Operntruppe in Anregung, hatte jedoch keinen Erfolg damit. Peter meinte mit dem Engagement einer Schauspielertruppe, die ihm nach damaligen Begriffen ein hübsches Sümmchen, nämlich 50 000 Rubel im Jahre kostete, vorläufig genug für die künstlerische Entwicklung seines Landes getan zu haben.

Für die eigentlich russische Musik wurden die Reformen Peters, durch welche die kulturelle Entwicklung des Landes in ihrem natürlichen Verlaufe unterbrochen und in fernabliegende Bahnen hineingedrängt waren, natürlich in höchstem Grade verhängnisvoll. Einen äußerst treffenden Ausdruck für die Wirkung der petrinischen Reformen findet der russische Kulturhistoriker Miljukow, indem er von der „Säkularisierung" der russischen Gesellschaft spricht, die sich in unglaublich kurzer Zeit vollzog. Das eigentlich natürliche Fundament einer russischen Kultur waren die nationalen Grundlagen des russischen Volkscharakters und daneben die vom nationalen Bewußtsein schon völlig aufgesogenen und assimilierten Grundzüge und Prinzipien der griechisch-orthodoxen Religion mit allen Abstrusitäten des sich darin üppig entfaltenden religiösen Formalismus. Das war auch einzig und allein der Boden, auf dem eine wirklich nationale russische Kunst emporblühen konnte. Und als sich ein Jahrhundert später die Regeneration der russischen Kunst, speziell der Musik, vollzog, waren es gerade diese Elemente, der sie ihre eigentümliche Lebenskraft und Entwicklungsfähigkeit verdankte. Nur hatten sich die Elemente nicht mehr in ihrer ursprünglichen Reinheit erhalten, und es kostete nicht geringe Mühe, sie von allerhand parasitären

Bildungen fremder Herkunft zu säubern. Zur Erhaltung des „Volkstümlichen" in irgendwelchen Erscheinungsformen tat Peter der Große nicht nur nicht das geringste, sondern schien, im Gegenteil, alles dransetzen zu wollen, um es zu vernichten und auszurotten. Von einer nationalen Kunst konnte unter solchen Umständen natürlich keine Rede sein. Der Begriff „national" oder „volkstümlich" wurde gleichbedeutend mit „bäurisch" und „ordinär" und blieb als Charakteristikum ausschließlich für die niedrigsten Volksschichten bestehen. Jeder Russe der höheren Gesellschaftsklasse mußte auf Allerhöchsten Befehl sein eigentliches Wesen verleugnen, hatte sich überhaupt zu schämen, ein Russe zu sein und mußte sich bemühen, alle nationalen Charaktereigentümlichkeiten aufs sorgfältigste zu verbergen. Kein Wunder, daß die russische Kunst, die auf diese Weise der nationalen Grundlagen und, wie gesagt, auch der von der Gesellschaft verachteten religiösen Impulse beraubt wurde, jede Chance, selbständig zu werden, und jede Fühlung mit dem wirklichen russischen Leben verlor. Mit Peter dem Großen beginnt fürs russische Leben und für die russische Kunst, als eine seiner Äußerungsformen, eine Epoche absoluter Unselbständigkeit und sklavischer Nachahmungssucht. Die künstlerischen Kräfte, die Rußland selbst in diesem verhängnisvollen Jahrhunderte hervorbrachte, setzten ihren einzigen Ehrgeiz darein — gute Kopisten zu sein. Hätte damals jemand in der schnell korrumpierten russischen Gesellschaft versuchen wollen, seine persönliche oder gar seine nationale Eigenart durchzusetzen, so wäre er rettungslos der Lächerlichkeit oder Verachtung eines einzig und allein den Schmuck mit fremden Federn anerkennenden Publikums anheimgefallen.

Was speziell die Musik anbetrifft, so beginnt unmittelbar nach der Regierung Peters des Großen zwar nicht die Geschichte der russischen Musik, wohl aber eine Geschichte der italienischen Musik in Rußland. Die italienische Musik, die ihren Ruhmeszug durch das übrige Europa soeben vollendet hatte, machte an Rußland ihre glänzendste und dauerndste Eroberung. Sie schwang sich zur souveränen Stellung einer unbeschränkten Selbstherrscherin auf allen Gebieten des musikalischen Geschmacks in Rußland auf, und ein Jahrhundert lang hat niemand es gewagt, ihr diesen Rang streitig zu machen.

Zum ersten Male erschien eine italienische Oper auf der Bühne des Petersburger Hoftheaters im Jahre 1730, am Krönungstage der Kaiserin Anna Joannowna. König August II. von Sachsen, der ein großer Musikliebhaber war und in Dresden eine vorzügliche italienische Operntruppe unterhielt, sandte der jungen russischen Kaiserin als Zeichen seiner Verehrung die besten Künstler seines Theaters nach Petersburg, um durch einige mehr oder weniger passend gewählte „Intermedien" die Krönungsfeierlichkeiten zu verschönen. Die italienische Truppe fand den lebhaftesten Beifall in Petersburg, und die Kaiserin beschloß, sich ein eigenes Opernensemble aus Italien zu verschreiben, was im Jahre 1735 oder 1736 auch geschah. Der erste bedeutende italienische Komponist, der sich zum Beherrscher der Petersburger Oper aufschwang, war Francesco Araja, der im Jahre 1736 zum Hofkapellmeister der russischen Zarin ernannt wurde.

Die erste Oper, die Araja für Petersburg schrieb, war „La forza dell'Amore e dell'Odio". Zu den kontraktlichen Bedingungen, die Araja ans Petersburger Hoftheater fesselten, gehörte die Verpflichtung, zwei Opern jährlich speziell für die russische Bühne zu liefern. Araja, der mehr als zwanzig Jahre in seiner Petersburger Stellung verblieb, hat diese Bedingung gewissenhaft erfüllt. Das Register seiner Opern, die übrigens meistens sehr frische und gefällige Musik enthalten, ist endlos. Die in Petersburg beliebtesten waren „Albiasare", „Semiramide", „Alexander in Indien", „Bellerofonte" u. a. Zu den Krönungsfestlichkeiten der Kaiserin Elisabeth komponierte er sein umfangreichstes Werk „La clemenza di Tito" mit einem Prolog „Das betrübte und getröstete Rußland". Alle diese „Opern", die zum Teil nichts anderes waren, als Vaudevilles mit reichlichen Gesangseinlagen, hatten als textliche Unterlagen natürlich italienische Libretti, die der italienische Hofpoet der russischen Zarin, Joseph Bonecchi aus Florenz, zu liefern hatte. Erst als der Kontrakt mit Bonecchi ablief, kamen auch andere Dichter, darunter der berühmte Metastasio, in den Opern Arajas zu Wort. Als jedoch unter dem Einfluß der italienischen Gesangskunst die einheimischen schauspielerischen Kräfte sich in Rußland zu regen begannen, und sich herausstellte, daß unter den Künstlern des von der Kaiserin Elisabeth begründeten russischen dramatischen Theaters sich mancher brauchbare Sänger befand, schrieb Araja seine erste „russische Oper", in der jedoch natürlich nichts als der Text russisch war. Diese Oper „Cephalos und Prokris" erlebte ihre erste Aufführung im Jahre 1755. Der Textdichter war der bekannte russische Dramaturg A. P. Sumarokow. Die Rollen der Oper wurden von vornherein zum größten Teil mit russischen Künstlern besetzt. Der außerordentliche Erfolg des Werkes veranlaßte Sumarokow zu weiteren Produktionen in derselben Richtung. Er schrieb noch eine „Alceste" mit dem Vorspiel „Neue Lorbeeren", wozu der deutsch-italienische Komponist Raupach und der Konzertmeister Starzer die Musik lieferten, und eine Oper „Seleukos", die wieder von Araja vertont wurde. Ungefähr um dieselbe Zeit entstand dann auch das erste originale Bühnenwerk eines russischen Autors, das Singspiel „Tanjuscha oder die glückliche Begegnung", dessen Verfasser der berühmte Ahnherr der russischen Schauspielkunst und Begründer des ersten russischen dramatischen Theaters,

F. G. Wolkow, war. Das Werk hat sich leider nicht erhalten, doch ist mit Sicherheit anzunehmen, daß es sich in nichts von den übrigen italienischen und „russischen" Opern, die das Repertoire des Petersburger Hoftheaters damals beherrschten, unterschied.

Auf das Singspiel von Wolkow und die erwähnten mit russischem Text versehenen Opern von Araja, Raupach und Starzer beschränkte sich für lange Zeit das russische Repertoire der Petersburger Oper. Das italienische dagegen bereicherte sich mit jeder Saison um eine stattliche Anzahl mehr oder weniger gelungener Werke im Geschmack der damaligen Zeit. Nach dem Abgange Arajas wurde seine Stelle von Raupach und Manfredini besetzt, die beide eine nicht geringe Fruchtbarkeit auf dem Gebiete der Oper entwickelten. Der Konsum italienischer Opern in Petersburg wuchs von Jahr zu Jahr, zumal sich neben dem Hoftheater eine ganze Reihe privater Operntheater unternehmungslustiger italienischer Direktoren etablierte, von denen Giovanni Locatelli mit seiner allerdings vorzüglichen Truppe am meisten Glück hatte und sogar vom Hofe subsidiert wurde.

In Moskau dagegen vermochte die italienische Oper noch lange nicht festen Fuß zu fassen. Petersburg hatten Peter und seine Nachfolgerinnen verhältnismäßig schnell nach europäischer Mode zu frisieren vermocht. In Moskau, der Veste des urkräftigen russischen Bojarentums, ging der Zivilisationsprozeß viel langsamer vonstatten. In Petersburg war der Zulauf des einfachen Publikums zu den italienischen Opernvorstellungen bald ein sehr großer. Die Zeiten, in denen die Kaiserin Elisabeth, um ihr Theater zu füllen, reitende Kuriere bei den Großen und Würdenträgern des Reiches herumschicken mußte mit dem „strengen Befehl, sofort im Theater zu erscheinen", waren schnell vorüber. Die italienische Oper bürgerte sich im Handumdrehen nicht

nur beim vornehmen Publikum der Petersburger Aristokraten ein, sondern fand auch bei den Vertretern nie-
drigerer Gesellschaftsklassen begeisterten Anklang. In
Moskau vermochte sich, trotz mehrfacher Versuche, kein
italienisches Opernunternehmen über Wasser zu halten.
Selbst Locatelli brachte es nicht zuwege, sein Theater in Moskau zu füllen. Mit allem „neumodischen Quark" war auch
die Oper dem angestammten Russentum der alten Residenz
noch lange zuwider.

Aber auch in Petersburg begann die eigentliche Glanzperiode der italienischen Oper erst mit dem Regierungsantritte Katharinas II. Ein ausgesprochener, wenn auch etwas
oberflächlicher Kunstsinn war einer der hervorstechendsten
Charakterzüge dieser großen Kaiserin. Sie selbst dilettierte
bekanntlich nicht ohne Geschick und Talent in der Dichtkunst, und auch der Oper wandte sie ihre Aufmerksamkeit
nicht nur als Zuschauerin zu, sondern versuchte sich selbst
als Verfasserin von Operntexten. Die Vorliebe der Kaiserin
für das Theaterwesen hatte natürlich eine entscheidende
Wirkung auf die Geschmacksrichtung der höfischen Gesellschaft. So kam es, daß die Epoche Katharinas für die Geschichte der italienischen Oper in Rußland zur ruhmreichsten
und ereignisvollsten wurde. Es war die Zeit eines geradezu
großartigen Mäzenatentums und eines um die Wette mit den
Liebhabereien der Kaiserin üppig ins Kraut schießenden aristokratischen Dilettantismus. Aus den reichen Schätzen, die sich
in den Händen der vielen Günstlinge der Kaiserin ansammel-
ten, wurden Unsummen für theatralische Vergnügungen ver-
schleudert. Es gehörte bald zum guten Ton der höchsten
Petersburger Gesellschaft, sein eigenes Theater und Orchester
zu unterhalten, um ein oder das andere Mal der Ehre teilhaftig zu werden, der Kaiserin eine Opernvorstellung vorzuführen. Der dekorative Teil solcher Vorstellungen ließ
alles in Rußland auf diesem Gebiet bisher Dagewesene weit

hinter sich zurück. Die Pracht der Ausstattung solcher Theatervorstellungen bei irgendeinem Potemkin, Rasumowski oder Schuwalow war unerhört. Auch in bezug auf die zur Verwendung gelangenden schauspielerischen und musikalischen Kräfte wurde nicht geknausert. Die besten Künstler und Sänger Italiens und Frankreichs wurden für nach damaligen Begriffen fabelhafte Honorare nach Petersburg verschrieben. Für die Verbreitung musikalischer Interessen inmitten aller Schichten der Petersburger Bevölkerung war dies alles natürlich von größtem Nutzen. Das gepflegte Kunstgenre blieb dabei unverrückbar immer dasselbe — die leichtgeschürzte, an der Grenze des Vaudevilles stehende Spieloper, deren Texte in französischem Geschmack angefertigt wurden, während die Musik aus den Bahnen primitivster italienischer Melomanie nicht herauskam. Für den Ernst der Kunst hatte die Kaiserin und mit ihr die ganze Hofgesellschaft nichts übrig. „Un grand opéra est un peu dur à la digestion" schrieb die Kaiserin an ihren Freund Grimm, — da war für Mozart oder Gluck in Petersburg vorläufig nichts zu hoffen.

Die Annalen des Petersburger Musiklebens zur Zeit Katharinas II. verzeichnen die glänzendsten Namen der damaligen italienischen Opernwelt. Balthasar Galuppi, Tomaso Traëtta, Giovanni Paësiello, Guiseppe Sarti, Vicento Martini „Il Spagnolo", Domenico Cimarosa nahmen nacheinander die Stellung eines kaiserlich-russischen Hofkapellmeisters ein. Die Zahl der Opern, die diese „Maëstri" für die Petersburger Bühne schrieben, ist Legion, doch ist keine darunter, die ihrem Autor die Anwartschaft auf Unsterblichkeit verliehen hätte. Unter den Opern Galuppis ragte seine „Iphigenie in Tauris" hervor, die dank ihrem neuen Stil und den reichlicher, als man sonst gewohnt war, verwandten Chören, großen Anklang beim Petersburger Publikum fand. Mit Paësiellos „Il mondo a rovescio" wurde im Jahre 1783 das neue „Große Theater" in Petersburg eröffnet. Cimarosa hatte die „Heimliche Ehe" noch nicht geschrieben und seinen Weltruf noch nicht erworben, als er seine Stellung am russischen Hofe als Musiklehrer der Großkinder der Kaiserin antrat. Sonst hätte er sich mit den verhältnismäßig bescheidenen Aussichten, die sich ihm anfangs in Petersburg zu bieten schienen, schwerlich begnügt. Sein Ruhm wuchs übrigens mit jeder neuen Oper, die er dem Repertoire des Petersburger Theaters zuführte und von denen „La vergine del sole" die bedeutendste war. Er verließ Petersburg nach kaum zweijährigem Aufenthalte, weil er das rauhe nordische Klima der Newaresidenz nicht vertrug. Lange hielt es überhaupt kaum einer der italienischen Maëstri in Rußland aus, trotz der Ehren und des Beifalls, die ihnen zuteil wurden und trotz ihrer fürstlichen Gagenbezüge. Am längsten von allen blieb Sarti in Petersburg, der in Potemkin einen ebenso generösen wie begeisterten und dazu noch fast allmächtigen Protektor fand. Von Sartis Kirchenmusik ist schon die Rede gewesen. Seine Opern zeichneten sich durch dieselbe Sucht nach groben Effekten aus, überragten jedoch inbezug auf den musikalischen Inhalt und die entfaltete technische Meisterschaft die Werke der meisten seiner Kollegen und Landsleute. Die Opern Sartis „Gli Amanti consolati", „I finti eredi", „Kastor und Pollux", „Armida", um einige zu nennen, wurden vom Petersburger Publikum mit stets gleicher Begeisterung beklatscht. Die Zarin und Potemkin überhäuften ihn mit Gunstbezeugungen, Sarti wurde in den russischen Adelsstand erhoben, Potemkin ernannte ihn zum Direktor seiner allerdings nicht existierenden musikalischen Akademie in Jekaterinoslaw, was immerhin ganz hübsche materielle Vorteile mit sich brachte. Neben hohen und höchsten Ordensauszeichnungen erhielt er sogar einen goldenen — Ehrensäbel, wozu vielleicht die kriegerische Aufmachung seiner mit Kanonen instrumentierten

Kirchenmusik der Anstoß war. Ein Vierteljahrhundert lang beherrschte Sarti das Petersburger Musikleben. Die immerwährend neben ihm auftauchenden musikalischen Sterne Italiens und Rußlands vermochten nicht, ihn aus seiner dominierenden Stellung zu verdrängen, bis er im Jahre 1802 aus eigenem Antriebe, wegen seiner zerrütteten Gesundheit, Petersburg verließ, um in die Heimat zurückzukehren. Doch war es ihm nicht beschieden Italien zu erreichen. Schon in Berlin erreichte ihn der Tod.

Neben der italienischen Oper hatte sich schon im ersten Regierungsjahre Katharinas II. ein französisches Theater in Petersburg aufgetan, in dem die Spielopern Monsignys, Grétrys und besonders d'Alayracs den italienischen Bühnenwerken heftige Konkurrenz machten, ohne jedoch in den breiteren Schichten des Publikums denselben begeisterten Anklang zu finden, wie die italienische Oper. In einem bestimmten Sinne freilich war das Auftauchen der französischen Spieloper und allerhand wenig ernsthafter „comédies mélées d'ariettes" für die Entwicklung des Petersburger Musiklebens nicht unwichtig. Die augenfällige Vorliebe der französischen Bühnenstücke für das rustikale Genre, die darin gepflegte ländlich-sittliche Erotik, die den so beliebten Schäferspielen ihren Inhalt gab, richtete ganz von selbst die Aufmerksamkeit der gerade sich regenden einheimischen künstlerischen Kräfte auf das russische Landvolk und legte den Gedanken nahe, auch allerhand Szenen und Situationen aus dem Leben der russischen Dorfbevölkerung für die Bühne zu bearbeiten. Von diesem Gedanken bis zur Erkenntnis, daß sich der russische Bauer musikalisch am besten durch die eigene Volksmusik charakterisieren lasse, war natürlich nur ein Schritt. Es entstanden zahllose Vaudevilles und Opern, die dem Publikum Sittenbilder aus dem russischen Landleben vorführten. Selbstverständlich entsprachen diese Schilderungen des russischen Volkes mit

seinen Leiden und Freuden der Wirklichkeit ebensowenig,
wie es jemals ein lebendes Modell der französischen sinnlich-
süßlichen „bergers" und „bergerettes" gegeben hat. Das
störte jedoch das Publikum der damaligen Zeit nicht im
geringsten. Alle diese pseudo-russischen Bühnenstücke mit
ihrer verlogenen Volkstümlichkeit und den bis zur Karikatur idealisierten Typen des russischen Landvolkes fanden
bei der mehr gewählten als wählerischen Zuhörerschaft der
Petersburger Hoftheater begeisterten Beifall, dem sich auch
die weniger vornehmen Elemente des Puklikums, die sich
nach der Sitte der damaligen Zeit stehend im Parterre des
Theaters drängten, mit seltener Einmütigkeit anschlossen. In
diesen ersten russischen Vaudevilles und „Opern", die ja
eigentlich auch nichts anderes waren, als etwas ausgedehn-
tere Vaudevilles, wurden von dem Komponisten natürlich
aufs eifrigste russische Volkslieder verwandt, musikalisch
freilich bis zur Unkenntlichkeit entstellt durch eine dem
Geiste des russischen Volksliedes völlig fremde, höchst primitive Harmonisierung und Rhythmisierung nach Art der
italienischen Opernmelodien, textlich jedoch möglichst getreu konserviert. Wenn man die Geschichte der russischen
Oper bis zu ihren ersten Anfängen zurückverfolgen will, so
wird man wohl oder übel zu diesen ersten harmlos-schüch-
ternen Versuchen geführt, in denen sich erstmalig die einheimische Produktionskraft, allerdings ohne jeden Anspruch
auf Eigenart und Selbständigkeit, regt. Im Gegensatz zu
den Bühnenwerken italienischer Komponisten, die ihren
Gastfreunden zuliebe auch einige ihrer Opern ein wenig „à
la russe" würzten, hatten diese russischen Vaudevilles und
„Opern" meistenteils Russen zu Verfassern.

Da die Komponisten dieser russischen Bühnenstücke
fast ausnahmslos dem Stande der leibeigenen Bauern-
schaft angehörten, und da besonders im ganz leichten Genre
der „komischen Komödien mit Musik" der Text für viel

wichtiger galt als die Musik, so haben sich irgendwelche biographische Nachrichten über die Verfasser dieser Musik nur sehr spärlich erhalten. Von manchem braven Musiker jener Zeit weiß man nur, daß er ein Leibeigener dieses oder jenes Aristokraten war, während es für überflüssig galt, seinen Namen der Nachwelt zu überliefern. So wissen wir z. B., daß der Autor der erfolgreichen Oper „Milena", zu der der berühmte pseudo-klassische Dichter Cherssakow den Text geliefert hatte, Leibeigener des Fürsten Wolkonski war. Sein Name jedoch hat sich nicht erhalten.

Den Reigen dieser russischen Dorfidylle mit Musik eröffnete — wenn man von dem obenerwähnten Singspiele Wolkows absieht — die „Oper" „Anjuta" von Fomin. Der durchschlagende Erfolg dieses Werkchens zog sofort eine ganze Reihe ähnlicher Versuche nach sich. Außer Fomin, der seinem Erstlingswerk noch einige andere nachfolgen ließ, verzeichnet die Petersburger Theaterchronik des letzten Drittels des XVIII. Jahrhunderts als Komponisten musikalischer Bühnenstücke im „russischen Genre" einen gewissen Matinski, der Leibeigener des Grafen Jagushinsky war und auf Kosten seines Herrn eine ziemlich gute musikalische Ausbildung genossen hatte. Die erfolgreichste Oper Matinskis war „Der Gasthof" („Gostiny dwor"). Mit einigen anderen Opern, die das russische Milieu mit der bis dahin fast alleinherrschend gewesenen griechischen Mythologie oder dem ebenfalls beliebten Orient vertauschten („Circe und Ulysseus", „Plenira und Selim", „Der Pascha von Tunis"), war er weniger glücklich.

Alle diese Opern wurden jedoch in den Schatten gestellt durch das Werk eines Moskauer Polizeioffiziers Ablessimow, „Der Müller", zu dem Fomin die Musik schrieb und das gleich bei seiner Erstaufführung im Moskauer Privattheater von Medox im Jahre 1779 einen sensationellen Erfolg errang und es in zahlreichen Aufführungen zu einer bisher noch nicht dagewesenen Popularität in beiden Residenzen brachte. Der Moskauer Erfolg dieses Werkes ist für dieses selbst charakteristisch. Die wort- und tongetreue Verwendung zahlreicher populärster Volkslieder eroberte die Herzen der konservativ national gesinnten Moskowiter, die sich der italienischen und französischen Oper gegenüber immer noch feindselig und ablehnend verhielten, mit einem Schlage. In musikalischer Beziehung stand dieser berühmte „Müller als Zauberer, Betrüger und Heiratsvermittler" gleich den übrigen Opern Fomins und seiner weniger glücklichen Kollegen auf einem Niveau, das weder das Interesse des Ästhetikers noch des Musikhistorikers in irgendeinem Grade erregen kann. Nur in kulturhistorischer Hinsicht kann man ihnen eine gewisse Bedeutung nicht absprechen, weil ihr Erfolg für den Geschmack und die künstlerische Sinnesrichtung der damaligen Zeit ein beredtes Zeugnis ablegt. In den fünfziger Jahren des 19. Jahrhunderts wurde übrigens ein Wiederbelebungsversuch des „Müllers" von Fomin auf der Bühne des Petersburger Alexandertheaters gemacht, wobei man es ihm, als kulturhistorischem Kuriosum, an einigem Beifall nicht fehlen ließ, auf den er als Kunstwerk keinen Anspruch erheben durfte. Neben Fomin und Matinski wirkten als dilettierenden Opernkomponisten zu Ende des 18. Jahrhunderts noch einige andere Russen, Titow, Koslowski, Wranitzki, Fürst Bjelosselski, Poporski, Paschkewitsch, ohne jedoch die vaterländische Kunst um einen noch so kleinen Schritt weiterzubringen.

Mehr dem Rang als dem persönlichen künstlerischen Verdienste nach nimmt eine besondere Stellung in den ersten Annalen des russischen Opernwesens die Kaiserin Katharina II. ein. Obwohl einem Ausspruch nach, den sie Voltaire gegenüber tat, ihr „von allen Geräuschen das mit Musik verbundene am meisten zuwider war", war diese geniale und vielseitige Frau doch viel zu klug und ein-

38

sichtsvoll, um die eminente kulturfördernde Bedeutung der Tonkunst zu verkennen. Außerdem stachelte es ihren Ehrgeiz, gerade auf dem Gebiete künstlerische Lorbeeren zu ernten, das in den Augen ihrer Zeitgenossen das beachtenswerteste war, und auf dem sich die Begeisterung des Publikums am lautesten und am leidenschaftlichsten äußerte. So machte sie sich daran, unter Assistenz ihres Privatsekretärs Chrapowitzki, vom Rat und von den Korrekturen Voltaires geleitet, den Text zu mehreren musikalischen Theatervorstellungen zu verfassen. Bei aller Hochachtung vor den außerordentlichen Geistesgaben Katharinas kann man sich der Einsicht nicht verschließen, daß alle fünf Opern, die sie gedichtet hat, nichts weniger als literarische Heldentaten bedeuten. Nur durch einen originalen Zug unterscheiden sich die Opernlibretti der Kaiserin von der schablonenhaften fabriksmäßigen Ware, mit der sich die Bühnenkomponisten der damaligen Zeit ja nicht nur in Rußland begnügen mußten. Der spottsüchtige, in der Schule Voltaires erzogene Geist Katharinas brachte einen amüsanten satyrischen Ton in ihre Opernbücher hinein. Der Nachwelt sind die zahlreichen persönlichen, tages- und lokalpolitischen Anspielungen, mit denen die Operntexte Katharinas durchsetzt sind, weniger interessant, als dem zeitgenössischen höfischen Publikum, das die Opern der Kaiserin nicht nur aus untertänigstem Pflichtgefühl applaudierte, sondern sich dabei in der Tat wahrscheinlich ausgezeichnet unterhielt. An Stelle wirklich ernsthafter künstlerischer Erbauung, die man nirgends weniger suchte, als in Theatervorstellungen, nahm man nur zu gern die prickelnde amüsante Kost tagesgeschichtlicher Satiren, die sich im harmlosen Gewande höchst pathetischer und moralischer Opern präsentierten, entgegen. Besonders viel belacht wurde die Oper vom „Traurigen Helden Kosmetowitsch", einem eitlen Prahlhans und Maulhelden, der sich über den Ozean begibt, um irgendwelche fabelhafte Helden zu bekriegen, statt dessen jedoch auf Schritt und Tritt selbst der Gefoppte ist. Ob diese Oper auf den zeitweiligen erklärten Günstling der Kaiserin, Potemkin und seine bellikosen Aventuren, oder auf Gustav III. von Schweden gemünzt ist, darüber konnten noch zu Zeiten Katharinas die Gelehrten nicht einig werden und sind es auch heute noch nicht. Mehr Wahrscheinlichkeit hat die erste Ansicht für sich. Zu politischen Taktlosigkeiten ließ sich Katharina niemals hinreißen. Die Musik zum „Kosmetowitsch" lieferte Martini. Sie unterscheidet sich noch weniger als das Textbuch der Kaiserin von der damals üblichen Schablone. Dasselbe gilt auch von den übrigen Opern, zu denen die Musik entweder bei den jeweiligen Hofkapellmeistern oder bei dilettierenden musikalischen Kavalieren der Hofgesellschaft bestellt wurde. Die Titel dieser Opern sind folgende: „Der tapfere und kühne Held Archideitsch" (Musik von Baron Ernst Vanzma), „Ferei" (Musik von Briks), „Wassili Boleslawitsch, der Held von Nowgorod" (Musik von Fomin), „Thädulos und seine Kinder" (Musik von Paschkewitsch und Martini). Die Kaiserin selbst legte das meiste Gewicht nicht diesen Opern bei, sondern der großen „historischen Vorstellung" in 5 Akten mit Chören, Liedern, Spielen und Tänzen, „Die Regierung Olegs", einer Verherrlichung Rußlands in geschichtlichem Festspielgewande, das laut einer allerdings sehr anfechtbaren Behauptung des umständlichen Vorworts „mehr Wahrheit als Dichtung" enthalten sollte. Die Musik zum „Oleg" schrieben gemeinsam Sarti, sein erster Konzertmeister Cannobbio und Paschkewitsch. Auch hier zeigt sich Sarti, dem Stil nach, seinen Konkurrenten bei weitem überlegen. Übrigens hatte Sarti seiner Partitur eine „Erklärung" beigefügt, in der er behauptete, daß seine Musik vollständig im antiken griechischen Geschmack gehalten sei — der von ihm komponierte fünfte Akt enthielt vorzugsweise Szenen aus Euripides — doch fällt es schwer sich vorzustellen, was Sarti sich unter „antikem griechischem Geschmack" gedacht hat, der sich anscheinend in nichts von dem seiner eigenen Zeitgenossen unterschied. Eine gewisse klassische Würde, die besonders in den Chören Sartis zutage tritt, genügte jedenfalls nicht, um diese phrasenreiche „Erklärung" und die darin enthaltenen hochtönenden Versprechungen nie dagewesener Stileigentümlichkeiten zu rechtfertigen. „Die Regierung Olegs" wurde mit größtem Pomp in Szene gesetzt, die Ausstattung kostete über 10000 Rubel, eine für jene Zeit erkleckliche Summe, 600 Personen waren an der Vorstellung beteiligt, die in der Saison 1790/91 zur Befriedigung der Kaiserin zehnmal hintereinander stattfand.

Eine unmittelbare Folge des außerordentlichen Aufschwungs, den das Opernwesen in Rußland während der Regierung Katharinas II. natürlich immer im Rahmen des musikalischen Zeitgeschmacks nahm, war die Verbreitung musikalischer Interessen und Kenntnisse auch außerhalb der Bühne in den Häusern der musikliebenden Einwohnerschaft Petersburgs. Man fing an, Hausmusik in mannigfacher Form und Ausdehnung zu pflegen.

Wer sich's erlauben konnte, legte sich, wie schon erwähnt, ein eigenes Theater an, von denen manche den kaiserlichen Theatern nur wenig nachstanden, was die Kostbarkeit der Aufmachung und die Qualität der künstlerischen Kräfte anlangte. Besonders gerühmt wurden die Theater, die die Grafen Scheremetjew auf ihren Landgütern Kuskowo und Ostankino unterhielten, ausgezeichnete Operntruppen standen bei den Fürsten Wolkonski, Jussupow, Bjelosselski und bei den Grafen Tschernyschew und Apraxin in Dienst. Sogar in der Provinz gab es in einigen aristokratischen Häusern vorzügliche Privattheater, so bei den Fürsten Dolgoruki im Gouvernement Wladimir und bei den Grafen Kamenski in Orel. In Moskau allein gab es zur Zeit Katharinas 16 Privattheater, in denen nach der Aufstellung des Theaterhistorikers Iwanow 110 Schauspieler und 226 Musiker und Sänger beschäftigt wurden. Der ständige Verkehr mit den zum Teil vorzüglichen Gesangskräften der kaiserlichen und privaten Theater regte den musikalischen Dilettantismus, speziell die Liebe zur Gesangskunst in allen Kreisen des russischen Publikums natürlich aufs mächtigste an. Der Gesang stand dem Herzen der Russen von jeher ganz besonders nahe, und anders konnte es auch gar nicht sein. „Es ist sehr natürlich," schreibt der bekannte russische Musiktheoretiker J. Arnold in seinen Memoiren, „daß von allen Erscheinungsformen der Musik in der russischen Gesellschaft der Gesang bei weitem dominierte. Wenn es schon an und für sich unbestreitbar ist, daß dem Verständnis und der Aufnahmefähigkeit jedes Menschen, welcher Nation er auch angehört, der Gesang am nächsten liegt, so gilt das in erhöhtem Maße von jedem Russen der damaligen Epoche, der sich die Instrumentalmusik immer noch viel zu wenig zu eigen gemacht hatte, dagegen aber — und das ist die Hauptsache — von Kindheit an nichts anderes hörte, als die Klänge der russischen Volkslieder". Der Liebe zu den Liedern des eigenen Landes, soweit sie nicht durch die Opern und Singspiele „in russischem Genre" genährt wurde, tat die immer mehr um sich greifende Begeisterung für den italienischen Gesang allerdings einigen Abbruch.

Die Melomanie des russischen Publikums, die besonders unter den Vertretern der Aristokratie florierte, überstieg zeitweilig alle Grenzen, auch die der Sitte und des Anstandes, und wuchs sich zu einer fast psycho-pathologischen Erscheinung aus, wie sie sich ein halbes Jahrhundert später zu Zeiten der Viardot-Garcia, Rubinis und Tamburinis in Petersburg nochmals wiederholen sollte. In den Dokumenten der zeitgenössischen Literatur findet sich manches ergötzliche Zeugnis für die wahnwitzige Italomanie der russischen Gesellschaft in der Epoche Katharinas II. So schreibt z. B. der wegen seiner scharfen Zunge gefürchtete Graf Rastoptschin: „Der Sänger der Opera buffa Mandini reizt unsere Damen zu allerhand exorbitanten Tollheiten. Sie tragen insgesamt Devisen, die er ihnen austeilt. Die Fürstin Dolgoruki applaudiert ihm ganz allein, gerät außer sich in ihrer Loge, schreit ‚bravo‘ und ‚fora‘. Die Fürstin Kurakin erzählt voller Begeisterung, daß Mandini einen Abend im Schlafrock und Nachtmütze bei ihr verbracht habe.“ Bei weniger expansiven und extravaganten Naturen als den beschriebenen Fürstinnen äußerte sich die Wirkung der italienischen Gesangskunst glücklicherweise auf eine andere fruchtbarere Art.

Die dilettierende Gesangskunst erwarb sich immer mehr Verehrer in allen Schichten der Petersburger Gesellschaft. Eine Folge davon war, daß die Werke nicht nur der italienischen, sondern auch der deutschen Vokalliteratur bald die weiteste Verbreitung in Rußland fanden. Nächst der Gesangskunst drang aber auch die Instrumentalmusik in die musikliebenden Häuser ein. Daneben begann aber auch die Liebhaberei für reine Instrumentalmusik zu erstarken. Die am Anfang und in der ersten Hälfte des 18. Jahrhunderts bei allen dilettierenden Musikbeflissenen auch in Rußland so außerordentlich populär gewesene Flöte, das Instrument der tuskulischen Idyllen, wurde allmählich aber sicher durch das Clavecin verdrängt. Nennenswerte Instrumentvirtuosen hat Rußland damals allerdings nur wenige hervorgebracht. Der bedeutendste war unzweifelhaft Iwan Chandoschkin, ein Geiger von außerordentlichen Qualitäten, dem es vielleicht nicht schwer gefallen wäre, Weltruf zu erringen, wäre er nicht — als Leibeigener Potemkins — an Rußland gefesselt gewesen. Vom violinistischen Können Chandoschkins legen seine Werke für die Geige beredtes Zeugnis ab. Drei erst kürzlich im Druck erschienene Solosonaten

verdienen die Aufmerksamkeit der Geiger in hohem Grade.
Viel weniger interessant sind seine halsbrecherischen Variationen über russische volkstümliche Melodien, von denen einige schon bei seinen Lebzeiten gedruckt wurden (1765 bis 1804).

Ein Beweis für das schon zu Katharinas Zeiten in Rußland zunehmende Interesse an den reinen Formen der Instrumentalmusik ist auch der Umstand, daß einige, — allerdings nur wenige — reiche Aristokraten neben oder statt einer Theatertruppe ihr eigenes Orchester unterhielten. Das beste solcher privater symphonischer Orchester gehörte dem Aristokraten Wadkowski und stand unter der Leitung des zu seiner Zeit sehr bekannten Konzertmeisters Karelin.

Beliebter als derartige, nach europäischem Muster besetzte symphonische Orchester waren damals freilich die sogenannten „Hornmusiken“, die in der Geschichte der musikalischen Zustände Rußlands eine ganz besondere Stellung beanspruchen dürfen. Der Erfinder der Hornmusik war der tschechische Waldhornist Maresch, der im Jahre 1748 nach Rußland kam und zuerst bei C. K. Naryschkin und dann am Hofe der Kaiserin Elisabeth als Kapellmeister der „Hofjägermusik“ angestellt war. Mit dieser „Hornmusik“ hat es eine eigentümliche Bewandtnis. Maresch kam auf den Gedanken, die vielen Leibeigenen der russischen Landedelleute, mit denen er bei Gelegenheit der vielfach veranstalteten Jagden in Berührung kam, als lebendige Orgelpfeifen zu benutzen. Das war jedenfalls leichter und einfacher, als die ungefügigen Bauernburschen zu brauchbaren Waldhornbläsern heranzuziehen, denn es setzte keinerlei musikalische Begabung der Beteiligten, sondern nur die mechanische Fähigkeit zu zählen voraus. Jeder „Musiker“ hatte ein Horn zu blasen, das nur einen ganz bestimmten und keinen anderen Ton von sich gab. Mit Hilfe von 91 Hörnern, von denen die größten bis sechsundzwanzig Fuß

44

lang waren, konstruierte Maresch eine Tonleiter von vier-
einhalb Oktaven, wobei jeder beteiligte Hornist in der Tat
nichts andres vorstellte, als eine Taste oder Orgelpfeife.
Das erste derartige Orchester stellte Maresch aus den Leibeigenen des C. K. Naryschkin zusammen. Die Kaiserin Elisabeth fand außerordentliches Gefallen an der Idee und
betraute Maresch damit, ein ähnliches „Hofjagdorchester"
auch für sie ins Leben zu rufen, und bald gab es keinen
begüterten Aristokraten in Rußland, der nicht über eine
solche Hornmusik verfügt hätte. Die Leistungen dieser
Hornmusiker beschränkten sich durchaus nicht auf einfache choralartige Musikstücke, Fanfaren und dergleichen.
Einige Orchester vollführten virtuose Leistungen, die heute
kaum glaubhaft erscheinen, spielten Ouvertüren, Symphonien, Fugen, wobei das schnellste zierlichste Passagewerk mit
absoluter Exaktheit ausgeführt wurde. Ein Graf Rasumowski führte sogar die Oper „Alceste" von Raupach mit
alleiniger Begleitung der Hornmusik auf. Ursprünglich
wurden die Instrumente nur aus Messing angefertigt, später
jedoch, um den Klang weicher zu gestalten, aus Holz und
mit Leder überzogen. Nach den Berichten von Ohrenzeugen
war die rein physiologische, klangliche Wirkung derartiger
Orchester von außerordentlicher Schönheit. Der schon
zitierte J. Arnold, Glinka, der in seinen jungen Jahren noch
das Hornorchester des Chevaliergarderegiments in Petersburg hörte, von deutschen Musikern Spohr in seiner Selbstbiographie, äußern sich voller Entzücken über das reine
Timbre und den weittragenden Klang der Hornmusik, die
in einer Entfernung von fünf, sechs Kilometern noch deutlich hörbar war. Als das Klappensystem der Messing-
blasinstrumente erfunden wurde, waren die Tage der russischen Hornmusik natürlich gezählt. Das Hofjagdorchester
ging im Jahre 1818 ein, nur in einigen Garderegimentern
wurden derartige Hornmusiken als Kuriosa etwas länger

konserviert. Eines der letzten Repertoirstücke der aussterbenden Hornmusik in Petersburg war die „Freischütz"-Ouvertüre von Weber.

Die beiden einzigen wirklich bedeutenden Komponisten, die Rußland in der Epoche Katharinas der Großen hervorgebracht hat, Beresowski und Bortnjanski, kommen für die weltliche Musik so gut wie gar nicht in Betracht. Bei der Betrachtung der russischen Kirchenmusik ist auf ihre Bedeutung gebührend hingewiesen worden.

Beresowski war ein sehr vielversprechendes Talent, das unter anderen Lebensumständen vielleicht eine epochemachende Bedeutung für die russische Musik hätte gewinnen können. Leider mußte er die Wahrheit vom Propheten und dessen Vaterland in bitterster Weise am eigenen Leibe erfahren. Während seine Landsleute den Italienern zujubelten, mußte er seine Erfolge in Italien suchen. Eine Oper von ihm, die leider verloren ist, „Demophontes" nach dem Text von Metastasio, fand in Bologna den lebhaften Beifall des italienischen Publikums. In Rußland ist sie nicht zur Aufführung gelangt. Bei den Großen des Reiches, die auch in allen Fragen der Kunst ausschlaggebend waren, fand Beresowski keinerlei Unterstützung. Potemkin, der ihm anfänglich versprochen hatte, ihn zum Direktor seiner zwar begründeten, faktisch jedoch nicht existierenden musikalischen Akademie in Jekaterinoslaw zu machen, zog ihm im letzten Augenblick Sarti vor. Da die Gehälter allen Angestellten dieser nur in der Phantasie Potemkins bestehenden Akademie bis zum Jahre 1791 mit größter Akkuratesse ausbezahlt wurden, wäre Beresowski dadurch dem Kampfe ums Dasein, dem er schließlich erlag, enthoben gewesen. Aller Existenzmittel beraubt, verfiel er in Trübsinn und endete im Alter von 32 Jahren durch Selbstmord.

Bortnjanski wandte sich nur in den ersten Jahren seiner musikalischen Laufbahn vorübergehend der weltlichen Musik

zu, um nachher alle seine Kräfte ausschließlich kirchlichen Kompositionen zu weihen. Während seiner Studien-
zeit bei Galuppi in Venedig brachte er dort zwei Opern zur
Aufführung: „Alcida" und „Quintus Fabius". Der Erfolg
soll ein bedeutender gewesen sein. In Rußland jedoch blieb
Bortnjanski, gleich Beresowski, als Opernkomponist dem
großen Publikum unbekannt. Nur einmal trat er in kleine-
rem Kreise mit zwei französischen komischen Opern „Le
faucon" und „Le fils rival ou la moderne Stratonice" hervor, die er für das Haustheater des Thronfolgers Paul
Petrowitsch, des nachmaligen Zaren Paul I., schrieb. In
diesen Werken, ebenso wie in einigen Kammerkomposi-
tionen, unterscheidet sich Bortnjanski in nichts von seinen
italienischen Vorbildern, deren Manier er ja auch, wie
schon erwähnt, in die russische Kirchenmusik hinüber-
nahm. Immerhin muß er auch auf diesem Gebiete neben
Beresowski als der erste wirklich fachmännisch gebildete
und durchaus ernst zu nehmende russische Komponist
gelten. Von all den vielen russischen Halbdilettanten, im
Genre Titows, Fomins, Paschkewitschs und anderer, trennt
ihn, abgesehen von dem Qualitätsunterschiede der Begabung,
ein ganzer Abgrund fachmännischer Bildung und künstlerischer Erudition. In dieser Beziehung war Bortnjanski
von den nachfolgenden Komponisten kein Geringerer erst
ebenbürtig als — Glinka.

Mit dem Regierungsantritte Pauls I. änderte sich an den
in Rußland herrschenden Zuständen kaum irgend etwas. Der
Zar selbst, der bekanntlich vollständig in einem verknöcherten
Militarismus aufging, hatte für Musik und Theater wenig
übrig. Er beschränkte sich jedoch darauf, den Bestand der
Orchester bei seinen Regimentern zu vermindern, da ihm die
Musik für die militärische Mannszucht gefährlich erschien.
Das Theaterwesen vermochte er in seiner kurzen Regierungs-
zeit nicht in einer ihm vielleicht wünschenswert erscheinen-

den Weise aus dem öffentlichen Interesse hinauszudrängen. Die während der Epoche Katharinas II. in Rußland emporgeblühte Liebe zum Theater und speziell zur Oper hatte zu feste Wurzeln in der russischen Gesellschaft gefaßt, um durch irgendeinen Gewaltakt ausgerottet werden zu können. Die Musik blieb von nun an der beliebteste Luxus der russischen Aristokratie. Dieses goldene Zeitalter der Tonkunst in Rußland, wo jeder halbwegs begüterte Edelmann sein eigenes Orchester, wenn nicht gar eine ganze Operntruppe unterhielt, setzte sich fort, bis durch die Aufhebung der Leibeigenschaft dem russischen Adel ein so schwerer materieller Schaden zugefügt wurde, daß alle derartigen luxuriösen Begleiterscheinungen eines bis dahin im ruhigen und satten Wohlstande schwelgenden Lebens der höheren Gesellschaftsklassen von selbst aufhören mußten.

So unangenehm das seiner höchst sparsam veranlagten Natur sein mochte, so sah sich Paul I. doch veranlaßt, ohne Murren die stattliche Subsidie für die kaiserliche Hoftheaterhaltung zu zahlen, die im Jahre 1800 bis zur Summe von 250 000 Rubel jährlich anwuchs (jetzt[*] beträgt sie über eine Million). Außer der italienischen Oper florierte zu Zeiten Pauls auch wieder die französische Oper in Petersburg, deren Vorstellungen in den letzten Regierungsjahren Katharina II. sistiert worden waren. Auf dem Repertoire der französischen Oper kamen nun, außer den schon früher gepflegten Grétry, Monsigny und d'Alayrac, auch andere Komponisten zu Wort: Méhul mit „Stratonice" und „Euphrosine et Conradin", Cherubini mit „Ludoiska", Kreutzer mit „Paul et Virginie", J. J. Rousseau mit „Le divin du village", Philidor mit „Le sorcier", auch Komponisten zweiten und dritten Ranges: Gavreaux, Dezèdes, Lemoine u. a. wurden der Ehre teilhaftig, am Petersburger

---

*) 1914.

Hoftheater aufgeführt zu werden. Das Repertoir der italienischen Oper bereicherte sich endlich auch durch die Werke von Mozart („Figaro" und „Zauberflöte") und Gluck („Iphigenie in Aulis"), doch vermochten die deutschen Komponisten, selbst in italienischem Gewande, noch lange nicht, einen irgend nennenswerten oder gar dauernden Erfolg in Rußland zu erringen. Auch dem „Don Juan" und dem „Freischütz", die zwanzig Jahre später ins Repertoire der Petersburger Oper aufgenommen wurden, gelang es nicht, sich auf der russischen Bühne zu halten, während z. B. ein Werk, wie die „Schweizerfamilie" von Weigl, viel größeren Anklang fand. Dieser Umstand beweist zur Genüge die Tatsache, die auch durch das Zeugnis späterer wirklich einsichtsvoller Zeitgenossen, wie z. B. Glinka oder Arnold, erhärtet wird, daß es in Rußland um die Wende des 18. Jahrhunderts trotz der äußerlich glänzenden Zustände um das wahre Musikverständnis doch noch recht mangelhaft bestellt war.

Im vorletzten Regierungsjahre Pauls I. taucht in Petersburg eine Persönlichkeit auf, die von nun an im Verlaufe eines Vierteljahrhunderts eine absolut dominierende Stellung im russischen Musikleben einnehmen sollte — der junge, kaum 23 jährige italienische Kapellmeister Catterino Cavos, ein Venezianer von Geburt. Cavos war der vollendete Typus eines musikalischen Tausendsassa, der alles leistete, was man von ihm verlangte, ohne doch irgend etwas wirklich ordentlich zu können. Eine fabelhafte Routine, die er sich bei seiner außergewöhnlichen musikalischen Begabung im Dienste des Petersburger Theaters rasch aneignete, ersetzte ihm eine wirklich gründliche musikalische Erudition in genügendem Maße, um dem Geschmacke des russischen Publikums nach allen Richtungen hin gerecht zu werden. Vom bescheidenen Posten eines Korrepetitors schwang er sich in wenigen Jahren zu der glänzend dotierten Stellung eines ersten Hofkapellmeisters auf, und schrieb nun für den Hausgebrauch der Petersburger Hofoper Werk um Werk. Die Zahl seiner Bühnenwerke beträgt über fünfzig; Cavos lieferte alles, wonach gerade Bedarf war: französische, russische, italienische Opern jeder Art und Ausdehnung, vom Vaudeville bis zur heroischen Oper, vom Einakter bis zur Tetralogie. Irgendeine bestimmte Stromrichtung läßt sich jedoch in dem musikalischen Ozean, mit dem Cavos Petersburg überschwemmte, nicht erkennen. Französische, italienische und russische Elemente vermischten sich in der Musik Cavos' in unentwirrbarer Weise. Sein leitendes Stilprinzip blieb dabei — höchste Primitivität der musikalischen Faktur. Und gerade dank dieser Einfachheit seiner Musik, die auch dem Aufnahmevermögen ganz ungebildeter Zuhörer keine Rätsel aufgab, erzielte er seine Erfolge und verhalf er seinen Melodien zu ihrer zeitweilig sehr großen Popularität. Seinen ersten entscheidenden Erfolg errang Cavos mit der Oper „Lesta, die Dnjepr-Nixe". Das Werk war textlich und musikalisch eigentlich nichts anderes als eine freie Bearbeitung von Kauers in Westeuropa so beispiellos erfolgreichem „Donauweibchen". Das Singspiel Kauers war auf zwei Abende angelegt, Cavos machte unter Assistenz des halbdilettantischen russischen Komponisten Davydow eine Tetralogie daraus. Der Erfolg der „Lesta" war unstreitig der glänzendste, den bis dahin überhaupt irgendeine Oper auf einer russischen Bühne errungen hatte. Die „Dnjepr-Nixe" machte die Runde über alle russischen Bühnen in den Residenzen und in der Provinz, und jahrzehntelang gehörten die nichtigen Melodien Cavos zu den populärsten in Rußland. Der Verfasser der „Lesta" war mit einem Schlage ein gesuchter und berühmter Mann geworden, und dank seiner musikalischen Fixigkeit und seiner jedenfalls bemerkenswerten, vielseitigen Begabung gelang es ihm ohne große Anstrengung, die wider Erwarten schnell errungene

Stellung bis in sein Alter hinein zu bewahren. Die Opern Cavos' waren eigentlich alle erfolgreich, ob er nun historische Sujets („Die Jugend Johanns III.", „Die Kosaken am Rhein"), mythologische und orientalische Stoffe („Amor und Psyche", „Zephir und Flora", „Acis und Galathee"), Schauerdramen („Miroslawa oder der Scheiterhaufen des Todes"), französische Konversationslustspiele („Die Liebespost"), romantische Abenteuer („Ivanhoe") oder russische Sagen („Ilja Muromez", „Swjetlana") vertonte. Eine besondere Stellung unter seinen Bühnenwerken nimmt die Oper „Iwan Sussanin" ein, in der er denselben Stoff behandelte, mit dem Glinka nachher die glänzende Reorganisation des russischen Opernwesens zustande brachte. Die Oper Cavos', in der er nach dem Beispiele der früheren Singspiele „in russischem Genre" reichlich nach italienischer Manier zurechtgemachte russische Volksmelodien verwendet, läßt freilich immer noch nicht ahnen, welch eine gewaltige musikalische Kraft in diesen Tönen schlummerte und zu welch epochemachender, historischer Bedeutung die handelnden Personen seines Werkes durch den belebenden Hauch des Genies erhoben werden sollten. Das Betragen Cavos' gegenüber dem Schöpfer des „Leben für den Zaren", von dem an anderer Stelle erzählt werden soll, flößt einem übrigens die größte Hochachtung vor den Charaktereigenschaften dieses Mannes ein, der so lange die Zügel der musikalischen Regierung Rußlands in seinen geschickten Händen vereinigte.

Das beginnende 19. Jahrhundert wird in Rußland durch das Emporblühen einer neuen Kompositionsgattung charakterisiert, die bis dahin keine Pflege gefunden hatte. Das Kunstlied, oder exakter ausgedrückt „die russische Romanze" feiert ihr Entstehen, um von nun an im Rahmen des bescheidenen häuslichen Musizierens den Geschmack der russischen Gesellschaft fast ausschließlich zu beherr-

·schen. Als Kunstgenre ist die russische Romanze keineswegs sehr hoch einzuschätzen, doch ist sie immerhin die Blüte einer durch die Einwirkungen primitivster italienischer Melomanie in ihrer freien Entwicklung allerdings arg behinderten bodenständigen Musikkultur. Das einzig wertvolle an den russischen Romanzen war ihr russischer Charakter. Sie standen in dieser Beziehung unvergleichlich viel höher, als alle bisherigen „russischen" Opern und Singspiele. Daher nur konnte es geschehen, daß einige von ihnen geradezu zu einer Art von Volksliedern wurden. Im übrigen war die musikalische Physiognomie der russischen Romanzen im höchsten Grade anspruchslos. Das Melos war alles, die technische Faktur bedeutete nichts. Zu einer im Stile der russischen Volkslieder gehaltenen, möglichst breit ausladenden Melodie wurde eine Begleitung geschrieben, die nichts anderes vorstellen wollte als das allerunumgänglichste harmonische Gerüst. Als Texte dienten vorzugsweise die in Hülle und Fülle entstehenden Erzeugnisse der sentimentalen Poesie der damaligen Zeit. Dem musikalischen Dilettantismus eröffnete die russische Romanze, wie leicht zu verstehen, ein unendlich dankbares Feld für ungestrafte Betätigung. Mit den elementarsten musikalischen Kenntnissen war man imstande, fiel einem nur eine brauchbare Melodie ein, solch eine Romanze im Zeitgeschmack fertig zu bringen. Da kann es einen nicht wundern, daß sich in Petersburg — war der erste Anstoß erst gegeben —, eine ganze Plejade dilettierender Romanzenkomponisten zusammenfand. Die bekanntesten sind Alabjew, dessen „Nachtigall" ein Jahrhundert lang das populärste Lied in Rußland gewesen ist, Warlamow, der Komponist des Liedes „Der rote Sarafan", das bald zum Volksliede wurde, Titow, ein Sohn des Opernkomponisten der Zeiten Katharina II., Gurilew, der Autor zahlreicher überaus gefälliger Melodien, Genischta, der einzige Romanzenkomponist, der auch einige wenige Instrumental-

52

musik geschrieben hat, Fürst Golizyn, der unternehmungslustige Entrepreneur, der mit einem Chor russischer Bauern
Europa und Amerika bereiste, endlich Graf Wielhorski,
der spätere väterliche Freund Glinkas, ein Sohn jenes glücklichen Grafen, dem die Quartette op. 127, 130, 131 von
Beethoven gewidmet sind. Von all diesen Komponisten,
deren musikalische Kenntnisse nicht weiter reichten, als bis
zu den elementarsten Regeln der Harmonielehre, spielte im
Musikleben Petersburgs zu Anfang des 19. Jahrhunderts Graf
Wielhorski nicht nur als Komponist, sondern überhaupt
als enragierter Kunstenthusiast, die hervorragendste Rolle.
Berlioz nennt in seinen Memoiren das Haus Wielhorskis
und seines Bruders, der ein vorzüglicher Violoncellist war,
„un vrai petit ministère des beaux arts". Allen Erscheinungen und Ereignissen des Musiklebens brachte Wielhorski
die gleiche rege und lebhafte Anteilnahme entgegen. Alle
in Petersburg durchreisenden Künstler — und vom zweiten
Viertel des 19. Jahrhunderts an führte der Weg fast aller
berühmten reisenden Virtuosen über die russische Newaresidenz — waren seiner weitgehenden Gastfreundschaft
sicher. Liszt, Berlioz, Spohr, Vieuxtemps, Lipinski u. v. a.
können darüber nicht genug Rühmendes berichten. Als
Komponist freilich überragte Wielhorski seine komponierenden Zeitgenossen auf dem Gebiete der Romanze nicht, immerhin kann man ihm das Zeugnis, daß er ein gefälliger, graziöser Melodiker gewesen ist, nicht vorenthalten.

In der bisherigen musikalischen Entwicklungsgeschichte
Rußlands ist Moskau so gut wie gar nicht hervorgetreten.
Das offizielle Musik- und Theaterleben Rußlands spielte sich
in Petersburg ab. Die alte Zarenstadt war, auch als die ur-
sprüngliche Abneigung gegen das Theaterwesen einem bereit-
willigen Entgegenkommen Platz gemacht hatte, nichts weiter
als eine Theaterfiliale der zivilisierteren Newaresidenz. Auf
dem Repertoire der Moskauer Opernbühnen erschien kein

Werk, das da nicht zuvörderst in Petersburg ausprobiert war. Da, kurz vor Toresschluß dieser vorbereitenden Epoche der russischen Musikgeschichte, am Vorabende der befreienden Tat Glinkas, durch die die russische Tonkunst mit einemmal ein selbständiger und höchst bemerkenswerter Faktor im Konzerte der europäischen Musik wurde, regt sich zum erstenmal auch im Herzen Rußlands der zwar nur schüchterne Flügelschlag eines eigenartigen Talentes, dessen Flugbahn mehr beachtet worden wäre, hätten nicht die gewaltigen Schwingen, auf denen sich das Genie Glinkas erhob, sie vollständig beschattet. Am 24. Mai 1828 wurde im Moskauer Großen Theater das Erstlingswerk eines jungen Beamten Alexei Werstowski „Pan Twardowski" aufgeführt. Das Libretto stammte aus der Feder des damals schon berühmten Moskauer Dichters Aksakow, der ein intimer Freund Werstowskis war. Das vielleicht nicht allzu verwöhnte Publikum der alten Zarenstadt nahm das Werk Werstowskis voller Begeisterung auf, in Petersburg wurde es im darauffolgenden Jahre — was konnte aus Moskau Gutes kommen! — sehr gleichgültig begrüßt. Werstowski hatte, im Gegensatz zu den meisten seiner komponierenden russischen Kollegen, eine verhältnismäßig sorgfältige musikalische Erziehung erhalten. Seine Lehrer waren Field auf dem Klavier, Böhm und Maurer auf der Geige, Tarquini im Gesang und der Komponist Steibelt in der Musiktheorie gewesen. Eine leidenschaftliche Liebe fürs Theater führte ihn anfangs der Komposition kleinerer Vaudevilles zu, von denen einige („Das Irrenhaus") in kürzester Frist außerordentlich beliebt und populär wurden. An größere Aufgaben wagte er sich nicht heran, bis der durchschlagende Erfolg seiner „Kantate" nach dem Text des damals höchst modernen Gedichtes „Der schwarze Schal" von Puschkin seine Freunde, darunter Aksakow und den bekannten Schriftsteller Sagosskin, veranlaßte, ernstlich in den 27jährigen Komponisten zu dringen,

54

es endlich mit einem größeren Werke zu versuchen. So entstand der „Pan Twardowski", dessen Handlung Aksakow und Sagosskin einer kleinrussisch-polnischen Legende entnahmen. Dieser Umstand bot Werstowski Gelegenheit, sein Talent gleich von der stärksten Seite zu zeigen. Von allen bisherigen russischen Komponisten war Werstowski der erste, der wirkliches Verständnis für den Geist der russischen Volksmusik hatte, allerdings nicht in dem Maße, wie sein großer Rivale Glinka, aber doch immerhin genügend, um mit seiner Musik alles, was bisher etwa von Cavos oder den vielen dilettierenden russischen Komponisten seit den Zeiten der Kaiserin Elisabeth in dieser Richtung geleistet worden war, in den Schatten zu stellen. Wenn Aksakow von einer späteren Oper Werstowskis meint: „hier triumphiert unbedingt die absolute Volkstümlichkeit der Worte und der musikalischen Klänge", so hat er damit nicht unrecht. In der russischen Musik Werstowskis spürt man tatsächlich den Hauch echter Volkstümlichkeit, die endlich, wenigstens bis zu einem gewissen Grade, von der faden Süßlichkeit italienischer Melodik befreit ist. Wenn vorhin festgestellt wurde, daß Werstowski eine verhältnismäßig sorgfältige musikalische Erziehung genossen hatte, so ist damit leider noch nicht gesagt, daß seine kompositorische Technik genügte, um irgend komplizierte musikalische Aufgaben und tiefere künstlerische Probleme zu lösen. Der musiktechnischen Faktur Werstowskis haften, wenn auch nicht gerade Reste des Dilettantismus, so doch eine gewisse Unfreiheit und Unbeholfenheit an, die ihn stellenweise hinderten, den Eingebungen seiner musikalischen Phantasie die rechte Form, im Kleinen und im Großen, zu verleihen. Von fremden Einflüssen war Werstowski weniger denen der italienischen Musik als vielmehr denen der gerade zu seiner Zeit mächtig emporblühenden deutschen und französischen Oper zugänglich. Der russische Musikhistoriker Iwanow weist mit vollem Recht auf Ähnlichkeiten zwischen „Pan Twardowski" und Werstowskis zweiter, ebenfalls erfolgreicher Oper „Wadim oder die zwölf schlafenden Jungfrauen" einerseits und dem „Freischütz" und der „Stummen von Portici" anderseits hin. Allerdings handelt es sich in beiden Fällen mehr um allgemeine Anregungen als um direkte Nachahmung. Den größten Erfolg während seiner Laufbahn als Bühnenkomponist errang Werstowski mit seiner dritten Oper „Askolds Grab". Das Sujet der Oper war dem gleichnamigen Roman von Sagosskin entnommen, der das Libretto für seinen Freund selbst anfertigte. „Askolds Grab" erlebte seine Uraufführung am 16. September 1835 im Großen Theater zu Moskau, also um wenig mehr als ein Jahr, bevor Glinkas „Leben für den Zaren" im Petersburger Marientheater seinen ersten entscheidenden Triumph errang und das gesamte musikalische Denken Rußlands aus den Fugen hob. Die Wirkung, die „Askolds Grab" erzielte, war bescheidener, aber immerhin noch bedeutend genug. Zwar blieb sie auf Moskau und die Provinz beschränkt, wo an den kleinen Theatern auch heute noch „Askolds Grab" zu den Repertoireopern gehört, äußerte sich jedoch in einer für den Komponisten und die Direktion des Moskauer Theaters gleich erfreulichen Weise. Jahrelang erzielte das Werk volle Häuser bei jeder Aufführung und brachte dem Theater eine erkleckliche Summe ein. Die Vorzüge des Talentes Werstowskis und die Mängel seiner kompositorischen Technik treten in „Askolds Grab" genau ebenso deutlich zutage wie in seinen früheren und späteren Opern. An dem kolossalen Erfolg, den das Werk erzielte, war nicht zum wenigsten das außerordentliche bühnenwirksame Sujet und seine geschickte Verarbeitung schuld. Vergleicht man die Partitur von „Askolds Grab" mit dem „Leben für den Zaren", so wird es ohne weiteres verständlich, daß in Petersburg Werstowski mit Glinka nicht konkurrieren konnte. Trotz manchen unbestreitbar talentvollen Einfalles und trotz des stellenweise erstaunlichen Verständnisses für die Psychologie der russischen Volksmusik — man ist gewohnt, in dieser Beziehung Glinka in seiner Zeit für ein Unikum zu halten — erscheint die musikalische Sprache Werstowskis neben der Glinkas wie das unbeholfene, wenngleich amüsante Plappern eines Kindes neben der wohldurchdachten, gedankenreichen Sprache eines genialen Redners. Nach „Askolds Grab" schrieb Werstowski noch drei Opern: „Das Heimweh" (wieder nach einem Roman von Sagosskin), „Das Tal von Tschurow oder Traum und Wirklichkeit" (Text vom Fürsten A. Schachowskoi) und „Das Gewitter" (nach dem Poem „Wadim" von Shukowski), vermochte jedoch mit keiner von ihnen einen ähnlichen Erfolg zu erzielen wie mit „Askolds Grab". Bis zum Jahre 1843, in dem eine zweite, für die einheimische Produktion höchst verderbliche Epoche der Alleinherrschaft der italienischen Oper in Rußland einsetzte, ließ das alles überstrahlende Genie Glinkas keine kleineren Talente mehr neben sich aufkommen.

Wenn man die ganze Periode der russischen Musik von Peter dem Großen bis zum zweiten Viertel des 19. Jahrhunderts, d. h. bis zum Erscheinen Glinkas überschaut, so kann man ein lebhaftes Bedauern über dieses verlorene Jahrhundert nicht unterdrücken. In der Zeit vor Peter hatte die nimmer ruhende, ewig regsame musikalische Schöpferkraft des russischen Volkes reiche Schätze lebendiger Musik geschaffen und stetig vermehrt. Es schien, als sei der Augenblick gekommen, in dem sich diese kunstlose Kunst mit den von der Kirche geschaffenen musikalischen Formen, die sich aus blinder Nachahmung zum Teil unverstandener byzantinischer Vorbilder zu höchster Selbständigkeit und Eigenart entwickelt hatten, vereinigen sollte. Man hätte davon Kunstwerke von unerhörter Originalität und kräftigster, weil organisch bedingter Lebensfähigkeit erwarten können. Allein die eiserne Faust des reformwütigen Zaren zertrümmerte diese Hoffnungen und legte nicht nur das politische, sondern auch das künstlerische Selbstbewußtsein des Landes für fast anderthalb Jahrhunderte lahm. Es begann für Rußland die schmachvolle Zeit blinder Anbetung alles Fremden und erzwungener Verachtung alles Einheimischen. Von allen Künsten hatte es die Musik am schwersten, ihr nationales Selbstbewußtsein wiederzufinden. In der russischen Literatur herrschte zeitweilig und in fast noch schlimmerem Maße als in der Musik fremdländischer Götzendienst. Dennoch war diese Erscheinung hier viel weniger gefährlich. Der literarische Pseudoklassizismus wurde in Rußland als das aufgenommen, was er war, als hohle und leere Dekoration europäischer Bildung, die man bei sich aufstellte, um den Anstand zu wahren. Im Grunde genommen ging er niemanden etwas an, und niemand interessierte sich nur im geringsten ernstlich für ihn. Daher war die Umkehr hier leicht genug. Es genügte ein bißchen natürlicher Verstand, um den ganzen Unsinn des literarischen Pseudoklassizismus einzusehen, ihn für alle Ewigkeit aus der russischen Literatur hinauszufegen und an seine Stelle einen gesunden natürlichen russischen Realismus zu setzen. Auf musikalischem Gebiete lag die Sache ganz anders. Die italienische Musik, die in Rußland herrschend geworden war, schmeichelte den russischen Ohren wirklich. Man fand aufrichtiges, ungeheucheltes Gefallen daran. Die italienische Musik brauchte nicht, gleich dem literarischen Pseudoklassizismus, um ein erkünsteltes Interesse zu buhlen. Die Herzen flogen ihr ganz von selbst zu. Da war denn eine Geschmackswandlung unendlich viel schwerer zu erzielen, zumal der musikalische Geschmack in Rußland überhaupt noch nicht so kultiviert war, um sich über die Nichtigkeit der italienischen musikalischen Manieren klar zu werden. Wenn es Glinka dennoch gelang, in entscheidender

Weise auf die Geschmacksrichtung seiner Landsleute zu wirken, so ist die Macht seiner Musik darum nur um so höher zu bewerten. Der plötzlich einsetzende Rückfall des russischen Publikums in eine in dieser akuten Form kaum dagewesene Italianomanie, wie er nicht lange nach dem ersten Erfolge Glinkas tatsächlich stattfand, wird auf Grund solcher Erwägungen allerdings auch verständlich.

Und dann: der Sturz des Pseudoklassizismus führte die russische Literatur mit absoluter Selbstverständlichkeit auf das ureigene Gebiet der russischen Wirklichkeit zurück. Die Überwindung der italienischen Musik dagegen bedingte noch nicht an und für sich das Emporblühen einer nationalen Schule. Ebensogut hätte die seriöse europäische, speziell die deutsche Musik auf Grund einer Läuterung und Vertiefung des musikalischen Kunstgeschmacks in Rußland den Sieg über die naive italienische Melomanie davontragen können. So blieb die Frage: nationale oder kosmopolitische Musik? in Rußland vorläufig noch unentschieden.

Sie sollte auch, wie der weitere Entwicklungsgang der russischen Musik zeigt, keineswegs eine rigorose Lösung erfahren. Zunächst allerdings triumphierte die nationale Kunst, ihr erster Heros Glinka und die auf seinen Schultern emporwachsende national-russische Schule. Nebenher jedoch hat Rußland manchen Musiker von außerordentlich hohem Rang hervorgebracht, der auch jeder anderen Nation, dank seinen absolut kosmopolitischen musikalischen Allüren, zur Ehre gereicht hätte.

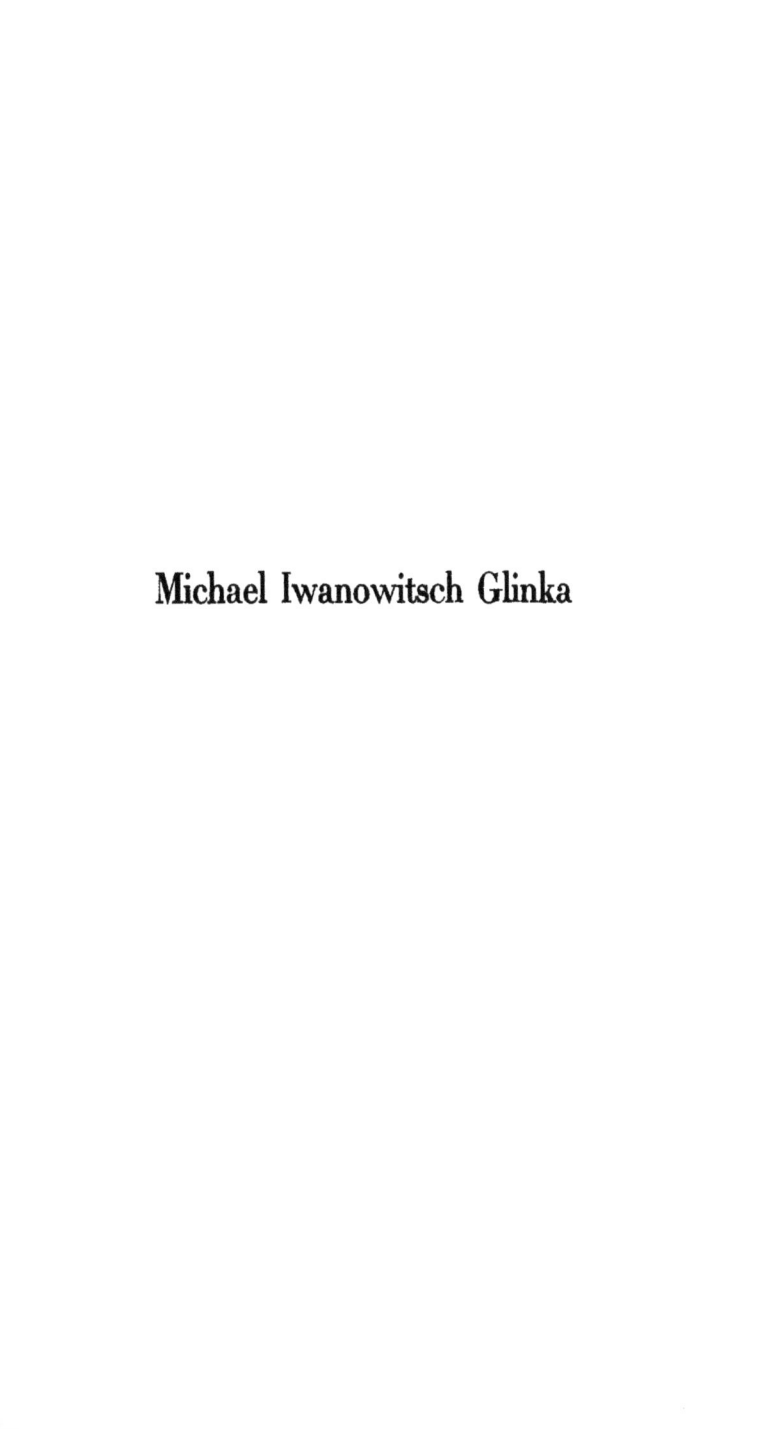

Michael Iwanowitsch Glinka

„C'est la musique des cochers", mit diesem Urteil fertigte das aristokratische Publikum Petersburgs die erste Oper Glinkas ab, und glaubte damit eine ganze Richtung in Acht und Bann zu tun, die dem vornehm sein sollenden, daher alles bodenständig russische verachtenden, mit allem ausländischen huldvoll liebäugelnden Kunstgeschmack der damaligen Zeit allerdings höchst rücksichtslos zuwiderlief. Man wäre bei der Abschätzung des Kunstwerks, mit dem Glinka seine lieben Landsleute und überempfindlichen Stammesgenossen so arg brüskierte, vielleicht etwas vorsichtiger und weniger vorlaut verfahren, hätte damals jemand ahnen können, daß diese „Kutschermusik" das feste und wohlgefügte Fundament für den ganzen Prachtbau der russischen Kunstmusik abgeben sollte, der jetzt nicht nur der Stolz der ganzen Nation, sondern auch für den kultivierten Kunstgeschmack des übrigen Europa ein Gegenstand der Bewunderung und zum Teil vielleicht sogar des Neides geworden ist.

Worin bestand die Tat Glinkas, die ihm solch eine wahrhaft außerordentliche Bedeutung für die Geschichte der russischen Musik sichert und ihm zu der Stellung eines, man könnte fast sagen musikalischen Nationalheiligen in den Augen späterer Generationen verholfen hat? Etwa darin, daß er in seinen Kunstwerken Melodien verwandte und verarbeitete, die das erlesene Publikum des Petersburger Hoftheaters bisher nur aus dem Munde ihrer stets sangeskundigen „cochers" gehört hatte? Es hieße das Wesen der Musik verkennen und die Bedeutung des nationalen Geistes unterschätzen, wollte man den Schwerpunkt der befreienden Tat Glinkas in solch einer zufälligen Äußerlichkeit suchen, die, wie weiter unten gezeigt werden soll, zwar keineswegs ohne Bedeutung ist, jedoch nie und nimmer zur Geltung einer grundlegenden und ausschlaggebenden Bedingung erhoben werden darf. Russische volkstümliche Melodien waren schon vor Glinka in der russischen Kunstmusik, oder in dem, was man damals so nannte, aufgetaucht. In den „Romanzen" von Alabjew, Titow, Davydow u. a., in den Opern von Werstowski, auch in den Bühnenwerken des etwas russifizierten Italieners Vatterino Cavos, der zur Zeit Glinkas den Posten eines ersten Hofkapellmeisters in Petersburg bekleidete, fanden sie sich in Hülle und Fülle vor. Käme es also auf die Tatsache überhaupt oder gar auf diese Tatsache allein an, so genösse Glinka unverdienterweise den Ruhm, der Begründer einer bodenständigen, von echt nationalem Geiste erfüllten russischen Kunstmusik zu sein. Treffend äußert sich zu dieser Frage W. Stassow in seiner kurzen, aber bemerkenswert inhaltreichen Glinka-Biographie. „Das Leben für den Zaren", bemerkt Stassow, „war der ernsthafte und zugleich talentvolle Versuch, den russischen volkstümlichen Geist in die Kunstmusik einzuführen. Kein Wunder, daß Glinka während der Komposition dieses Werkes, ungeachtet seines Genies, sich dem Einfluß jener Gedanken unterwarf, die damals allgemein im Schwange waren, daß er infolgedessen ganz davon erfüllt war, möglichst viele Melodien von rein volkstümlichem Charakter in seine Oper hineinzubringen. Doch ist das durchaus nicht wesentlich, sondern eher eine 'Einzelheit, die für ein Kunstwerk unserer Zeit schädlich ist, da sie dem Komponisten nur überflüssige, unnötige Fesseln anlegt, ohne dem Kunstwerk selbst etwas wirklich Wesentliches hinzuzufügen. Der nationale Geist besteht nicht in einzelnen Melodien, sondern im allgemeinen Charakter, im Zusammenhange höchst verschiedenartiger und weit begrenzter Bedingungen: wenn diese Bedingungen erfüllt werden, so verschwindet die Bedeutung der einzelnen Melodien, mag ihr volkstümlicher Charakter noch so sehr außer jeder Frage stehen."

Nicht darin, daß er volkstümliche Melodien benutzte und ähnlich klingende erfand besteht das Verdienst Glinkas,

M. J. Glinka
und seine Schwester
L. J. Schestakow

M. J. Glinka

Portrat von J. Rjepin / Original in der Tretjakowschen Gallerie zu Moskau

sondern darin, daß er als erster bei der Konzeption seiner Oper den Mut zu künstlerischer Wahrheit hatte. Das ist nicht so zu verstehen, daß Glinka etwa als Vorkämpfer des musikalischen Realismus im landläufigen Sinne des Wortes oder gar als Pionier des künstlerischen Verismus in Rußland zu preisen sei. Im Gegenteil, zu den Grundzügen des menschlichen und künstlerischen Wesens Glinkas gehörte ein grenzenloser, alle Erscheinungen des Lebens und der Kunst verklärender Idealismus. Dennoch ging ihm Wahrheit in der Kunst wie im Leben über alles, und nichts war ihm so verhaßt wie Unnatur in jeder Art und Form des Erscheinens. Nichts anderes aber als Unnatur und Affektation sah Glinka sich auf dem Petersburger Musikmarkt als „russische Musik" breitmachen. Er fühlte es von vornherein, daß hier irgend etwas nicht in Ordnung war, wenn er auch nicht gleich erfaßte, worin die Unechtheit dieser russischen Talmimusik und die musikalische Unredlichkeit ihrer Komponisten bestand. Erst allmählich ging ihm die vom Standpunkte urteilsfähiger Kritik leicht erkenntliche Weisheit auf, daß die volkstümliche Kantilene allein es nicht macht. Nicht auf die Melodie selbst kommt es an, sondern auf die Art, wie sie behandelt wird, sonst müßte ja auch Beethoven mit dem „Thème russe" in seinem Rasumofski-Quartett oder mit den Variationen op. posth. für Klavier russische Kunstwerke geschaffen haben. Glinka spürte es sein Leben lang, daß die russische Volksmusik Elemente in sich barg, die sich der Behandlung nach den Regeln der europäischen musikalischen Tradition widersetzten. Auch war es ihm sehr wohl bewußt, daß es ihm selbst nicht immer gelang, die Schönheiten der russischen Musik in einen völlig homogenen künstlerischen Rahmen zu kleiden. Noch wenige Jahre vor seinem Tode verwarf er eine angefangene große symphonische Arbeit, die Programm-Symphonie „Taras Bulba" (nach dem gleichnamigen Poem von Gogol), vollständig, weil sie ihm in der

Ausarbeitung zu „deutsch" geriet. Die Intention des Genies ließ ihn freilich Mittel und Wege finden, oft — anfangs freilich längst nicht immer — den Geist der russischen volkstümlichen Musik auch in der künstlerischen Form, die er ihr gab, getreulich zu konservieren, doch täuschte er sich nicht darüber, daß auch er manchen Irrtümern ausgesetzt blieb und manchen Fehler beging. Daher zum Schluß seines Lebens der heroische Entschluß, seine musikalische Ausbildung von vorn zu beginnen und sich für längere Zeit ganz dem Studium der alten Kirchentonarten hinzugeben, wovon er viel Segen für die künstlerische Behandlung der russischen Volks- und Kirchenmusik erwartete. Und diese Ahnung hätte ihn schwerlich getrogen, denn es steht außer jedem Zweifel, daß man den national-russischen Kantilenen nur mit einer Kompositionstechnik beikommen kann, die aus dem Geiste der alten Kirchentonarten gewonnen ist, auf die sich fast alle Melodien des russischen Volkes und die Kantilenen seiner Kirche fast ausnahmslos gründen. Ein zu früher Tod setzte diesem Streben Glinkas, das für die russische Kunstmusik vielleicht ungeahnte Perspektiven eröffnet hätte, ein Ziel. Aber, wie gesagt, der Stil, zu dessen vollkommener Beherrschung ihm zielbewußte Gedankenarbeit verhelfen sollte, stand Glinka schon dank seinem genialen musikalischen Instinkte in hohem Maße zu Gebote. Alle Versuche seiner musikalischen Vorgänger und Zeitgenossen ließ er in dieser Beziehung weit hinter sich zurück.

Was Glinka, als er in das musikalische Leben Petersburgs eintrat, an russischer Musik vorfand, waren die Versuche mehr oder weniger dilettantisch gebildeter Komponisten, von denen die kräftigen und elastischen Melodien des russischen Volkes nach italienischer Manier zurechtgebogen wurden, während ihre Harmonik in das Tonika-Dominante-Schema eingezwängt und ihr freier unsymmetrischer Rhythmus einer unbarmherzigen Quadratur unterworfen wurde. Diese zurechtgeschminkten und „europäisch frisierten russischen Melodien mußten eine so feinfühlige künstlerische Natur, wie Glinka, im höchsten Grade abstoßend berühren. Daß das keine nationale Kunst, sondern nur die Karikatur einer solchen war, sah er sofort mit sicherem Blick ein. Als er nun, weniger von irgendwelchen bewußten Ideen, als vielmehr ausschließlich von seinem künstlerischen Instinkte geleitet, selbst national russische Elemente in den Kreis seines musikalischen Schaffens hereinzog, entstand freilich ein völlig anderes Bild. Wirkliche Volkslieder verwandte er nur spärlich und meist in der Form kontrapunktischer Begleitungsstimmen, dafür atmete aber jede Note, die er selbst erfand, echt russischen Geist und russisches Leben. Die Melodie schämte sich nicht, sich in Wendungen zu ergehen, die dem Vorsänger eines Dorfchores wahrscheinlich geläufiger waren, als einer Primadonna der italienischen Bühne in Petersburg; die Harmonik dachte oft nicht daran, sich den allgemeinen und damals allein gültigen Regeln der hergebrachten Kadenzen zu fügen, sondern wandelte ganz merkwürdig selbständige Bahnen, des natürlichen Moll und des dorischen, mixolydischen und anderer mittelalterlicher Tongeschlechter; doch am dreistesten gebärdete sich der Rhythmus, der aller von der Tradition geheiligter Achttaktigkeit offen Hohn sprach, die merkwürdigsten Teilungsverhältnisse und einen fünf- und siebenteiligen Periodenbau im Großen und im Kleinen bevorzugte.

Die russische Musik besann sich in der Phantasie Glinkas auf sich selbst. Sein unsterbliches Verdienst besteht nicht darin, diese oder die andere charakteristische Wendung der national russischen Melodien für musikalische Kunstwerke größeren Stils gebrauchsfähig gemacht zu haben, sondern darin, daß er die spezifisch russischen Kantilenen in bewußten Gegensatz zu der herrschenden musiktechnischen Tradition setzte, daß er die charakteristischen Eigentümlich-

keiten dieser Kantilenen in möglichster Unberührtheit kon-
servierte und daheraus einen völlig neuen musikalischen Stil
gestaltete, der für das Kunstschaffen eines ansehnlichen Teiles
der bedeutendsten russischen Komponisten vorbildlich geworden ist. Glinka berührte zum erstenmal mit der Pflug-
schar seines Geistes den kräftigen und fruchtbaren musikalischen Boden, auf dem sich nachher die „neurussische
Schule" zu so imposanter Blüte entwickeln sollte. Daß er
nicht von vornherein mit äußerster Konsequenz ·vorging,
sondern sich zu mancherlei Konzessionen bereitfinden ließ,
hat seinen Grund in dem unendlich nachgiebigen, nichts
weniger als energischen Charakter Glinkas und zum Teil
auch in mannigfachen Lebensumständen, die die Entwicklung seines musikalischen Ich begleiteten und deren Einflüssen wahrscheinlich auch stärkere Naturen als er unter-
legen wären. Über die relative Unvollkommenheit, mit der
er seine Aufgabe anfangs löste, war sich Glinka selbst ganz
klar. Das erhellt unter anderem aus dem schon erwähnten
Umstande, daß er, nachdem er seine Meisterwerke geschaffen
hatte, seiner musikalischen Bildung eine völlig neue und
zuverlässigere Grundlage geben wollte. Jedenfalls hat er
genug getan, um mit vollem Recht als der eigentliche Begründer der russischen Kunstmusik zu gelten. Daran, daß
hierin seine Lebensaufgabe bestand, zweifelte auch Glinka
selbst von vornherein nicht, obzwar er sich vollkommen klar
darüber war, daß ihm nicht gleich alle Mittel und Wege, um
dieses Ziel zu erreichen, in ausreichendem Maße zu Gebote
standen. Zwei Jahre bevor er sein erstes großes Bühnenwerk in Angriff nahm, schrieb er aus Berlin an einen Freund
folgende Zeilen, die unter anderem zeigen, wie gemütlich
und naiv Glinka die Aufgaben der nationalen Kunst betrachtete:

„... Soll ich Dir ein Eingeständnis machen? Es scheint
mir, daß auch ich unserem Theater ein Kunstwerk von gro-

ßen Dimensionen schenken kann. Es wird kein chef d'œuvre sein, das bin ich als erster gerne bereit zuzugestehen. Aber dennoch wird es nicht gar so schlecht werden. Was sagst Du dazu? Die Hauptsache ~~ist die Auswahl des~~ Sujets. Es wird jedenfalls durch und durch national sein. Und nicht nur das Sujet, sondern auch die Musik. I c h w i l l , d a ß m e i n e l i e b e n L a n d s l e u t e s i c h i m T h e a t e r w i e z u H a u s e f ü h l e n s o l l e n und auch, daß man mich im Auslande nicht als verunglückten Bastard und eitlen Prahlhans ansieht, der ebenso lächerlich ist, wie eine Krähe, die sich mit Pfauenfedern herausputzt."

*   *

*

Über die Frage, inwieweit das Milieu die Phantasie des schaffenden Künstlers befruchtet, braucht man sich nicht mehr den Kopf zu zerbrechen. Sie ist längst dahin entschieden, daß die äußeren Eindrücke auf das innere Erleben und die Art und Weise des daraus resultierenden Kunstschaffens oft von weitgehendster Bedeutung sind. Besonders die Eindrücke der Kindheit hinterlassen in der Seele des Künstlers unauslöschliche Spuren, deren zarteren oder kräftigeren Abdrücken man in dem späteren Lebenswerke des Mannes immer wieder begegnet. Auch bei Glinka haben die Eindrücke der Kindheit in entscheidender Weise auf die Richtung, die sein Talent im Verlaufe seiner Entwicklung nahm, eingewirkt.

Inmitten der endlos ausgedehnten, undurchdringlichen Urwälder des Gouvernements Smolensk, zwanzig Werst von der Kreisstadt Jelni entfernt, an den malerischen Ufern der Dessna, eines Nebenflusses des Dnjepr, liegt das Erbgut der Familie Glinka-Novospasskoje. Dort wurde am 20. Mai 1804 Michael Iwanowitsch Glinka geboren als Sproß eines alten polnischen Adelsgeschlechts, das im Gouvernement Smolensk reich belehnt war und erst beim Übergange dieses Gebietes an die russische Krone im siebzehnten Jahrhundert die russische Untertanenschaft annahm und zum griechisch-orthodoxen Glauben übertrat. In steter Berührung mit der umgebenden Natur, in engem Verkehr mit der bäuerischen Einwohnerschaft der umliegenden Dörfer und des Gutshofes, wie die patriarchalischen Verhältnisse der damaligen Zeit es mit sich brachten, wuchs Glinka, ein schwächliches, kränkliches, von seiner Großmutter mit einer wahren Affenliebe verhätscheltes Kind, auf. In der Treibhausatmosphäre der großmütterlichen Zimmer, aus denen der Knabe, dessen Kleidung zumeist auch im Sommer in einem Pelz bestand, fast nie herauskam, entwickelte sich die Anlage zu skrophulösen Krankheitserscheinungen, unter denen Glinka sein Leben lang mit geringen Unterbrechungen und nicht selten sehr schwer zu leiden hatte. In den Memoiren Glinkas, die er drei Jahre vor seinem Tode, dem Drängen seiner Freunde nachgebend, niederschrieb, nimmt neben den musikalischen Lebenserinnerungen die Beschreibung seiner zahllosen immer in veränderter Form auftretenden Krankheiten den breitesten Raum ein. So sind diese Memoiren — neben wenigen erhaltenen Briefen und den Erinnerungen einiger seiner Freunde das einzige, allerdings unschätzbare Material für den Biographen Glinkas — vielleicht auch für etwaige Interessenten der Skropheltherapie am Anfange des neunzehnten Jahrhunderts eine unterhaltende Lektüre. Man wundert sich nur beim Durchlesen all der langen Verzeichnisse von Pillen und Mixturen, die Glinka sein Leben lang geschluckt hat, daß er es so lange ausgehalten hat und nicht früher schon einer der Pferdekuren zum Opfer gefallen ist, mit denen zahllose Ärzte von verschiedenstem Talent und Können jahre- und jahrzehntelang an ihm herumgedoktert haben.

Nach dem Tode seiner Großmutter nahmen sich die Eltern des kleinen Glinka in vernünftigerer Weise der körperlichen und geistigen Erziehung ihres Sohnes an. Natürlich unter-

70

schied sich diese Erziehung in nichts von der zur damaligen Zeit in den Häusern des russischen Landadels üblichen Schablone. Bis zu seinem dreizehnten Lebensjahre genoß Glinka ausschließlich häuslichen Unterricht. Es wurde eine Gouvernante „mit Sprachen und Musik" für ihn verschrieben. Zeichen von irgendeiner außerordentlichen Begabung legte Glinka nicht an den Tag. Nur die Sprachen erlernte er spielend. Das Deutsche und Französische sprach er bald wie seine Muttersprache. In späteren Jahren erlernte er noch das Italienische und Spanische und beherrschte auch diese beiden Sprachen in seltener Vollkommenheit. Von allen wissenschaftlichen Fächern zog ihn nur die Geographie an. Seine Lieblingslektüre waren Reisebeschreibungen jeder Art, die er mit wahrer Leidenschaft verschlang. Die leicht erregbare Phantasie des Knaben fand besonders in den Schilderungen exotischer Länder und Völker reiche Nahrung. Die Lust zum Reisen verließ Glinka niemals. Sie blieb, neben der Musik, die einzige große Leidenschaft seines Lebens, der er, trotz der Unbequemlichkeiten und aller Unruhe, die sie in sein Leben hineintrug, bis ins Alter hinein Treue bewahrte.

Die ersten musikalischen Eindrücke empfing der kleine Glinka vom Glockengeläute der benachbarten Dorfkirchen. Die russischen Glöckner betreiben ihr Geschäft bekanntlich oft mit erstaunlicher Kunstfertigkeit. Der fünfjährige Glinka unterschied mit unbeirrbarer Sicherheit die Glocken jeder Kirche und versuchte das Geläute auf seine Art zu imitieren, wozu ihm seine Großmutter, wahrscheinlich zum Entsetzen aller übrigen Hausgenossen, sämtliche kupferne Schalen, Kannen und Kasserollen zur Verfügung stellte, die nur im Hause aufzutreiben waren. Die gute Frau ahnte wohl nicht, daß sie ihrem Großsohn damit das erste Material an die Hand gab zu Studien, die ihn nachher zum genialen Entwurf des grandiosen Carillon im Epilog seiner Erstlingsoper „Das Leben für den Zaren" führen sollte.

Die ersten geordneten musikalischen Eindrücke empfing Glinka als Knabe von zehn oder elf Jahren. Ein Onkel mütterlicherseits, der zu den nächsten Gutsnachbarn der Familie Glinka gehörte, unterhielt, gleich vielen begüterten russischen Landedelleuten der damaligen Zeit, sein eigenes Orchester. Der Musikerbestand solcher Orchester, deren Kunstwert man nicht allzu hoch veranschlagen darf, setzte sich meist aus Leibeigenen zusammen. Hauptsächlich galt es, für Tanz- und Tafelmusik zu sorgen, obwohl hin und wieder auch ernsthaftere Musikaufführungen unternommen wurden. Bei festlichen Gelegenheiten oder irgendwelchen besonderen Anlässen geselliger Natur, die sich in seinem gastfreien Hause wahrscheinlich nicht selten boten, bezog der Vater Glinkas leihweise die Orchestermusik seines Schwagers. Bei der ersten derartigen Gelegenheit hörte Glinka ein Quartett von Krusel. Der Eindruck war ein unauslöschlicher. Glinka selbst schildert ihn mit folgenden Worten: „Man spielte ein Quartett mit Klarinette von Krusel. Diese Musik übte eine unbegreifliche neue und bestrickende Wirkung auf mich aus. Ich blieb den ganzen Tag darauf in einem fieberhaften Zustande, in einer unbeschreiblich sehnsuchtsvollen verzauberten Gemütsverfassung."

Mit dem Lernen ging es im Anschluß an dieses Ereignis schlecht. Von Tag zu Tag wurde Glinka während des Unterrichts unaufmerksamer und zerstreuter. Als eines Tages der verdiente Rüffel seitens seines Zeichenlehrers nicht ausblieb, sah ihn der Knabe schuldbewußt an und meinte entschuldigend: „Was ist zu machen? Die Musik ist meine Seele."

Das Orchester seines Onkels blieb für Glinka eine Quelle stetig sich erneuernder und sich steigernder Freuden. Oft ergriff der Knabe selbst eine Pikkoloflöte und versuchte während all der Quadrillen, Walzer, Ecossaisen und Mazurken, die unaufhörlich gespielt werden mußten, dem Orchester zu sekundieren, was ihn zum Leidwesen seines Vaters erheblich mehr interessierte als das Tanzen selbst.

Um diese Zeit erschien im Glinkaschen Hause die schon erwähnte Lehrerin „mit Sprachen und Musik", Fräulein Barbara Klammer, nach der Schilderung Glinkas das Urbild einer strengen und pedantischen deutschen Gouvernante. Beim Klavierunterrichte machte Glinka natürlich rapide Fortschritte. Ob diese Lehrerin das Musikverständnis ihres Schülers sehr verständig förderte, bleibt fraglich, jedenfalls erwies sie sich in mancher Beziehung als sehr erfinderisch. Unter anderem verdeckte sie die Tastatur des Klavieres durch ein eigens zurechtgezimmertes Brett, das die Tasten mitsamt den eigenen Händen den Augen des Schülers entzog. Glinka gedenkt dieses Umstandes mit Dankbarkeit, weil er meint, sich dadurch von vornherein daran gewöhnt zu haben, Klavier zu spielen, ohne jemals auf die Tasten zu sehen. Bald exzellierte ihr kleiner Schüler mit der sauberen Wiedergabe Steibeltscher Sonaten, spielte natürlich auch alle Tänze und Ouvertüren, die er vom Orchester seines Onkels hörte und von denen er besonders „Ma tante Aurore" von Boildieu, „Lodoiska" von Kreutzer und „Les deux aveugles" von Méhul liebte, nach Gehör. Weniger konnte er sich mit Gyrowetz befreunden, dessen Sonaten ihm zu lang und verworren erschienen. Ein anderer Grund seiner Abneigung gegen den braven Gyrowetz war der sehr schlechte Druck seiner Noten, die an trüben Tagen schwer zu entziffern waren, was dem jungen Pianisten manchen schmerzhaften Hieb mit dem Bleistift auf die Finger seitens des gestrengen Fräulein Klammer eintrug.

Nicht so erfolgreich erwies sich der Violinunterricht, den Glinka gleichzeitig bei einem Orchestermusiker seines Onkels nahm. Auf diesem Instrument hat Glinka es überhaupt nie sehr weit gebracht, obgleich er die Studien darauf von Zeit zu Zeit immer wieder aufnahm. Ein späterer Violinlehrer

Glinkas, der Konzertmeister Böhm in Petersburg, sollte Recht behalten, als er seinen Schüler mit den wenig ermutigenden Worten entließ: „Monsieur Klinka, Fous ne chouerez chamais du fiolon."

Der musikalische Geschmack des Knaben schlug von vornherein, trotz Steibelt, Gyrowetz · und den französischen Opernkomponisten, eine ganz besondere Richtung ein, die er nie wieder verließ. Am liebsten hörte Glinka die russischen Volkslieder, die in einem wahrscheinlich recht kläglichen Arrangement für zwei Flöten, zwei Klarinetten, zwei Hörnern und zwei Fagotts, oft als Tafelmusik im elterlichen Hause und im Hause seines Onkels gespielt wurden und von denen besonders alle traurigen, melancholischen Weisen das zarte Gemüt des Knaben aufs tiefste bewegten. Diese musikalischen Kindheitseindrücke haben dem gesamten späteren Kunstschaffen Glinkas die Richtung gewiesen.

Die Liebe zu dem eigenen Volke, die in der Seele des Knaben durch den ständigen vertrauten Umgang geweckt wurde, wie er im patriarchalischen Rußland zwischen der Herrschaft und der Dienerschaft, zwischen dem Gutsherrn und den Dorfbewohnern üblich war, wurde in jener Zeit durch den Sturmhauch patriotischer Erhebung, der das ganze Land erfaßte, natürlich noch mehr angefacht. Der Befreiungskrieg mit all seinen Schrecken kräftigte das russische nationale Selbstbewußtsein in außerordentlicher Weise. Was man lieb hat, wird einem doppelt teuer, sobald man es von unabwendbar scheinenden Gefahren bedroht sieht. Die Familie Glinka war den Schrecknissen der französischen Invasion unmittelbar ausgesetzt. Der Weg, den die Truppen Napoleons nahmen, führte über Smolensk, wo die denkwürdigste Schlacht jenes furchtbaren Krieges geschlagen wurde. Der uralte angestammte Familienbesitz der Familie Glinka war aufs ärgste bedroht, was den Vater unseres Komponisten auch veranlaßte, aus dieser gefährlichen Gegend zu fliehen und zeitweilig seinen Wohnsitz in der Stadt Orel zu nehmen, die weiter ablag vom Wege des französischen Heeres. In der Seele des jungen Glinka mag diese Zeit mit ihren Aufregungen einen wahren Aufruhr hervorgebracht haben. Und jahrelang nachher noch machten sich die Nachwehen des Napoleonischen Feldzuges fühlbar. Kein Wunder, daß sich das Gemüt des Knaben mit einer leidenschaftlichen Hingabe dem eigenen Volke, das zu jener Zeit einen fast wunderbaren Heroismus und eine vor keinen Gefahren zurückschreckende Vaterlandsliebe bewiesen hat, zuwandte.

Als Glinka sein dreizehntes Lebensjahr erreichte, hatte die Zeit des ungebundenen Landaufenthaltes im Kreise der Seinen und in steter Berührung mit dem Landvolke ein Ende. Für einen russischen Landedelmann der damaligen Zeit war der Eintritt in den Staats- oder Militärdienst eine Selbstverständlichkeit wie jede andere Lebensfunktion. Glinkas Vater war Kapitän der Garde außer Dienst. Am liebsten hätte er gewiß auch seinen Sohn zur militärischen Laufbahn vorbereitet. Dazu jedoch war die körperliche Konstitution des kleinen Michael viel zu zart. Es blieb also der Staatsdienst. Schon damals existierten in Petersburg die auch jetzt noch privilegierten Lehranstalten für die Söhne hoher Militärs, Staatsbeamten und Landedelleute. In der jüngsten dieser Anstalten, der kurz vorher gegründeten Adligen Pension beim Pädagogischen Institut wurde im Jahre 1817 der dreizehnjährige Glinka untergebracht. Dort sollte er zu einem brauchbaren Staatsbeamten erzogen werden. Daran, daß das außerordentliche musikalische Talent des Knaben, das seinen Eltern natürlich nicht verborgen blieb, die Basis für seine spätere Lebensstellung abgeben könnte, war natürlich kein Gedanke. Das wäre dem alten Glinka ebenso ungeheuerlich erschienen, als wenn man seinem Sohn zugemutet hätte, Zirkusreiter oder Seiltänzer zu werden. Dennoch verstand man im Glinkaschen Hause die Musik als angenehmen Zeitvertreib sehr wohl zu schätzen und man hinderte den musikalischen Knaben durchaus nicht, seinen Neigungen in dieser Richtung nachzugehen, besonders da es sich nur um eine Liebhaberei zu handeln schien, die seinen sonstigen Bildungsgang in keiner Weise störte. Die Eltern Glinkas ließen es sich sogar etwas kosten, dem Talente ihres Sohnes die sorgfältigste Pflege angedeihen zu lassen, wie sie sich ein musikbeflissener Dilettant der damaligen Zeit nur immer wünschen konnte. Und Glinka selbst war mit dieser Lage der Dinge in der Tat aufs höchste zufrieden. Daß die Musik der Beruf und der Lebenszweck eines Mannes sein könne, das kam ihm ebensowenig in den Kopf wie seinem Erzeuger. Er ahnte es nicht, daß er selbst in dieser Beziehung für Rußland einen Präzedenzfall von fruchtbringendster Wirkung und eminenter kulturhistorischer Bedeutung bilden sollte. Ein Ausspruch, den Anton Rubinstein Jahrzehnte später tat und mit dem er gerade Glinka, der damals das „Leben für den Zaren" und „Rußlan und Ludmilla" schon geschrieben hatte, heftig erbitterte, stimmte auf die damaligen Musikverhältnisse Rußlands bis aufs i-Tüpfelchen genau: „In Rußland gibt es keine Komponisten, sondern nur Dilettanten."

Die Existenz Glinkas mußte Rubinstein, als er diesen lapidaren Ausspruch tat, vergessen haben, denn nur wenig später tat er dem Schöpfer des „Rußlan" die Ehre an, ihn unter seinen fünf Lieblingskomponisten zu nennen. Wie dem auch sei, bezieht man das Wort Rubinsteins auf die Musikverhältnisse, die in Rußland zu Anfang des neunzehnten Jahrhunderts vor dem epochemachenden Auftreten Glinkas herrschten, so hatte er unbedingt recht. Außer den in Petersburg schon damals in verschiedenen Stellungen ansässigen italienischen Fachmusikern gab es in Rußland vor Glinka wirkliche Komponisten nicht. Die Männer, die damals in

Rußland komponierten: Alabjew, Graf Wielhorski, Werstowski, Fürst Odojevski, Titow, Davydow u. a. gehörten fast ausnahmslos der höchsten Aristokratie an und faßten die Musik als mehr oder weniger amüsante, eines Edelmannes nicht unwürdige, Nebenbeschäftigung auf. Niemand dachte daran, daß die Musik einen ganzen Mann erfordert, wie denn überhaupt kaum jemandem der Ernst der Kunst in seiner vollen Bedeutung ins Bewußtsein trat.

Auf welchem Niveau sich speziell der musikalische Geschmack des russischen Publikums damals bewegte, geht aus dem Umstande hervor, daß von den französischen Komponisten Boildieu und Auber, von den italienischen Donizetti und Bellini als die höchsten und, wie es Glinka mehr als einmal nahegelegt wurde, unerreichbaren Gipfel des musikalischen Olymps gepriesen wurden. Von den wahren Heroen der Musikwelt, von Bach, Beethoven, Mozart, Gluck hatte kein Mensch eine Ahnung. Wurde doch selbst Glinka mit Gluck, dessen Werke ihm dann allerdings als höchste Offenbarung erschienen, erst bekannt, als er die Vierzig längst überschritten hatte. Nun, anderswo mag es ja damals auch nicht viel besser gewesen sein. Jedenfalls muß man sich diesen Umstand beständig vor Augen halten, wenn man sich der ganzen Bedeutung des Kunstschaffens Glinkas bewußt werden will.

Auf den dreizehnjährigen Glinka machte, als er in Petersburg eintraf, die Residenz mit ihren breiten schönen Straßen, dem prächtigen Newaquai und den vielen Kolossalbauten natürlich einen außerordentlich starken Eindruck. Charakteristisch für die Richtung seines Geschmacks ist übrigens, daß von den Meisterwerken der Architektur ihm auch von vornherein die fünfkuppeligen russischen Kathedralen mit ihren zu Unrecht verspotteten Zwiebelformen weitaus am meisten gefielen. Er erblickte in ihnen den Triumph der Baukunst, während ihn z. B. die Kasansche

Kathedrale, bekanntlich eine Kopie des Petersdomes in Rom, völlig kalt ließ.

In der Adligen Pension zeigte sich Glinka als fleißiger und begabter Schüler. Nach fünf Jahren absolvierte er die Anstalt, in der er sich unter Lehrern und Schülern viele Freunde erworben hatte, als erster Abiturient mit dem Recht, der zehnten Rangklasse im Staatsdienste zugezählt zu werden.

Die musikalische Erziehung des Knaben wurde von vornherein keinem Geringeren anvertraut als John Field. Leider hatte Glinka nur drei Klavierstunden bei dem berühmten Pianisten, da Field damals seinen Wohnsitz aus Petersburg nach Moskau verlegte. Über das Klavierspiel Fields äußerte sich Glinka voller Begeisterung.

„Ich habe ihn nicht oft gehört, doch bis jetzt (d. h. bis zum Jahre 1854) ist mir sein kräftiges, zugleich weiches und überaus sauberes Spiel in der Erinnerung. Es schien, daß er die Tasten nicht anschlug, sondern daß seine Finger gleich großen Regentropfen darauf niederfielen ... Das Spiel Fields war oft kühn, kapriziös und unendlich mannigfaltig, doch schändete er nie die Kunst durch Charlatanerie und hackte mit den Fingern keine Koteletten, gleich den meisten der jetzigen modernen Pianisten.“

Auf wen diese, im Munde des sanften und verträglichen Glinka besonders auffallende Anspielung gemünzt ist, läßt sich — leider — leicht erraten. Kurz vorher meint Glinka, kein wirklicher Musikliebhaber, am wenigsten er selbst, könne die Ansicht Liszts teilen, der ihm gegenüber einmal geäußert habe, das Spiel Fields sei schläfrig (endormi). So hoch Glinka in seinen späteren Jahren Liszt als Komponisten einschätzte, so sehr ihn die außerordentlichen musikalischen Fähigkeiten des genialen Pianisten verblüfften, der ihm seinen „Rußlan“ aus der handschriftlichen Originalpartitur vorspielte, ohne eine Note zu verändern oder auszulassen, so wenig Geschmack vermochte er doch dem

Klavierspiel Liszts gerade von der rein pianistischen Seite her abzugewinnen. Die persönliche Begegnung Liszts mit Glinka fand erst im Jahre 1842 in Petersburg statt. Vorgreifend sei hier schon der Eindruck mitgeteilt, den das Spiel Liszts auf den damals achtunddreißigjährigen Glinka machte. Für den Entwicklungsgang seines musikalischen Geschmacks ist dieser Eindruck außerordentlich charakteristisch. Des Umstandes, daß er Liszt für dessen uneigennützige und erfolgreiche künstlerische Propaganda zu großem Danke verpflichtet war, wovon jedoch erst weiterhin die Rede sein soll, war sich Glinka vollkommen bewußt, doch trübte dieser Umstand nicht sein eigentümliches und offenherzig mitgeteiltes Urteil über Liszt als Pianisten. Glinka schreibt: „Ungeachtet der allgemeinen und zum Teil auch meiner eigenen blinden Begeisterung kann ich jetzt vollständige Rechenschaft ablegen über die Eindrücke, die das Spiel Liszts in mir ausgelöst hat. Mazurkas von Chopin, seine Nocturnes und Etüden, überhaupt die ganze brillante und moderne Musik spielte er sehr fein, nur etwas übertrieben in der Núancierung (à la français, c'est-à-dire avec exageration de tout genre). Weniger befriedigend spielte er (meiner Ansicht nach) Bach, dessen Clavecin bien tempéré er fast auswendig kannte, und die Sonaten von Beethoven. In der klassischen Musik hatte sein Spiel keine rechte Würde, es war etwas „Kotelettenhaftes" in seinem Anschlage. In seiner Wiedergabe des Septetts von Hummel spürte man die Nachlässigkeit des Grandseigneurs. Hummel selbst spielte das Werk unvergleichlich besser und einfacher. Überhaupt würde ich die ganze Art wie Liszt das Klavier behandelte, der äußeren Vollendung nach, nicht mit dem Spiel von Field, Charles Mayer und sogar Thalberg vergleichen, besonders in den Tonleitern."

Aus dieser gewiß aufrichtigen und keineswegs gehässigen Kritik gewinnt man ein deutliches Bild von dem Stil des

Klavierspiels, der Glinka am meisten zusagte. Die allgemeinen Gesichtspunkte Glinkas über das Spiel Liszts findet man auch in seinem Urteil über andere Pianisten, auf die er in seinen Memoiren zu sprechen kommt, bestätigt. Von Hummel meint Glinka: „er spielt weich und sauber, und seine Improvisationen machen den Eindruck, als trage er ein früher komponiertes, gut eingeübtes Stück vor" und über den italienischen Pianisten Pollini, dessen Bekanntschaft Glinka im Jahre 1831 in Mailand machte, heißt es:

„Meiner Ansicht nach war das einer der allerhervorragendsten Künstler zu der Zeit, als ich in Italien war. Ihm und keinem anderen muß man, wenn man gerecht sein will, die Erfindung der neuen Art, Klavier zu spielen, zuschreiben. Das hat mir auch Liszt zugegeben, der mir sagte, er habe in irgendeinem Journal einen Artikel darüber veröffentlicht. Konnte Pollini ahnen, daß aus seiner Erfindung mit der Zeit eine widerwärtige Kotelettenmusik für Klavier werden würde!... Ungeachtet seiner achtzig Jahre spielte er noch die kompliziertesten polyphonen Passagen seiner Musik, an die sich vor ihm niemand herangewagt hatte, außerordentlich sauber und weich."

Weichheit, Sauberkeit, Gleichmäßigkeit des Passagenwerkes — das waren die Eigenschaften, die Glinka am Klavierspiel am meisten schätzte, was einen bei einem jungen Musiker in jenem Zeitalter des reinen Klaviervirtuosentums nicht allzu sehr verwundern darf. Von dem gewaltigen Umschwung, den Liszt in der Klaviermusik hervorbrachte, hatte Glinka keine Ahnung und konnte sie auch nicht haben. Was wirkliche Klaviermusik ist, das wußte und verstand Glinka vorläufig noch nicht. Beethoven kannte er kaum und was er kannte gefiel ihm nicht; Schumann und Mendelssohn fingen eben erst an zu komponieren; Weber als Klavierkomponist war in Rußland völlig unbekannt, kurz die Klavierliteratur, die Glinka vertraut und lieb war, bestand aus den Werken von Hummel, Steibelt, Herz, Kalkbrenner, Field, Mayer und ähnlichen noch weniger bedeutenden Geistern. Hummel blieb Glinka bis in sein Lebensende treu und wollte es, wie auch Stassow in seiner Glinka-Biographie mit schmerzlicher Resignation eingesteht, nie begreifen, daß die Kompositionen Hummels „hölzern, kalt, mechanisch ausgeklügelt und bar jeder lebendigen Phantasie" waren.

Bei seiner Übersiedelung nach Moskau übergab Field den Unterricht Glinkas seinem Schüler Omann. Viel scheint Glinka bei diesem Lehrer nicht profitiert zu haben, ebensowenig bei dessen Nachfolger, dem nächst Field berühmtesten Musikpädagogen Petersburgs, Zeuner. Zeuner brachte jedoch Glinka als erster wenigstens die Anfangsbegriffe der Elementartheorie bei. Seine äußerst pedantische Lehrmethode, die sich nur ein sinnloses Auswendiglernen weiter nicht motivierter Regeln angelegen sein ließ und den Schüler mit Worten abspeiste, wo dieser Begriffe verlangte, konnte Glinka auf die Dauer nicht behagen. Er brach den Unterricht bei Zeuner ab und wandte sich an Charles Mayer, den vortrefflichen Pianisten und harmlosen Komponisten reichlich seichter Salonmusik, mit dem ihn bald ein enges Freundschaftsverhältnis verband. Pianistisch wurde Glinka durch Mayer rasch und kräftig gefördert. Beim Festaktus der Adligen Pension im Jahre 1822 debütierte Glinka als Abiturient dieser Anstalt zum erstenmal mit dem A-Moll Konzert von Hummel. Mayer scheint übrigens auch der erste gewesen zu sein, der das Genie Glinkas richtig erkannte. Er lehnte es bald ab, seinem siebzehnjährigen jungen Freunde regelrechten Musikunterricht zu erteilen und motivierte diesen überraschenden Entschluß mit den Worten: „Vous avez trop de talent pour que je vous donne des leçons. Venez en ami tous les jours et nous ferons de la musique ensemble."

Dieses freimütige Eingeständnis eines Musikers, der sich allseitig der größten Hochachtung erfreute, hätte bei einer weniger bescheidenen, weniger kritisch veranlagten Natur als Glinka wahrscheinlich die verderblichsten Folgen gehabt. Glinka war verständig genug, um daraufhin nicht einem jugendlichen Größenwahn zu verfallen. Jahrelang nahm er dankbar und bescheiden und durchaus nicht ohne Nutzen für die eigene künstlerische Entwicklung die musikalischen Ratschläge Mayers an. In diese Zeit fallen auch die ersten kompositorischen Versuche Glinkas, die er unter Anleitung Mayers ausführte. Wie fast alle Instrumental- und Vokalwerke Glinkas, waren auch diese ersten Versuche — Gelegenheitskompositionen, und zwar Gelegenheitskompositionen in ganz besonderem Sinne. Glinka komponierte nur — wenn er verliebt war. Und nur dem Umstande, daß er eigentlich immer verliebt war, verdanken wir die große Zahl seiner Lieder und die meisten seiner Instrumentalkompositionen, ausgenommen natürlich die großen Werke für Orchester und die beiden Opern.

Als Lyriker setzte Glinka sein ganzes Leben lang nur sich selbst in Musik, seinem ewigjungen Herzen stand immer eine „Jemandin" nahe, die er besang, der er die Huldigung seiner leidenschaftlichen und äußerst liebebedürftigen Natur in Form von Liebesliedern, Serenaden, Abschiedsgesängen, oder wenn die Schöne auf irgendeinem Instrument bewandert war, in Form einer Komposition für dieses Instrument darbrachte. So sind eigentlich alle die zahlreichen Variationenwerke im Kalkbrennerstil, die Glinka für Klavier geschrieben hat, nichts anderes als verkappte Liebesgedichte. Das sieht man ihnen freilich nicht an. Aber man erfährt daraus zu seiner Belehrung, daß Schumann Unrecht hatte, als er sämtliche Elaborate dieses brillanten Variationsgenres in Bausch und Bogen als 'seelenlose Tastendrescherei verdammte. Glinka bildet jedenfalls eine rühmliche Ausnahme.

Freilich war es auch ihm nicht gegeben, diese Form dadurch, daß er ihr seine erotischen Wallungen zum Inhalt gab, neu zu beleben und musikalisch reicher zu gestalten. Seine Klaviervariationen unterschieden sich in nichts von den schwächlichen und wässerigen Erzeugnissen der damaligen virtuosen Klavierliteratur. Glinka huldigte blindlings der musikalischen Mode seiner Zeit, ohne sich die geringste künstlerische Rechenschaft darüber abzulegen, was er e'igentlich tat.

Etwas ganz anderes war es mit seinen Liedern, auf die noch oft zurückzukommen sein wird. Der warme Herzenston, der in den meisten von ihnen durchklingt, die aufrichtige, ungekünstelte Empfindung, seltener die sengende Leidenschaftlichkeit der musikalischen Sprache — alle diese Eigenschaften, dank denen sich die Lieder Glinkas dem Besten was auf diesem Gebiete geschaffen ist, zur Seite stellen, verdanken wir gewiß nicht zum wenigsten dem Umstande, daß der Komponist in jedem von ihnen keine Phantasiegefühle, sondern reale Empfindungen, die ihn im gegebenen Moment selbst beseelten, zum Ausdruck brachte.

Zum erstenmal verliebte sich Glinka als siebzehnjähriger Abiturient in eine junge verheiratete Frau, deren körperliche und seelische Vorzüge er in seinen Memoiren noch als Fünfzigjähriger mit der Leidenschaft eines Jünglings schildert. Als künstlerischer Niederschlag dieses Erlebnisses erfolgten prompt die ersten Klaviervariationen über die Lieblingsmelodie der angeschwärmten Dame, ein C-Dur-Thema aus der „Schweizerfamilie" von Weigl. Darauf folgten Variationen für Klavier und Harfe über ein Thema von Mozart und ein Walzer für Klavier. Mit diesen ersten Kompositionen, von denen Glinka nur mitzuteilen weiß, daß er sie verfaßt hat, „ohne das geringste vom Generalbaß zu verstehen", hatte es vorläufig sein Bewenden. Erhalten ist von diesen Kompositionen nichts außer den Variationen für Harfe und Klavier, die Glinka im Jahre 1854 nach den Erinnerungen seiner Schwester, die das Stück als Kind einstudiert hatte, aufschrieb. Nach diesem Werk zu urteilen, braucht man den Verlust der übrigen nicht zu beklagen.

Nach der Beendigung seiner Studien in der Adligen Pension reiste Glinka nach Hause, um die Ferien auf dem elterlichen Landsitze zu genießen. Die größte Anziehungskraft übte, außer allen übrigen Freuden des Landlebens, immer noch das Orchester seines Onkels auf den jungen Musikenthusiasten aus. Neben den Petersburger Musikpädagogen war dieses Orchester während der Sommerferien alljährlich sein bester musikalischer Lehrmeister gewesen. Schon als Knabe beschränkte sich Glinka nicht nur darauf, in diesem Orchester mitzuspielen, sondern nahm während der Dauer seines Aufenthaltes im elterlichen Hause stets die Leitung dieser nicht sonderlich gut disziplinierten Musikerschar in seine eigenen Hände. Dabei hatte er Gelegenheit, die Wahrheit des „docendo discimus" in wohltätigster Weise an sich selbst zu erfahren. Genauigkeit, Sauberkeit, Deutlichkeit waren, wie erwähnt, die Hauptforderungen, die Glinka schon in jenen Jahren an jede musikalische Reproduktion stellte. Nun richtete er sein Bestreben darauf, einen dementsprechenden Vortrag auch mit dem Orchester seines Onkels zu erreichen. Dabei ließ er sich keine Mühe verdrießen und hatte wenigstens die Freude, daß seine Arbeit von Erfolg gekrönt war. Jede Stimme wurde vor den allgemeinen Proben mit jedem Musiker einzeln durchgenommen und einstudiert bis es „nicht nur keine falschen, sondern auch keine zweifelhaften Noten mehr gab". Dann erst begann er die eigentlichen Proben, die oft halbe Tage lang dauerten. Auf diese Weise lernte Glinka schon in jungen Jahren alle Geheimnisse der Instrumentation aufs Genaueste kennen und machte sich mit jedem einzelnen Instrument in der vollkommensten Weise vertraut, was ihn später in den Stand setzte, in seinen eigenen Orchesterkompositionen mit so außerordentlich glücklicher Wirkung auf die Individualität der verschiedenen Instrumente einzugehen. Das Repertoir dieses ländlichen Orchesters war weniger beschränkt, als man anzunehmen geneigt ist. Es bestand aus den Ouvertüren „Medea", „Hôtellerie portugaise", „Ludoiska", „Les deux journées" von Cherubini, „Joseph", „Le trésor supposé", „L'Irato" von Méhul, „Don Juan", „Zauberflöte", „Figaros Hochzeit", „Clemenza di Tito" von Mozart, „Fidelio" (E-Dur) von Beethoven und einigen Konzertouvertüren von Romberger und Maurer. Auch einige Symphonien gehörten dazu: die B-Dur von Haydn, G-Moll von Mozart und die zweite von Beethoven. Händel, Bach und Gluck kannte Glinka damals, wie er bedauernd hinzufügt, kaum vom Hörensagen.

Nach Absolvierung der Adligen Pension sollte Glinka natürlich in den Staatsdienst eintreten. Sein Vater hätte am liebsten einen Diplomaten aus ihm gemacht, da das Ministerium des Äußeren, oder wie es zu Glinkas Zeiten noch hieß, das „Ausländische Kollegium" damals entschieden für das vornehmste Ressort galt. Glinka, dem der patriarchalische Familiengeist der Zeit so sehr in Fleisch und Blut übergegangen war, daß er noch als reifer Mann, an der Schwelle des Greisenalters, keinen einigermaßen wichtigen Schritt zu unternehmen wagte, ohne seine Eltern um Erlaubnis zu fragen, wäre es nie eingefallen, gegen den Willen des Vaters zu opponieren, und als gehorsamer Sohn wandte er sich auch schon eifrig dem Studium der französischen diplomatischen Amtssprache zu. Doch der Umstand seines Lebens, der ihm stets als das größte Unglück erschien, seine schwächliche und kränkliche Körperkonstitution, gereichte ihm nun zum Segen.

Glinka sollte vorläufig eine Reise in den Kaukasus unternehmen, um durch den Gebrauch der kaukasischen Schwefelbäder seine Gesundheit aufzubessern. Ohne diese Reise hätte

Rußland um die Mitte des 19. Jahrhunderts vielleicht einen brauchbaren Botschafter mehr gehabt, wäre jedoch um eine Reihe unvergleichlicher Meisterwerke der Musik ärmer gewesen. Im Frühling des Jahres 1825 reiste Glinka, wie es sich für einen Vertreter seines Standes damals geziemte, in Begleitung eines eigenen Koches und Kammerdieners nach dem Kaukasus ab. Die Reise hatte nicht den gewünschten Erfolg. Durch die mannigfaltigsten Kuren, denen sich der junge unselbständige Patient wahllos unterwarf, eher geschwächt als gekräftigt, kehrte Glinka nach Petersburg zurück. Dort bot sich ihm nun, durch Vermittlung eines einflußreichen Verwandten eine Stelle im Ressort der Wegekommunikationen als Gehilfe des Sekretärs. Ohne viel Bedenken griff Glinka, nachdem er den elterlichen Konsens eingeholt hatte, zu. Sein „Dienst", und das mag Glinka am meisten verlockend erschienen sein, beanspruchte wenig mehr Zeit als eine Stunde täglich, so daß der junge Beamte genügend Muße hatte, seinen musikalischen Liebhabereien mit fachmännischem Eifer nachzugehen.

Die Studien mit Mayer wurden fortgesetzt. Glinka findet nicht genug Worte, um die Geduld und die Uneigennützigkeit seines musikalischen Freundes — den Namen eines Lehrers hatte sich ja Mayer selbst verbeten — zu rühmen, der nie seinen eigenen Stil als nachahmungswert pries, sondern stets die wahren Meisterwerke eines Mozart, Beethoven oder Cherubini als Musterbeispiel hinstellte.

Mit dem in Petersburg ansässigen Kontrapunktiker Miller wurde Glinka nicht bekannt. Er selbst bemerkt dazu: „Wer weiß! Vielleicht war es besser so. Der strenge deutsche Kontrapunkt läßt sich nicht immer mit einer flammenden Phantasie in Einklang bringen."

Trotzdem unterzog er sich wenige Jahre später gern und mit enormem Nutzen dem Unterricht eines Lehrers, wie man ihn sich strenger und „deutscher" nicht vorstellen

86

kann, ohne daß sich die Flügel seiner Phantasie durch den philologischen Staub kontrapunktischer Kenntnisse beschwert fühlten. Vorläufig war es mit diesen Kenntnissen bei Glinka allerdings nicht sonderlich gut bestellt. Desungeachtet warf er sich mit einer gewissen Wut aufs Komponieren und schreckte auch vor den schwierigsten Dingen nicht zurück, obwohl er, seinem eigenen Eingeständnisse nach, oft nicht wußte, „wie und an welchem Ende er beginnen sollte".

Auch der wohlmeinende Rat seiner Freunde und Verwandten, die ihn viel lieber seine pianistische Fertigkeit pflegen sahen, für die es in der Gesellschaft so viel bessere und unterhaltendere Verwendung gab, als für allerhand gelehrte kontrapunktische Studien, brachte ihn nicht von seiner Liebhaberei fürs Komponieren ab. Auch half es nichts, daß man ihm den Beruf eines Komponisten in den schwärzesten Farben ausmalte.

Glinka begann sogar für Orchester zu schreiben. Zwei Symphonien blieben natürlich unvollendet, da der waghalsige junge Autor bald nicht mehr weiter kam. Dasselbe Schicksal fand ein Konzert für Blasinstrumente. Dafür beendete er ein Trio (D-Moll) für Klavier, Klarinette und Fagott und ein Streichquartett (F-Dur). Beide Werke sind erst fast ein halbes Jahrhundert nach seinem Tode erschienen. Irgendeine Eigenart sucht man in ihnen freilich vergeblich, doch ist die Faktur nicht eigentlich schülerhaft mehr. Jedenfalls ist es unrichtig, wie es oft geschehen ist, das kompositorische Können Glinkas als krassen Dilettantismus hinzustellen, bis ihm der Unterricht Dehns in Berlin das wahre kontrapunktische Heil zuteil werden ließ. Die sechs Jahre seines Petersburger Aufenthaltes, die seiner ersten ausländischen Reise vorangingen, verliefen durchaus nicht nutzlos für Glinka und brachten ihn ein tüchtiges Stück vorwärts auf der Bahn des Komponierens.

Außer den beiden erwähnten Kammermusikwerken entstand in den Jahren 1824—3o eine ganze Reihe von italienischen und russischen Liedern, von denen eines sogar nachher der Ehre gewürdigt wurde, in einer Arie der Antonina in „Das Leben für den Zaren" verdiente Auferstehung zu feiern. Ein größeres Chorwerk entstand ebenfalls zu jener Zeit. Es war eine Kantate auf den Tod Kaiser Alexanders I. und auf die Thronbesteigung Nikolai I. Die Losung „Le roi est mort, vive le roi!" als Kantate musikalisch auszuarbeiten, war eine ziemlich heikle Aufgabe. Glinka löste sie in jugendlicher Unbefangenheit höchst primitiv, indem er den Trauerchor vom Jubelchor durch eine zwischengeschobene Arie trennte, die er selbst bei der ersten und einzigen Aufführung des Werkes im geselligen Hause des Generals Apuchtin im Kostüm eines Genius zu allseitiger Erheiterung und Begeisterung der anwesenden Gäste vortrug.

Auch die erste gedruckte Komposition Glinkas, auf die er nicht wenig stolz war, fällt in jene Zeit. Es waren Klaviervariationen über das damals äußerst populäre italienische Lied „Benedetta via la madre" (E-Dur), die er für eine liebreizende, achtzehnjährige Kusine von sich komponierte.

Die eifrige Beschäftigung mit Musik hinderte Glinka nicht, während dieser jungen Jahre das rege gesellige Leben der aristokratischen Kreise Petersburgs bis auf die Neige auszukosten. In seinen Memoiren findet sich eine höchst lebendige und anschauliche Schilderung dieses amüsanten ungebundenen Lebens, das einen ausgesprochenen Bohèmecharakter hatte, obgleich sich daran ausschließlich die Jeunesse dorée der Petersburger Aristokratie beteiligte. Anfangs hielt sich Glinka von diesen Vergnügungen scheu zurück und zog der Gesellschaft seiner Altersgenossen die Gesellschaft von Damen und jungen Mädchen der Gesellschaft bei weitem vor. Dabei fand er nicht nur für sein ewig liebebedürftiges Herz die gewünschte Nahrung, sondern wurde auch selbst, dank seinen musikalischen und geselligen Talenten, gern gesehen. Bald jedoch zog ihn die literarische Elite Petersburgs, die sich um die Dichter Puschkin, Baron Delwig, Griebojedow, Rimsky-Korsakow, Shukowski, Fürst Golizin und den Komponisten Graf Wielhorski scharte, in ihren Kreis. Außer der literarischen Anregung, die Glinka in diesem Kreise geboten wurde und die ihn der Kompositionsgattung zuführte, die er bisher vernachlässigt hatte — dem Liede, zogen ihn die jüngeren Elemente nun in einen wahren Wirbel geselliger Freuden hinein. Bei allen Unternehmungen stand immer die Musik im Vordergrunde und da mag sich Glinka allerdings als sehr nützlich erwiesen haben.

Zu den Hauptvergnügungen gehörten „Serenaden", die auf dem sogenannten „schwarzen Flüßchen", einem Nebenflusse der Newa, abgehalten wurden. In den Memoiren Glinkas heißt es darüber: „Am Tage der Serenaden erschienen auf dem Flusse zwei mit bunten Lampions geschmückte Kutter. Auf dem einen saßen wir, auf dem anderen war die Hornmusik des Chevaliergareteregiments untergebracht. Am Steuer hatten wir ein Klavier aufgestellt, an dem ich begleitete und den Chor dirigierte. Aller aufgeführten Musiknummern kann ich mich nicht entsinnen. Sehr schön klang auf dem Wasser die Stimme des Grafen T. M. Tolstoi in der venezianischen Barcarole ‚Da brava Catina'. Gar nicht übel sangen wir den Chor ‚Sonnez, sonnez' aus der ‚Weißen Dame' von Boildieu. Nach jeder Gesangsnummer erschollen die gemessenen, starken, majestätischen Klänge der Hörner. Instrumente mit Klappen (Pistons) waren damals noch nicht erfunden. Musikalische Ohren litten infolgedessen noch nicht von den unreinen widerwärtigen Tönen, mit denen man uns jetzt schonungslos bewirtet. Eine Mazurka des Grafen Michael Jurjewitsch (Wielhorski) speziell für Hornmusik komponiert, machte auf mich einen außerordentlichen Eindruck, und den Marsch im Finale der Oper „Das Leben für den Zaren" habe ich absichtlich für Naturhörner (ohne Pistons) geschrieben. Wenn man jetzt einen Trompeterchor auftreiben könnte, dem ähnlich, der in unseren Serenaden mitwirkte, so würde das Finale der Oper ohne jeden Zweifel von bedeutend stärkerer Wirkung sein."

Diese Serenaden gelangten übrigens bald zu außerordentlicher Berühmtheit in Petersburg, und die jungen Leute wurden oft auf die umliegenden Güter des Petersburger Adels eingeladen, wo sie gegen fürstliche Bewirtung nicht selten die merkwürdigsten musikalischen Aufführungen zustande brachten. Um Glinka riß man sich förmlich. Er konnte alles. Auf dem Landsitze des damaligen Reichsratspräsidenten Fürsten Kotschubei trat er in einem weißen Mousselinkleide mit roter Perücke als Donna Elvira im „Don Juan" auf, in Zarskoje Sjelo brachte er ein eigenes Singspiel „Die schwarzen Dominos" (der Text war vom Fürsten Golizyn) zur Aufführung, auf dem Landgute der Gräfin Stroganow mimte er den Figaro im „Barbier von Sevilla" — kurz, er ließ es an Vielseitigkeit künstlerischer Betätigung wahrlich nicht fehlen.

So unterhaltsam und vergnüglich dieses lustige, ein wenig ausschweifende Leben sein mochte, der Gesundheit des jungen Glinka konnte es unmöglich sehr zuträglich sein. Die schlimmen Folgen machten sich auch gar bald bemerkbar. Die verschiedensten Pillen und Mixturen, die ihm von Petersburger Ärzten verschrieben wurden, halfen nicht nur nichts, sondern verschlimmerten seinen Gesundheitszustand im Gegenteil zusehends. Zu seinem Glücke unterwarf ihn im Winter des Jahres 1828 der Militärarzt Spindler einer gründlichen Untersuchung. Die Diagnose dieses vortrefflichen, von Glinkas Vater besonders hochgeschätzten Arztes lautete dahin, daß sich im Organismus des jungen Glinka

„eine ganze Quadrille" von Krankheiten abspiele und daß
zur Kräftigung seiner Gesundheit durchaus ein mehrjähriger
Aufenthalt im Auslande notwendig sei. Hiermit kam der
Arzt einem längst gehegten Herzenswunsche Glinkas entgegen. Seit frühester Kindheit hatte Glinka nicht aufgehört,
mit steter Sehnsucht „von fremden Ländern und Menschen"
zu träumen. Besonders Spanien erschien seiner lebendigen
Phantasie als eine Art Zauberland, als Paradies auf
Erden, wohin ihn eine unbezwingbare Sehnsucht. trieb.
Es scheint fast, als habe er es vorausgeahnt, welch reiche
musikalische Anregung er sich zwei Jahrzehnte später aus
dem Lande der Mantillas und Castagnetten holen sollte.
Kurz bevor Doktor Spindler seine inhaltschwere Diagnose
stellte, hatte Glinka seinen Vater um die Erlaubnis zu einer
spanischen Reise gebeten, war jedoch in sehr entschiedener
Form abschlägig beschieden worden.

„Ich war bis zu Tränen betrübt," schreibt Glinka, „doch
fiel es mir gar nicht ein, mich auch nur mit einem Gedanken meinem Vater zu widersetzen, ungeachtet seines
freundschaftlichen Verhaltens zu mir." Nun war es der
Vater Glinka, der als erster und am eifrigsten auf eine ausländische Reise seines Sohnes drang. Freilich Spanien sollte
es dieses Mal noch nicht sein, dafür aber Deutschland und
Italien.

Natürlich konnte Glinka, der in allen praktischen Fragen
des Lebens hilflos wie ein Kind war, nicht allein reisen.
Es galt also vorerst, sich nach einer passenden Begleitung
umzusehen. Glinkas Wahl fiel auf den jungen Sänger
Iwanow, dessen wundervolle Stimme er nicht lange vorher
entdeckt hatte.

Iwanow gehörte dem Bestande der Hofkapelle an, und es
kostete nicht wenig Mühe, ihn aus Petersburg loszueisen.
Den energischen Bemühungen des Vaters Glinka gelang
es jedoch, einen zweijährigen Urlaub für Iwanow auszu-

wirken. Freilich mußte der alte Glinka sich verpflichten, während dieser Zeit für den Lebensunterhalt des jungen Sängers aufzukommen. Zwei Jahre lang war Iwanow der getreue Reisebegleiter Glinkas, dann schieden sie von einander. Iwanow machte erstaunlich rasche Karriere in Italien und galt zeitweise als der gefährlichste Rivale Rubinis. Er ersang sich ein fürstliches Vermögen und eine wundervolle Villa bei Florenz und kehrte nie wieder nach Rußland zurück. Diese Handlungsweise empörte den Zaren Nikolai I. so, daß er ein strenges Verbot erließ, den Namen des landesflüchtigen Tenors in russischen Zeitungen und Zeitschriften zu erwähnen. Iwanow kümmerte das wenig. Er verwandelte sich im Laufe der Jahre in einen waschechten italienischen Tenor, der endlich sogar seine Muttersprache verlernte und zum Schluß seines Lebens nur noch mit Mühe ein sehr zweifelhaftes Russisch radebrechen konnte.

Am 25. April 1830 traten Glinka und Iwanow ihre Reise an, die erst zwei Jahre später mit dem für Glinka so bedeutungsvollen Aufenthalte in Berlin ihren Abschluß erreichen sollte. Das Reisen damals war beschwerlich. In den Postkutschen war man nicht gerade auf Rosen gebettet und in Polen mußte man infolge der mit Recht unbeliebten „polnischen Wirtschaft" sogar oft mit einer jüdischen Fuhre statt eines Postwagens vorlieb nehmen. Halb gerädert kamen die Reisenden in Dresden an. Dort wurde der Modearzt der damaligen Zeit, Doktor Kreißig, konsultiert. Er verschrieb Ems, Aachen und Schlangenbad. Glinka badete sich auch mit rührender Geduld durch alle drei Bäder durch. Nützlicher jedoch als alle die verschiedenen Wasser sind ihm ohne Zweifel die musikalischen Anregungen, die er gleichzeitig empfing, gewesen. In Aachen hörte Glinka zum erstenmal deutsche Opern: „Freischütz", „Fidelio" und den „Faust" von Spohr. Den „Fidelio" begriff, wie Glinka freimütig eingesteht, weder er noch Iwanow, als sie das Werk zum ersten Male hörten. Doch schon zum zweiten Male wurden sie beide durch die Musik Beethovens bis zu Tränen gerührt.

Nachdem er pflichtschuldigst sein letztes Bad genommen hatte, kehrte Glinka, für dieses Mal aufatmend, Deutschland den Rücken. Über Bern, Lausanne, Genf und den Simplon ging es in einem Kabriolett nach Italien, hauptsächlich Iwanow zuliebe, der dort seine Gesangstudien beginnen sollte. Aber auch Glinka versprach sich von der Einwirkung des südlichen Klimas auf seine Gesundheit viel — eine Hoffnung, die sich leider nicht erfüllte.

Mailand mit seinem wunderbaren Dom, die malerische Lage der Stadt selbst, der durchsichtig blaue italienische Himmel und nicht zum wenigsten die schwarzäugigen Mailänderinnen versetzten Glinka in unsagbares Entzücken. Bald war eine Wohnung auf dem prächtigen Corso porta Renza gefunden, und die beiden „Maestri russi" richteten sich mit Behagen häuslich in Italien ein.

Während sich Iwanow auf Treu und Glauben dem Gesangslehrer Eliodoro Bianchi in die Hände gab, sah sich Glinka nach einem geeigneten Lehrer um, der ihn weiter in die Geheimnisse des Kontrapunkts einführen sollte. Endlich wandte er sich an Basili, den Direktor des Mailänder Konservatoriums, einen mittelmäßigen Musiker, der nicht viel mehr vom Kontrapunkt verstehen mochte, als Glinka selbst. Der Inbegriff des Kontrapunktes bestand für Basili in folgender Übung: er veranlaßte seinen Schüler vierstimmige Tonleiterstudien zu schreiben, wobei sich jede Stimme in halb so kleinen Notenwerten bewegen mußte als die über oder unter ihr liegende. Dieses Verfahren nannte Basili: „Sottilizzar l'ingegno". Glinka hielt diese kopfzerbrecherischen geisttötenden Übungen nur eine sehr kurze Zeit lang aus und zog es vor, seine Kenntnisse lieber durchs Anhören lebendiger Musik zu erweitern.

In der „Scala" und im kleinen Theater „Carcano" wett-

eiferten damals zwei unternehmungslustige Impressarios
darin, dem Mailänder Publikum das Vollendetste, was die
italienische Oper an Gesangskräften besaß, vorzusetzen. Besonders das Teatro Carcano hatte ein geradezu erlesenes
Sängerpersonal aufzuweisen. Es sangen dort die Pasta,
Rubini, Orlando, der berühmte Baß Galbi, als Kapellmeister
fungierten keine Geringeren als Bellini und Donizetti.

Glinka stand im Teatro Carcano die Proszeniumloge des
russischen Gesandten Grafen Woronzow-Daschkow täglich
zur Verfügung. Es begann für ihn ein wahres Schwelgen
in italienischer Musik, besonders im virtuosen italienischen
Gesange, gegen den Glinka erst viel später gleichgültig gestimmt wurde.

Dieser außerordentlich starke Einfluß der italienischen
Musik — Glinka gesteht, in seiner Proszeniumloge oft
Ströme von Tränen der Rührung und des Entzückens ver-
gossen zu haben — war für einen angehenden Komponisten,
der seine Eigenart erst finden sollte, natürlich nicht sehr
günstig. Doch hatte er auch seine guten Seiten. Die außerordentliche Meisterschaft, die Glinka später in der Behandlung der Singstimmen an den Tag legte, läßt sich nur durch
dieses hingebende, übereifrige Studium des italienischen
Gesanges erklären. In Italien erst lernte Glinka überhaupt
begreifen, was Gesang eigentlich ist. Zwar hatte er selbst
schon in Petersburg bei einem Italiener (Belloli) Gesangstudien getrieben und es so weit gebracht, daß er nach
seinem eigenen Ausspruch „allerhand musica buffa sehr
anständig wiederzugeben vermochte", aber die eigentlichen
Finessen des italienischen Gesanges gingen ihm erst in Italien
selbst auf. Außer den Gesangsstudien, die er im Theater
sozusagen aus der Ferne machte, bemühte er sich, der
italienischen Kehlfertigkeit auch persönlich auf den Grund
zu kommen. Er assistierte stets den Unterrichtsstunden, die
Iwanow bei verschiedenen italienischen Gesangskapazitäten

94

nahm. Von größtem Nutzen wurde ihm in der Beziehung besonders der berühmte Nozzari, bei dem Iwanow unmittelbar nach dem Mailänder Aufenthalte in Neapel studierte und die italienischrussische Sängerin Madame Fedor-Mainville, die nach Glinkas Ausspruch „ganz wundervoll sang und die schwierigsten Läufe und Passagen so geschickt und leicht exekutierte wie die deutschen Frauen in Berlin während der aufregendsten Theatervorstellung Strümpfe stricken, ohne eine Masche fallen zu lassen".

Die Wohltaten der italienischen Schule durfte Glinka auch an sich selbst erfahren. Als er bei Belloli in Petersburg studierte, hatte er, nach seinem eigenen Urteil, ein heiseres näselndes Stimmchen, ein undefinierbares Ding zwischen Tenor und Bariton, aus Italien kehrte er mit einem hellen, klangvollen Tenor zurück, der in den höchsten Lagen leicht und sicher ansprach und jahrzehntelang das Entzücken seines Freundeskreises in Petersburg bildete.

An interessanten musikalischen Bekanntschaften fehlte es Glinka in Italien nicht. In Mailand verkehrte er viel mit Donizetti und Bellini. Mit letzterem unterhielt sich Glinka oft über deutsche Musik, von der Bellini, seiner Meinung nach, nur sehr oberflächliche Kenntnisse besaß. Bellini empfahl Glinka, sich beim Komponieren nur von seinem Instinkte leiten zu lassen und sich hauptsächlich zu bemühen, „auf die Herzen der Frauen zu wirken". In seinen lyrischen Erzeugnissen hat Glinka diesen Rat stets getreulich befolgt.

Eines Tages führte ein junger russischer Aristokrat, Sobolewski, Mendelssohn bei Glinka in Mailand ein. Mendelssohn schlug gegenüber Glinka, der sich in Mailand eines, wie er selbst meinte, nicht ganz verdienten Rufes als außerordentlicher Pianist erfreute, einen etwas ironisierenden Ton an, der dem jungen russischen Musiker natürlich nicht sonderlich behagte. Er weigerte sich standhaft, Mendelssohn etwas vorzuspielen. Dieser selbst setzte sich jedoch auf vieles Bitten ans Klavier und spielte ein leichtes Rondo, das Glinka keinen Begriff vom pianistischen und kompositorischen Können Mendelssohns vermitteln konnte.

Einer der liebsten musikalischen Freunde Glinkas in Mailand war der schon erwähnte Pianist Pollini, der den jungen Russen aufrichtig liebgewann und ihm oft und gerne vormusizierte. Der 80jährige Pollini lebte sonst sehr zurückgezogen, umgeben von angenehmstem Wohlstande, den er weniger der Musik als dem Vertriebe eines von ihm selbst erfundenen Geheimmittels gegen venerische Krankheiten, dem „Eau de Pollini", verdankte.

Im Komponieren zeigte Glinka während seines Aufenthaltes in Italien einen bemerkenswerten Eifer, jedoch in einer Richtung, die für sein späteres Schaffen glücklicherweise nicht vorbildlich geworden ist. Man möchte meinen, daß sich zu den vielen übrigen Krankheiten Glinkas in Italien noch eine pathologische Sucht zum musikalischen Variieren gesellte. Er schrieb ohne Rast und Ruh Variationen für Klavier oder auch für größeres Kammermusik-Ensemble, Variationen ohne Ende, Variationen fast über jedes Thema, das aus den gehörten Opern in seinem Gedächtnis hängengeblieben war. Diese Variationen widmete er seinen Freunden oder — häufig — einer der vielen schönen italienischen Frauen, die seinen Weg kreuzten.

· Das erste derartige Werk sind die seinem Freunde Schteritsch gewidmeten Variationen über ein Thema aus der Donizettischen Oper „Anna Bolein", die in Anwesenheit Glinkas zur Saisoneröffnung im Teatro Carcaro gegeben wurde. Es folgten dem Grafen Woronzow-Daschkow gewidmete Variationen über zwei Themen aus dem Ballett „Chas-Kang", über dessen Autor Glinka sich in Schweigen hüllt, und ein Rondo über ein Thema aus der Oper „Montecchi et Capuletti", das er der anmutigen Tochter des Mar quis Visconti widmete. Allein das Klavier als Soloinstrument befriedigte Glinka auch damals schon nicht recht. So steckte er sich bei seiner nächsten Komposition, einer Serenade über Themen aus Bellinis „Somnambula", die er für ein junges Mädchen, eine Schülerin Pollinis, schrieb, schon weitere Grenzen und fügte dem Klavier die Begleitung eines Streichkörpers, bestehend aus zwei Geigen, Bratsche, Cello und Kontrabaß, hinzu. Originell, aber in klanglicher Beziehung vielversprechend war die Besetzung für eine andere Serenade, über Themen aus „Anna Bolein", die er für die beiden Töchter seines Mailänder Arztes de Filippi schrieb: Klavier, Harfe, Bratsche, Fagott, Cello und Horn. Bei der ersten Probe dieses Stückes spielte der Bratschist Rolla, ein Künstler des Theaters „La Scala", ein Bratschensolo so schön, daß Glinka die Tränen in die Augen traten. „Und mich fragte er dann noch um Rat," fügt Glinka bei der Erzählung dieser Episode hinzu.

Außer diesen Variationen und Serenaden schrieb Glinka während seines Aufenthaltes in Italien nur zwei größere Originalwerke, ein Sestetto originale für Klavier, Streichquartett und Kontrabaß und ein Trio für Fagott, Klarinette und Klavier. „Ma questo è disperazione!" riefen die Musiker aus, als sie das Finale des Trios zum erstenmal durchspielten. Glinka war in der Tat in einem verzweifelten Zustande. Seine körperlichen Leiden nahmen von Tag zu Tag zu, und kein Mittel wollte mehr helfen. Dazu gesellten sich Qualen eines immer stärker werdenden Heimwehs. Glinka beschloß nach Venedig zu fahren, doch fand er auch dort nicht die erhoffte Zerstreuung und Besserung. Seine Leiden machten ihn arbeitsunfähig. Er schrieb nichts mehr, um so mehr aber hatte er Gelegenheit, über sein bisheriges Kunstschaffen nachzudenken. Vor ihm lagen seine italienischen Kompositionen, die der Verleger Ricordi in Mailand sauber herausgegeben hatte. Je mehr er sie sich ansah, desto deutlicher trat es ihm ins Bewußtsein, daß das nicht der Weg sei, den sein Talent in Zukunft nehmen müßte, daß es ihm nicht gegeben war, „aufrichtig ein Italiener zu sein". Immer stärker wurde seine Sehnsucht nach Rußland und nach russischer Musik, und immer deutlicher erwachte der Wunsch in ihm, selbst russische Musik zu schreiben, denn nur dabei konnte er sich ganz so geben wie er war, ganz er selbst sein, seiner musikalischen Erfindungsgabe freien Lauf lassen, ohne ihr den geringsten Zwang anzutun — mit einem Wort: wahr und echt empfundene Musik schreiben. Es hatte ihm nicht wenig Mühe gekostet, sich in seiner Musik dem „sentimento brillante", jenem oberflächlichen Gefühlsdusel der Italiener, anzupassen. Jetzt hatte er endgültig genug davon. Er wußte, daß diese musikalische Heuchelei ihm auf die Dauer nicht gelingen würde, und er wußte auch warum.

„Wir Bewohner des Nordens", schreibt er in seinen Memoiren, „fühlen anders. Die Eindrücke des Lebens berühren uns entweder gar nicht oder sie versenken sich tief in unsere Seele. Bei uns gibt es nur unsinnige Ausgelassenheit oder bittere Tränen. Auch die Liebe, diese wundervolle Empfindung, die das ganze All belebt, ist bei uns stets mit einer gewissen Traurigkeit verbunden. Kein Zweifel, daß unsere melancholischen russischen Lieder Kinder des Nordens sind, die wir vielleicht von Osten her übernommen haben. Die Lieder des Orientalen sind ja ebenso melancholisch, selbst im glücklichen Andalusien".

Nach diesen melancholischen Liedern erfaßte den jungen Maestro russo in Italien eine unbändige Sehnsucht, gegen die er den Kampf endlich aufgab.

Dieses mächtige Erwachen des nationalen musikalischen Selbstgefühls ist gewiß der größte Gewinn, den der italienische Aufenthalt Glinka gebracht hat. Dagegen fallen sogar die unzweifelhaften Fortschritte, die er in der Kompositionstechnik gemacht hatte, und seine nunmehr vortrefflichen Kenntnisse des italienischen Gesangstils nur gering ins Gewicht.

Mitte Juli des Jahres 1833 packte Glinka seine Sachen und reiste nach Wien, wohin ein italienischer Arzt den gänzlich entkräfteten Patienten geleitete. Von Iwanow hatte Glinka schon in Neapel endgültig Abschied genommen und sollte ihn auch nie wiedersehen.

Der Wiener Arzt, den Glinka konsultierte, schickte ihn nach Baden. Sein Rat war: „Trinken Sie und baden Sie fleißig — alles wird sich geben." Es gab sich aber nicht alles. Im Gegenteil, das Leiden Glinkas steigerte sich allmählich bis zu Halluzinationen und seine Schwäche nahm in dem Maße zu, daß seine Glieder ihm den Dienst versagten und er sich nicht mehr ohne Hilfe eines von ihm engagierten „Lohnlakais" bewegen konnte. Dieser Lohnlakai führte ihn eines Tages zu einem katholischen Priester, der ein Klavier besaß. Nachdem Glinka ein wenig gespielt hatte, wandte sich sein Gastgeber zu ihm: „Wie ist es möglich, in so jungen Jahren so traurig zu spielen?" — „Was ist zu machen!" antwortete Glinka. „Es ist nicht leicht, zum Tode verurteilt zu sein, besonders in der Blüte der Jahre."

Als der Priester die Leidensgeschichte seines Gastes gehört hatte, riet er ihm, sich an einen Homöopathen zu wenden. Glinka wollte erst nichts davon hören, doch wurden alle seine Einwände durch die Bemerkung entkräftet: „Wenn Sie sich doch für einen zum Tode Verurteilten halten, so kann es Ihnen ja gleichgültig sein, ob Sie von der Allopathie oder von der Homöopathie sterben."

Glinka war eine viel zu schwächliche Natur, um sich auf die Dauer solchen in halbwegs energischer Form erteilten Ratschlägen zu widersetzen, und zwar leider nicht nur in bezug auf die Behandlung seiner Krankheiten, sondern auch in bezug auf die Konzeption seiner Kunstwerke. Sein Gesundheitszustand hatte darunter zeitweilig ebenso zu leiden wie später seine Opern. Diesmal übrigens geriet ihm der Rat des Priesters zum Heil. Der homöopathische Arzt, an den sich Glinka in Wien wandte, half ihm wirklich. Skeptiker mögen daraus immerhin den Schluß ziehen, daß es sich bei den Krankheiten Glinkas zum großen Teil um die Einbildungen seines krankhaft-reizbaren Nervensystems handelte.

In musikalischer Hinsicht brachte Glinka der Aufenthalt in Wien und Umgegend keinerlei Nutzen, die einzige künstlerische Ausbeute dieser Wochen war der Entwurf des berühmten, später in der Oper „Das Leben für den Zaren" verwandten „Krakowjak", den Glinka, angeregt durch die Tanzweisen Strauß' und Lanners, erfand.

Unterdessen hatte eine verheiratete Schwester Glinkas, Frau Gedeonowa, vorübergehend in Berlin ihren Wohnsitz genommen. Da gab es denn auch für Glinka, trotz Homöopathie und Tanzmusik, kein Halten mehr in der Kaiserstadt. Er eilte zur geliebten Schwester nach Berlin.

Dieser Schritt sollte für die Weiterentwicklung seines musikalischen Talentes von höchster Bedeutung werden. Durch Vermittlung Teschners, eines mittelmäßigen Gesanglehrers, mit dem Glinka in Mailand bekanntgeworden war, wurde er bei Siegfried Dehn, dem vortrefflichen Musikgelehrten und nachmaligen hochverdienten Kustos der Berliner Königlichen Musikbibliothek, eingeführt.

Bis jetzt hatte Glinka mit seinen Lehrern kein Glück gehabt. Er sehnte sich danach, ernsthafte kontrapunktische Studien zu machen, und gerade dazu konnte ihm keiner seiner bisherigen Lehrer die rechte Anleitung geben. Alle Musikpädagogen, mit denen Glinka bis jetzt zu tun gehabt hatte, waren entweder zu hölzern und pedantisch und lähmten von vornherein die Arbeitslust ihres Schülers, wie Zeuner oder Basili, oder sie wußten selbst zu wenig, um das Studium Glinkas in die rechten Bahnen zu lenken, wie Mayer.

Da war Dehn gerade der rechte Mann für Glinka, der sich denn auch in der Tat sofort mit einer geradezu schwärmerischen Verehrung an den Berliner Musikgelehrten anschloß. Dehn verfügte über einen reichen Schatz musikalischen Wissens, und verstand es in hohem Grade, anregend auf seinen Schüler zu wirken.

Falsch ist es allerdings, wenn man, wie es oft geschieht, das Verhältnis zwischen Dehn und Glinka so darstellt, als sei der junge russische Musiker als blutjunger Dilettant und Nichtskönner bei Dehn erschienen und habe ihn als vollendeter Meister der schwierigsten Kompositionsformen nach fünfmonatlichem Unterricht wieder verlassen. Der hauptsächlichste Mangel der bisherigen musikalischen Bildung Glinkas war ihre vollständige Systemlosigkeit. Doch war er immerhin schon ein in den weniger komplizierten Formen der Kompositionstechnik vollkommen sattelfester Komponist. Das zeigen seine in Italien entstandenen Kammermusikwerke, in denen nur die allzu seichte Richtung des darin zutagetretenden musikalischen Geschmackes berechtigterweise zu bemängeln ist.

Das hauptsächlichste Verdienst Dehns Glinka gegenüber ist, die allgemeine Musikauffassung seines Schülers nach allen Richtungen vertieft und ihn dem oberflächlichen und leichtfertigen Stil der italienischen Kompositionsmanier endgültig entfremdet zu haben. Dazu war es vor allem notwendig, das Interesse des Schülers für die polyphonen, kontrapunktischen Formen der Musik zu erwecken. Denn daß die melodische Erfindungskraft die Hauptstärke des Talentes Glinkas war, die weiter keiner Befruchtung von außen her bedurfte, hatte der feine pädagogische Instinkt Dehns sofort ermittelt. Dehn begann damit, daß er seinem Schüler zwei- und dreistimmige Fugen über Themen bekannter Komponisten aufgab, oder, wie Glinka sich ausdrückt, „Fugen-Extrakte" — ohne Text, in denen jedoch die Hauptgrundsätze dieser Kompositionsform, d. h. Exposition, zwei oder mehr Durchführungen, Orgelpunkt und Endführungen eingehalten werden mußten. Gleichzeitig brachte Dehn auch alle übrigen, zum Teil wahrscheinlich lückenhaften theoretischen Kenntnisse Glinkas in Ordnung. Er schrieb ihm die Grundzüge der Harmonielehre, des Kontrapunktes und der Instrumentation eigenhändig in fünf kleine Heftchen ein, die Glinka jahrelang für den größten musikalischen Schatz hielt, den er besaß.

Glinka sah hier zum erstenmal die Grundzüge alles musikalischen Wissens in ein System gebracht vor sich. Natürlich imponierte ihm das höchlichst, und in jeder logischen Bemerkung über den Zusammenhang der musikalischen Faktoren war er bereit, eine musikalische Offenbarung zu erblicken. Durchaus wollte er die Dehnschen Hefte veröffentlichen, — ein Ansinnen, dem sich Dehn natürlich aufs energischste widersetzte. Die Hefte befinden sich jetzt mit zahlreichen anderen Glinkareliquien in der Kaiserlichen Öffentlichen Bibliothek zu Petersburg. Doch hören wir, was Glinka selbst über Dehn zu sagen hat: „Ohne jeden Zweifel bin ich Dehn mehr verbunden als allen meinen übrigen Maestros zusammen genommen. In seiner Eigenschaft als Rezensent der Leipziger Musik-Zeitung brachte er nicht nur meine musikalischen Kenntnisse, sondern auch meine allgemeinen Begriffe von der Kunst überhaupt in Ordnung. Seine Lektionen gaben mir den Anstoß, mich bei meinen Arbeiten nicht nur von meinem Instinkt, sondern auch von meinem Bewußtsein leiten zu lassen. Dabei quälte er mich nicht in der üblichen schulgerechten und systematischen Weise, sondern fast in jeder Stunde eröffnete er mir irgend etwas Neues und Interessantes. Einst gab er mir ein Thema, bestehend aus acht Takten, aus dem ich zur nächsten Stunde das Skelett einer Fuge machen sollte. Das Thema ähnelte mehr einem Rezitativ als einer für fugierte Durch-

führungen geeigneten Melodie, und ich schlug mich fruchtlos damit herum. In der nächsten Stunde bat Dehn mich,
es noch einmal mit dem Thema zu versuchen. Doch hatten
alle meine Bemühungen keinen Erfolg. Zur dritten Stunde
nun erschien Dehn mit einem gewaltigen Buche, das eine
Fuge von Händel über das Thema, mit dem ich nicht fertig
werden konnte, enthielt. Bei näherer Betrachtung erwies
es sich, daß die ganze Durchführung des großen Komponisten sich nur auf den achten Takt gründete. Die sieben
ersten Takte erschienen nur selten. Diese einfache Erwägung machte mir mit einem Schlage klar, was eine Fuge
eigentlich ist."

Der außerordentlich starke und wohltätige Einfluß, den
der Unterricht Dehns auf die musikalische Entwicklung
Glinkas hatte und von dem Glinka selbst in seinen Memoiren
so beredtes Zeugnis ablegt, läßt es nur natürlich erscheinen,
daß man später diesen Einfluß stark übertrieben und auf
Gebiete bezogen hat, auf die sich, wie eine gewissenhaftere
Betrachtung der Tatsachen feststellen konnte, sich die Anregungen des Berliner Musikgelehrten nicht erstreckten. Man
hat es oft hören müssen, daß es eigentlich Dehn gewesen
sei, der Glinka den Gedanken eingeflößt habe, eine national-
russische Oper zu schreiben und sich überhaupt der Bearbeitung der russisch-nationalen Musik zuzuwenden. Der
eingangs *) zitierte Brief Glinkas ist aus Berlin datiert und
legt den Gedanken nahe, daß der geistige Vater der Idee,
Rußland mit einer großen nationalen Oper zu beschenken,
Dehn gewesen sei, mit dem Glinka damals allerdings beständig verkehrte. Der Brief, dessen Authentizität nicht zu
bezweifeln ist, wurde zum erstenmal in der französischen
Glinka-Biographie von Foque abgedruckt (1880). Stassow,
dessen Glinka-Biographie 1857 erschien, kannte den Brief

---

*) S. 68.

noch nicht. Nun teilt jedoch Graf Th. M. Tolstoi, ein Jugendfreund Glinkas, in seinen „Erinnerungen“ mit, daß Glinka schon in Italien, also vor seiner Bekanntschaft mit Dehn, oft von seiner Absicht gesprochen habe, ein großes nationales Bühnenwerk zu schaffen. Wahrscheinlich entstand dieser Gedanke in ihm unter Einwirkung des plötzlich auftretenden Heimwehs und der Sehnsucht nach russischer Musik, die er schon viel früher, wenn auch in ganz dilettantischer Weise, zu bearbeiten begonnen hatte. Wahrscheinlich ist allerdings, daß Glinka sich mit Dehn über diese ihn beschäftigenden Fragen unterhalten hat, und daß Dehn ihn in seinem Entschluß, sich der national-russischen Musik zuzuwenden, bestärkt hat. Wenigstens gesteht Glinka, daß sich in ihm der Gedanke, national-russische Musik zu schreiben, immer mehr geklärt habe. Auch ließ er diesen Gedanken schon zur Tat werden. In Berlin entwarf er das erste echt russische Allegrothema der Ouvertüre zu „Das Leben für den Zaren“ und die wundervolle, geradezu russischen Erdgeruch ausströmende fünftaktige Melodie, die er später dem Auftrittsliede des Waisenknaben (Wanja) in derselben Oper zugrundelegte. Auch ein vierhändiges Potpourri über russische Volkslieder schrieb er in Berlin und war nicht wenig stolz auf die darin angebrachten kontrapunktischen Verbrämungen, wohl die erste Frucht des Unterrichts bei Dehn. Eine Skizze zu einer symphonischen Ouvertüre über einen russischen Rundgesang ließ er unbeendet, weil ihm die Ausarbeitung „zu deutsch“ geriet. Mehr Befriedigung schafften ihm zwei Lieder zu Texten von Shukowski und Baron Delwig und Klaviervariationen über die berühmte, „Nachtigall“ von Alabjew — die letzten Variationen in virtuosem Stil, die Glinka geschrieben hat.

Mit der Italomanie war es bei Glinka, seit Dehn ihm die Augen für die Tiefen seiner Kunst geöffnet hatte, vorbei. Sogar für Klaviervariationen wählte er zum erstenmal ein russisches Thema. Der Moment der Selbstbesinnung war gekommen. Neue Ausblicke, neue Horizonte öffneten sich vor dem geistigen Auge des jungen Komponisten. Nun hielt es ihn auch nicht mehr lange in Berlin. Es zog ihn mächtig nach der Heimat, als ahne er es voraus, zu welch großer Bedeutung seine Kunst dort bald darauf gelangen sollte.

Die unmittelbare Veranlassung zur Abreise Glinkas aus Berlin war freilich für ihn eine sehr schmerzliche — die Nachricht vom Tode seines Vaters. Im April 1834 verließ Glinka Berlin. Am schwersten wurde ihm der Abschied von Dehn, den er aufrichtig liebgewonnen hatte und dem er durch zwanzig lange Jahre, während deren er die höchsten Gipfel des Künstlerruhmes erklimmen sollte, ein so treues Gedenken bewahrte, daß er ihn an der Schwelle des Alters wieder aufsuchte, um nochmals sein Schüler zu werden.

Ursprünglich lag es in der Absicht Glinkas, nach kurzem Aufenthalt auf dem elterlichen Gute und einem Besuche in Moskau sofort wieder nach Berlin zurückzukehren, hauptsächlich um die Arbeit mit Dehn wieder aufzunehmen.

Allein das Schicksal hatte es anders beschlossen. Ein geringfügig erscheinendes Spiel des Zufalls — Glinka konnte für die ihm aufgedrungene Reisebegleiterin, eine deutsche Gouvernante seiner Schwester, in Warschau keinen Paß auswirken — stellte sich seiner Absicht entgegen und gab seinem Leben nach zwei Richtungen hin eine entscheidende Wendung. Glinka mußte sich nach Petersburg wenden, um persönlich den ihm in Warschau verweigerten Paß seiner Reisebegleiterin zu besorgen. In Petersburg stieg er im Hause seines Schwagers Stunejew ab, und hier erreichte ihn sein Schicksal in Gestalt der liebreizenden 17jährigen Schwester seines Schwagers, Marie, freilich ohne daß er ahnte, von welcher Bedeutung diese Bekanntschaft für den späteren Verlauf seines Lebens werden sollte. Die Reise

105

nach Berlin wurde von Woche zu Woche aufgeschoben, obwohl ihm seine treubesorgte Mutter schon einen geschlossenen Wagen geschenkt hatte, um den zarten Organismus ihres kränklichen Sohnes gegen die Einwirkungen des immer unfreundlicher werdenden Herbstwetters zu schützen. Endlich wurde die verhängnisvolle deutsche Gouvernante, die unschuldige Ursache der sich nun vorbereitenden bedeutungsvollen Vorgänge im Leben Glinkas, allein nach Berlin abgefertigt, und ihr ungetreuer Reisekavalier ließ sich auf unbestimmte Zeit häuslich in Petersburg nieder.

Im April 1835 fand seine Hochzeit mit Marie Stunejew statt.

Zu einem glücklicheren Ausgange als dieser Schritt führte Glinka die gleichzeitig, ungeachtet seiner, wie er sich selbst ausdrückt, „unsinnigen Verliebtheit“, begonnene Arbeit an seiner ersten Oper.

Die Anwesenheit Glinkas war in den literarischen und musikalischen Kreisen Petersburgs natürlich nicht unbemerkt geblieben. Unversehens wurde Glinka in den Zirkel, den der Dichter Shukowski um sich versammelte, hineingezogen. Zu den literarischen Abenden bei Shukowski, der damals als Erzieher des Großfürsten Thronfolgers im Winterpalais wohnte, fanden sich regelmäßig Puschkin, Gogol, die Dichter Pletnew, Fürst Wjäsemski, der Dramaturg Kukolnik, der verdiente Forscher auf dem Gebiete der russischen Kirchenmusik Fürst Odojewski und andere Größen der russischen Literatur- und Kunstwelt ein. Ihnen gesellte sich jetzt Glinka bei. Sein Ruf als Liederkomponist war damals schon gefestigt. Glinka komponierte, wie schon erwähnt, nie mit solcher Leichtigkeit, als wenn er verliebt war. Sein Brautstand inspirierte ihn zu einer ganzen Reihe von Liedern, die unzweifelhaft zu dem Schönsten gehören, was er auf diesem Gebiete geschaffen hat.

Die Idee Glinkas, eine nationale russische Oper zu

schreiben, erregte im Shukowskischen Kreise naturgemäß das lebhafteste Interesse. Besonders Shukowski selbst war Feuer und Flamme für den Gedanken. Er war es auch, der Glinka mit dem Sujet des „Iwan Sussanin" bekannt machte. Einige Szenen erregten die Phantasie Glinkas sofort in hohem Grade, besonders die Szene im Walde — Sussanin hat die gedungenen polnischen Mörder, die er zum eben erwählten Zaren geleiten soll, ins tiefste Dickicht des verschneiten russischen Urwaldes geführt, um sie dem Untergange preiszugeben, und fällt ihnen nun selbst zum Opfer —. schnitt sich tief in sein Gedächtnis ein. Shukowski entwarf sofort selbst zur Probe die Verse, die später im Epilog der Oper (Terzett mit Chor) Verwendung fanden. Leider war er zu beschäftigt, um seinen ursprünglichen Gedanken, das Libretto der ganzen Oper für Glinka zu verfassen, auszuführen. Er wies Glinka an den damals bekannten Verseschmied Baron Rosen, den Privatsekretär des Thronfolgers.

So wollte es der Zufall, daß den Text zu dem ersten echt nationalen Kunstwerk, das in Rußland entstand, ein Deutscher schrieb. Rosen löste die ihm zuteil gewordene Aufgabe mit ebensoviel Geschick als wenig wirklichem Talent. Er hatte es nicht leicht, der leichtbeflügelten Phantasie Glinkas, die nun zum erstenmal frei ihre Schwingen bewegen konnte, zu folgen. Glinka selbst schreibt darüber:

„Meine Einbildungskraft enteilte dem fleißigen Deutschen mit Riesenschritten. Wie mit einem Zauberschlage entstand in mir der fertige Plan der ganzen Oper, auch der Gedanke, der russischen Musik die polnische gegenüberzustellen. Sogar viele Themen und Einzelheiten der Ausarbeitung, alles das flammte mit einemmal 'in meinem Kopfe auf."

Den Plan der Oper und das Szenarium entwarf er selbst, Rosen hatte nur die Verse zu den einzelnen Szenen zu liefern. Aber auch das mochte oft schwierig genug sein, denn Glinka kam ihm meistenteils mit fertigen Musiknummern, denen nun, so gut es eben gehen wollte, gereimte Textworte angepaßt werden mußten. Aber Rosen schreckte auch das nicht, obgleich er es oft mit den widerhaarigsten Metren und einem, jedes geregelten Versmaßes hohnsprechenden musikalischen Periodenbau zu tun bekam. Glinka versagte den dichterischen Hexenmeistereien seines Librettisten seine Anerkennung nicht.

„Rosen war ein Teufelskerl", schreibt er, „man mochte bei ihm Verse bestellen, welchen Metrums man nur wollte, zweisilbige, dreisilbige, viersilbige, irgendwelche nie dagewesene Versfüße — ihm war es ganz egal. Wenn man am nächsten Tage wiederkam, war alles fertig".

Die Verse sind allerdings auch danach, aber Glinka schien das nicht zu bemerken, oder wenn er es bemerkte, so sah er darüber hinweg. Ein Rausch der Schaffensfreudigkeit hatte ihn erfaßt. Er sah nur ein großes Ziel vor Augen und stürmte mit Riesenschritten darauf zu. Bei Kleinigkeiten und Nebensächlichkeiten hatte er keine Zeit mehr sich aufzuhalten. Und als kleinliche Nebensächlichkeit mußte ihm im Vergleich zu den musikalischen Gedanken, die ihn ganz beherrschten, nach den damaligen Begriffen die Fassung der Verse in seiner Oper erscheinen.

Der Gedanke an eine Reform der Oper als Kunstgesang an sich lag Glinka gänzlich fern. Er sah, mit was für schauderhaften Versen sich Mozart und Beethoven in ihren Opern beholfen hatten, was für jämmerliche Poesien den Opern von Bellini, Donizetti und neuerdings auch Meyerbeers und Webers zugrunde lagen, und so kam es ihm gar nicht in den Sinn, daß er es besser haben könnte. Über die Begriffe, die in Petersburg damals in bezug auf das gegenseitige Verhältnis von Wort und Musik in der Oper herrschten, unterrichtet aufs beste eine Tagebuchnotiz des Dichters Kukolnik, der für Glinka eine Szene des „Iwan Sussanin" in Verse gebracht hatte, die vom Komponisten jedoch verworfen wurden. Die Gedanken Kukolniks teilte ohne Zweifel das ganze literarische Petersburg und sicherlich auch Glinka selbst. Kukolnik schreibt:

„Mischa *) befürchtet, daß ich beleidigt sein werde, wenn ich erfahre, daß meine Szene ihm nicht gefällt... Merkwürdiger Mensch! Als ob es wenig Verse in Rußland gäbe. Doch haben wir noch keine Oper. Möchte er nur noch mehr Opern schreiben, die Verse werden sich schon finden. Was bedeuten denn die Worte für die Opernmusik? Wer hört sie? Wen gehen sie etwas an? Wenn nur die Musik, wie bei Glinka, es vermag, jedes Gefühl, jede Empfindung, jede Wallung der Leidenschaft, den Strahl der Hoffnung, ein dankbares Gebet auszudrücken! Wenn sie nur imstande ist, Zweifel und Freude wiederzugeben, damit die Seele des Zuhörers alle diese Gefühle und Leidenschaften aufnehmen, mit den handelnden Personen teilen und in dieser, vom Schöpfer der Oper erschaffenen Welt mitleben kann! Das ist alles, was sich von einer Oper verlangen läßt. Die Worte — das ist dasselbe, wie das Futter beim Rock, ein höchst nebensächliches Ding. Das Drama liegt in der Musik. Der Schöpfer ist hier — der Musiker, der Librettist — nur sein Handlanger."

Wenn man von solchen Gedanken ausgeht, wird es verständlich, daß Glinka an den Versen des Baron Rosen keine allzu strenge Kritik übte. Mit fieberhaftem Eifer arbeitete er, trotz seines jungen Eheglücks, an seiner Partitur. Wenn man bedenkt, daß es eigentlich sein erster ernsthafter Versuch war, für Orchester zu schreiben, so kann man sich nicht genug wundern über die Schnelligkeit, mit der die Arbeit vorwärtsging. Sein einziger Ratgeber in bezug auf die Instrumentation war Charles Mayer, der selbst nie eine Note

---

*) Russischer Diminutiv für Michael.

für Orchester geschrieben hatte! Zu den sonstigen Ratgebern Glinkas gehörten Wielhorski und Odojewski. Mit rührender Gewissenhaftigkeit zählt er in seinen Memoiren jede geringfügige Änderung auf, die er in seiner Partitur auf den Rat irgendeines seiner Freunde vornahm. Hin und wieder gab er auch selbst, einer plötzlichen Einsicht folgend, dieser oder der anderen Nummer eine völlig veränderte Fassung. So war zum Beispiel das berühmte Terzett im ersten Akt ursprünglich in A-Moll $^2/_4$ geschrieben. Da fiel es Glinka ein, daß Dehn einst Spohr in Verlegenheit gesetzt hatte mit der Frage, warum dieser die ganze „Jessonda" im Dreivierteltakt komponiert habe. Glinka sah sich daraufhin den fertigen ersten Akt seiner Oper an, und als er darin die häufige Verwendung des Zweivierteltaktes bemerkte, schrieb er das Terzett kurz entschlossen in $^6/_8$ um und transponierte es gleichzeitig nach B-Moll, wodurch, wie er nicht zu Unrecht meint, „das zarte Sehnen der Liebe ungleich besser zum Ausdruck gelangt".

Im Februar oder März 1836 war die Partitur des „Iwan Sussanin" vollendet. So hieß die Oper, bis Glinka die Erlaubnis auswirkte, seine Partitur dem Kaiser Nicolai I. zu widmen. Erst dann erhielt das Werk, mit ausdrücklicher Allerhöchster Genehmigung seinen jetzigen Titel: „Das Leben für den Zaren". Die Ungeduld Glinkas, seine Partitur erklingen zu hören, war natürlich groß. Mit Freuden nahm er den Vorschlag des Fürsten Jussupow an, in dessen Hause mit den Musikern des fürstlichen Hausorchesters eine Orchesterprobe des ersten Aktes zu veranstalten. Obgleich das Orchester nichts weniger als erstklassig war, verlief die Probe zur Zufriedenheit Glinkas. Es stellte sich heraus, daß an der Instrumentation nicht das geringste zu ändern war. Eine ähnliche Probe veranstaltete im März des Jahres Graf Wielhorski bei sich im Hause. Bei dieser Probe war Gedeonow, der allmächtige Direktor des Kaiserlichen Theaters anwesend.

Er ahnte wohl, daß er sich mit dem ihm höchst exzentrisch dünkenden Werke des jungen einheimischen Komponisten so oder so auseinanderzusetzen haben würde. In der Tat reichte Glinka, vom Erfolg dieser Proben und auch durch den Beifall, den seine Musik bei allen seinen Freunden fand, ermutigt, seine Partitur am 8. April 1836 der Direktion des Petersburger Kaiserlichen Theaters ein. Gedeonow war davon nicht sehr erbaut. Erstens glaubte er sich berechtigt, dem Erstlingswerke eines jungen russischen Komponisten, von dem bislang nichts bekannt war, als eine Reihe Lieder, überhaupt mit einigem Mißtrauen begegnen zu dürfen. Außerdem konnten die aller bisherigen Tradition hohnsprechenden musikalischen Tendenzen des Werkes beim sehr leicht entzündbaren russischen Publikum möglicherweise einen Theaterskandal heraufbeschwören. Endlich aber — und das war die Hauptsache — waren die der Theaterkasse verfügbaren Mittel durch die Inszenierung eines pompösen Balletts „Semiramis" fast vollständig erschöpft, und Gedeonow wußte nicht, wo er das Geld hernehmen sollte, um eine neue Oper, zu der sich nicht einmal alte Kostüme und Dekorationen verwenden ließen, mit dem für eine Hofbühne notwendigen Anstand herauszubringen. Einfach ablehnen ließ sich das Werk jedoch nicht, denn es wurde viel und zum Teil in sehr erregter Form in den Petersburger Salons darüber debattiert, auch hätte dagegen sicherlich zum mindesten einer der sehr vielen einflußreichen Freunde Glinkas protestiert. Nach Moskau, ans dortige Große Theater ließ sich das Werk auch nicht abschieben, denn dagegen hatte Glinka in dem Begleitschreiben, das er seiner Partitur beigegeben und das sich sonst in den Ausdrücken tiefster Devotion erging, energisch Verwahrung eingelegt, da er für alle hauptsächlichen Gesangspartien ganz bestimmte Petersburger Sängerinnen und Sänger im Auge hatte. Es blieb also Gedeonow nichts anderes übrig, als auf irgendeine List zu sinnen, vermöge deren er die mißliebige Partitur wieder loswerden konnte. Der Ausweg, auf den er verfiel, schien in der Tat nicht übel. Er beschloß, Künstlerneid und Mißgunst, zwei, wie ihm wohlbekannt war, mächtige Triebfedern menschlichen Handelns, in Bewegung zu setzen, um sich von der ihm aufgedrungenen Oper zu befreien. Gedeonow wußte, daß sein erster Kapellmeister, der Italiener Catterino Cavos, selber die Partitur einer Oper vollendet hatte, der dasselbe Sujet zugrunde lag wie der Glinkaschen — „Iwan Sussanin". Er übergab also — gemäß einer sonst nie eingehaltenen Forderung des Theaterstatuts — die Partitur Glinkas Cavos zur Begutachtung und machte die Annahme des Werkes von der Entscheidung seines Kapellmeisters abhängig, in der sicheren Annahme, daß der Autorenneid Cavos zur Ablehnung der Oper veranlassen würde. Allein es kam anders als er glaubte. Cavos hat sich in dieser Angelegenheit nicht nur als Ehrenmann benommen, sondern ein seltenes Beispiel künstlerischer Bescheidenheit und kollegialen Anstandes geliefert, das verdient, verewigt zu werden. Der bekannte russische Musikforscher J. K. Arnold erzählt darüber in seinen „Erinnerungen":

Im Mai (1836) traf ich den alten Cavos, der mir voller Eifer mitteilte: „Eh bien, caro figliuolo mio, nous aurons pour l'automne un nouvel opéra à monter: ,La mort pour le Tsar' de Mr. Glinka."

„Et quel en est le sujet?" fragte ich.

„Le même que traite mon opéra a moi ,Iwan Sussanin'."

„Et vous, Mr. Cavos, vous l'avez protégé?" verwunderte ich mich, da mich der allgemein bekannte Charakter italienischer Musiker ganz anderes hatte erwarten lassen.

Cavos lächelte gutmütig: „Tout a son temps, figliuolo mio! Les vieux doivent toujours céder la place aux plus jeunes. E poi — la sua musica e effettivamente migliore della mia, e tanto più che dimostra un carattere veramente nazionale."

„Wenn ich schon früher Cavos liebte und achtete," fügt Arnold hinzu, „so veranlaßte mich dieser selten edelmütige Charakterzug, mich in noch tieferer Ehrfurcht vor dem greisen Komponisten zu beugen."

Glinka wurde unterdessen, wie er in seinen Memoiren erwähnt, von allen Seiten mitgeteilt, daß Cavos eifrig gegen die Annahme seiner Oper intrigiere. Dieses Gerücht sprengte wahrscheinlich Gedeonow aus, abermals in der sicheren Annahme, daß sein so schlau erdachtes Manöver gelingen würde. Es ist schwer zu entscheiden, wer erstaunter gewesen sein mag, Gedeonow, als Cavos ihm voller Begeisterung die Annahme der Glinkaschen Partitur empfahl, oder Glinka, als er erfuhr, daß eifriger als alle Freunde sein Rivale Cavos den „Iwan Sussanin" bei der Direktion der Kaiserlichen Theater protegierte.

So sah sich Gedeonow von dem Manne, den er zum Verräter an einem andern machen wollte, selbst verraten. Nun blieb ihm nichts mehr übrig, als „Das Leben für den Zaren" mit sauersüßer Miene zur Aufführung anzunehmen. Allerdings tat er das nicht, bevor er nicht Glinka veranlaßt hatte, ein Dokument zu unterzeichnen, worin der Komponist erklären mußte, ein für allemal auf jede materielle Entlohnung für sein Werk zu verzichten. Das tat Glinka natürlich ohne Besinnen, und so war denn die Aufführung des „Leben für den Zaren" eine ausgemachte Sache. Bald begannen die Proben, die Cavos selbst mit Feuereifer leitete. Außerordentliches Interesse an der Inszenierung der Oper nahm Shukowski, der häufig den Proben beiwohnte und oft mit Glinka den Dekorationsmaler Roller in seinem Atelier aufsuchte, um ihm detaillierte Angaben, besonders über das letzte Bild, das sich im Moskauer Kreml abspielt, zu machen. Die Rollenbesetzung war folgende: den Sussanin sang der geniale Petrow, vielleicht der hervorragendste Sänger und Schauspieler, den Rußland hervorgebracht hat und der die Rolle nachher im Verlaufe seiner glänzenden Bühnenlaufbahn fast fünfhundertmal gesungen hat. Die Antonina wurde einer nicht sehr begabten, aber zuverlässigen Sängerin, Frau Stepanowa, übergeben; den Waisenknaben Wanja sang die hochtalentierte Frau Worobjewa, die glückliche Besitzerin einer wundervollen Altstimme von enormem Umfang. Den Sobinin kreierte ein junger Moskauer Tenor Charpentier, mit dem Bühnennamen Leonow, ein natürlicher Sohn Fields. Die Tänze beim glänzenden polnischen Ball im zweiten Akt leitete der berühmte Ballettmeister Titus, für den Glinka, als die Proben schon in vollem Gange waren, immer noch allerhand Extra-Pas hinzukomponieren mußte. Ungeheuchelte Begeisterung erfaßte alle Mitwirkenden während der Proben.

In der Stadt verbreiteten sich unterdessen die abenteuerlichsten Gerüchte über die neue Oper. Den letzten Proben wohnte der Zar selbst bei. Mit ungeheurer Spannung sah alles der ersten Aufführung entgegen, die auf den 27. November 1836 angesetzt war. Mit der neuen Oper wurde zugleich das neu remontierte Große Theater, das längere Zeit geschlossen gewesen war, wieder eröffnet.

Der Erfolg der Oper war ein kolossaler. Glinka selbst wurde vom Erfolge des Epilogs, jener grandiosen Volksszene im Kreml, die in der damaligen Opernliteratur an Großartigkeit des Entwurfes ihresgleichen allerdings nicht hatte, vollständig überwältigt. Von Akt zu Akt steigerte sich der Beifall, Glinka wurde in die Hofloge befohlen, der Monarch sprach ihm persönlich seinen Dank aus und ließ dem glücklichen Komponisten einen kostbaren Diamantring im Wert von viertausend Rubel übergeben. An der Oper hatte Nikolaus I. nur auszusetzen, daß Sussanin auf offener Szene vor den Augen des Publikums von den polnischen Mördern niedergemacht wird. Seither fällt der Vorhang in dem Augenblick, in dem sich die polnischen Reiter auf Sussanin stürzen. Glinka behauptet allerdings in seinen Memoiren, daß er sich diese Szene von Anfang an so vorgestellt habe und daß nur die Krankheit, die ihn von der Generalprobe fernhielt, ihn verhindert hätte, die diesbezüglichen Anordnungen zu treffen. Mit Schweigen aufgenommen wurden — aus politischen Gründen — nur die polnischen Szenen. Jetzt ist bekanntlich der polnische Ball im zweiten Akt die größte Attraktion fürs Publikum, die geniale Mazurka hat sich die ganze Welt erobert und gilt mit Recht noch heute als unübertroffenes Muster dieses feurigen Tanzes.

Trotz des außerordentlichen Beifalls den „Das Leben für den Zaren" bei der ersten Aufführung fand, war der Erfolg des Werkes doch keineswegs ein unbestrittener. Ein großer Teil des Publikums wandte sich naserümpfend von dieser Musik ab, die man, wie jene Überklugen meinten, „in jeder Schenke hören könnte". Das waren die Aristokraten, die von den „bäurischen musikalischen Manieren" ihres Standesgenossen unsäglich chokiert waren.

Etwas höherer Meinung von den Qualitäten der Glinkaschen Musik war die Redaktion einer der gelesensten Zeitungen Petersburgs, die am Tage der Uraufführung des „Leben für den Zaren" eine Notiz brachte, „der Autor der Oper habe aus den Themen seines Werkes die anmutigsten französischen Quadrillen zusammengestellt, die gewiß bald auf allen Klavieren und in allen Ballsälen der Residenz zu hören sein würden". Im übrigen verhielt sich die Presse völlig teilnahmslos. Stassow merkt in seiner Glinkabiographie das kuriose Faktum an, daß im Verlauf von neunzehn Jahren in der Petersburger Presse nur ein einziger Artikel über die erste Oper Glinkas erschienen ist. Er meint den vortrefflichen Aufsatz, den Fürst Odojewski gleich nach der ersten Aufführung des „Leben für den Zaren" in der „Nordischen Biene" veröffentlichte und aus dem hervorgeht, daß wenigstens einige wenige kunstverständige Köpfe sich über die epochemachende Bedeutung der Glinkaschen

Oper für die russische Kunst klar waren. Stassow irrt jedoch. Als Antwort auf den Artikel Odojewskis erschien in derselben „Nordischen Biene" ein Aufsatz des bekannten Publizisten Bulgarin, der, obgleich er erwiesenermaßen nicht das allergeringste von Musik verstand, den Nachweis zu führen versuchte, daß Glinka keinerlei neue Elemente in die Musik eingeführt habe. Darauf antwortete Odojewski nochmals mit einem Artikel, in dem er dem anmaßenden Journalisten gründlich den Standpunkt klarmachte und in dem er außerdem Glinka ausdrücklich gegen die Majorität des Petersburger Publikums und vor allem gegen die Angriffe der Vertreter der hohen Aristokratie verteidigte.

Für die Mißgunst der aristokratischen Kreise mußte Glinka das Verständnis seiner nächsten Freunde und der Beifall der weniger vornehmen Schichten des Petersburger Theaterpublikums trösten. Dieser Beifall hielt zur Befriedigung Glinkas und zur Freude der Theaterdirektion vorläufig noch an. Im Verlaufe der Saison 1836—37 brachte es „Das Leben für den Zaren" auf achtzehn Vorstellungen — für die damaligen Verhältnisse eine ziemlich hohe Zahl. Diese Lage der Dinge brachte es mit sich, daß die Musik Glinkas auch äußerlich das wurde, was sie ihrem Wesen nach sowieso war — richtig populär. Glinka mußte im Verein mit Mayer die meisten Nummern der Oper schleunigst für Klavier bearbeiten und gab sie — allerdings ohne sie zu Quadrillen zusammenzufügen — beim Musikalienhändler Snegirew heraus, der die Nachfrage des Publikums nicht schnell genug befriedigen konnte und diese ersten Drucke infolgedessen empörend nachlässig ausstattete.

Es ist nicht leicht, die Bedeutung der Erstlingsoper Glinkas für die musikalische Entwicklung des Landes und ihren eigenen künstlerischen Wert in wenigen Worten klarzulegen. Besser als allen russischen Glinka-Auslegern ist das dem Franzosen H. Merimé in seiner 1844 in Paris erschienenen

„Moskauer Briefen" (Une année à Russie, lettres de Moscou en 1840) gelungen. Merimé findet einen äußerst prägnanten Ausdruck für die Bedeutung der Oper Glinkas in einer bestimmten Richtung. Er schreibt: „C'est plus qu'un Opera, c'est une epopeé nationale".

Und weiter: „C'est le drame lyrique rendu à la noblesse de sa déstination primitive, alorsqu'il n'etait pas un amusement frivole, mais une solemnité patriotique et religieuse".

Hiermit ist erschöpft, was sich über das Ergebnis des Glinkaschen Werkes sagen läßt. „Das Leben für den Zaren" ist in der Tat mehr als eine Oper, wie jede andere, mehr als ein gewöhnliches Kunstwerk, das, mag es noch so hohe Qualitäten haben, doch in einer Reihe mit vielen anderen mehr oder weniger gleichbedeutenden Kunstwerken steht. Das „Leben für den Zaren" ist eine Sache für sich, weniger ein Kunstwerk, als eine künstlerische Tat, deren hoher Sinn sich mit gar nichts, was früher oder später auf dem Gebiete der Kunst in Rußland geschaffen worden ist, vergleichen läßt. Merimé nennt das Werk ein „nationales Epos". Er hat vollkommen recht. Das Werk ist eine künstlerische Zusammenfassung von all dem, was Rußland in Freud und Leid erlebt hat, das Hassen und das Lieben der ganzen Nation wird ihr hier im Spiegel der Kunst vorgehalten. Und zum ersten Male sieht sich das russische Volk vom belebenden Hauche der Kunst erweckt, als geistige und seelische Einheit wiedergeboren. Rußland ist das Land der Lieder. „Zeigt mir ein Land, das mehr Lieder hat," ruft Gogol aus. Nur von der Musik konnte die künstlerische Erweckung des Landes ausgehen, nur die Musik konnte es zustande bringen, daß sich das russische Volk künstlerisch auf sich selbst besann. Das erreichte Glinka mit seiner Oper, und das ist sein ewiges Verdienst.

Was verschlägt es, daß eine spätere analytische Kritik nachweisen konnte, Glinka sei im „Leben für den Zaren" noch längst nicht er selbst gewesen und habe es durchaus nicht verstanden, allerhand fremdländischen Einflüssen zu widerstehen, die den nationalen Charakter seines Kunstwerks nicht unerheblich beeinträchtigten. Es ist wahr: der musikalische Stil Glinkas zeigt sich im „Leben für den Zaren" nicht frei von Reminiszenzen an die musikalischen Formen, die seinen Geschmack bis zu seinem Berliner Aufenthalte ausschließlich beherrscht hatten. Die Einflüsse verschiedener Meister der italienischen Oper sind im „Leben für den Zaren" ganz unverkennbar. Aber wie sollte es auch anders sein! Es wäre mehr als wunderbar, wenn es nicht der Fall wäre. Alles was er von der Gesangskunst wußte, seine ganze außerordentliche Meisterschaft in der Behandlung der Singstimmen verdankte Glinka Italien. Die honigsüßen einschmeichelnden Melodien Bellinis und Donizettis hatten ihn noch vor wenigen Jahren oft zu Tränen gerührt, die Kunst der italienischen Opernsänger galt ihm damals noch als höchster ästhetischer Genuß. Das konnte alles nicht so schnell vergessen werden, selbst als sein ganzes musikalisches Sinnen und Trachten sich auf die im eigenen Volke vergrabenen musikalischen Schätze richtete. Was er dort vorfand, war doch nur Rohmaterial, das irgendeine künstlerische Fassung erhalten mußte, um ästhetisch genießbar zu werden. Daß das Material selbst in latenter Form die Grundlagen einer solchen Fassung in sich barg, fühlte Glinka vorläufig nur instinktiv, und wo er sich von diesem Instinkte leiten ließ, schuf er unerhört Originelles, Echtes und Wahres. Wo er jedoch den traditionellen Opernformen, nicht nur in rein äußerlichem, sondern auch in einem tieferen psychologischen Sinn, folgen mußte, da konnte er sich der italienischen Einflüsse, deren Spuren in seinem Gedächtnis noch frisch waren, nicht erwehren. Besonders in der Partie der Antonina, der Tochter Sussanins und in der ihres Verlobten, des jungen Bauern Sobinin, erschienen oft russisch empfundene und erfundene Motive in einer nicht recht zu ihnen passenden, unnatürlich wirkenden italienischen Fassung. Es ist das traditionelle Liebespaar der italienischen Oper, zu wenig eigenartig in seinem Empfinden, als daß Glinka für den musikalischen Ausdruck dieser bräutlichen Gefühle, die auf dem ganzen Erdenrund mehr oder weniger die gleichen sind, wirklich charakteristisch nationale Formen finden konnte. Die Arien und auch einige Ensemblenummern, in denen diese beiden Personen beschäftigt sind, weisen zwar immer Ansätze einer russisch anmutenden Romantik auf, die jedoch stets bald in die ausgefahrenen Geleise der italienischen Operntradition gerät. In der Psychologie hier die feinen, nur einem besonders eindringlichen Blick erkennbaren, national charakteristischen Züge herauszugreifen und künstlerisch darzustellen, das war eine so subtile, so unendlich schwierige Aufgabe, daß die junge Kunst Glinkas sich daran noch nicht wagen durfte. Ihre Lösung sollte auch erst viel später gelingen.

Unterscheiden sich Antonina und Sobinin nur wenig von den papierenen Liebespaaren der italienischen Opernbühne, so stellt Glinka dagegen in den übrigen handelnden Personen seiner Oper — dem alten Sussanin und dem Waisenknaben Wanja — zwei Menschen von echtem, und noch dazu echt russischem Fleisch und Blut auf die Bühne. Der alte Sussanin, der ohne sich einen Augenblick zu besinnen und ohne mit der Wimper zu zucken sein Leben für den Zaren hingibt, ist ein überaus charakteristischer Vertreter des leibeigenen russischen Bauernstandes. Er wirkt als Typus und zugleich doch äußerst individuell. Der Zar ist ein Gutsherr, ihm gehört er, bildlich und buchstäblich, mit Leib und Seele an. Es ist für ihn eine Selbstverständlichkeit, das eigene Leben zu verwirken, um die drohende Gefahr von seinem Herrn abzulenken. Gestalten, die ihm für den Sussanin vorbildlich waren, mögen Glinka in seiner Jugendzeit auf dem väterlichen Gute oft genug begegnet sein. Eine ebenso rührende und lebenswahre Figur wie der alte Sussanin ist die des Bauernknaben Wanja, in die Glinka nur etwas zu viel von dem überreichen Vorrat seiner eigenen jugendlich sentimentalen Tränenseligkeit hineingelegt hat. Und echten nationalen Geist atmet auch die Musik, mit der Glinka diese beiden Gestalten umgeben hat. Hier ließ ihn sein untrüglicher Instinkt die richtigen musikalischen Formen finden, um nicht gegen den Charakter der darzustellenden Persönlichkeiten zu verstoßen. In erhöhtem Maße war das noch der Fall, sobald Glinka es bei der Konzeption seiner Oper mit der Masse des russischen Volkes zu tun hatte. Alle Szenen, in denen der Chor beteiligt ist, bilden diejenigen Seiten seiner Partitur, in denen sich sein Genie am freiesten und eigenartigsten zu zeigen vermag und in denen die Musik gleichzeitig am meisten vom nationalen Geist des Stoffes gesättigt erscheint. Die Chöre des ersten Aktes, besonders die Unisonomelodie der Ruderer, der wundervolle Brautchor (E-Dur, Fünfvierteltakt) im dritten Akt, eine der kostbarsten Perlen der gesamten russischen Musikliteratur, vor allem aber der grandiose Hymnus im Epilog sind von einer so unerhörten Kraft und rein nationalen Eigenart der Erfindung, daß dagegen die erwähnten gelegentlichen Entgleisungen ins Gebiet des italienischen Opernstils überhaupt nicht in Betracht kommen.

Wenn man sich die Partitur der Glinkaschen Oper vom fachmännischen Standpunkte aus ansieht, so wird es einem schwer zu glauben, daß man es darin mit dem Erstlingswerk eines jungen Komponisten zu tun hat, der noch nie eine Note für Orchester geschrieben hat. Glinka — der „russische Mozart", der „russische Gluck", und wie immer ihn seine übereifrigen Panegyriker genannt haben, ist einmal auch zum „russischen Berlioz" proklamiert worden. Das dürfte am ehesten stimmen. Die hingebungsvolle Beschäftigung mit dem

Orchester seines Onkels trug jetzt die reichsten Früchte. Die Instrumentation ist meisterhaft, und zwar nicht nur im Sinne geschickter und glücklicher Nachahmung berühmter Muster, sondern gerade im Sinne eines höchst eigenartigen und selbständigen Orchesterstiles. Irgendein russischer Kritiker hat einmal von der „monographischen" Instrumentation Rimski-Korssakows gesprochen. Das Wort ist in vollem Maße schon auf Glinka anwendbar. Jedes Instrument des Orchesters wird bei ihm mit der Liebe und Sorgfalt behandelt, die man sonst nur auf konzertierende Soloinstrumente angewandt sieht, dabei mit einer Vorsicht, als schreibe der Komponist für eine menschliche Stimme und müsse jedem ungewohnten oder schwierigen Intervallenverhältnisse aus dem Wege gehen. Jede Klarinettenstimme von Glinka läßt sich zu Vokalisen verwenden. Daher auch die Leichtigkeit, Durchsichtigkeit und wenn es sein muß die gesättigte Fülle seines Orchesterklanges. Auch vor der Verwirklichung höchst selbständiger, dem allgemeinen Brauche zuwiderlaufender Ideen schreckte Glinka nicht zurück. So führte er ungefähr gleichzeitig mit Berlioz, doch völlig unabhängig vom französischen Meister, das englische Horn und das Klavier ins Orchester ein.

In bezug auf die Satztechnik zeigt „Das Leben für den Zaren", auch abgesehen von der Instrumentation, von der ersten bis zur letzten Note der Partitur die Hand eines Meisters. Glinka zeichnete sich durch eine außerordentliche, fast krankhafte Feinfühligkeit in bezug auf die Sauberkeit und Reinheit der Stimmführung aus, wie man sie in solchem Grade oft nicht einmal in den Werken der größten Meister — Mozart ausgenommen — findet. Auffallend ist seine Vorliebe für die stufenweise Führung der Melodie und aller kontrapunktischen Gegenstimmen, eine Eigentümlichkeit, die ihren unbewußten Grund vielleicht in der melodischen Struktur der russischen Volkslieder und besonders der Kantilenen der altrussischen Kirchenmusik haben mag, in denen die Melodie auch fast ausnahmslos stufenweise fortschreitet. Als Kuriosum in dieser Beziehung kann der geniale Schlußhymnus des „Leben für den Zaren" gelten, dessen aus siebenunddreißig Noten bestehende Melodie nur sieben Terzschritte, eine Quinte und eine Sexte aufweist. Wenn man sich die satztechnische Meisterschaft der Glinkaschen Partitur vor Augen hält, die sich hauptsächlich in der kontrapunktischen Ausgestaltung der Ensemblesätze, der Chöre und des Orchesters äußert, und sich zugleich vergegenwärtigt, daß sie das Resultat eines nur fünfmonatlichen Studiums bei Dehn war, so kann man in dieser Beziehung den wohltätigen, außerordentlich fruchtbringenden Einfluß der „deutschen Schule" auf das Kunstschaffen Glinkas gar nicht hoch genug veranschlagen. Freilich — ohne das Genie des Schülers hätte auch die beste Schule derartiges nicht bewirken können.

Der schon erwähnte russische Kritiker Laroche hat in einer überaus fleißigen und gelehrten Arbeit den Nachweis zu führen gesucht, unter welchen fremdländischen Einflüssen jede einzelne Nummer der Glinkaschen Partitur zu leiden gehabt hat. Gleichzeitig stellt er fest, daß nur wenige Stücke des „Leben für den Zaren" auf ihre nationale Echtheit hin einer strengen Kritik standzuhalten vermögen. Solch eine philologische Nörgelei kann das unbefangene Urteil nicht trüben. Daß Glinkas erste Oper ein vom echtesten nationalen Geist erfülltes Kunstwerk ist, muß jedermann empfinden, ob er nun Russe oder Nichtrusse, Fachmann oder Nichtfachmann ist, mag man noch so eifrig beweisen, daß diese oder jene Kadenz dem strengen Gesetzbuchstaben der aus den Tonfolgen russischer Volkslieder abgeleiteten harmonischen Regeln zuwiderläuft. Worauf es ankommt ist hier, wie überall, nicht die Einzelheit, sondern der das ganze Werk belebende Geist.

„Das Leben für den Zaren" inaugurierte für die russische

Kunst eine neue und große Epoche. Speziell für die russische Musik repräsentierte sie geradezu den Schöpfungsakt einer neuen Welt. Das darf man nicht vergessen, auch nicht, wenn einen diese oder jene Einzelheit herausfordern sollte, abfällige Kritik an dem Werke Glinkas zu üben. „Das Leben für den Zaren" hat den Boden geschaffen und urbar gemacht, auf dem die ganze reiche musikalische Kultur Rußlands im neunzehnten Jahrhundert emporblühen konnte.

Trotz der abfälligen, ja verächtlichen Kritik, die sich „Das Leben für den Zaren" in gewissen Kreisen der Petersburger Gesellschaft gefallen lassen mußte, blieb der äußere Erfolg dem Werke doch treu. Die Vox populi entschied sich, ohne dem aristokratischen Nasenrümpfen die geringste Beachtung zu schenken, ganz entschieden zugunsten Glinkas. Die Oper machte nach wie vor volle Häuser, einzelne Musiknummern daraus gehörten bald zu den gesuchtesten Artikeln des Musikalienmarktes, und ehe er sich's versah, war Glinka in Petersburg ein populärer Mann. So schmeichelhaft und angenehm das einerseits für den Schöpfer des „Leben für den Zaren war, so brachte doch die dadurch geschaffene Lebenslage große Unbequemlichkeiten mit sich, denen sich Glinka bald mit Märtyrermiene nolens volens unterzog. Sein Bekanntenkreis wuchs nicht täglich, sondern stündlich. Um den nunmehr berühmten Opernkomponisten, der außerdem noch ein vorzüglicher Gesellschafter und liebenswürdiger Causeur war und als talent- und geschmackvoller Liedersänger damals seinesgleichen nicht hatte, riß man sich förmlich in den Petersburger Salons.

„Mein Lebenslauf gleicht dem eines abgehetzten Postpferdes," schrieb Glinka an seine Mutter, „der Dienst, Bälle, Diners, Soupers, Konzerte — alles das nimmt mir nicht nur den letzten Rest meiner freien Zeit, sondern beraubt mich auch der Möglichkeit, mir wenigstens in der Nacht die notwendige Ruhe zu gönnen."

Der Dienst, dessen Glinka hier erwähnt, war übrigens nicht mehr sein Beamtentum im Departement der Wegekommunikation, das er schon gleich nach seiner Rückkehr aus dem Auslande, wie er sich ausdrückte, „eines Kommas wegen" aufgegeben hatte. Dieses „Komma" war der unmittelbare Grund zu einer heftigen Auseinandersetzung mit einem seiner Vorgesetzten gewesen.

Am 1. Januar 1837 hatte Glinka eine seiner Natur und seinen Gaben besser entsprechende Stellung im Staatsdienste erhalten. Er wurde an Stelle des im Winter 1836 verstorbenen Lwow, des Schöpfers der russischen Nationalhymne, zum Kapellmeister der Kaiserlichen Hofsängerkapelle ernannt. Der Zar selbst teilte ihm seine Ernennung eines Abends hinter den Kulissen des Hoftheaters mit folgenden Worten mit:

„Glinka, ich habe eine Bitte an dich und hoffe, daß du sie mir nicht abschlagen wirst. Meine Sänger sind in ganz Europa bekannt. Folglich sind sie es wert, daß du dich mit ihnen beschäftigst. Nur bitte ich dich um eines: mach keine Italiener aus ihnen."

Glinka konnte es natürlich nicht im Entferntesten beifallen, die Bitte seines kaiserlichen Gönners abzuschlagen. Er wußte, daß die nicht allzu zeitraubende Beschäftigung mit der ideal geschulten Sängerschar des Hofsängerchores ihm nichts als Freude machen würde. Außerdem brachte die Stellung sehr angenehme materielle Vorteile mit sich, eine geräumige elegante Dienstwohnung und ein ansehnliches Gehalt. Besonders das letzte konnte Glinka jetzt gut brauchen. Das heißt nicht so sehr er, als vielmehr seine Frau.

Die Ehe Glinkas hatte ihm leider nichts weniger als den Himmel auf Erden beschert. „... Zu Hause hatte ich es nicht gut," bemerkt er resigniert in seinen Memoiren. „Meine Frau gehörte zu denjenigen Frauen, für die Putz, Bälle, Equipagen, Pferde, Livreen usw. alles im Leben bedeuten.

Von Musik verstand sie mit Ausnahme kleiner Lieder wenig, oder besser gesagt, gar nichts. Alles Hohe und Poetische war ihr überhaupt unzugänglich. Hier ein Beispiel ihrer Gleichgültigkeit der Musik gegenüber: Als ich mit der Niederschrift des ,Leben für den Zaren' begann, beklagte sie sich bei der Schwester meines Vaters darüber, daß ich zuviel Geld für Notenpapier ausgebe.“

Dabei war Glinka, der Aussage seiner Freunde nach, in bezug auf seine persönlichen Bedürfnisse von einer rührenden Bescheidenheit. Sein ganzes Einkommen von ungefähr 10000 Rubel jährlich floß in die Haushaltungskasse seiner Frau, während er sich selbst nur ein ganz geringes Taschengeld „für Notenpapier“ und gelegentliche Droschkenfahrten zurückbehielt. Nicht zur Steigerung seines häuslichen Glückes trug auch der Umstand bei, daß ihm vom ersten Tage seiner Ehe an die Schwiegermutter — ein wahres Musterbeispiel dieser Spezies der Hausdrachen — ins Haus zog. Glinka hatte täglich ein bis zwei oder auch mehr häusliche Szenen von meist sehr erregtem Verlaufe zu überstehen. Das wurde allmählich auch seinem Phlegma und seiner Engelsgeduld zu viel. Anfangs rettete er sich noch dadurch, daß er tagelang von Hause fortblieb und bei irgendeinem seiner Freunde kampierte. Bald jedoch beschloß er, radikaler vorzugehen und sich ganz von seiner Frau zu trennen. Eine der vielen Szenen, die diesen Entschluß in ihm zur Reife brachten, schildert er sehr ergötzlich in seinen Memoiren. Mag diese Schilderung auch hier ihren Platz finden, zumal sich darin der menschliche Charakter Glinkas in seiner ganzen Gemütlichkeit widerspiegelt.

„Eines Tages im Vorfrühling fiel es meiner Frau ein, ihre Schwester zu besuchen, obwohl es, bei eisigem Nordwind, schauderhaftes Regenwetter war, und meine Frau sich noch nicht von einer kürzlich überstandenen Krankheit erholt hatte. Ich flehte sie an, aus Rücksicht auf das schlechte Wetter die Fahrt aufzugeben. Sie wollte jedoch nichts davon hören, bestand eigensinnig auf ihrem Entschluß und befahl, anzuspannen. Da ich sah, daß all mein Bitten nichts half, beschloß ich Gewalt anzuwenden und verbot dem Kutscher aufs strengste, vorzufahren. Meine Frau fing an, bitterlich zu weinen, und meine Schwiegermutter ergoß eine schäumende Flut von Vorwürfen über mich Unmenschen. Ihre Wut steigerte sich von Minute zu Minute, so daß es endlich schwer wurde, ihr gebrochenes Russisch zu verstehen ... Das Schluchzen meiner Frau und das teekesselartige Zischen und Fauchen meiner Schwiegermutter erfüllten das Zimmer. Ich aber hatte es mir zur Regel gemacht, in solchen Fällen das tiefste Schweigen zu beobachten. Mit gemessenen Schritten ging ich im Zimmer auf und ab und bei jeder Wendung beschrieb ich, indem ich mich auf den rechten Fuß stützte, mit der Spitze des linken Fußes sorgfältig einen kleinen Halbkreis, was meine Schwiegermutter zwar unsagbar ärgerte, sie jedoch schneller zum Schweigen brachte. Dann wandte ich mich an sie mit der bescheidenen Frage, ob sie alles gesagt habe? Natürlich erfolgte daraufhin ein neuer Wutanfall, der aber nicht lange dauerte. Die Erschöpfung schloß ihr den Mund. Dann zog ich langsam meine Handschuhe an, nahm meinen Hut, verabschiedete mich höflich von meinen Damen und begab mich zu einem meiner Freunde."

Im Dezember 1839 trennte sich Glinka endgültig von seiner Frau und zog zu seinem väterlichen Freunde General Stepanow. Gleichzeitig quittierte er seinen Dienst als Kapellmeister des Hofsängerchores, der ihn doch mehr und mehr von der eigenen Arbeit abzuziehen drohte, um von nun an wieder ganz seiner eigenen Kunst angehören zu können. Der Schaffensdrang erwachte wieder mächtig in ihm. Ganz hatte übrigens seine Muse auch während der drei Jahre, die seit der ersten Aufführung des „Leben für den Zaren" verflossen waren, trotz aller häuslichen Zerwürfnisse und des „postpferdeartigen" Lebens, das er zu führen gezwungen war, nicht geschwiegen.

Mit den beiden Koryphäen der Petersburger literarischen Welt, Puschkin und Shukowski, stand Glinka nach wie vor in lebhaftem Verkehr. Es entstanden einige seiner schönsten Lieder zu Gedichten Puschkins und Shukowskis, darunter die geniale Ballade „Nächtliche Heerschau"*) von Shukowski, die Glinka in wenigen Stunden in einem Zuge niederschrieb. Überhaupt konnte Glinka, wenn er wollte, außerordentlich schnell komponieren. Leider wollte er jedoch nur selten. Folgendes Beispiel mag noch die Schnelligkeit seines Arbeitens illustrieren. Der Sänger Petrow wandte sich an ihn mit der Bitte, für die Sängerin Worobjewa, die die Rolle des Wanja kreiert hatte, und unterdessen die Gattin Petrows geworden war, eine Szene für „Das Leben für den Zaren" nachzukomponieren. Der Dichter Kukolnik entwarf den Text, und über Nacht wurde die ganze Szene fertig, die jetzt als zweites Bild des dritten Aktes der Partitur des Glinkaschen Erstlingswerkes eingefügt ist.

*　　　*
*

Schon ins Jahr 1837 fällt die erste Anregung zum Entwurf der Oper „„Rußlan und Ludmilla" nach dem gleichnamigen Poem von Puschkin. Der Gedanke ging vom Fürsten Schachowskoi aus, einem eifrigen Mitgliede des literarischen Zirkels, in dem sich Glinka ständig bewegte. Puschkin selbst interessierte sich sehr für die Idee, die von Glinka mit größter Lebhaftigkeit aufgegriffen wurde, und erbot sich, selbst die nötigen Änderungen an seinem Poem vorzunehmen,

---

*) Siehe die Musikbeilage Nr. 1.

um es zu einem Opernlibretto tauglich zu machen. Sein
früher Tod — im selben Jahre wurde Puschkin im Duell
erschossen — ließ diesen Gedanken leider nicht zur Ausführung gelangen.

Glinka schrieb am „Rußlan" fast volle sechs Jahre lang,
allerdings mit größeren Unterbrechungen. Die ganze Konzeption des Werkes hatte etwas Zufälliges an sich, und vollzog sich eigentlich ohne vorgefaßten Plan, in Gestalt von
augenblicklichen Eingebungen, die oft den Charakter von
Improvisationen hatten. Daraus erklärt sich, wie weiter unten
ausführlich klargelegt werden soll, der merkwürdig rhapso-
dische Charakter des ganzen Werkes.

Für das seinem Dasein mangelnde häusliche Glück mußte
Glinka, wie schon gesagt, bei seinen Freunden Entschädigung
suchen. Das Bohèmeleben, das daraus resultierte, war der
Arbeit an einem größeren zusammenhängenden Werke natürlich nicht allzu günstig. Um die Brüder Kukolnik, beides
talentvolle und gesuchte Schriftsteller, scharte sich damals
ein großer Kreis von Literaten und Künstlern. Nestor Kukolnik hatte seine Junggesellenwohnung in eine Art stän-
diges Biwak für obdachbedürftige Mitglieder dieser lite-
rarisch-künstlerischen „Brüderschaft" eingerichtet. Allabendlich versammelten sich die Freunde Kukolniks zu einem bescheidenen Gelage, währenddessen alle brennenden Kunst-
und Zeitfragen aufs eifrigste diskutiert wurden. Ständige
Gäste Kukolniks waren, außer Glinka, die Maler Brüllow,
Janenko, die Schriftsteller Nemirowitsch-Dantschenko, Bo-
gajew, die Opernsänger Lodia, Petrow und zahlreiche mehr
oder weniger zufällige Gestalten, die im Hause Kukolniks
aus und ein gingen, wie an einer literarischen Börse. In
dieser buntscheckigen Künstlergenossenschaft nahm Glinka
natürlich eine höchst angesehene Stellung ein. Die beiden
Brüder Kukolnik hingen mit einer an Anbetung grenzenden
Schwärmerei an ihm, Zeugnis davon legt das schon gelegent-

lich zitierte Tagebuch N. Kukolniks ab, in dem der Verfasser, sobald die Rede auf Glinka kommt, sich in Ausdrücken einer geradezu ekstatischen Begeisterung ergeht. Die Anwesenheit Glinkas verlieh den Abendversammlungen der „Brüderschaft" stets ein ganz besonders festliches Gepräge. Natürlich wurde bei solchen Gelegenheiten stets musiziert, schlecht und recht, wie es eben gehen wollte. Meist improvisierte einer der immer anwesenden Dichter einige Verse, die mit mehr oder weniger witzigen Anspielungen auf die Mitglieder der Gesellschaft gespickt waren. Glinka improvisierte ebenso schnell die Musik dazu, studierte den „Cantus" den Anwesenden ein und oft konnte der ausgelassene Chor die ganze Nacht hindurch nicht zum Schweigen gebracht werden. Zuweilen griff jedoch auch ein ernster Ton Platz, Glinka setzte sich ans Klavier und trug selbst einige seiner Lieder, oder Bruchstücke der Oper, die er gerade in Arbeit hatte, vor. Dann kannte die Begeisterung seiner Tischgenossen keine Grenzen. Über den Gesang Glinkas herrschte im Urteil seiner Freunde eine seltene Einmütigkeit. Er wird als Kunstleistung von allerhöchstem Range, wie man ihm sonst auf dem Gebiete des Liedergesanges in Rußland damals noch nicht begegnete, gepriesen. Der nachmalige, so berühmte russische Kritiker und Opernkomponist A. N. Sseroff schreibt in seinen interessanten „Erinnerungen" folgendes über Glinka als Sänger:

„Die Stimme Glinkas war ein Tenor, weder besonders hoch (bis zum hohen a, gelegentlich auch b), noch von besonders schönem Timbre, jedoch eine reine Bruststimme, sehr klangvoll, bei hohen Noten metallisch glänzend, wenngleich etwas scharf, dafür von außerordentlicher Biegsamkeit in allen Registern, wie geschaffen für einen leidenschaftlichen dramatischen Vortrag. Unter den zeitgenössischen Sängern gab es nur einen, der an die Art des Vortrages und der Deklamation Glinkas erinnerte. Wer den

Dresdener Sänger Tichatschek gehört hat, kann sich eine ziemlich zutreffende Vorstellung von Glinka als Sänger machen . . . Seine Textaussprache war außerordentlich deutlich, die Deklamation bis zum Äußersten genau und wahrheitsgetreu. Die Poesie seines Vortrags läßt sich — ich wiederhole es nochmals — mit Worten nicht wiedergeben. Gleich allen erstklassigen reproduzierenden Künstlern war er im höchsten Grade „objektiv". Er versenkte sich in die tiefsten Tiefen des vorgetragenen Liedes und veranlaßte dadurch den Zuhörer das Leben zu leben und den Atem einzuatmen, der in der Idealvorstellung des vorgetragenen Liedes wehte. In jedem Wort war er charakteristisch, personifizierte er gewissermaßen den erlebten Gefühlsinhalt. Daher riß er einen mit jeder Phrase, mit jedem Wort widerstandslos mit sich fort."

Glinka selbst war mit Leib und Seele Sänger. Das zeigte sich schon während seines Aufenthaltes in Italien, und mit den Jahren nahm diese Liebhaberei womöglich noch zu. Daher schrieb er auch fast alle seine Lieder für sich selbst. Von den 65 Liedern, die Glinka komponiert hat, sind nicht weniger als 5o ausgesprochene Tenorlieder. Fast jedes der Lieder war, wie schon erwähnt, mit einem inneren Erlebnis des Komponisten verknüpft. Das Jahr 1839 hatte ihm die Trennung von seiner Frau gebracht, deren Nachwehen wir noch in seinen letzten Lebensjahren begegnen. Dieser Schritt, der sich so leicht erzählt, hatte ihm natürlich schwere innere Kämpfe gekostet. Tief schmerzlich berührte ihn außerdem der ebenfalls 1839 erfolgte Tod seines einzigen Bruders, der in zartem Jünglingsalter einer tückischen Krankheit erlag. „Dieses Jahr", schreibt er im November 1839 an seine Mutter, „war für mich bis jetzt das traurigste und schwerste meines ganzen Lebens. Auch jetzt noch wird mein Herz immer wieder von schweren Schlägen des Schicksals getroffen . . . In dieser kurzen Zeit habe ich das Leben besser kennen gelernt, als im Verlauf meines ganzen bisherigen Daseins. Wenn auch der größte Teil der Menschen, die sich mir verwandt und befreundet nannten, mich verlassen hat, so habe ich doch wenigstens andere mir aufrichtig ergebene und wohlwollende Freunde gefunden."

Der letzte Satz spielt auf den Umstand an, daß sich alle Verwandten seiner Frau in äußerst schroffer Form von ihm abwandten, als sein Entschluß hinsichtlich der Scheidung sich als unerschütterlich erwies. Dafür hatte er dann im Kukolnikschen Kreise Ersatz gefunden. Gleichzeitig erfaßte ihn eine heftige Neigung zu einem jungen Mädchen des Puschkinschen Gesellschaftskreises, der schönen Tochter des Admirals Kern, die ihrerseits die Gefühle des jungen Komponisten erwiderte. Einer Vereinigung der Liebenden stand die noch nicht ausgesprochene Scheidung Glinkas im Wege. Auch stellte es sich bald heraus, daß das junge Mädchen aufs äußerste von der Schwindsucht bedroht war. Glinka war, als er davon erfuhr, der Verzweiflung nahe. Mit größter Mühe und Selbstaufopferung brachte er die Mittel auf, um dem Gegenstande seiner Liebe und ihrer Mutter einen jahrelangen sorgenfreien Aufenthalt im südlichen Klima der Krim zu ermöglichen. Das konnte ihm natürlich nur gelingen, indem er sich selbst die größten Entbehrungen auferlegte, die er jedoch tapfer und ohne Murren ertrug. Als die Liebenden sich nach Jahren wiedersahen, hatten sich ihre Gefühle in warme Freundschaft gewandelt, die Leidenschaft, die ihn zu einer endgültigen Vereinigung mit der früheren Geliebten getrieben hätte, war entschwunden. In musikalischer Hinsicht war diese Episode im Leben Glinkas insofern von Wichtigkeit, als sie einen wahren Liederfrühling in seiner Phantasie erweckte.

Außer einigen feurigen Liebesliedern von ungleichem Wert entstand in diesem Sommer ein Heft von zwölf Gesängen nach Gedichten N. Kukolniks. Glinka, der gleichzeitig mit

dem von ihm geliebten Mädchen Petersburg verließ, um auf
dem elterlichen Gute in der Obhut seiner Mutter Trost und
Beruhigung zu suchen, während Kerns sich nach der Krim
wandten, faßte die zwölf Gesänge unter dem Titel „Abschied von Petersburg" zusammen.

Die zwölf Lieder gehörten unstreitig zu den schönsten
Blüten, die dem lyrischen Talente Glinkas entsprossen sind.
Von der etwas larmoyanten Sentimentalität seiner Jugend-
lieder hat er sich hier gänzlich frei gemacht. Ein gesundes
und kräftiges Empfinden spricht aus allen diesen Liedern,
so unendlich verschiedenartig und mannigfaltig der darin
berührte Gefühlskreis ist. Wir begegnen hier den aller-
heterogensten Sujets: italienischen, spanischen, maurischen,
hebräischen, ritterlichen, zeitgenössischen. Zarte, graziöse,
leidenschaftliche, melancholische, komische Gefühlsmomente
vermengen sich in bunter Folge. Die verschiedenartigsten
Empfindungen leidenschaftlicher Herzensneigung, nagender
Eifersucht, zarter Mutterliebe, tugendhafter Ritterlichkeit
haben hier ihren höchst charakteristischen, wahr und
natürlich empfundenen musikalischen Ausdruck erhalten.
Unter den Erzeugnissen der damaligen russischen Lied-
literatur stehen diese Glinkaschen Gesänge jedenfalls einzig
da. Wenn Boileau recht hat, daß es schwerer ist, ein gutes
Sonett zu dichten, als ein Poem, so hätte, nach einem Ausdruck Kukolniks, dieser Liederkreis genügen müssen, um
Glinka die Unsterblichkeit zu sichern, und seiner Opern
hätte es dazu gar nicht bedurft. Ein langer Aufsatz Kukolniks blieb übrigens der einzige, der bei Lebzeiten Glinkas
über diese bemerkenswerte Liedersammlung veröffentlicht
wurde. Von der übrigen zeitgenössischen Kritik wurde ihr
sonst keine Aufmerksamkeit geschenkt. Stassow konstatiert
diese Tatsache mit verhaltener Wut. Indem er selbst das von
seinen Zunftgenossen Versäumte nachholen will, schießt er
allerdings in der Hitze seines nur zu verständlichen Eifers

weit über das Ziel hinaus mit dem lapidaren Ausspruch, daß diese Lieder „die Lieder Franz Schuberts unstreitig ebenso hoch überragen, wie die beiden Opern Glinkas alles, was nach Weber auf dem Gebiete der Opernliteratur hervorgebracht worden ist".

Zur Ehrenrettung Stassows muß allerdings hinzugefügt werden, daß er diese begeisterte Apologie der Lieder Glinkas im Jahre 1857 niederschrieb und damals mit den Bühnenwerken Wagners augenscheinlich noch nicht bekannt war. Am höchsten unter diesen zwölf Liedern Glinkas steht das letzte, der „Abschiedsgesang eines Barden", in dem Glinka alle schmerzlichen Empfindungen, die seine eigene Brust so schwer bedrückten, zu ergreifendem Ausdruck bringt. Stassow vergleicht das Lied mit dem „Abschied" Byrons und mit den letzten Versen, die der große englische Romandichter am Tage seines 36jährigen Geburtstages niederschrieb, und fügt dann die treffende, wenngleich ebenfalls etwas übertriebene Bemerkung hinzu:

„Seinem pathetischen Ausdruck nach gleicht dieser Gesang dem Großartigsten, was Gluck in seinen unsterblichen Rezitativen und Arien geschaffen hat. Doch zu der tragischen Deklamation Glucks kommt hier noch die durchdringende Kraft des eigenen Schmerzes und der Leidenschaft hinzu, die das Herz in seinen tiefsten Tiefen anpackt, und deren Ausdruck erst der Kunst unserer Zeit möglich wurde."

Unter den zwölf Gesängen des „Abschied von Petersburg" befindet sich auch das „Hebräische Lied" aus der Tragödie „Fürst Cholmski" von Kukolnik. Auf die Bitte des Dichters hatte Glinka zu dieser Tragödie, die zur Aufführung im Kaiserlichen Schauspielhause angenommen war, eine vollständige Bühnenmusik geschrieben, bestehend aus einer Ouvertüre, vier Entreactes, der Romanze „Rachels Traum", einem russisch-volkstümlichen Gesang der „Iljinischna" und dem erwähnten hebräischen Liede. Diese Komposition, die

Glinka ein wenig obenhin behandelte und in erstaunlich
kurzer Frist vollendete, erhebt sich dennoch hoch über das
Niveau gewöhnlicher Gelegenheitskompositionen und zeigt
den Stil des reifen Glinka in meisterlicher Vollendung. Diese
Musik zum „Fürsten Cholmski" ist ein russisches Seitenstück zur „Egmont"-Musik Beethovens, und seines großen
Vorbildes nicht unwürdig. Die gelungene Musik Glinkas
vermochte übrigens nicht, das verfehlte Drama Kukolniks
zu retten. „Fürst Cholmski" verschwand nach drei Vorstellungen spurlos von der Bühne des Alexandertheaters.
Ebenso spurlos verschwand leider mit dem Drama Kukolniks auch die Musik Glinkas. Erst viele Jahre nach dem
Tode Glinkas gelang es W. P. Engelhardt unter dem Kericht
und dem ältesten Gerümpel des Petersburger Theaterarchivs
die Partitur Glinkas auszugraben. Gleichzeitig entdeckte
Engelhardt im Theaterarchiv auch die Partitur einer „Tarantella" für Orchester, Gesang und Tanz, einer belanglosen
und uninteressanten Gelegenheitskomposition Glinkas, die
er in der Entstehungszeit des „Cholmski" für den Dichter
Matwejew niedergeschrieben hatte.

Außer den schon erwähnten Werken entfallen in die
Jahre 1837—40 noch folgende Kompositionen Glinkas: die
bekannte „Valse-Fantasie" für Orchester, nach Glinkas eigenem Geständnis für Frl. E. Kern komponiert, die damals
den Gegenstand seiner leidenschaftlichen Huldigung bildete,
obgleich die gedruckte Ausgabe eine Widmung an seinen
Schwager Stanejew trägt, ferner ein unbedeutendes Nocturne
für Klavier, „Separation", und zwei brillante, der Großfürstin
Maria Pawlowna anläßlich ihres Hochzeitsfestes gewidmete
Orchesterstücke, einen Walzer (G-Dur) und eine Polonaise
(E-Dur).

Der Vermählung der Großfürstin wohnte Glinka, damals
noch Kapellmeister des Hofsängerchores, ex officio bei. Während der Hochzeitstafel in einem der grandiosen Säle des

Winterpalais machte das unaufhörliche Geklapper der Messern, Gabeln und Tellern einen unauslöschlichen Eindruck auf sein empfindliches Ohr. In der Ouvertüre zu „Rußlan und Ludmilla", die die Einleitung zum rauschenden Hochzeitsbankett des ersten Aktes bildet, hat er versucht, dieses unmusikalische Geräusch, so gut es gehen wollte, im Orchester nachzuahmen und gleichzeitig zu idealisieren, was ihm, wie man ohne weiteres zugeben muß, ausgezeichnet gelungen ist.

Der letzte der Gesänge, mit denen Glinka von Petersburg und seinen Freunden Abschied nahm, schließt mit den Worten:

„Euch weihe ich das letzte Lied
Zerreißend meiner Lyra Saiten."

Fast erschien es, als wollte der Komponist damit ernst machen. In bestimmter Form sprach er die Absicht aus, dem Komponieren ganz zu entsagen, auch die angefangene Oper bleiben zu lassen, und für lange nach dem Süden zu ziehen, um dort das Glück zu suchen, welches ihm das Schicksal in der Heimat so beharrlich verweigerte.

Allein die düstere Gemütsstimmung hielt glücklicherweise nicht allzu lange an. Aus diesem Anlaß macht Stassow die sehr feine Bemerkung, daß fast alle schaffenden Geister, zumal die größten, solch eine Periode vollständiger Mutlosigkeit und tiefster seelischer Depression in ihrem Leben zu überwinden haben, wobei ihnen nur ein radikaler Bruch mit der Kunst die alle Wunden heilende Panazee zu sein scheint. Und regelmäßig geht dieser Zustand schwerster Depression einer Periode höchster Schaffensfreudigkeit voran, während der die größten Meisterwerke entstehen. Das war auch bei Glinka der Fall.

Das ruhige Behagen des Landaufenthaltes, die Eindrücke der russischen Natur fern vom Getriebe der Großstadt,

trugen sehr bald dazu bei, die zerrütteten Nerven des kranken
Komponisten zu beruhigen, dessen Gesundheitszustand schon
in Petersburg seinen Freunden einige Besorgnis eingeflößt
hätte. Von der zärtlichen Sorge seiner Mutter umgeben, ge-
sundete Glinka körperlich und geistig. Sehr bald machte
er sich wieder an die Arbeit, und in drei Wochen vollendete
er die Introduktion des „Rußlan". Nun hielt es ihn auch
nicht mehr länger auf dem Lande.

Mitte September schon machte er sich auf den Rückweg
nach Petersburg. Er erkältete sich unterwegs und wurde von
heftigem Fieber befallen. Während der Fieberphantasien,
die ihn den ganzen Weg nicht verließen, entwarf er das
Finale der Oper, das den Zuhörer bekanntlich wieder an
den Schauplatz der Introduktion zurückversetzt. Somit
brachte Glinka den eigentlich historischen Rahmen seiner
Oper, die zwei großen Szenen, zwischen denen sich die
mannigfaltigen Abenteuer der Helden und Heldinnen dieser
russischen Märchenwelt abspielen, fertig nach Petersburg
zurück.

Dies war das schwankende, nicht allzu fest gebaute Gerüst,
in das es nun all die phantastischen Szenen, die in zusammen-
hangloser, bunter Folge der üppigen Phantasie Glinkas
entsprossen, hineinzubauen galt — ein Übelstand, der sich
in der Gesamtwirkung des Werkes aufs empfindlichste
äußern mußte. Glinka selbst gesteht mit größtem Freimut
ein, daß er an die Komposition seiner Oper gegangen sei,
ohne sich nur im entferntesten über den Plan, von den
dramaturgischen Einzelheiten im Gange der Handlung ganz
zu schweigen, klar zu sein. Stassow und auch der spätere
gewissenhafte Biograph Glinkas, Weimar, geben sich die
erdenklichste Mühe, den Komponisten des „Rußlan" gegen
diesen Selbstvorwurf zu verteidigen und versuchen nachzuweisen, gestützt auf eine Bemerkung Glinkas, daß er
sich an Einzelheiten der Entstehungsgeschichte des „Rußlan"

nicht mehr recht erinnere, daß ihm doch von vornherein ein ziemlich detaillierter Plan des Szenariums aller fünf Akte vorgelegen habe. Doch hat es damit eine eigene Bewandtnis.

Die ersten Entwürfe zur Musik des „Rußlan" reichen, wie wir wissen, bis zum Jahre 1837 zurück. Glinka, vom poetischen Gehalt des Puschkinschen Gedichts und vom märchenhaften Stimmungszauber einzelner Szenen lebhaft ergriffen, begann mit der musikalischen Ausarbeitung einzelner Nummern, ohne sich um das weitere irgendwelche Sorge zu machen. Die äußeren Umstände seines Lebens waren in den folgenden drei Jahren nicht dazu angetan, dem Komponisten die zur planmäßigen Ausarbeitung eines großen Werkes notwendige Seelenruhe zu gewährleisten. Außer seiner Scheidung, außer der sein ganzes Denken und Fühlen jahrelang restlos in Anspruch nehmenden Liebesaffäre mit E. Kern, dem vielleicht sehr anregenden und amüsanten, aber jedenfalls reichlich zerstreuenden und jede innere Sammlung unmöglich machenden Leben im Kreise der „Brüderschaft", waren es, gerade in diesen Jahren, auch die Obliegenheiten seines Dienstes als Kaiserlicher Hofkapellmeister, die ihm mehr Zeit raubten, als sich mit einer fruchtbaren schöpferischen Tätigkeit an einem größeren Werke vertrug.

Zweimal mußte er sich im Laufe dieser Jahre für einen monatelangen Aufenthalt nach Kleinrußland begeben, um für seine Kapelle Sängerknaben auszuheben, denn in Kleinrußland haben die Bauernjungen die schönsten Stimmen und zeichnen sich fast alle durch ein ungewöhnliches musikalisches Gehör aus. So angenehm für Glinka im allgemeinen die Zeit dieser Kommandierungen verlief — denn überall wurde er aufs zuvorkommendste empfangen und durfte auf den Gütern der kleinrussischen Gutsbesitzer die weitgehendste Gastfreundschaft genießen — für den Verlauf der Arbeit am „Rußlan" war solch ein unruhiges Reiseleben gewiß nicht günstig. Die Lieder der Ukraine und die durch sie bewirkte musikalische Anregung boten dafür freilich eine gewisse Entschädigung, doch kam Glinka leider nie dazu, sie künstlerisch wirklich fruchtbar zu verwerten, obwohl er mehrmals einen kräftigen Anlauf dazu nahm. Die Entstehungsgeschichte einer auf Grund der in Kleinrußland empfangenen musikalischen Eindrücke entworfenen „Kosaken-Symphonie" unter dem Titel „Taras Bulba" (nach dem gleichnamigen ukrainischen Roman von Gogol) wird an zustehender Stelle erzählt werden. Während dieser kleinrussischen Reisen war Glinka, wie aus seinen Briefen an N. Kukolnik hervorgeht, oft drauf und dran, den Plan, eine Oper „Rußlan und Ludmilla" zu komponieren, überhaupt zu verwerfen. Außer allem übrigen ließen es ihm damals auch seine sehr gespannten Beziehungen zum Direktor der Kaiserlichen Theater, Gedeonow, wenig verlockend erscheinen, wieder in nähere Berührung mit dem Theaterleben zu treten.

„Was die Musik und speziell den ‚Rußlan' anbetrifft," schreibt Glinka im Mai 1838 an Kukolnik, „so wisse, daß mein Gehirn verwachsen und versandet ist, und von Musik will ich nichts mehr wissen." Und einen Monat später heißt es: „Aber die Oper? fragst Du. Die Oper? Bildest Du Dir wirklich ein, daß ich sie fortsetzen werde?... Ich sage es gerade heraus: solange Gedeonow Direktor ist, werde ich nicht das allergeringste mit dem Theater zu tun haben. Meine Muse ist nicht aufdringlich, sie schweigt — Gott sei Dank!"

Allein von Zeit zu Zeit meldete sich der „Rußlan" doch immer wieder bei seinem unwilligen Schöpfer. Und immer wieder entstanden einzelne Szenen — in musikalischer Hinsicht eine vollendeter als die andere. Im November desselben Jahres notiert Kukolnik in seinem Tagebuch: „Ich wußte, daß Mischa (Glinka) mit der Behauptung, er würde die Oper nicht schreiben, eine Lüge aussprach. Seine Muse fordert es — und er schreibt, und so merkwürdig das auch klingt — ohne Libretto und ohne vorliegenden festen Plan. Nur in seinem Kopfe ist ein solcher andeutungsweise vorhanden."

Aber auf die Dauer ließ sich solch ein Zustand des Komponierens ins Blaue hinein doch nicht aufrecht erhalten. Mit der Textunterlage der bisher entstandenen Szenen hatte ein gewisser Schirkow, Generalstabsoffizier, dilettierender Dichter und als solcher Mitglied der Kukolnikschen „Brüderschaft", Glinka versorgt. Die fertigen Bruchstücke der Partitur reihten sich nur lose aneinander und von einer zusammenhängenden fortlaufenden Handlung war noch nichts zu spüren. Als während einer der regulären Abendversammlungen der „Brüderschaft" die Rede auf diesen Übelstand der musikalischen Konzeption des „Rußlan" kam, setzte sich ein Literat von ebenfalls keineswegs bedeutendem Range, Bachturin, schnell entschlossen hin und entwarf — obwohl er sich in stark angeheitertem Zustand befand — in einer Viertelstunde den Plan der ganzen Oper. „Bachturin statt Puschkin" ruft Glinka später selbst verwundert aus. „Wie ist das geschehen? Ich kann es nicht begreifen!"

Damals jedoch nahm er an den Mängeln des Bachturinschen „Planes" keinen Anstoß, und hielt sich im weiteren Verlaufe seiner Arbeit mit ziemlich strenger Gewissenhaftigkeit an das ungeschickte Szenarium Bachturins. Einige spätere Abweichungen gereichten der Sache leider auch nicht zum Heile. Stassow ist von dem ursprünglichen Plan des Szenariums dagegen sehr hoher Meinung, zu der ihn die Überzeugung veranlaßt, daß Glinka selbst den in groben Umrissen hingeworfenen Plan Bachturins in allen Einzelheiten ausgeführt habe. Diese Überzeugung hat Stassow aus dem Umstande gewonnen, daß sich im Besitze des Generals Stepanow, eines intimen Freundes Glinkas, ein Notenheft vorgefunden hat, das ihm Glinka angeblich schon im Jahre 1838 eingehändigt hat und in dem sich von der Hand Glinkas niedergeschrieben der vollständige Plan der Oper vorfindet, derselbe Plan, den Glinka als von Bachturin herrührend bezeichnet. Der Umstand, daß das Metrum der Verse meistens genau angegeben ist und daß das Heft eine ganze Reihe musikalischer Entwürfe zum „Rußlan" enthält, veranlaßt Stassow mit einer Sicherheit, die keinen Widerspruch duldet, zu behaupten, diese Einzelheiten könne nur der Komponist selbst bestimmt haben, und der Plan müsse daher viel früher vorgelegen haben als aus den Angaben Glinkas und Kukolniks hervorgeht.

Ohne auf diese Frage näher einzugehen, muß nur festgestellt werden, daß den Ausführungen Stassows und seines Sekundanten Weimar jede überzeugende Kraft fehlt. Außerdem erweist man Glinka mit derartigen Apologien nur einen sehr zweifelhaften Freundschaftsdienst.

Das Libretto des „Rußlan" ist schlecht, das Szenarium taugt nichts. Ob nun Bachturin oder Glinka selbst es verfaßt hat, ändert an dieser betrüblichen Tatsache nicht das geringste. Nur erscheint die anfängliche Genügsamkeit Glinkas verständlicher, wenn man annimmt, daß er der Not und nicht dem eigenen Triebe gehorchend diesen Plan benutzt hat, und es ist zum mindesten überflüssig, ihm die aktive Mitarbeiterschaft an diesem mangelhaften literarischen Produkt in die Schuhe zu schieben.

Je weiter die Arbeit am „Rußlan" gedieh — und das war vom Jahre 1840 an in beschleunigtem Tempo der Fall — desto mehr überzeugte sich Glinka von den Unzulänglichkeiten des Librettos. Doch gab es jetzt kein Zurück mehr. Im Herbst 1841 waren fast alle Nummern der Oper beendet. Glinka stand dem dramaturgischen Wust, der sich aus den einzelnen, jeden Zusammenhanges baren Szenen entwickelte, völlig hilflos gegenüber. Endlich sah er ein, daß es so nicht weiterging. Leider war es schon zu spät, um noch eine wirklich radikale Abhilfe zu schaffen. Trotzdem verzweifelte

Glinka nicht und beschloß, unter Zuhilfenahme seiner Freunde, mit vereinten Kräften das zu vollbringen, was ihm allein nicht gelingen wollte. Er berief ein Konzilium ein, an dem außer ihm selbst Schirkow, Kukolnik, M. Gedeonow, der Sohn des Direktors des Kaiserlichen Theaters, der Direktor Markowitsch und noch einige seiner nächsten Freunde teilnahmen. Der alleinige Gegenstand der äußerst lebhaft geführten Debatte — eine Tagebuchnotiz Kukolniks gibt ein lebendiges Bild davon — war die Unglücksoper „Rußlan und Ludmilla". Über das Libretto und das Szenarium der Oper herrschte eine Meinung. Der Mangel jeder Folgerichtigkeit und jeden halbwegs motivierten Zusammenhanges im Gange der Handlung ließ sich beim besten Willen nicht in Abrede stellen. Da kamen denn die Freunde überein, auf kollektivem Wege Abhilfe zu schaffen und der Oper ein der elementarsten Forderung bühnenmäßiger Gestaltung besser entsprechendes Aussehen zu geben. Jeder wollte das Seine dazu beitragen und suchte sich irgendeine Stelle aus, um die notwendigen literarischen Näthe, deren es so sehr bedurfte, am verunglückten Libretto des „Rußlan" anzubringen.

„So kam es," schreibt Kukolnik in seinem Tagebuch, „daß die Oper ‚Rußlan und Ludmilla' in dichterischer Beziehung sechs Väter hat: Puschkin, Schirkow, Markowitsch, Gedeonow, mich und Glinka (der den Text der großen komischen Szene zwischen dem Ritter Farlaf und der Zauberin Naina selbst verfaßte.) Wenn man Bachturin, der den Plan der Oper entworfen hat, dazurechnet, so sind es sogar ganze sieben. Die Volksweisheit meint, daß ‚ein Kind in der Obhut von sieben Wärterinnen ganz sicherlich ohne Augen oder ohne Kopf bleibt'. Hoffentlich wird es uns nicht so ergehen. Doch nein. Was wir auch alle zusammen verbrechen — das Genie Mischas wird unsere Sünden ausgleichen und verdecken. In literarischer Hinsicht kommt es einzig und allein auf den allgemeinen Zusammenhang an. Wenn nur die Musik gut ist, so wird kein Hahn nach den einzelnen Versen krähen."

Trotzdem erwiesen sich die Befürchtungen Kukolniks als nur zu begründet. Das arme Kind ist in der Tat ohne Kopf geblieben. Aus dem Briefwechsel zwischen Glinka und Schirkow geht hervor, daß dem Komponisten die musikalische Flickarbeit, die durch die Umgestaltung des Librettos notwendig wurde, höchst widerwärtig war. So blieb fast alles beim alten. Nur einige wenige, durch die gemeinsame Arbeit der Freunde zustande gekommene Szenen fügte Glinka seinem Werke ein, dafür mußte er auf Anraten Gedeonows, des Sohnes des allmächtigen Theaterdirektors, einige andere, für den Zusammenhang des Ganzen nicht unwichtige Szenen streichen, um die Inszenierung des Werkes, die sowieso schon den Theatertechnikern manch harte Nuß zu knacken aufgab, zu erleichtern.

Außerdem überkam Glinka jetzt immer stärker die nur zu verständliche Ungeduld des Verfassers, sein Werk nun endlich auf der Bühne zu sehen, nachdem er fünf lange Jahre, wenn auch mit großen Unterbrechungen daran gearbeitet hatte. Die gespannten Beziehungen zu dem Direktor der Kaiserlichen Theater, Gedeonow, hatten sich gerade in dieser Zeit etwas gebessert, wozu vielleicht ein wenig der Umstand beigetragen hatte, daß Glinka sein neues Werk dem Sohne des Gewaltigen, seinem Freunde M. Gedeonow, widmete.

Im Frühling 1842 reichte Glinka seine Partitur der Direktion der Kaiserlichen Theater ein, und dieses Mal nahm Gedeonow das Werk ohne den leisesten Versuch eines Widerspruchs und ohne den Rettung verheißenden Umweg über Cavos zu versuchen, an. Statt eines einmaligen Honorars stellte er Glinka als Tantieme zehn Prozent von zwei Dritteln der Bruttoeinnahme in Aussicht, eine Bedingung, auf die der

Komponist, dessen materielle Verhältnisse gerade in dieser Zeit nicht die glänzendsten waren, gerne einging. Gedeonow erteilte den Befehl, die Oper Glinkas sofort vorzunehmen und während des Sommers einzustudieren. Die erste Aufführung sollte im Herbst stattfinden.

Nun begann für Glinka eine schwere Zeit. Die Proben sollten allmählich zu einer Hölle für ihn werden, denn bald stellte es sich heraus, daß er es niemandem recht gemacht hatte. Zunächst galt es, sich mit dem Balettmeister des Hoftheaters, dem Franzosen Titus, einer höchst wichtigen Persönlichkeit, auseinander zu setzen. Wem es bekannt ist, welch eine enorme Bedeutung das Ballett im Petersburger Theaterleben des neunzehnten Jahrhunderts hatte, eine Bedeutung, die sich zum Teil ja auch bis auf unsere Zeit erhalten hat, der kann sich eine Vorstellung davon machen, in welcher Weise der Ballettmeister Titus es wagen durfte, einem Komponisten vom Range Glinkas zu begegnen.

In der Partitur des „Rußlan" wimmelte es von allerhand Phantasie- und Charaktertänzen. Glinka mußte also einsehen, daß es sehr darauf ankam, sich mit dem Ballettmeister gut zu stellen. Das gelang ihm auch mit Hilfe eines fürstlichen Diners, das er Monsieur Titus, der ein großer Gourmet war, in einem der vornehmsten Restaurants Petersburgs vorsetzte, ganz gut. Dennoch mußte sich Glinka nolens volens einigen Anordnungen des allmächtigen Tanzmeisters fügen, und niemandem kam es damals in den Sinn, daß das umgekehrte Verhältnis das richtigere gewesen wäre. So mußte Glinka, wie er in seinen Memoiren resigniert erzählt, im Ballett des dritten Aktes auf Verlangen Titus' eine banale und „gemeine" Phrase einfügen um es den Herren und Damen vom Ballett zu erleichtern, ihr gewohntes „Entré" zu tanzen. Der originellste Tanz der „Rußlan"-Partitur, die charakteristische „Lesginka", ein kaukasischer Nationaltanz, mißfiel dem Ballettmeister Titus im höchsten Grade, und es fehlte nicht viel, so hätte er diese Nummer eskamotiert und Glinka veranlaßt, sie durch ein von der Tradition des klassischen Balletts geheiligtes „Entrechat double" oder „Ailes de pigeon" zu ersetzen. Glücklicherweise blieb Glinka diesem Ansinnen des Ballettdirektors gegenüber standhaft. Leider bewies er in vielen anderen Fällen nicht dieselbe Charakterstärke.

Als die Bühnenproben zum „Rußlan" begannen, stellten sich die Mängel des Librettos natürlich noch um vieles deutlicher heraus, als man vorausgesehen hatte. Glinka war eigentlich kein Bühnenkomponist. Er komponierte nie vom Standpunkte der szenischen Wirkung aus, sondern ließ sich nur von rein musikalischen Erwägungen leiten. Die unausbleibliche Folge davon waren einige durch künstlerisch musikalische Gesichtspunkte vollkommen gerechtfertigte und trotzdem die Bühnenwirkung der einzelnen Nummern aufs ärgste gefährdende Längen. So galt es, während der Proben unablässig zu kürzen, und schweren Herzens sah Glinka manche kostbare Seite seiner Partitur dem unbarmherzigen Rotstift des Regisseurs zum Opfer fallen. Mit dem Aufgebote des ganzen Restes seiner von Woche zu Woche mehr erlahmenden Energie und Widerstandskraft, von der er von Hause aus keinen allzu großen Vorrat besaß, gelang es ihm wenigstens, die berühmte Ballade des Finn im zweiten Akt vor der drohenden Vierteilung zu bewahren. Er bemerkt dazu in seinen Memoiren:

„Die Ballade des Finn erwies sich als zu lang. Trotzdem habe ich sie nicht gekürzt, und das Publikum gewöhnte sich allmählich daran, sie so zu hören, wie sie von mir erdacht war."

Das Publikum hatte es in der Tat nicht schwer, sich an die wahrhaft „himmlische" Länge dieser Szene zu gewöhnen. Die Ballade des Finn, eine Reihe genialer Orchestervariationen von subtilster Arbeit und kristallklarer Durchsichtigkeit zu einem überaus einfachen und daher doppelt eindrucksvollen Thema, das Glinka als Jüngling einem finnischen Fuhrknechte abgelauscht hatte, ist ein Meisterwerk, das nur wenige seinesgleichen in der musikalischen Weltliteratur hat.

Zu Beginn der Proben bekundeten die Sänger und Orchestermusiker einen außerordentlichen, von Begeisterung getragenen Eifer beim Einstudieren der Glinkaschen Oper. Doch trat auch hierin plötzlich ein jäher Umschwung ein, hervorgerufen durch eine äußerst geschickte Intrige des Publizisten Bulgarin, der, wie von seinen Artikeln über „Das Leben für den Zaren" her erinnerlich ist, von jeher in dem Kunstschaffen Glinkas und der von diesem eingeschlagenen musikalischen Richtung nichts als einen für die vaterländische Kunst verhängnisvollen Irrtum gesehen hatte. Glinka hatte Bulgarin gegenüber bei Gelegenheit eines Disputs kein Hehl daraus gemacht, daß der berühmte Publizist seiner Ansicht nach nicht das geringste von Musik verstünde. Dafür hatte der gekränkte Held der Feder Rache geschworen, und um Glinka am empfindlichsten zu treffen, wählte er zum Zeitpunkt seiner Rache die Tage, in denen die Proben zum „Rußlan" in vollstem Gange waren. Er veröffentlichte in der vielgelesenen „Nordischen Biene" einen anscheinend ganz harmlosen, Glinka gegenüber äußerst wohlwollend gehaltenen Artikel, in dem er sein Bedauern darüber aussprach, daß der berühmte Komponist beim Einstudieren seiner neuen Oper mit Gott weiß was für musikalischen Kräften vorlieb nehmen müsse, die seinen künstlerischen Intentionen nicht im Entferntesten gerecht werden könnten. Glinka sei nicht in der glücklichen Lage der italienischen Opernkomponisten, die für wirkliche Künstler schrieben, sondern müsse sich, so gut es eben gehen wolle, mit den höchst mangelhaften Kräften des russischen Operntheaters begnügen. Obgleich dieser Artikel ganz offenbaren Unsinn enthielt, denn Glinka standen für den „Rußlan" die besten Kräfte der Petersburger Hofbühne, darunter Künstler von allererstem Range zur Verfügung, so erreichte er doch seinen Zweck. Ein Sturm der Entrüstung erhob sich in der Petersburger Theaterwelt. Man glaubte, der — anonym erschienene — Artikel rühre von Glinka selbst her, oder sei doch wenigstens von ihm inspiriert. Als Glinka bei der nächsten Probe erschien, herrschte im Orchester und unter den Sängern vollständige Anarchie. Den Beteuerungen seiner Unschuld schenkte man kein Gehör. Er mußte zu Drohungen greifen — was er sein Lebtag noch nicht getan hatte — um überhaupt den Fortgang der Probe zu ermöglichen, und hatte dennoch von nun an stets mit der Widerhaarigkeit und Unlust der ihm zur Verfügung gestellten Künstlerschar zu kämpfen — für einen Komponisten, der sein Werk lieb hat, ein kaum zu ertragender Zustand.

Am wenigsten Kummer bereitete Glinka beim Einstudieren seiner neuen Oper der dekorative Teil. Von der Direktion der Kaiserlichen Theater wurden weder Kosten noch Mühen gescheut, um die Schöpfung Glinkas dem verwöhnten Petersburger Publikum in einer unerhört luxuriösen Ausstattung vorzuführen. Es mag sein, daß man von vornherein den übrigen Wirkungsfaktoren der Oper kein rechtes Vertrauen entgegenbrachte. Der phantastische Inhalt des Werkes, die sich darin auftuende zauberische orientalische Märchenpracht ließ die Einbildungskraft des Kostümeurs und des Dekorationsmalers wahre Orgien feiern. Der Kostümeur war kein Geringerer als der berühmte Maler Brüllow, der die Entwürfe zu sämtlichen Kostümen anfertigte. Die Dekorationen malte, zum Teil ebenfalls nach Ideen Brüllows, der ausgezeichnete Künstler Roller.

So nahte der Tag der ersten Aufführung, wieder der 27. November, des Jahres 1842. Glinka sah ihm mit geteilten Gefühlen entgegen. Da traf ihn noch ein Schicksalsschlag.

der seine Erwartungen zu einem Nichts zusammenschrumpfen ließ. Wenige Tage vor der Aufführung erkrankte die ausgezeichnete Sängerin Petrowa, vormals Worobjewa, die schon die Rolle des Wanja im „Leben für den Zaren" mit so ausschlaggebendem Erfolge kreiert hatte und für die Glinka die sehr verantwortliche Partie des jungen Fürsten Ratmir im „Rußlan" gedacht und geschrieben hatte. Ein Aufschub war nicht mehr möglich und so mußte die Rolle des Ratmir einer ganz jungen ungeübten Sängerin, die auch Petrowa hieß, aber sonst wenig für sich anzuführen hatte, übergeben werden.

Glinka litt während der ersten Aufführung Höllenqualen. Die junge Petrowa brachte durch ihr ungeschicktes Spiel und unsicheren Gesang die effektvollsten Szenen der Oper um jede Wirkung. Das Publikum verhielt sich sehr kühl, die kaiserliche Familie verließ noch vor Schluß des fünften Aktes das Theater. Erst als der Vorhang zum letzten Male gefallen war, erhob sich ein schüchterner Applaus, doch ließ sich auch vernehmliches Zischen hören. „Soll ich herausgehen, ich glaube man zischt?" fragte Glinka den General Dubelt, der mit ihm in der Direktionsloge saß. „Geh nur," antwortete der General, „Christus hat noch mehr gelitten als du!"

Erst von der dritten Aufführung an begann das Publikum sich etwas mehr für den „Rußlan" zu erwärmen, wohl nur dank der Sängerin Petrowa, die, genesen, für den Rest der Saison die Rolle des Ratmir wieder übernahm und durch ihren herrlichen Gesang das Publikum jedesmal zu stürmischer Begeisterung fortriß. „Rußlan und Ludmilla" erlebte bis zum Schluß der Saison zweiunddreißig Vorstellungen — ein künstlich aufrecht erhaltener Erfolg, über dessen wahren Charakter sich Glinka nicht täuschte, obwohl er sich gewissenhaft an den Fingern herzählte, daß „Wilhelm Tell" von Rossini in seiner ersten Saison nur sechzehn Aufführungen erlebt hatte und daß der „Rußlan" folglich die erfolgreichere Oper sein müsse.

Von der Petersburger Kritik wurde er dieses Mal auch nicht allzu sanft angefaßt. Aber wenigstens wurde er überhaupt angefaßt. Über die Gleichgültigkeit, mit der die Presse seiner ersten Oper begegnet war, hatte er sich jetzt nicht zu beklagen. Über die Musik freilich wagte es kaum jemand, sich mit Bestimmtheit zu äußern, sie war für das Niveau des Petersburger musikalischen Geschmacks der damaligen Zeit zu neu, zu eigenartig, als daß man es wagen konnte, so ohne weiteres, mit dem Maßstabe der immer noch allein gangbaren italienischen Opernmelodien an der Hand, darüber zu Gericht zu sitzen. Nur Fürst Odojewski wagte es, zu erklären, daß „Rußlan und Ludmilla" von der ersten bis zur letzten Note ein Meisterwerk sei, das in der gesamten italienischen und französischen Opernliteratur seinesgleichen damals nicht habe und daß sie sich ebenbürtig den beiden besten phantastischen Opern der musikalischen Weltliteratur, der „Zauberflöte" und dem „Oberon" zur Seite stelle. Doch unter all den vielen Artikeln, in denen die Petersburger Journalisten, mit Bulgarin an der Spitze, über die unglückliche Oper Glinkas herfielen, um sie mehr oder weniger zu zerfleischen, wurde diese einzige Apologie natürlich kaum bemerkt.

Schmerzlicher noch als die gegen ihn gerichteten spitzen Pfeile der öffentlichen Meinung berührte Glinka die Teilnahmslosigkeit und das mangelnde Verständnis seiner näheren Freunde für ein Werk, das er in bezug auf die Musik mit Recht für das weitaus beste und reifste Erzeugnis seiner Muse halten mußte. An dieser inneren Überzeugung machte ihn übrigens keine noch so abfällige Kritik wanken. Als ihm der schon oft erwähnte Graf Wielhorski, der früher zu dem engsten Freundeskreise Glinkas gehört hatte, während einer Probe nach der ersten Hälfte des fünften Aktes zu-

148

flüsterte: „Mon cher, c'est mauvais," antwortete ihm Glinka mit ruhigster Überzeugung:

„Retirez vos paroles, monsieur le comte, il est possible que cela ne fasse pas de l'effet, mais pour mauvais, certes que ma musique ne l'est pas."

Wielhorski hatte den „Rußlan" öfters „un opera manqué" genannt. Dieses Wort wurde schnell kolportiert, und überall, wo er sich zeigte, tönte es Glinka entgegen. Kein Wunder, daß er bald jedes Interesse an den äußeren Schicksalen seiner Schöpfung verlor. Als sich Graf Wielhorski erbot, durch einige Kürzungen der Oper eine wirkungssicherere Gestalt zu geben, erteilte ihm Glinka die unumschränkte Vollmacht dazu. Und so fiel denn noch nachträglich manches kostbare Reis, das der blühenden Phantasie Glinkas entsprossen war, der Beschneidungswut des musikalischen Grafen zum Opfer. Als Wielhorski fragte: „Nicht wahr, ich bin ein Meister der Kupüren?" hatte der ermüdete, vielgeplagte Komponist nur noch ein resigniertes Lächeln als Antwort für diese dreiste Anmaßung übrig.

Die Wunden, die das Schicksal des „Rußlan" dem künstlerischen Selbstgefühl Glinkas schlug, sind nie ganz verheilt. Den Groll gegen die Petersburger Theaterzustände, der schon längst in ihm wach war, hatte er seiner zweiten Oper zuliebe zeitweilig künstlich zum Schweigen gebracht. Jetzt erwachte er aufs neue in ihm, und zwar mit verdoppelter Stärke, um ihn bis an sein Lebensende nicht mehr zu verlassen.

„Das Theater ist eine Schweinerei, jetzt mehr denn je," ruft er in seiner oft höchst ungeschminkten Ausdrucksweise noch ein Jahr vor seinem Tode in einem Briefe aus.

Glinka war und blieb sein Leben lang ein großes Kind, nicht nur als Mensch, sondern auch als Künstler. Während er den „Rußlan" schrieb wußte er ganz genau, daß er damit das Beste gab, wozu sein musikalischer Genius fähig war, und gleichzeitig war er überzeugt, daß die hohen musikalischen Qualitäten seines Werkes vom Publikum richtig verstanden und gewürdigt werden müßten. Deshalb verhielt er sich gegenüber den augenfälligen Unbeholfenheiten des Textes verhältnismäßig so gleichgültig. Er teilte voll und ganz die Ansicht Kukolniks: „wenn nur die Musik gut ist, wen gehen dann die Worte noch etwas an!" Und die Musik war gut, das wußte er und konnte es daher um so weniger begreifen, warum das Publikum sich seinem Werke gegenüber so ablehnend verhielt. Mit der Miene eines gekränkten Kindes wandte er sich von seiner Schöpfung ab und überließ sie als res nullius den Korrektionsversuchen des ersten besten musikalischen Wegelagerers. Er hatte sein Bestes getan. Wenn er nicht verstanden wurde, mochten andere zusehen, ob sie es zuwege brachten, Verständnis für sein Werk zu wecken. Er hatte keine Lust, sich weiter selbst um die Gunst des Publikums zu bemühen.

Was Glinka an dem Puschkinschen Poem „Rußlan und Ludmilla" wohl hauptsächlich angezogen hatte, war die tiefinnige Volkstümlichkeit des Stoffes, eine Volkstümlichkeit, die sozusagen an und für sich bestand, ohne den geringsten Einschlag aller patriotischen oder politischen Tendenzen, die im „Leben für den Zaren" prävalierten. Die Handlung des „Rußlan" spielt sich in prähistorischer Vergangenheit ab, steht also gewissermaßen außerhalb jeder Zeit. Die Elemente der Volkstümlichkeit konnten stilisiert, objektiviert werden, brauchten nicht das spezifische Gepräge einer bestimmten Epoche und der dazugehörigen zeitgeschichtlichen Merkmale zu erhalten. Und selbst wenn der national russische Grundton des Stoffes konserviert wurde, so hatte die Einbildungskraft doch einen weiten Spielraum, um nach allen Richtungen hin die phantastischsten Exkursionen zu unternehmen. „Das Leben für den Zaren" hatte dem Komponisten in dieser Beziehung sehr fühlbare Fesseln auferlegt, von

150

denen er hier ganz frei war. In Glinkas erster „historischer" Oper standen sich zwei Nationalitäten gegenüber, die Russen und die Polen, und aus dem Kreise russischer und polnischer Musik durfte der Komponist, wollte er den einmal zum Prinzip erhobenen nationalen Charakter seines Werkes nicht gefährden, nicht hinaustreten.

Im „Rußlan" dagegen brauchte er sich derartige Grenzen nicht zu stecken. Die Schwingen des Märchens trugen ihn wohin er wollte. Die Gegenden und Volkstypen und mit ihnen das landschaftliche und nationale Kolorit wechseln unaufhörlich. Osten und Westen, Norden und Süden vereinigen sich zu einem großen Märchenlande, in dem alle Grenzen verwischt sind, und das von den Helden der Handlung ohne Rücksicht auf Raum und Entfernungen mit einer Selbstverständlichkeit und Geschwindigkeit durchquert wird, wie es in Märchen eben üblich ist. Das Märchen steht außerhalb Raum und Zeit — das ist ja das wunderbar Verführerische daran.

Trotzdem verstand es Glinka, den national russischen Unterton des Puschkinschen Märchens mit einem künstlerischen Feingefühl zu wahren, das ihm im „Leben für den Zaren" noch nicht zur Verfügung stand. Die in gewaltigem Alfreskostil entworfene Introduktion und das Finale der Oper, die sich am Hofe des gütigen und majestätischen Fürsten Swjatosar — eines richtigen Märchenkönigs — abspielen, wirkten wie die monumentalen Gemälde Wassnezows aus der prähistorischen Heldenzeit Rußlands. Die beiden Szenen sind gleichsam zwei riesige Tore in russischem Stil, die den Ein- und Ausgang eines phantastischen Märchenlandes verschließen.

Die schöne Tochter des Fürsten Swjatosar, Ludmilla, wird während der Hochzeitsfeier, die sie mit dem tapferen Ritter Rußlan vereinigt, vom bösen Zauberer Tschernomor geraubt. Rußlan und seine zwei Gefährten, der jugendliche, leidenschaftliche Ratmir und der feige Prahlhans Farlaf, ziehen jeder auf eigene Faust aus, um die geraubte Prinzessin wieder zu gewinnen. Die Abenteuer, die die drei Ritter dabei zu bestehen haben und die sie in die öden Wälder Finnlands, in die Berge des Kaukasus, in die Täler Persiens und endlich in die Zaubergärten des bösen Tschernomoren führen, bilden den übrigen Inhalt der Oper, bis die befreite Ludmilla im Finale des fünften Aktes mit ihrem Rußlan wieder vereinigt wird.

Die Zusammenhanglosigkeit der einzelnen Bilder, in denen dem Zuhörer, außer den erwähnten, noch verschiedene Personen, mit deren Bedeutung er sich selbst abfinden muß, vorgeführt werden, schädigt den Gesamteindruck des Werkes, wie gesagt, aufs empfindlichste. Von irgendeiner sich folgerichtig entwickelnden Handlung ist keine Rede. Das Interesse am Helden Rußlan geht nach seiner Szene mit dem guten Zauberer Finn völlig verloren und die Teilnahme des Zuhörers wendet sich ausschließlich dem prächtigen jungen Helden Ratmir zu und seinem Verhältnis zu der schönen, traurigen Prinzessin Gorislawna, bis die Aufmerksamkeit durch die in ihrer Art geniale komische Szene zwischen Farlaf und der bösen Zauberin Naina wieder in eine ganz andere Richtung gelenkt wird. Daß alle diese Prinzessinnen und Zauberinnen, zu denen sich noch der ehrwürdige, von Rußlan erfolgreich bekämpfte „Riesenkopf" gesellt, in irgendeinem Verhältnis zueinander stehen, erfährt man nur aus Andeutungen des Textbuches, die einem jedoch nicht dazu verhelfen, die Situation einigermaßen klar zu überschauen.

Dafür — welch ein Feld für die Betätigung einer reichen und vielgestaltigen musikalischen Phantasie! Gerade recht für das schöpferische Genie Glinkas, das immer starke äußere Anregungen brauchte, um sich in seinem vollen Glanze zu entfalten. In musikalischer Beziehung ist die

Partitur des „Rußlan" in die Reihe der ganz großen Meisterwerke der Tonkunst einzuordnen. Wenn man das Werk mit
dem Oberon verglichen hat, so tat man jedenfalls Weber
nicht geringere Ehre an, als Glinka.

Das russisch nationale musikalische Kolorit, in der ersten
und letzten Szene mit leuchtender Farbenwirkung wiedergegeben, durchzieht die ganze Partitur wie eine zarte, aber
doch nie ganz verdeckte Untermalung. Laroche hat ganz
recht, wenn er meint, daß die Oper trotz der kaleidoskop-
artig wechselnden Bilder verschiedener Nationalitäten ihren
ursprünglich russischen Typus nie ganz verliert. Selbst da,
wo die Musik des „Rußlan" mit bestimmter Absicht eine
andere Nationalität schildert, und vollendet schildert, büßt
sie ihren russischen Charakter doch nicht ganz ein. Wie
Glinka das zuwege gebracht hat, ist sein Geheimnis geblieben, das ihm erst von den jüngeren Mitgliedern der sogenannten „neurussischen Schule" abgelauscht wurde. Die
russisch-nationale Färbung seiner Partitur war nichts prinzi-
piell Neues, womit Glinka im „Rußlan" die russische Musik
bereicherte. Damit hatte er schon sein erstes Hauptwerk, „Das
Leben für den Zaren", ausgestattet. Allerdings noch nicht
in der Vollendung und künstlerischen Abgeklärtheit, wie sie
der „Rußlan" aufweist. Stassow macht mit Recht darauf
aufmerksam, daß der russische Charakter im „Leben für
den Zaren" nur einseitige Würdigung erfährt, und fast ausschließlich der melancholische, etwas tränenselige Einschlag
der volkstümlich russischen Musik zu seinem Rechte gelangt,
während im „Rußlan" auch die kräftigeren, lebensfreudi-
geren, oft etwas leichtsinnig ausgelassenen Seiten des russischen Volkscharakters eine prächtige, in ihrer ungeschminkten
Naturwahrheit unendlich sympathisch wirkende Darstellung
erfahren.

Ganz neu für die damalige Zeit war die Einführung orientalischer musikalischer Elemente in die Partitur

des „Rußlan". Glinka verfuhr hierbei mit demselben genialen künstlerischen Instinkte, der ihn auch bei der Bearbeitung der national-russischen Musik leitete. Wie er dort als Grundlagen einer sinngemäßen Harmonisierung das natürliche Moll und die alten Kirchentonarten erkannt hatte, so gelang es ihm auch hier, für die auf den merkwürdigsten Tonfolgen, einem Gemisch von Dur und Moll, oder einer Tonleiter mit zwei übermäßigen Sekundschritten oder einer Ganztonleiter aufgebauten orientalischen Melodien, die von ihm zum Teil in originaler Fassung verwandt wurden, das ihrer Natur am vollkommensten entsprechende harmonische Gerüst zu finden. Das orientalische Kolorit im „Rußlan" ist stellenweise von einer wunderbaren Stimmungskraft. Nicht wenig tragen dazu die gesättigten Farben des Glinka-schen Orchestersatzes bei, der auf jeder Seite der „Rußlan"-Partitur neue Wunder der Instrumentation enthüllt. Welch eine Meisterschaft der Orchestermusik steckt z. B. in den Tänzen des vierten Aktes, in denen allerhand orientalische Musikinstrumente mit dem modernen Orchester täuschend nachgeahmt werden, oder in der jenseits von Dur und Moll stehenden Auftrittsszene des Tschernomoren, der stets durch die für die damalige Zeit unerhört kühnen Klänge der Ganz-tonleiter und der auf ihr aufgebauten übermäßigen Drei-klänge charakterisiert wird. Wem, der als Jüngling zum erstenmal „Rußlan und Ludmilla" gehört hat, ist das Herz nicht stillgestanden bei der Szene des Brautraubes im ersten Akt, wenn die Bühne sich verdunkelt und zur ausgehaltenen Oktave (es) der Waldhörner die geheimnisvollsten, unwahr-scheinlichsten Akkorde im Orchester geisterhaft entstehen und wieder verschwinden. Von außerordentlich phantasti-scher Wirkung ist der Orchesterklang bei der Erweckung Ludmillas im letzten Akt. Durch das undefinierbare Timbre des Zusammenklangs von Harfe und Klavier im Orchester wird der mystische Charakter dieser Szene überaus treffend

154

wiedergegeben. Ein andermal verwendet Glinka Harfe und Klavier gleichzeitig, um in der Begleitung der Rhapsodie des Volkssängers Bajan die „Gusli" — ein altrussisches volkstümliches Instrument — mit einem an Zauberei grenzenden Geschick zu imitieren. Solcher instrumentaler Wunder birgt die „Rußlan"-Partitur eine zahllose Menge, deren Aufzählung viel zu weit führen würde.

In der Behandlung des Orchesters hatte Glinka zu seiner Zeit außer Berlioz keinen Rivalen. Das Orchester Berlioz' ist vielleicht noch farbenprächtiger und glänzender, dafür finden sich bei Glinka manche überaus feine und geistreiche Züge in der Instrumentation, die man in der Partitur des großen französischen Orchesterkoloristen vergeblich suchen würde.

Die flaue Aufnahme, die sein Werk beim Petersburger Publikum fand, das sich gleichzeitig über alle Maßen für allerhand „Tankreds", „Somnambulen", „Theobalds", „Kreuzträger" und andere sensationelle Machwerke der damaligen Opernliteratur begeisterte, verdarb Glinka nicht nur die Laune, sondern auch den Geschmack an Petersburg als Aufenthaltsort vollständig. Dazu kamen noch verschiedene andere Umstände, die ihm das Leben in der russischen Residenz endgültig verekelten.

Seine Ehescheidung hatte Glinka seinem früheren Bekanntenkreise entfremdet, die aristokratische Gesellschaft Petersburgs wandte sich zum Teil von ihm ab, um seiner Frau, die bald darauf einen Gardeleutnant Wassiltschikow heiratete, die Aufnahme nicht versagen zu müssen. In dem großen und einflußreichen Verwandten- und Freundeskreise seiner Frau hielt man natürlich Glinka für den schuldigen Teil bei der ganz unerquicklichen Affäre. Einen Ersatz für diesen Gesellschaftskreis hatte Glinka, wie wir wissen, in der Kukolnikschen „Brüderschaft" gesucht und gefunden. Nun war auch diese Brüderschaft im Ausleben begriffen. Derartige freie Künstlervereinigungen können nie von langer Dauer sein. Auf die außerordentlich gehobene Stimmung, die vor der Aufführung des „Rußlan" gerade unter den Mitgliedern der Brüderschaft geherrscht hatte, folgte eine sehr verständliche Reaktion, die sich im empfindlichen Gemüte Glinkas besonders fühlbar äußern mußte. Die Abendversammlungen der „Brüderschaft" fanden immer seltener statt und wurden immer lässiger besucht, bis sie endlich ganz einschliefen. Glinka, der sich zu dieser Zeit auch körperlich nicht wohl fühlte, verfiel in einen Zustand vollständiger Apathie.

Ein wenig aufgerüttelt wurde er nur durch die Besuche, die Liszt in den Jahren 1842 und 1843 in Petersburg abstattete. Man erlebte das Kuriosum, daß Liszt es war, der Glinka wieder etwas in die Petersburger Gesellschaft einführte. Für den „Rußlan" interessierte sich Liszt in hohem Grade. Er wohnte mehreren Aufführungen der Oper bei, wobei ihm, wie Glinka selbst gesteht, keine einzige irgend bemerkenswerte Stelle entging. Zwei Nummern aus „Rußlan und Ludmilla", die „Lesginka" und den Marsch des Tschernomoren hat Liszt bekanntlich in seiner genialen Weise für Klavier übertragen.

J. K. Arnold erzählt in seinen Erinnerungen, daß Liszt in einem seiner Petersburger Konzerte, in dem er u. a. eine freie Improvisation angekündigt hatte, von fünfzehn ihm vorgelegten Themen das Lied des Wanja aus dem „Leben für den Zaren" und den Marsch des Tschernomoren aus „Rußlan und Ludmilla" wählte, wozu er selbst als drittes die russische Nationalhymne hinzufügte. Der Jubel des Publikums kannte nach dieser mit dem nur Liszt eigenen Genie ausgeführten Improvisation natürlich keine Grenzen. So trug Liszt dazu bei, inmitten der Russen die Musik ihres eigenen genialen Landsmannes zu popularisieren.

Obwohl Glinka, wie schon mitgeteilt, am Klavierspiel Liszts dank seiner in dieser Beziehung etwas antikisierenden

Geschmacksrichtung mancherlei auszusetzen fand, war er doch, wie er selbst eingesteht, vom musikalischen Genie dieses gewaltigen Künstlers hingerissen, und vor seinem imponierenden Können beugte er sich bedingungslos. Das äußere Gebaren und die Manieren Liszts berührten ihn dagegen, wie er sich ausdrückt, „etwas sonderbar". Er schreibt darüber in seinen Memoiren:

„Ich war damals noch nicht in Paris gewesen und kannte das junge Frankreich nur vom Hörensagen. Liszt trug sehr lange Haare und schlug im Verkehr oft einen etwas süßlichen, weichlichen Ton an; zuweilen war sein Betragen auch nicht frei von einer fast beleidigenden Arroganz. Übrigens war er anderseits von größter Liebenswürdigkeit, trotz des etwas gönnerhaften Tones, in dem er besonders mit Künstlern und jungen Leuten verkehrte. Auch war er nicht abgeneigt, hin und wieder tüchtig mit uns zu pokulieren."

Der oben zitierte J. K. Arnold liefert in seinen „Erinnerungen" die amüsante Schilderung solch eines „Pokulierens", das in der Wohnung Glinkas zu Ehren Liszts vor sich ging. Außer Liszt und Glinka bestand die Gesellschaft aus dem Grafen Wielhorski, Dargomyshski, den Brüdern Kukolnik, dem berühmten Sänger Petrow und einigen anderen Personen. Glinka hatte sein Arbeitszimmer zu dieser Gelegenheit in ein Zigeunerlager verwandelt. Mitten im Zimmer hing ein mächtiger Kessel, in dem der Punsch gebraut wurde. Zuerst beschäftigte man sich mit Musik. Liszt spielte nach der Partitur die Ouvertüre, den persischen Chor, den Marsch des Tschernomoren aus „Rußlan", Petrow sang die große Arie Rußlans, Liszt die Ballade des Zauberers Finn, Glinka eine Arie Ratmirs, darauf wurde das Lied der „Iljinischna" aus der Kukolnikschen Tragödie „Fürst Cholmski" mit besonderen vokalen Pizzikatoeffekten, auf die sich die Mitglieder der „Brüderschaft" eingefuchst hatten, vorgetragen. Endlich, als die Begeisterung ihren

157

Höhepunkt erreicht hatte, begann die ganze Gesellschaft — schon ohne Röcke und Krawatten — Liszt zu „wippen", d. h. als Gummiball zu behandeln, in die Höhe zu werfen und wieder auf allen starken Armen aufzufangen — in Rußland der übliche, für den bedauernswerten Gegenstand solch einer Ovation freilich etwas unbequeme und aufregende Modus einer begeisterten Ehrenbezeugung. Zum Schluß lagerten sich alle Anwesenden auf dem Teppich, Petrow machte den Vorsänger und die übrigen stimmten im Chor die bekanntesten russischen Volkslieder an. Wie Liszt diese Art der russischen Gastfreundschaft bekommen ist, darüber schweigt die Chronik.

Im Jahre 1843 begann in Petersburg wieder die unumschränkte Herrschaft der italienischen Oper. Der „göttliche" Rubini, von Wielhorski „Jupiter Olympien" genannt, erschien zusammen mit der Viardot, und ganz Petersburg vereinigte sich in einem Taumel des Enthusiasmus für die italienische Oper und ihre Sterne. Je weiter diese Begeisterung um sich griff, desto schlechter standen die Aktien der „russischen Musik", repräsentiert durch die beiden Opern Glinkas. Endlich kam es soweit, daß die russische Operntruppe aus dem Großen Opernhause ins kleine Alexandertheater umziehen mußte, um die Kaiserliche Bühne für die italienische Truppe freizugeben. Die Glinkaschen Opern mitsamt ihrem Autor fielen zeitweilig vollständiger Vergessenheit anheim. Der „Rußlan" wurde sogar offiziell aus Petersburg exiliert und mit allen Dekorationen und Kostümen ans Moskauer Kaiserliche Theater abgefertigt, wo bald darauf die ganze Ausstattung und das gesamte Notenmaterial durch eine Feuersbrunst vernichtet wurde. Glücklicherweise blieb, wie schon erzählt, noch eine handschriftliche Partitur des Werkes in Petersburger Privatbesitz erhalten.

Der fast psychopathologisch anmutende Kultus, der mit

der italienischen Oper in Petersburg getrieben wurde, brachte den Geduldsfaden Glinkas, der in seinen reifen Jahren nichts so sehr haßte wie eben dieses Kunstgenre, zum Reißen. Er beschloß, seiner Heimat, die ihn so schlecht verstand und so wenig schätzte, für längere Zeit den Rücken zu kehren. Zuerst sollte es nach Paris gehen, das Glinka noch nicht kannte, und dann wollte er seinen Jugendtraum — eine Reise nach Spanien — in Erfüllung gehen lassen.

*   *
*

Im Juni 1844 verließ Glinka Petersburg und begab sich direkt nach Paris. Die Partituren seiner beiden Opern hatte er mit und zeigte sie auf der Durchreise in Berlin seinem alten Freunde und Lehrer Dehn, dessen höchstes Entzücken das Terzett und der Krakowiak aus dem „Leben für den Zaren" erregten. Über den Zweck seiner diesmaligen ausländischen Reise äußert sich Glinka in einem Briefe an seine Mutter folgendermaßen: „... Erstens will ich meine Gesundheit durch den Aufenthalt in einem besseren Klima kräftigen und mein Herz beruhigen, was nur in Entfernung von jenen Gegenden und Menschen, die mich täglich und stündlich an die erlittenen Seelenqualen erinnern, möglich ist. Zweitens will ich meine Neugier befriedigen und jene Länder kennenlernen, nach denen sich meine Einbildungskraft schon längst gesehnt hat, und in denen ich als Künstler einen Schatz neuer Ideen und Eindrücke zu sammeln hoffe. Endlich wünsche ich auch bekannt zu werden und mit den musikalischen Größen Europas in Verbindung zu treten."

Der Aufenthalt in Paris brachte Glinka zunächst volle Befriedigung. Er genoß einen herrlichen Pariser Sommer und fand im Verkehr mit der Pariser Gesellschaft und vielen Landsleuten reichlich die gewünschte Zerstreuung und mannigfache Anregung. Von größter Wichtigkeit wurde für ihn die Bekanntschaft mit Berlioz, die einer seiner Freunde, Fürst G. Wolkonski, einleitete. Glinka fand großes Gefallen an Berlioz, dessen exzentrisches Wesen ihn aufs höchste interessierte. Doch nicht nur als Mensch sympathisierte Glinka mit Berlioz, auch als Musiker versagte der russische Meister seinem genialen französischen Kollegen nicht die schuldige Achtung. Ja mehr als das, Glinka geriet von einigen Werken Berlioz', die er in Paris durch vorzügliche Aufführungen unter Leitung von Berlioz selbst kennenlernte, in helles Entzücken. Er schreibt an Kukolnik darüber folgendes:

„Das bedeutungsvollste Ereignis war für mich ohne Zweifel die Begegnung mit Berlioz. Die Absicht, die Kompositionen von Berlioz zu studieren, die von den einen ebenso laut getadelt werden, wie andere sie preisen, war einer von den musikalischen Gründen, die mich nach Paris lockten. Ein günstiger Zufall zeigte sich mir gefällig. Ich habe die Musik von Berlioz nicht nur in Konzerten und Proben gehört, sondern bin diesem, meiner Ansicht nach ersten Komponisten unserer Zeit (natürlich in seiner Spezialität) auch als Mensch nahegetreten, soweit man einer so exzentrischen Persönlichkeit überhaupt nahetreten kann. Und hier meine Meinung; auf dem phantastischen Gebiete der Kunst reicht niemand an die kolossalen und dabei immer neuen Ideen von Berlioz heran. Größte Einheitlichkeit bei minutiöser Entwicklung aller Details, Folgerichtigkeit des harmonischen Gewebes; endlich eine gewaltige Meisterschaft im Instrumentieren, die stets Neues bringt — das ist der Charakter Berliozscher Musik. Im Drama ist er, den stets die phantastische Seite der Situation hinreißt, allerdings unnatürlich und folglich unwahr. Von den von mir gehörten Stücken haben die ‚Ouvertüre des francs-jugés‘, der

‚Marche des pèlerins de la symphonie »Harold«', das Scherzo ‚La reine Mab, ou la fée des songes', auch das ‚Dies irae' und ‚Tuba mirum' aus dem ‚Requiem' einen unbeschreiblichen Eindruck auf mich gemacht. Bei mir liegen eben einige noch nicht erschienene Manuskripte von Berlioz. Ich studiere sie mit unsagbarem Genuß."

Es ist nicht leicht, die Begeisterung Glinkas für Berlioz zu verstehen. Doch war sie unzweifelhaft echt, denn zehn Jahre später wiederholt Glinka in seinen Memoiren dasselbe Urteil in durchaus nicht abgeschwächten Ausdrücken. Wahrscheinlich war es hauptsächlich die instrumentale Seite, die Glinka an den Partituren Berlioz' anzog. Auch begegnete er in Berlioz zum ersten Male einem Komponisten, der dem Hang zu grandiosen Wirkungen in noch rücksichtsloserer Weise fröhnte als er selbst. Glinka selbst konnte, um die Großartigkeit des instrumentalen Eindrucks in seinen Opernfinales zu steigern, nie genug Blechmusik auf der Bühne haben, wozu in Petersburg stets mehrere Militärkapellen mobilisiert wurden. Vor dem Orchesterapparat, den Berlioz in Bewegung setzte, mußte er sich aber doch in staunender Bewunderung beugen. Im übrigen erscheint es verwunderlich, daß Glinka, der Melodiker „de pur sang" und unendlich feinsinnige Harmoniker, an dem etwas rauhen Stil des französischen Meisters so großes Vergnügen fand.

Berlioz schien die Sympathien seines russischen Kollegen zu erwidern. „Er begegnete mir mit ausgesuchter Liebenswürdigkeit", schreibt Glinka in seinen Memoiren, „was man von dem größten Teil der Pariser Künstler, die unerträglich eingebildet sind, nicht gerade behaupten kann". Doch beschränkte sich Berlioz nicht darauf, sich im persönlichen Umgange möglichst angenehm zu zeigen. Er veröffentlichte im „Journal des Débats" einen umfangreichen Artikel über Glinka, aus dem hervorgeht, daß er die Partituren des russischen Komponisten mit größtem Vergnügen studiert und aufrichtiges Gefallen daran gefunden hat. Der Artikel klingt in folgendem schmeichelhaftem Resumé aus:

„Glinka ist ein großer Harmoniker und schreibt für Orchester mit solch einem Kunstverstande und solch einer genauen Kenntnis der geheimsten instrumentalen Mittel, daß sein Orchesterklang einer der neuartigsten und frischesten unserer Zeit ist ... Auch verfügt er über eine bemerkenswert originelle melodische Erfindungsgabe. Diese Eigenschaft ist eine höchst seltene. Und wenn ein Komponist sie besitzt und außerdem über so interessante Harmonien gebietet und so reich, vielgestaltig und farbenprächtig instrumentiert, so hat er das Recht, einen Platz in der ersten Reihe der ausgezeichnetsten Komponisten seiner Zeit einzunehmen."

Diese unverhoffte Anerkennung seitens des Mannes, den er stets als den ersten unter seinen musikalischen Zeitgenossen bezeichnete, richtete das während der letzten Jahre in Petersburg so demütigend niedergedrückte Selbstgefühl Glinkas wieder auf. Er hatte ursprünglich nur daran gedacht, das Pariser Publikum mit seinen Liedern bekannt zu machen, an deren Übersetzung einer seiner Freunde, Fürst Ilja Meschtscherski, schon eifrig arbeitete. Jetzt reichte ihm Berlioz die Hand zu einem größeren Unternehmen, und sein künstlerischer Mut fühlte sich genügend gekräftigt, um den angetragenen kollegialen Freundschaftsdienst nicht auszuschlagen. In einem der beiden Monstrekonzerte, die Berlioz im März 1845 im „Cirque de Paris" auf den „Champs Elysées" veranstaltete, brachte er die Lesginka aus dem „Rußlan" und eine Arie Ludmillas, gesungen von der russischen Sängerin Solowjewa, zur Aufführung. Glinka hatte die ursprünglich für zwei Orchester komponierte Lesginka zu diesem Zwecke für ein Orchester uminstrumentiert und war von der Wirkung, die das Stück in dieser Gestalt machte, nicht sehr erbaut. Der Erfolg war, wenn auch nicht überwältigend — der Name Glinka war damals in Paris noch völlig unbekannt, und man weiß, was das beim Pariser Publikum heißen will —, doch soweit ermutigend, daß Glinka es wagte, zum 10. April ein eigenes Konzert zum Besten der Pariser „Association des artistes musiciens" zu annoncieren. Das Programm geriet reichlich bunt. Eröffnet wurde das Konzert mit der „Semiramis-Ouvertüre von Rossini, der Geiger Haumann spielte einige Bravourstücke von Bériot und der „gewaltige Pianist Leopold Meyer exekutierte in ,allerkotelettenhaftester Weise' zwei Piècen höchst eigener Faktur". Von Glinka umschloß das Programm den Krakowiak aus dem „Leben für den Zaren", den Marsch aus „Rußlan und Ludmilla", den Valse-Fantaisie (H-Moll), auf dem Programm dieses Konzertes „Scherzo" genannt, und die italienische Romanze „Il desiderio" (Ah se tu fossi meco), gesungen von dem damals berühmten Tenor Manas. Das Orchester leitete der Dirigent der Pariser italienischen Oper, Tilmant, die Klavierbegleitung besorgte Glinka selbst. Diesmal war der Erfolg ein bedeutender. Besonders die Pariser Presse erging sich in beredten Lobpreisungen des russischen Komponisten, von dem man prophezeite: „Monsieur Glinka ne peut manquer de conquérir un rang à coté des maitres les plus estimés, et ses ouvrages seront appreciés bientôt à leur juste valeur."

Somit war auch der zweite Zweck von Glinkas Aufenthalt in Paris vorläufig erreicht. Er war eine bekannte Persönlichkeit in der französischen Metropole geworden und konnte nicht mehr übersehen werden. Glinka selbst hielt seinen Erfolg freilich für einen „succés d'oiseau de passage" und war überzeugt, daß die Pariser Kritik ihn nur lobte, weil sie genau wußte, daß er bald wieder wegfahren würde. Hierin irrte er jedoch. Man erwartete von ihm mehr für das Pariser Musikleben, als er von sich aus zu geben bereit gewesen wäre. Der Kritiker der „Revue brittannique" äußerte diese Wünsche in ganz präziser Form:

„Glinka ist in Paris. Wird es wirklich geschehen, daß unsere Librettisten sich ihn entgehen lassen? Warum beauftragt die Direktion der Großen Oper ihn nicht, eine Oper zu schreiben? Was hindert die Komische Oper, dasselbe zu tun?"

Eine kurze Zeitlang dachte Glinka wirklich daran, ein Bühnenwerk, das sich von allen nationalen Tendenzen natürlich ferngehalten hätte, für die Pariser Oper zu schreiben. Bald jedoch, nämlich als er die in den Künstlerkreisen der Metropole Frankreichs herrschenden Zustände aus unmittelbarer Anschauung kennenlernte, ließ er diesen Gedanken fallen, um ihn nie wieder aufzunehmen. Er schreibt darüber in einem Brief an seine Mutter:

„Für die hiesigen Theater zu schreiben, ist mir doch unmöglich. Intrigen gibt es hier noch mehr als anderswo, und außerdem: je länger ich im Auslande lebe, desto mehr überzeuge ich mich davon, wie sehr ich innerlich Russe bin, und wie schwer es mir fällt, mich fremdem Wesen anzupassen."

Während des ersten Winters in Paris erhielt Glinka die Nachricht aus Petersburg, daß dort die Mitglieder der italienischen Operntruppe seiner Musik zu neuen Erfolgen verhalfen. Die Viardot hatte einige Arien aus „Rußlan und Ludmilla" in ihr Repertoire aufgenommen, und das berühmte Terzett aus dem ersten Akt des „Leben für den Zaren" machte in der Wiedergabe der Viardot, Rubinis und Tamburinis aufs neue Furore und entfachte, so oft es von dem Dreigestirn der italienischen Oper bei Gelegenheit größerer Konzerte gesungen wurde, einen unbeschreiblichen Jubel des Petersburger Publikums. So angenehm Glinka diese Nachricht einerseits sein mochte, so schmerzlich fühlte sich doch sein künstlerisches Selbstgefühl davon berührt, daß seine Musik sich nicht aus eigner Kraft durchsetzte, sondern daß es wiederum die verachteten Italiener waren, die ihm in den Augen seiner Landsleute zu neuer Geltung verhalfen.

Alle Annehmlichkeiten und Freuden seines Aufenthaltes in Paris, jener Stadt, in der man, nach einem Ausspruche Glinkas, „wohl mitunter leiden, sich jedoch nie langweilen kann", vermochten nicht, die Sehnsucht nach dem Lande jenseits der Pyrenäen in ihm zum Schweigen zu bringen. Die Nachricht vom Aufenthalte Liszts in Spanien gaben seinem Wunsche neue Nahrung. Spanien, Spanien, Spanien! lautete das ständige Leitmotiv seiner Gedanken, Gespräche und Briefe aus jener Zeit. Er konnte es endlich kaum mehr abwarten, den Staub von Paris von seinen Sohlen zu schütteln und ihn mit dem der spanischen Landstraße zu vertauschen. Unterricht in der spanischen Sprache hatte Glinka fast vom ersten Tage seines Pariser Aufenthaltes an genommen und lernte sie, dank seinem ungewöhnlichen Sprachtalent, bald vollkommen beherrschen. Endlich traf aus Nowospasskoje, dem elterlichen Gute, die Genehmigung seiner Mutter und das nötige Geld zu einer spanischen Reise ein. Fiel es doch auch dem einundvierzigjährigen Glinka gar nicht ein, irgendeinen halbwegs wichtigen Schritt zu unternehmen, ohne vorher in respektvollster Form die ausdrückliche Erlaubnis seiner Mutter eingeholt zu haben. Nun begannen sofort die Reisevorbereitungen, die mit außerordentlichem Eifer betrieben wurden. Die erste Sorge war, einen passenden Reisebegleiter zu finden. Glinka, in allen praktischen Lebensfragen ungewandt und unerfahren wie ein Kind, gewöhnt daran, alle kleinen Bequemlichkeiten des Lebens mit der Selbstverständlichkeit eines echten russischen ‚Barin' (Herrn) und ohne das geringste eigene Dazutun zu genießen, konnte natürlich nicht daran denken, diese für die damalige Zeit immerhin ziemlich ungewöhnliche Reise allein zu unternehmen. Der gesuchte Reisebegleiter fand sich in Gestalt des Spaniers Don

Santiago, eines ehrlichen, würdevollen Mannes und Familienvaters, den der reiselustige Komponist vorläufig als „Majordomus" mit einem Salär von 100 Franken im Monat engagierte.

An seinem einundvierzigsten Geburtstage, den 20. Mai 1845, passierte Glinka in Begleitung Don Santiagos und dessen kleiner Tochter Rosaira die spanische Grenze. Schon beim Anblick der Pyrenäen geriet er in eine von nun an täglich und stündlich wachsende Begeisterung. Das Land seiner Jugendträume enttäuschte ihn nicht. Das einzige, was seine Erinnerung an den Aufenthalt an den Ufern des Guadalquivir und Manzanares trüben konnte, waren die spanischen Diligenzen, in ihrer schauderhaften Unbequemlichkeit einzig dastehende Vehikel, wahre Marterfahrzeuge, deren Torturen Glinka jedoch mit Geduld und Anstand ertrug. Den ersten längeren Aufenthalt nahmen die Reisenden in der malerischen Ortschaft Valladolido im Hause der Schwester Don Santiagos, wo Glinka sich hauptsächlich eifrigen spanischen Sprachstudien hingab. Im übrigen begann schon in Valladolido eine Art der Lebensführung, die den ganzen zweijährigen Aufenthalt Glinkas in Spanien zu einem unausgesetzten Festtage machte und ihn später dieser Zeit als der schönsten, leichtlebigsten und sorgenfreiesten seines ganzen Lebens gedenken ließ.

Von vornherein lag es in der Absicht Glinkas, in möglichst nahe Berührung mit dem einfachen spanischen Volke zu treten. Natürlich verfolgte er dabei besondere Gedanken, über die uns einer seiner Briefe (sein letzter an Kukolnik gerichteter Brief) aus Paris Aufschluß gibt. Es heißt darin u. a.:

„Ich habe mich entschlossen, die Zahl meiner Werke durch einige oder, wenn die Kräfte reichen, viele Konzertstücke für Orchester unter dem Titel ‚Fantaisies pittoresques' zu bereichern. (Bis jetzt zerfällt die gesamte Instrumentalmusik in zwei gegensätzliche Arten: die Kammer-musik und Symphonien einerseits, die nur von wenigen ge-würdigt werden und die Masse der Zuhörer durch ihren tiefsinnigen komplizierten Gedankeninhalt nur abschrecken, während anderseits die sogenannten Konzerte, Variationen usw. das Ohr durch ihre Zusammenhanglosigkeit und die darin aufgehäuften Schwierigkeiten ermüden. Mir scheint es, daß man die Forderungen der Kunst mit den Forderungen der Zeit vereinigen kann und, indem man sich alle Errungen-schaften der Instrumentations- und Spieltechnik zunutze macht, Musikstücke schreiben kann, die dem Kenner und dem Laien das gleiche Vergnügen und die gleiche Unterhaltung gewähren ...) In Spanien will ich diese Phantasiestücke vornehmen. Die Originalität der dortigen Melodien wird mir eine bedeutende Hilfe sein, um so mehr, als dieses musikalische Gebiet bis jetzt noch von niemandem begangen worden ist. Doch bedarf meine fessellose Phantasie außer der Originalität des Stoffes auch irgendeines Textes oder anderer positiver Grundlagen. Am Ort selbst werde ich sehen, ob ich es wagen kann, mich an eine Oper in spani-scher Art zu machen. Jedenfalls werde ich meine spani-schen Eindrücke musikalisch wiedergeben."

Also auf die spanische Musik hatte es Glinka abgesehen, und das ist, wenn man sich die speziellen musikalischen Liebhabereien des russischen Komponisten vergegenwärtigt, weiter nicht verwunderlich. Spanien war außer Rußland das einzige Land, das über eine nationale Musik verfügte, die sich allen kulturellen Nivellierungsarbeiten zum Trotz wenigstens einigermaßen intakt erhalten hatte. Die über jeden Zweifel erhabene Originalität und urwüchsige Selb-ständigkeit der nationalen Musik in Melodie und Rhythmus, die Glinka an den russischen Volksliedern gefesselt hatte, — nur in Spanien konnte er sie in ebenso bodenständiger Form wiederfinden. In dieser Hoffnung sah er sich nicht getäuscht. Spanien brachte ihm mit seinen Liedern und Tänzen, die den russischen an Originalität und Urwüchsigkeit nicht nachstehen (wenn sie auch weniger reich und mannigfaltig sind), eine Fülle musikalischer Anregung. Eine spanische Oper hat Glinka freilich nicht geschrieben. Dafür fanden die jenseits der Pyrenäen gesammelten musikalischen Eindrücke ihren künstlerischen Niederschlag in den beiden genialen „spanischen Ouvertüren", dessen exotischer Klangzauber sich bis auf den heutigen Tag in unvergänglicher Frische und Wirkungskraft erhalten hat.

Nach der ersten Station Valladolido nahm Glinka nacheinander in Madrid, Granada und Sevilla längeren Aufenthalt. Seine Erlebnisse in diesen Städten und auch in den kleinen spanischen Ortschaften, die er auf der Durchreise berührte, sehen sich zum Verwechseln ähnlich. Überall versuchte er es, der spanischen Nationalmusik in möglichst urwüchsiger Form habhaft zu werden. Freilich hatte die italienische Musik auf ihrem Welteroberungszuge damals auch Spanien schon berührt und Glinka klagt oft in seinen Briefen, daß die Ursprünglichkeit der spanischen Musik arg unter den alle Eigenart verwischenden italienischen Einflüssen gelitten habe. An der Oberfläche des musikalischen Lebens in Spanien konnte er das, was er suchte, jedenfalls nicht finden. Im Theater de la Cruz zu Madrid und auf den kleineren spanischen Bühnen gab man abwechselnd „Norma" und „Ernani", „Ernani" und „Norma", die originellen spanischen Nationaltänze „Ole", „Jules de Xeres" und alle die verschiedenen „Jotas" machten auf der Bühne den Eindruck, als seien sie von französischen Ballettmeistern einstudiert. Glinka ließ sich jedoch keine Mühe verdrießen, tiefer zu dringen. Kam die spanische Volksmusik nicht zu ihm, so ging er zu ihr.

„In musikalischer Beziehung gibt es hier viel Bemerkenswertes," heißt es in einem seiner spanischen Briefe, „allein es ist nicht leicht, echte Volkslieder aufzustöbern, und noch schwerer, den eigentümlichen Charakter der spanischen Volksmusik zu erhaschen. Alles das nährt meine unruhige Phantasie. Je schwerer das Ziel zu erreichen ist, desto eigensinniger und beharrlicher strebe ich ihm zu."

Natürlich erleichterte Glinka die vollkommene Beherrschung der spanischen Sprache es sehr, seine musikalischen Absichten mit der nötigen Energie zu verfolgen. Don Santiago und alle die verschiedenen spanischen Gastwirte, mit denen Glinka in Berührung kam, und deren Entgegenkommen er nicht genug rühmen kann, reichten ihm bereitwillig, vielleicht allzu bereitwillig, ihre hilfreiche Hand dazu. Überall sah sich der für Volkskunst so ehrlich begeisterte russische Komponist bald von oft recht zweifelhaften Typen des spanischen Volkslebens umgeben, die seiner musikalischen Phantasie, so gut und reichlich sie es vermochten, die gewünschte volkstümlich kräftige Nahrung zuführten, ohne dabei an klingendem Entgelt selbst zu kurz zu kommen.

Die Wohnung Glinkas war für allerhand Esel- und Maultiertreiber, fahrende Musikanten und spanische Zigeuner stets geöffnet. Fast allabendlich wurden mehr oder weniger gelungene „Festivals" veranstaltet. Beim Klange von Gitarren und Kastagnetten ging es nicht selten hoch her, und Glinka hatte außer der vergnügten Unterhaltung den Gewinn, die spanische Nationalmusik, die ja fast stets mit Tänzen verbunden ist, aus unmittelbarer Anschauung in ihrer allerurwüchsigsten Gestalt kennenzulernen. Manches lustige Liebesabenteuer würzte diese Art des Zeitvertreibs in einer für Glinka höchst mundgerechten Weise. Mit einem gewissen Behagen verweilt er in seinen Memoiren bei der Schilderung dieser frohen Stunden. Beim Durchlesen der betreffenden Seiten, die dem begeisterten Lob und Preis unzähliger schöner Andalusierinnen, Kastilianerinnen und anderer spanischer Duennas gewidmet sind, muß man unwillkürlich lächelnd der indiskreten Aufzählungen Leporellos gedenken: „Ma in Hispania — mille e tre!"... Um bei diesen lustigen Abendunterhaltungen nicht ausschließlich auf die Rolle eines Zuschauers und Zuhörers angewiesen zu sein, lernte Glinka bei einem Tanzlehrer für zehn Franken im Monat sogar selbst alle spanischen Volkstänze. „Mit den Beinen ging es vorzüglich," meint er, aber der Kastagnetten konnte er auf keine Weise Herr werden.

Die gehörten spanischen Volksmelodien, durch die sich seine Phantasie angeregt fühlte, zeichnete Glinka in ein kleines Notenheftchen ein, das er stets bei sich trug. Dieses Heft schenkte er später dem Musikschriftsteller Stassow, nach dessen Tode es in den Besitz der Öffentlichen Bibliothek zu Petersburg überging. Der musikalische Inhalt dieser Aufzeichnungen ist vom Petersburger Musikschriftsteller Findeisen veröffentlicht worden. Es sind siebzehn zum Teil lang ausgesponnene Melodien von bemerkenswerter Originalität. Glinka selbst hat nur drei davon benutzt. Eine, das bekannte „Jota aragonese", das in Liszts „Spanischer Rhapsodie" eine andere künstlerische Auferstehung feierte, verwandte Glinka in seiner ersten spanischen Ouvertüre, einem der geistreichsten Variationenwerke der gesamten Orchesterliteratur, dessen sprühende Tanzrhythmen von unvergänglicher Wirkungskraft sind. Zwei „Seguidillas manchegas", Volkstänze der Provinz la Mancha, lieferten das Rohmaterial zu seiner zweiten spanischen Ouvertüre „Souvenir d'une nuit d'été à Madrid". Das erste Stück, ursprünglich „Capriccio brillante" genannt, entwarf und instrumentierte Glinka schon während seines Aufenthalts in Madrid, hat es jedoch in Spanien selbst nicht zur Aufführung gebracht. Das zweite vollendete er erst nach mehrmaliger Umarbeitung in Rußland. (Es hieß anfänglich „Recuerdos de Castilla" und wies vier Themen auf, bis Glinka zwei davon aus Erwägungen der musikalischen Ökonomie aus seinem Werke, das in der ursprünglichen Fassung ein wenig einem Potpourri aus spanischen Volksmelodien glich, ausschied.) Erst später erhielten diese Stücke auf den Rat des Fürsten Odojewski, die nicht ganz zutreffende Bezeichnung „spanische Ouvertüren".

Von den beiden Ouvertüren ist die erste entschieden die wertvollere, Tanzrhythmen regten von jeher die schöpferische Phantasie Glinkas in besonders glücklicher Weise an. Seinen Tänzen wohnt eine Suggestivkraft und ein rhythmischer Schwung inne, dessen fortreißender Wirkung sich auch der kaltblütigste Zuhörer schwer entziehen kann. Man denke nur an die Mazurka, an die Polonaise, an den Krakowiak aus dem „Leben für den Zaren" oder an die faszinierenden Rhythmen der Lesginka und einiger orientalischer Tänze aus „Rußlan und Ludmilla". Getragen von den leichtbeschwingten Rhythmen des Tanzes verlieren die musikalischen Gedanken Glinkas gleichsam jede Erdenschwere und treiben auch die Phantasie des Zuhörers in die luftigen Regionen wesenloser Tonschönheit empor. Im „Jota aragonese" wendet Glinka außerdem diejenige musikalische Form an, in der er seine technische Meisterschaft stets am freiesten und ungezwungensten entwickeln konnte — die Variation. In seiner fast krankhaften Bescheidenheit will Glinka die Autorschaft dieser Variationen am liebsten einem spanischen Gitarrenspieler — einem gewissen Felix Castillo — zuschreiben, von dem er dies „Jota aragonese" zum erstenmal gehört hat. Das heißt denn aber doch, die Höflichkeit des Sängers etwas zu weit treiben. Das Glinkasche Orchester und — eine Gitarre sind zwei so ganz und gar inkommensurable Größen, daß von all den kontrapunktischen Hexenmeistereien und allen geistsprühenden, unerhört originellen instrumentalen Effekten, die Glinka mit freigebiger Hand aus dem Füllhorn seiner Phantasie in dieser Partitur ausstreut, auf einem so armen Instrument, wie die Gitarre, auch nicht einmal schüchterne Andeutungen möglich wären. In dem erwähnten Briefe an Kukolnik hatte Glinka die Absicht ausgesprochen, Musikstücke zu schreiben, „die dem Kenner und dem Laien das gleiche Vergnügen und die gleiche Unterhaltung gewähren". In dieser ersten spanischen Ouvertüre ist ihm dieses schwierige Experiment meisterlich geglückt. Die „Jota aragonese" wirkt auf den musikalisch ungebildeten Zuhörer mit der frischen, befreienden Unmittelbarkeit eines ungekünstelten, zu immer tollerer Schwungkraft sich steigenden Wirbeltanzes, in dem nichts weniger drinzustecken scheint, als allerhand Produkte musikalischer Gelehrsamkeit; und der Kenner entdeckt voller Entzücken in jedem Takte kleine Wunder kontrapunktischer Spielereien und eines übermütigen orchestertechnischen Virtuosentums.

In der zweiten spanischen Ouvertüre „Souvenir d'une nuit d'été à Madrid" verarbeitet Glinka zwei Seguidillas, die er von einem spanischen Maultiertreiber, einem sogenannten „Zagal", gehört hatte. Obwohl er es auch hier an manchem gelungenen Einfall und an reicher Stimmungsmalerei nicht fehlen läßt, steht das Stück an Unmittelbarkeit der Wirkung doch entschieden hinter der „Jota aragonese" zurück.

Angesichts dieser beiden prächtigen Stücke kann man ein leises Bedauern nicht unterdrücken, daß Glinka nicht noch manchen Edelstein aus dem reichen Schatze des in Spanien gesammelten musikalischen Materials der kostbaren Fassung seiner eigenen Phantasie für würdig befunden hat. Er selbst hatte die besten Absichten. „Ich werde es nicht bei diesem Versuche bewenden lassen," schreibt er im September 1845 aus Madrid, „sondern fortfahren, zu komponieren, und zwar in einem Stil, der vom Stile meiner früheren Arbeiten völlig verschieden, mir jedoch ebenso sympathisch ist, wie das Land, in dem ich gegenwärtig das Glück habe, mich aufzuhalten." Leider hat er dieses Versprechen nicht gehalten. Außer der, wie schon erwähnt, in Rußland voll-

endeten spanischen Ouvertüre, bearbeitete er viel später —
nur noch eine graziöse andalusische Tanzmelodie für Klavier
und verwandte das Motiv einer „Jota“; die er oft in Valladolido gehört hatte, in einem für seine Schwester Ludmilla
komponierten Liede. Den ganzen Rest der in Spanien gesammelten Melodien überließ er seinen jüngeren musikalischen Freunden in Petersburg, die sich auch zum Teil red-
lich von diesem originellen und interessanten Themenmaterial
genährt haben.

Während seines Aufenthaltes in Madrid entstand in Glinka
der Gedanke, ebenso wie er es in Paris getan hatte, nun
auch das spanische Publikum mit seinen Werken bekannt
zu machen. Schon betrieb er voller Eifer die Vorbereitungen
zu einem Konzert in der Madrider Hofoper, da wurden seine
Pläne von derselben Seite her hintertrieben, von der er auch
in der Heimat schon so viel Unbill erfahren hatte. „So
bin ich denn auch hier meinem alten Feinde begegnet,“
schreibt er in einem Brief vom 9. April 1846 aus Madrid,
„die Italiener haben mit ihrer ‚Lucia‘, mit ihrer ‚Sonnam-
bula‘, ihren Bellinis, Verdis und Donizettis das beste Madrider Theater und das spanische Publikum erobert, das sich,
wie das Publikum der ganzen Welt, vor diesen modernen
Idolen in den Staub wirft... Ich brauche das Theater
nicht, weil mir die italienische Musik schon längst zum
Halse herauswächst. Da die ganze Aufmerksamkeit des Publikums jetzt auf die Italiener gerichtet ist, so ist es mir
unmöglich, meine Sachen hier zur Aufführung zu bringen.“

Erst kurz bevor Glinka Spanien verließ, im November
1846, wurde dank der eifrigen Vermittlung des spanischen
Pianisten Don Juan Guelbenz das Terzett aus dem ersten Akt
des „Leben für den Zaren“ in einem Hofkonzert in Madrid
zur Aufführung gebracht.

In Madrid trennte sich Glinka von Don Santiago und
dessen Familie. Die Stelle dieses trotz mancher Schwäche

ehrenwerten Mannes nahm ein anderer jüngerer Spanier, Don Petro, „Pedruscha" wie ihn Glinka mit einem russischen Diminutiv nannte, ein. Dieser Don Pedro, ein merkwürdiger Heiliger, halb Diener, halb Freund, halb Schüler, bewahrte seinem russischen Herrn bis zu dessen Tode unverbrüchliche Treue, spielt von nun an im Leben Glinkas eine nicht zu übersehende Rolle. Glinka brauchte (nach einem sehr richtigen Ausdruck Stassows) stets eine „Wärterin". Zuerst fungierte bei ihm in dieser Eigenschaft sein Leibeigener Jakob, der bis zu seinem letzten Atemzuge der unzertrennliche Begleiter seines Herrn war, dann rückte Don Santiago in diese Stellung ein und endlich wurde es die ausschließliche Lebensaufgabe Don Pedros, den kindlich unbeholfenen, allen einfachen Lebensfragen gegenüber völlig ratlos dastehenden Glinka, im buchstäblichen Sinne des Wortes zu „warten". Don Pedro, der selbst einiges Talent für Musik hatte und unter der Anleitung Glinkas unentwegt Cramersche Etuden und den Gradus apparnassum von Clementi einpaukte, war Glinkas Finanzminister, Reisemarschall, Notenschreiber, Kammerdiener, Vorleser, Klavierbegleiter und Krankenwärter in einer Person. Glinka, der sich in allen praktischen Fragen des Lebens gar zu gerne auf andere Menschen verließ, brachte Don Pedro unbegrenztes Vertrauen entgegen. Daß dieser, der sich des ihm geschenkten Vertrauens im großen und ganzen würdig erzeigte, sich Glinka gegenüber hin und wieder ein Übriges herausnahm, brachte die Natur ihres Verhältnisses mit sich. Erst nach zehn Jahren wurde dieses Verhältnis in aller Freundschaft gelöst. Don Pedro heiratete und Glinka übergab sich der Obhut seiner jüngeren Schwester Ludmilla, von der bald ausführlicher die Rede sein soll.

Aus eigener Initiative hätte Glinka seinen Aufenthalt in Spanien schwerlich so bald aufgegeben. Sein Entzücken über die landschaftlichen Schönheiten und klimatischen Annehmlichkeiten Spaniens war immer noch eher im Zunehmen als im Abnehmen begriffen. Allein die schönen Tage von Aranjuez mußten auch für ihn ein Ende haben. Seine alte Mutter drang voller Ungeduld auf die Heimreise des geliebten Sohnes, den sie vor ihrem Tode noch einmal wiedersehen wollte. Glinka, der stets ein äußerst zartfühlender und rücksichtsvoller Sohn gewesen war, beeilte sich natürlich sofort, diesem Wunsche Folge zu leisten. Über Paris, Köln, Wien und Warschau ging es heim. In Kissingen wurde Glinka dem russischen Thronfolger Alexander Nikolajewitsch, dem nachmaligen Zaren Alexander II. vorgestellt, der dem damals immerhin schon einigermaßen berühmten Komponisten mit größter Liebenswürdigkeit begegnete und ihn auch im Salon seiner Gemahlin einführte.

* *
*

Im Juli 1847 traf Glinka in Begleitung Don Pedros in Novospasskoje ein. Seine Mutter fand er in guter Gesundheit, obwohl sehr gealtert vor. Eine seiner jüngeren Schwestern, Olga, hatte sich gerade mit einem Petersburger Gardeoffizier verlobt. Dieser Umstand brachte ins stille Gutshaus von Novospasskoje natürlich viel Leben hinein. Vor dem Ansturm der zahlreichen Verwandten, Freunde und Gutsnachbarn wußte man sich oft nicht zu retten. Ein ganz ungewohntes Leben und Treiben herrschte im Park und in den Wäldern von Novospasskoje. Spazierritte, Ausfahrten, allerhand Picknicks, Spaziergänge und „Fêtes champêtres" füllten die Tage in bunter Reihenfolge aus. Glinka mochte ganz etwas anderes erwartet haben. Von ländlicher Stille und idyllischer Ruhe, in der er seine durch das ungebundene Leben in Spanien wahrscheinlich etwas mitgenommenen Nerven hätte ausruhen können, war keine Rede.

Er sah sich von einem rauschenden Wirbel frohsinniger Geselligkeit erfaßt, der ihn widerstandslos mit sich fortriß. Die Folgen davon blieben nicht aus. Von Tag zu Tag fühlte Glinka sich schlechter, Schlaf und Appetit blieben endlich ganz aus. Da beschloß er, ohne die Hochzeit seiner Schwester abzuwarten, dem heimatlichen Herd den Rücken zu kehren, um anderswo die Ruhe zu suchen, der er so sehr bedürftig war und auf die, wie er einsehen mußte, im Gutshause von Novospasskoje nicht zu hoffen war.

So machte er sich denn im September nach Petersburg auf. Allein er kam nicht so weit. In Smolensk verschlimmerte sich sein Befinden, und er blieb für den ganzen Rest des Winters in dieser ziemlich erbärmlichen, herzlich uninteressanten kleinen Gouvernementsstadt stecken. Er richtete sich mit Don Pedro häuslich ein, und bald zog auch seine sieben Jahre jüngere Schwester Ludmilla vom elterlichen Gute nach Smolensk herüber. Von diesem Winter in Smolensk datiert das geradezu ideale Verhältnis zwischen Glinka und seiner Schwester Ludmilla, deren opferfreudige, hingebungsvolle Liebe zu ihrem Bruder mit goldenen Lettern in die Annalen der russischen Musikgeschichte eingezeichnet zu werden verdient. Alles was Glinka an eigenem Familienglück hatte entbehren müssen, bemühte sich diese Schwester — nach ihrer Verheiratung Frau Schestakowa —, ihm in selbstloser Liebe zu ersetzen, so gut der von jetzt ab sehr unruhig sich gestaltende Lebenslauf Glinkas es zuließ.

Anfangs behagte es Glinka in Smolensk ausgezeichnet. „Wir lebten mit der Schwester wie ein Herz und eine Seele," schreibt er in seinen Memoiren, „und ungeachtet meiner Leiden hatten wir es zusammen gut." Mit spanischer und französischer Lektüre, in Gesellschaft von Don Pedro und der Schwester Ludmilla vertrieb sich Glinka die langen Winterabende so gut es gehen wollte. Auch musikalisch regte es sich wieder ein wenig in ihm. Er komponierte zwei kleine

Klavierstücke „Souvenir d'une Mazurka" und „La Barcarole"; beides nicht sehr inhaltsschwere Sächelchen, das erste
in Chopin-Reminiszenzen schwelgend, das zweite in ton-
malerischem Arabeskenwerk sich ergebend, beide über das
Niveau gewöhnlicher Salonmusik dennoch hoch erhaben.
·Auch einige Lieder entstanden in der beschaulichen Ruhe
der Smolensker Winterabende, und als einziges größeres
Werk das damals noch für Klavier notierte, später in Form
einer kleinen Kantate umgearbeitete „Gebet", dem Glinka
in Petersburg auf den Rat seines jungen Freundes Villebois
einen Lermentowschen Text unterlegte.

Der ungestörte Friede dieses Smolensker Idylls sollte
jedoch nicht lange dauern. Glinka war in Rußland schon
eine zu bekannte Persönlichkeit, als daß seine Anwesenheit
im kleinen Smolensk hätte unbemerkt bleiben können. Der
Smolensker Adel beschloß, zu Ehren seines illustren Mit-
gliedes ein Festessen zu veranstalten. Trotz heftigen Sträu-
bens mußte Glinka aus seiner Zurückgezogenheit heraus-
treten. Bei seinem Erscheinen in den Sälen der Smolensker
Adelsversammlung wurde er mit einem Tusch und den
Klängen der Polonaise aus dem „Leben für den Zaren" begrüßt. Diese Ehrung zog für Glinka eine wahre Flut geselliger Verpflichtungen nach sich, denen er sich mit der
Geduld eines Opferlammes unterzog. „Aus Dankbarkeit"
für die ihm erwiesene Ehre mußte er sein ruhiges häusliches
Leben aufgeben, allabendlich Bälle, Diners und Routs besuchen, und ebenfalls „aus Dankbarkeit" durch seinen Gesang und sein Klavierspiel für die Unterhaltung der Spitzen
der Smolensker Gesellschaft sorgen.

Endlich packte ihn, nach seinem eigenen Ausdruck „eine
wilde Verzweiflung". Er beschloß, der Smolensker Geselligkeit zu entfliehen, um in Warschau die verlorene innere
und äußere Ruhe wiederzufinden. Das sollte ihm jedoch
nicht ganz gelingen. Er war entdeckt und mochte er sich

noch so gut verstecken, man suchte ihn doch wieder auf. Immerhin bewegte sich die Geselligkeit in Warschau, in die er wider Willen hineingezogen wurde, in ruhigerem Geleise. Auch fand er dort einige wirkliche Freunde, deren Umgang ihm wohltat, darunter den Professor der polnischen Sprache Dubrovski, der auch später noch in Petersburg zu den intimsten Freunden seines Hauses gehörte. Mit besonderem Wohlwollen begegnete ihm der Statthalter Fürst Paskewitsch, nachdem er den wahrhaftig loyal gesinnten Komponisten einst auf der Straße beinahe über den Haufen geritten hatte, weil Glinkas Begleiter, Don Pedro, aus Unwissenheit oder Oppositionsgeist es unterlassen hatte, den Hut vor dem allmächtigen Beherrscher Warschaus zu ziehen. Den Eindruck dieser ersten rauhen Begegnung versuchte Paskewitsch durch verdoppelte Liebenswürdigkeit und Aufmerksamkeit wieder gutzumachen. Er lud Glinka wiederholt zu einer Flasche „Kachetiener" Wein ein, den der einem guten Tropfen durchaus nicht abgeneigte Komponist besonders schätzte, und stellte ihm — was wertvoller war — sein Hausorchester zu unbeschränktem Gebrauche zur Verfügung. Von diesem Orchester hörte Glinka zum erstenmal, allerdings in einer den Kräften des nicht gerade erstklassigen Musikerbestandes entsprechenden, verkürzten und vereinfachten Form seine „Jota aragonese" und die speziell für dieses Orchester entworfenen „Recuerdos de Castilla", aus denen später die zweite spanische Ouvertüre, „Souvenir d'une nuit d'été à Madrid" entstand. Auch einen „Jallo de Xeres", eine unbändig wilde spanische Tanzmelodie, die dem durchlauchtigen Schirmherrn Warschaus besonders gefiel, instrumentierte Glinka für dieses Orchester, dafür arrangierte der dortige Kapellmeister, Palens, Glinkas „Gebet" für Orchester mit obligatem Posaunensolo — eine Bearbeitung, die den vollen Beifall des Komponisten hatte und die wahrscheinlich den Gedanken in ihm anregte, später selbst eine Orchesterbearbei-

tung dieses Liedes vorzunehmen. Endlich vermittelte das
Orchester Paskewitschs eine für die musikalische Geschmacksrichtung des alternden Glinka höchst bedeutungsvolle Bekanntschaft — er hörte von diesem Orchester zum erstenmal
in seinem Leben ein Werk von Gluck, und zwar den Chor
„Les fureurs d'Oreste" aus „Iphigenie in Tauris". Diese
Musik machte einen unauslöschlichen Eindruck auf Glinka.
Von nun an gab er sich einem eifrigen Studium der Gluckschen Werke hin, deren Partituren ihn überallhin begleiteten.

Die Beschäftigungen mit dem Hausorchester des Fürsten
Paskewitsch regten Glinka überhaupt zu erneuter Schaffensfreudigkeit an. Zuerst machte er sich an einige der von ihm
aufgezeichneten andalusischen Tanzmelodien, jedoch, wie er
selbst bedauernd eingesteht, ohne jeden Erfolg, weil diese
Melodien „auf irgendeiner orientalischen Tonleiter basiert
sind, die der unsrigen absolut unähnlich ist". Gegen jede
künstlich zurechtgemachte Pseudonationalmusik aber hatte
Glinka bekanntlich seit dem „Rußlan" eine unüberwindliche
Abneigung.

Zufälligerweise bemerkte er eines Tages eine gewisse
Ähnlichkeit zwischen einem alt-russischen volkstümlichen
Hochzeitsliede und der allbekannten Tanzweise „Kamarinskaja", nach der sich in jedem russischen Dorfe jedes Tanz-
vergnügen abspielt. Sofort entstand in ihm der Gedanke,
beide Themen zu einem Orchesterstück in der Art eines
russischen „Scherzos" zu verwerten. Unverzüglich machte
er sich an die Arbeit, und in wenigen Tagen entstand die
Orchesterphantasie „Hochzeitsgesang und Tanzlied", die
später, auf den Rat des Fürsten Odojewski, der auch die spanischen Orchesterstücke Glinkas umtaufte, den nichtssagen-
den Namen „Kamarinskaja" erhielt, — ein Stück so unver-
fälscht echter nationaler Musik, wie keine andere Nation
außer der russischen eine aufzuweisen hat. Auch in diesem

Werk, das in jeder Beziehung ein würdiges russisches Seitenstück zu der spanischen „Jota aragonese" ist, vereinigt
Glinka Tanzrhythmen mit der Variationenform — eine Verbindung, die seiner Phantasie stets die besten Einfälle
abgewann. Diese „Kamarinskaja", das letzte größere Or-
chesterwerk Glinkas — hat Anstoß gegeben, Glinka pro-
grammusikalische Ambitionen unterzuschieben. Der Verfasser selbst wehrt sich dagegen in seinen Memoiren in der
allerenergischsten Weise:

„Ich versichere ausdrücklich, daß mich bei der Komposition dieses Stückes einzig und allein mein inneres musikalisches Empfinden geleitet hat. Ich habe nicht im entferntesten daran gedacht, wie es bei einer russischen Hochzeit hergeht, wie unser rechtgläubiges Volk sich vergnügt,
oder gar wie ein verspäteter Trunkenbold an die Tür pocht,
damit man ihm Einlaß gibt. Ungeachtet dessen hat mir
Th. Tolstoi (Rostislaw) ins Gesicht gesagt, daß er der
Kaiserinwitwe meine Kamarinskaja in diesem Sinne erläutert
habe. Und zwar soll im letzten Teil, wo zuerst die Hörner
den Orgelpunkt fis aushalten und dann die Trompeten das e
anschlagen, die Musik ausmalen (?), wie ein Betrunke-
ner an die Türe seiner Hütte anklopft! Das ist auch so einer
von den unerbetenen Freundschaftsdiensten, die einem leider
öfters im Leben erwiesen werden."

Außer der „Kamarinskaja" und den für das Orchester
des Statthalters angefertigten Bearbeitungen schrieb Glinka
in Warschau noch einige Lieder, darunter ein „Trinklied"
von Puschkin, das der Komponist als sinnige Huldigung
der Witwe Cliquot zueignete, „Gretchen am Spinnrad" nach
der russischen Übersetzung von Herber und ein Lied nach
dem polnischen Originaltext von Mizkewitsch, das in Warschau beim polnischen Publikum außerordentlichen Beifall
errang und in wenigen Wochen im Musikalienhandel ver-
griffen war. Das schönste von diesen Liedern ist unstreitig

„Gretchen am Spinnrad", das von Stassow sogar höher bewertet wird, als die Komposition Schuberts zu demselben Text. Diese Meinung kann allerdings nur mit einer sehr gezwungenen Beweisführung verfochten werden, doch ist zuzugestehen, daß die dramatische Steigerung der edlen und ausdrucksvollen Melodie Glinkas in der Tat von großer Wirkungskraft ist. Nur muß man das Gedicht nicht auf das Milieu beziehen, dem es entwachsen ist. Die Empfindungen des deutschen Gretchen wandeln sich hier zu leidenschaftlichen Klagen, die unter den gegebenen Umständen wohl der Brust einer temperamentvollen Slavin entströmen könnten, im Munde Gretchens, wie Goethe sie uns gezeichnet hat, jedoch unverständlich wären.

Im November 1848 unterbrach Glinka für einige Zeit seinen Aufenthalt in Warschau, um in Petersburg seine Mutter zu besuchen. Wahrscheinlich beseelte ihn zugleich die Hoffnung, daß seine Anwesenheit in der Residenz das in beängstigender Weise erlahmende Interesse für seine Musik wieder anfachen würde. In dieser Beziehung sah er sich allerdings arg getäuscht. Zwar wurde er von den alten Freunden freudig willkommen geheißen, auch der nachmalige Zarbefreier, damals Thronfolger Zesarewitsch Alexander Nikolajewitsch widmete ihm wieder seine Aufmerksamkeit und zeichnete ihn gelegentlich einer Feier, die zu Ehren des fünfzigjährigen Dichterjubiläums Shukowskis veranstaltet wurde, durch eine längere huldvolle Unterhaltung aus, allein seine Musik blieb nach wie vor in den tiefsten Schatten gedrängt durch das immer noch sieghaft strahlende Licht der italienischen Oper. Besonders schmerzlich berührte ihn das Schicksal des „Rußlan" der — von jeher sein Schmerzenskind — nun endgültig vom Repertoire der Petersburger Oper verschwunden war und dessen Wiederbelebung und endlichen Triumph Glinka nicht mehr erleben sollte. „Das Leben für den Zaren" fristete noch auf der Bühne des Alexandertheaters ein kümmerliches Dasein. Allerdings mußte das unsterbliche Leben auch dieser Oper damals künstlich genährt werden, und zwar mehr aus politischen als aus künstlerischen Erwägungen. Die patriotische Tendenz des Werkes machte es sehr geeignet dafür, um wenigstens an allen sogenannten „Kronsfeiertagen" — Gedenktagen der Kaiserlichen Familie — die mitunter auf gefährliche Abwege geratenden loyalen Untertanengefühle des Petersburger Publikums etwas anzuregen und wieder in die richtigen Bahnen zu lenken. Von der eigentlichen Hofbühne, der Petersburger Großen Oper, war das Werk freilich zugunsten der alleinseligmachenden italienischen Musik verbannt, und diese Maßregel wurde, gerade während der Anwesenheit Glinkas in Petersburg durch einen besonderen Allerhöchsten Befehl — in Rußland wurden auch Kunstfragen durch Ukase geregelt — noch verschärft. Das glänzende Fiasko, das die italienische Oper „Il Binichino di Parigi" des russischen Komponisten Grafen Th. Tolstoi erlitten hatte, veranlaßte den in schärfster Form erteilten Befehl, keine Opern russischer Herkunft zur Aufführung an der Bühne der Petersburger Großen Oper mehr zuzulassen. „Gloire à Monsieur Tolstoi!" ruft Glinka in seinen Memoiren aus. Der Komponist dieser verhängnisvollen russisch-italienischen Oper war derselbe, schon erwähnte Graf Tolstoi, der unter dem Pseudonym Rostislaw sich in höchst anmaßender Weise als Musikkritiker in Petersburg gerierte und besonders gegen die Opern Glinkas eine von Haß, Neid und Beschränktheit diktierte Polemik führte.

Der einzige positive Gewinn, den der diesmalige Aufenthalt Glinkas in Petersburg ihm brachte, war die Bekanntschaft mit Wladimir Stassow, seinem nachmaligen begeisterten Apologeten und talentvollen Biographen. Stassow, der später im Kunstleben Rußlands solch eine hervorragende Rolle spielen und sich besonders in Sachen der national russischen Musik unsterbliche Verdienste erwerben sollte, war damals ein noch sehr junger Mann, trotzdem jedoch, nach dem Ausdruck Glinkas, ein gründlicher Musikkenner, Kunstliebhaber und außerordentlich gebildeter Mensch.

Schmerzlich enttäuscht von seinem Aufenthalte in Petersburg kehrte Glinka im Frühling 1849 nach Warschau zurück. Doch auch hier fand er die frühere behagliche Stimmung nicht wieder. Seine Schwester Ludmilla hatte geheiratet und war nach Petersburg verzogen, so daß er auf die Gesellschaft Don Pedros angewiesen war. Unter den Nachwirkungen der unerfreulichen Petersburger Eindrücke verfiel er in einen quälenden Zustand des Lebensüberdrusses und vollständiger Mutlosigkeit. Der Strudel leichtlebiger Geselligkeit, in den er sich für kurze Zeit hineinstürzte, brachte auch nicht die erhoffte Zerstreuung. Zum erstenmal erklingt in den Briefen Glinkas die Klage über die immer fühlbarer werdende Bürde des Alters. Die Musik in ihm schwieg lange Zeit vollständig. Er selbst erwähnt aus dieser Zeit nur die tiefgehenden musikalischen Eindrücke, die das Spiel des Organisten Freyer in der Warschauer lutherischen Kirche in ihm auslösten. Die Musik Bachs, besonders die Fuge B. A. C. H. und die F-Dur-Tokkata, rührten ihn oft zu Tränen. Trotzdem steigerte sich seine gedrückte Stimmung endlich bis zu vollständiger Apathie. Den größten Teil seiner Tage verbrachte er, in unfruchtbare Grübeleien vertieft, auf dem Divan liegend. Der Hauptgegenstand seiner Gedanken mag wohl seine eigene Kunsttätigkeit gewesen sein, deren verhältnismäßige Erfolglosigkeit ihn aufs tiefste bedrückte, besonders weil er sich bewußt war, von sich aus alles getan zu haben, um das beste, wozu er der Natur seines Talentes nach befähigt war, zu leisten. In einem Brief an W. P. Engelhardt, einen jungen enthusiastischen Bewunderer seiner Musik, der ihm mit geradezu fanatischer Liebe ergeben war, äußert sich Glinka über die Gedanken, die ihn damals beherrschten, folgendermaßen:

„Im Laufe des Jahres 1850 erfüllen sich fünfundzwanzig Jahre des Dienstes, den ich nach Maßgabe meiner Kräfte auf dem Gebiete der nationalen russischen Musik getragen habe. Viele machen mir den Vorwurf der Faulheit. Mögen diese Herrschaften zeitweilig meine Stelle einnehmen! Sie werden es dann einsehen, daß man bei beständig zerrütteten Nerven und mit den strengen Ansichten von der Kunst, die mich stets geleitet haben, nicht viel schreiben kann. Selbst die nichtigen Lieder, die, wie es scheint, in einem Augenblicke glücklicher Inspiration von selbst entstanden sind, kosten mich oft die größte Anstrengung. Sie können sich gar nicht vorstellen, wie schwer es ist, sich nicht zu wiederholen. Ich habe beschlossen, die Fabrikation russischer Lieder in diesem Jahre endgültig abzuschließen und den Rest meiner Kraft und meines Augenlichts auf wichtigere Arbeiten zu verwenden."

Auf die Gründe, die die Produktionskraft Glinkas in den letzten Jahren seines Lebens so vollständig lähmten, daß er nach der „Kamarinskaja" tatsächlich kein größeres Werk mehr seiner schlummernden musikalischen Phantasie abzuzwingen vermochte, wird sich weiterhin Gelegenheit bieten, näher einzugehen. Die letzten Lieder, die Glinka vor dem eben zitierten Brief an Engelhardt geschrieben hatte, waren im Sommer 1849 entstanden, und zwar, wie das ja bei Glinka fast immer der Fall war, unter dem Einfluß einer plötzlich in ihm entflammten Neigung, die dieses Mal der schönen Tochter eines polnischen Gastwirtes galt. Dieser Umstand vertrieb endlich auch die schlechte Laune und den schwarzseherischen Trübsinn, dem sich Glinka seit seiner Ankunft in Warschau ergeben hatte. Spricht doch sogar der Brief an Engelhardt schon von „wichtigen Arbeiten", und in einem andern Brief aus derselben Zeit heißt es sogar: „Meine Muse ist mir wieder gnädig gesinnt". Seinen Schwur, die „Fabrikation" russischer Lieder einzustellen, hat Glinka allerdings gehalten, mit zwei Ausnahmen freilich. Erstens setzte er das ihm von Stassow schon in Petersburg vorgelegte Gedicht „Palermo" von Obodowski in Musik und widmete das Lied unter dem Titel „Der Finnische Meerbusen" der Kaiserin Alexandra Feodorowna, die im Herbst 1850 in Warschau Wohnung nahm und Glinka oft zum Abendtee aufs Schloß befahl, um sich von ihm vormusizieren zu lassen. Die andere Ausnahme bildet ein viel später komponiertes Lied nach einem Gedicht des höchst mittelmäßigen Poeten Pawlow, das Glinka aufschrieb, um sich dem Drängen des Dichters zu entziehen, der Glinka seit langer Zeit in höchst aufdringlicher Weise mit dem Ansinnen verfolgte, eines seiner Gedichte in Musik zu setzen, und sich auf keine Art abschütteln ließ.

Dagegen entstand noch ein größeres Werk im Jahre 1850, das jedoch — eine Gelegenheitskomposition vom reinsten Wasser — sicherlich nicht zu den „wichtigen Arbeiten" zu rechnen ist, die Glinka in dem Briefe an Engelhardt erwähnt. Gegen Ende des Sommers übersandte ihm Cavos aus Petersburg ein Gedicht mit der Bitte, für den Festaktus des Adligen Fräuleinstiftes des Klosters Smolna einen Chor zu schreiben. Schon früher war dieses Ansinnen an Glinka herangetreten, doch hatte er stets dankend abgelehnt, weil er mit den sozusagen vereidigten Komponisten derartiger Festchöre, Lwow und Graf Wielhorski, nicht in Konkurrenz treten wollte. Dieses Mal machte er sich aber doch an die Arbeit und stellte den Chor in kürzester Frist fertig. Dem Wunsche Cavos', die Begleitung für Klavier, Harfe und Holzbläser zu setzen, entsprach er dabei nicht, sondern instrumentierte die Begleitung, allerdings sehr durchsichtig und zart für volles Orchester. Der Chor Glinkas, eine ausgezeichnet saubere aber keineswegs bedeutende Arbeit, erzielte bei der Aufführung keine bedeutende Wirkung, worauf ein Brief von Cavos eintraf, in dem es unter anderem hieß:

„Sa Majesté l'Empereur a trouvé que l'instrumentation de

Votre Chœur est faible, et moi je partage parfaitement l'opinion de Sa Majesté." — „Cavos partage l'opinion de Sa Majesté!" setzt Glinka mit einem giftigen Ausrufungszeichen hinzu, und der Seitenrand des Manuskriptes seiner Memoiren weist an dieser Stelle einen — Eselskopf auf, eine unschuldige Rache für den allerdings unverdienten Tadel seines früheren Gönners.

Im Juni 1851 erreichte Glinka die Nachricht vom Tode seiner innig geliebten Mutter. Die Nachricht erschütterte ihn aufs tiefste und hatte einen Nervenanfall zur Folge, der ihn für längere Zeit des Gebrauches der rechten Hand beraubte. Glinka beschloß ins Ausland zu reisen, um dort Erholung und Beruhigung zu suchen. Da man ihm jedoch mit der Auslieferung seines Reisepasses Schwierigkeiten machte, mußte er vorher nach Petersburg fahren. Dabei ging es ihm, wie es ihm schon so oft in seinem Leben ergangen war: er blieb in Petersburg stecken, und die geplante Reise kam erst nach einem Jahre zustande.

* * *

*

Dieses Mal gestaltete sich der Aufenthalt Glinkas in Petersburg angenehmer. Er bezog mit seiner Schwester Ludmilla und deren Familie zusammen eine geräumige Wohnung am Newskiprospekt, der wundervollen Hauptstraße der russischen Residenz, und sah sich bald von einem kleinen, aber um so distinguierteren Kreise aufrichtiger und enthusiastischer Bewunderer umgeben. Das Interesse und die rückhaltlose Bewunderung, die ihm dieser kleine musikalische Hofstaat — seine „künstlerische Leibgarde", wie Stassow sich ausdrückt — entgegenbrachte, mußte Glinka für den Beifall der Menge und allseitige öffentliche Anerkennung, die immer noch ausblieb oder sich wenigstens längst nicht in dem

Maße einstellte, wie es der Autor des „Rußlan" verdient hätte, entschädigen. Man denke übrigens nicht, daß Glinka etwa unter einer wirklich öffentlichen Opposition zu leiden gehabt hätte. Das war durchaus nicht der Fall, obwohl ihm das sicherlich viel weniger schmerzlich gewesen wäre, als die beleidigende Gleichgültigkeit, mit der man ihn einen guten Mann sein ließ und zur musikalischen Tagesordnung überging, die immer noch in nichts anderem bestand als in dem längst abgeleierten Liede der italienischen Oper, deren verhängnisvolle Suggestivkraft zu brechen Glinka sich vergeblich bemüht hatte. Über Glinka selbst hatte sich die öffentliche Meinung ein feststehendes Urteil gebildet, dessen Stabilität nicht so leicht zu erschüttern war. Man schätzte in ihm den Komponisten einer brauchbaren Oper in russischem Stil, „Das Leben für den Zaren", deren volkstümliche, leicht eingängliche Melodien äußerst populär geworden waren, man liebte seine Lieder, die in aller Munde waren, und bedauerte, daß er sonst nichts zu Wege gebracht hatte, als den beispiellos langweiligen „Rußlan", dessen eminente Bedeutung für die russische Musik erst viel später, lange nachdem Glinka seinen letzten Atemzug getan hatte, erkannt wurde. Glinka täuschte sich nicht einen Augenblick über das Verhältnis des russischen Publikums zu seiner Musik. Auch die lebhaften Ovationen, die ihm während eines von der Petersburger — deutschen! — Philharmonischen Gesellschaft ihm zu Ehren veranstalteten Konzertes dargebracht wurden, ließen ihn den wahren Sachverhalt nicht verkennen. Übrigens hatte er in diesem Konzerte die Freude, seine „Kamarinskaja" und die „Jota arragonese" zum ersten und einzigen Mal in seinem Leben von einem erstklassigen Orchester vortragen zu hören.

Zu dem musikalischen Hofstaate Glinkas in Petersburg gehörten damals schon die beiden nachher berühmt gewordenen Komponisten Dargomyshski und Sseroff, von denen der erste mit seiner Oper „Russalka" das von Glinka begonnene Befreiungswerk der russischen Musik fortsetzte, während der zweite aus seiner anfänglichen Glinkabegeisterung sehr bald in ein anderes Extrem umschlug und der eifrigste Proselyt — Wagnerscher Musik in Rußland wurde. Gerne gesehene Gäste im Hause Glinkas waren die Brüder Stassow, von denen der ältere, Wladimir, bald nach Glinkas Tode durch seine flammenden Artikel und die schon oft erwähnte Biographie des Meisters nicht wenig zu dem kolossalen Umschwunge beigetragen hat, der sich in der Beurteilung Glinkascher Musik durch das russische Publikum in den sechziger Jahren des neunzehnten Jahrhunderts vollzog. Der jüngere Stassow, Dimitri, galt zu seiner Zeit in Petersburg für einen ausgezeichneten Pianisten. Einer der liebsten jüngeren Freunde Glinkas war der ebenfalls schon mehrfach genannte W. P. Engelhardt, dessen enthusiastischer Glinkaverehrung es die russische Gesellschaft verdankt, daß ein großer Teil Glinkascher Manuskripte nicht im Chaos russischer Theaterarchive untergegangen ist, sondern der Nachwelt erhalten werden konnte. Engelhardt legte sich eine vollständige Sammlung Glinkascher Manuskripte an, die der Meister selbst nach bestem Vermögen komplettierte, und die im Jahre 1867 durch eine Schenkung Engelhardts in den Besitz der Kaiserlichen Öffentlichen Bibliothek zu Petersburg überging. Zu den ständigen Besuchern Glinkas gehörten außerdem der Warschauer Professor Dubrowski, ein junger sehr talentvoller Pianist De Santis und K. W. Villebois, der einzige von diesem jugendlichen Freundeskreise, mit dem Glinka noch bei Lebzeiten schlimme Erfahrungen machen sollte. Villebois, den Glinka sich zu einer Art musikalischen Handlangers herangezogen hatte, unternahm auf eigene Faust ein Arrangement Glinkascher Lieder zu Duetten und gab sie, ohne Wissen des Komponisten, jedoch unter dem Namen Glinkas heraus. Gegen diese Bearbeitungen sah Glinka sich veranlaßt öffentlich Protest einzulegen. Den dreisten Bearbeiter aber warf er ein für allemal aus seinem sonst so gastlichen Hause hinaus.

Der Winter in Petersburg verging weniger in rauschender Gesell>ßkeit, als in beständigem häuslichen Musizieren in der Wohnung Glinkas, wo sich seine „Leibgarde" fast allabendlich einfand. Meist wurde acht und sogar zwölfhändig auf zwei und drei Flügeln gespielt, vorzugsweise Bruchstücke aus den Opern Glinkas, besonders dem „Rußlan", der für alle diese jungen Musiker zu einer Art musikalischer Bibel wurde, auf die sie sich für ihr ganzes weiteres Leben einschworen. Die Arrangements besorgten Engelhardt und Sseroff von Abend zu Abend. Von fremden Autoren war es vor allem Gluck, der Glinkas immer mächtiger sich steigerndes Entzücken erregte. Immer wieder griff Glinka zu diesen ihm so teuer gewordenen Partituren, aus denen er einzelne einfachere Nummern sogar bei sich aufführen ließ.

Der Mai war Glinkas Reisemonat. Auch in diesem Jahre machte er sich im Wonnemond zu der schon längst geplanten Reise auf, die ihn wieder nach Spanien führen sollte. Als unvermeidlicher Reisebegleiter fungierte natürlich Don Pedro.

In Berlin wurde Glinka aufs freudigste von seinem alten Lehrer Dehn empfangen, der seinem russischen Schüler dieses Mal persönlich alle Sehenswürdigkeiten der preußischen Königsstadt erläuterte und ihn, nach dem Ausdruck Glinkas, „reichlich mit Quartetten und Moselwein bewirtete".

Aufs angenehmste überrascht war Glinka durch die Aufmerksamkeit, die ihm in Berlin seitens eines anderen Großen der deutschen Musikwelt erwiesen wurde. Meyerbeer suchte ihn im Römischen Hotel auf und erging sich ihm gegenüber in den Ausdrücken größter Liebenswürdigkeit, die, wie er bald darauf durch die Tat bewies, mehr als bloße Höflichkeitsphrasen waren. Aus dieser und einer späteren Unterhaltung Glinkas mit Meyerbeer sind uns in den Memoiren und Briefen Glinkas einige Sätze erhalten, die für beide Meister charakteristisch genug sind, um der Vergessenheit entrissen zu werden.

„Comment se fait il, Mr. Glinka," lautete eine Frage Meyerbeers, „que nous vous connaissons tous de réputation, mais nous ne connaissons pas vos œuvres?"

„Cela est très naturel," antwortete der Gefragte," „je n'ai pas l'habitude de colporter mes productions."

Als die Rede auf Gluck kam, äußerte Glinka in begeisterten Worten seine schrankenlose Bewunderung für diesen Altmeister der Oper, dessen Nachfolger er gleich darauf einer ziemlich scharfen Kritik unterzog.

„Mais vous êtes très difficile," rief Meyerbeer aus.

„J'en ai complètement le droit," lautete die Antwort Glinkas, „je commence par mes propres œuvres, dont je suis rarement content."

Meyerbeer versprach Glinka, für ihn die Aufführung einer Gluckschen Oper im Berliner Hoftheater durchzusetzen, hielt dieses Versprechen jedoch nicht. Glinka mußte bei seiner Rückreise durch Berlin selbst Himmel und Hölle in Bewegung setzen, um diesen, seinen größten Wunsch erfüllt zu sehen. Er schreckte nicht davor zurück, dem Intendanten Baron Hülsen persönlich seine Bitte vorzutragen, und hatte die Freude, Gehör beim gewaltigen Beherrscher der Berliner Hofbühne zu finden. Speziell um dem Wunsche Glinkas zu willfahren, wurde während des Aufenthaltes des russischen Meisters in Berlin die „Armida" auf dem Spielplane des Königlichen Opernhauses angesetzt.

„Noch nie in meinem Leben habe ich solch eine Portion von Vergnügen genossen," schrieb Glinka gleich darauf. „Es war die siebzigste Aufführung," fügt er nicht ohne Bitterkeit hinzu, „und das Theater war ausverkauft."

Von Berlin ging die Reise weiter nach Paris, wo sich
Glinka einige Tage lang in Gesellschaft seines Freundes und
glühenden Verehrers Henri Merimée und seines Schwagers
Schestakow „mit der vergnügten Sorglosigkeit eines Kindes
allen Freuden der Weltstadt hingab. Bald jedoch packte er
wieder seine Sachen, um mit Don Pedro seinem endgültigen
Reiseziel — Sevilla — zuzustreben. Allein es kam anders als
er glaubte. Körperliches Mißbehagen und andauerndes Unwohlsein vertrieben ihm unterwegs den letzten Rest von
Lust, sein geliebtes Spanien wiederzusehen. In Toulouse
kehrten die Reisenden um, um sich wieder zurück nach
Paris zu begeben. Don Pedro beschreibt diesen verunglückten
Ausflug mit folgenden Worten:

„Je weiter wir uns von Paris entfernten, desto mehr
steigerte sich das Leiden unseres Miguelito (spanischer Diminutiv von Michael) und desto häufiger — erstaunlich oft —
mußte ich das Wort „langweilig" hören. Mir schien es, als
sei ich in einer russischen Kirche, wo man auch ohne Ende
die Worte ‚Herr, erbarme dich' wiederholt. Unsere Unterhaltung von Paris bis Toulouse bestand in folgendem: ‚Mir
ist es langweilig,' worauf ich ‚ah'! und ‚oh'! antwortete, und
auf diese Weise kamen wir endlich statt in Spanien wieder
in Paris an!"

Aber auch in Paris fühlte Glinka sich nicht recht wohl.
Das herannahende Alter machte sich immer drückender und
deutlicher fühlbar. Aus den Pariser Briefen Glinkas klingt
einem immer wieder die Klage über seine zunehmende Kor-
pulenz, die wachsende Bürde des Alters, und alle damit ver-
bundenen Unbequemlichkeiten entgegen. Sein Leben in
einer geräumigen bequemen Wohnung an der Rue Rossini
verlief sehr einförmig — „farblos und langweilig", wie er
selbst urteilte.

„Ich bin faul geworden, liege, esse, esse viel und lese,"
schreibt er an seine Schwester. Die Lektüre bestand aus

Homer und Ovid, die er mit dem Verständnis eines literarischen Feinschmeckers genoß. Auch Ariostos' „Rasenden
Roland" las er damals mit aufrichtigem Entzücken. Bald
regte sich jedoch die Lust, selbst wieder etwas zu arbeiten.
Er machte sich an die erwähnte „Kosakensymphonie" nach
dem Gogolschen Roman Taras Bulba. Die Einleitung und
das erste Allegro waren schon fertig, als es ihm mit einemmal schien, daß die Bearbeitung des musikalischen Materials wieder „zu deutsch" geraten sei. Ärgerlich und enttäuscht ließ er die Arbeit liegen, und der übereifrige Don
Pedro hatte nichts Besseres zu tun, als die Partitur des
„Taras Bulba" — in den Ofen zu stecken. Den Dank der
Nachwelt hat er sich mit diesem unerbetenen Liebesdienste
wahrlich nicht verdient.

Immer stärker regte sich in Glinka der Wunsch nach
einem ruhigen und friedvollen Leben in Rußland. „Ein
Häuschen mit einem Garten, ein beschauliches Dasein — das
ist jetzt mein einziger Wunsch," heißt es in einem seiner
Briefe aus Paris. „Alles was man hier Lebensgenuß nennt,
befriedigt mich nicht mehr, und das, was einzig und allein
die Seele erwärmen und den Verstand beschäftigen und
unterhalten kann, soll man hier nicht suchen. Paris be-
sticht durch einen unechten Talmiglanz. Wenn man wie
ich fast zwei Jahre in Paris gelebt hat, sieht man ein, daß
hier alles eitel, eitel, eitel ist!"

Anfangs dachte Glinka daran, sich wieder in Warschau
niederzulassen, das ihm von seinem letzten Aufenthalte her
in angenehmster Erinnerung war.

„C'est le paradis des vieillards", meint Glinka von Warschau, „les femmes y sont charmantes et avenantes, et peut-
être sont elles plus aimables avec nous autres vieux, qu'avec
les jeunes gens présomptieux et fats".

Das Ewig-Weibliche hatte immer noch denselben Reiz
und die frühere Anziehungskraft für Glinka. Die Gesell-

schaft von Frauen war für sein persönliches Wohlbefinden unumgänglich notwendig. Allmählich jedoch verblaßte in seiner Vorstellung das anziehende Bild, das er sich von Warschau machte, und einzig erstrebenswert erschien ihm ein erneutes Zusammenleben mit seiner Schwester Ludmilla. Als er sich der freudigen Zustimmung des Schestakowschen Ehepaares zu diesem Plane versichert hatte, litt es ihn nicht länger mehr in Paris, wo er fast zwei unerquickliche verlorene Jahre zugebracht hatte.

Im Mai 1854 traf Glinka in Zarskoje Sselo bei Petersburg ein und wurde von seiner Schwester mit offenen Armen willkommen geheißen.

Mit diesem Tage, dem 16. Mai 1854, schließen die Memoiren Glinkas ab. Bei der Schilderung der letzten Jahre seines Lebens ist man auf die aus dieser Zeit erhaltenen Briefe und die Erinnerungen seiner Freunde angewiesen, unter denen die im letzten Teile der Stassowschen Biographie erhaltenen persönlichen Erinnerungen und die Aufzeichnungen der Schwester Glinkas, Ludmilla Schestakowa, die ihrem Bruder in den letzten Tagen seines Lebens von allen Freunden am nächsten stand, bei weitem die wertvollsten sind.

Die nun folgenden zwei Jahre gehören unstreitig zu den glücklichsten im Leben des von Sorgen und vielerlei körperlichen und seelischen Leiden so grausam verfolgten Komponisten. In seinem persönlichen Wohlbefinden, soweit es nicht vom Zustande seiner Gesundheit abhängig war, fehlte in Zarskoje Sselo und später auch in Petersburg gar nichts. In selbstloser, zärtlichster Liebe umgab ihn seine Schwester mit all dem Behagen und der Harmonie des häuslichen Lebens, die nur eine Frauenhand zu schaffen vermag. Als getreuer Kammerdiener und Famulus stand ihm außerdem Don Pedro zur Seite, von dem sich Glinka erst im Jahre 1855 trennte, als Pedro dem Zuge seines Herzens folgend nach Paris enteilte, um dort zu heiraten. Ein Gegenstand steter Freude und zärtlichster Liebe war für Glinka die kleine Tochter seiner Schwester, sein Patenkind, mit der er stundenlang auf dem Teppich der Kinderstube liegend spielte, der er täglich die schönsten Tänze und Lieder vorimprovisierte und die er, wenn gar nichts mehr verschlug, hin und wieder sogar durch einen Grotesktanz Hand in Hand mit der alten Wärterin der Kleinen amüsierte. Sogar einer besonderen Liebhaberei konnte er wieder fröhnen, indem er sich eine „volière" anlegte, in der ein ganzer Schwarm der verschiedenartigsten Singvögel: Nachtigallen, Zeisige, Amseln, Rotkehlchen und Gelbschnäbel frei herumflogen. Glinka hatte von jeher eine leidenschaftliche Vorliebe für Singvögel, denen er stundenlang zusehen und zuhören konnte. Wo immer er sich zu längerem Aufenthalte niederließ, ob in Petersburg, Paris, Warschau oder Madrid, war es seine erste Sorge, sich mit einem Schwarm solcher munterer gefiederter Sänger zu umgeben.

Der musikalische Freundeskreis, mit dem Glinka sich während seines Aufenthaltes in Petersburg umgab, war auch derselbe geblieben, und erfuhr durch den jungen hochtalentvollen Mili Balakirew, dem Glinka eine glänzende Zukunft prophezeite, noch einen höchst erfreulichen Zuwachs.

Bald nach seiner Ankunft in Zarskoje Sselo machte sich Glinka auf das Drängen seiner Freunde an die Niederschrift seiner Memoiren, die ihn den ganzen Sommer über in Anspruch nahm. An das Komponieren dachte er vorläufig noch nicht. Seine musikalischen Beschäftigungen bestanden immer noch im Studium der Partituren Glucks, für die seine Begeisterung in stetem Wachsen begriffen war, und anderer deutscher Klassiker: Bachs, Händels und Beethovens. Zur Abwechslung nahm er eine oder die andere kleinere Arbeit für Orchester vor. Er instrumentierte in diesem Sommer Webers „Aufforderung zum Tanz", wobei es ihn reizte, im Gegensatz zu Berlioz, die Originaltonart des Stückes — Des-Dur — festzuhalten, und — im Alter kehrt man zu seiner ersten Liebe zurück — bearbeitete die F-Dur-Nocturne von Hummel für Orchester.

Die erste eigene Komposition, die Glinka nach seiner Rückkehr nach Rußland niederschrieb, war die reizende „Kinderpolka", die er für seine kleine Nichte zum Weihnachtsabend 1854 verfaßte — ein kleines fein gearbeitetes vierhändiges Klavierstück, in dem das etwas derbe Hauptthema und das spinnwebfeine kontrapunktische Filigran, mit dem Glinka es umwoben hat, gar anmutig kontrastieren. Im Frühling 1855 entstand aus Anlaß der Krönungsfeierlichkeiten Kaiser Alexander II., der Glinka als Thronfolger die liebenswürdigste Aufmerksamkeit erwiesen hatte, die „Polonaise solennelle" für großes Orchester — rauschende Festmusik ohne wirklichen musikalischen Wert. Das Hauptthema der Polonaise ist nichts anderes als ein verkappter spanischer Boléro.

„Das Trio ist meine eigene Erfindung", schreibt Glinka an Engelhardt, „und vermag herzzerreißende Tränen der Rührung anzuregen dank seinem archirussischen Charakter. Zum Boléro habe ich gegriffen, weil ich dem Weißen russischen Zaren doch unmöglich mit polnischen Melodien huldigen konnte (wie es in einer „Polonaise" wohl am Platz wäre)".

Das politische Taktgefühl des Komponisten war in diesem Falle jedenfalls bedeutender als die Schwungkraft seiner schöpferischen Phantasie.

Als die Familie Schestakow mit Glinka zusammen ihren Sommeraufenthalt in Zarskoje Sselo wieder mit der Petersburger Stadtwohnung vertauschte, wurden auch die vor zwei Jahren so eifrig gepflegten musikalischen Abendunterhaltungen mit Achthändigspielen und allerhand Kammermusik wieder aufgenommen. Glinka griff sogar aufs neue zu seiner seit dreißig Jahren nicht angerührten Geige, um im Notfall die zweite Geige im Streichquartett und in der Begleitung der Bruchstücke Gluckscher Opern und anderer klassischer Musik übernehmen zu können. Bald konnte er sich rühmen, wieder eine gewisse „velocitée" auf der Geige erlangt zu haben. An einem dieser Musikabende spielten die Freunde Glinkas ihm sein eigenes Jugendwerk, ein Streichquartett in F-Dur, das Engelhardt unter den Manuskripten Glinkas hervorgestöbert hatte, vor. Glinka fand Gefallen an der Musik, die er nicht wiedererkannte, und war nicht wenig erstaunt, als er den Namen des Komponisten erfuhr.

Zu den häufigsten Gästen Glinkas gehörte auch in dieser Zeit wieder A. Dargomyshski, dessen Oper Russalka in diesem Winter ihre Uraufführung erleben sollte. Bald jedoch wurde eine gewisse Spannung im Verhältnis beider Komponisten bemerkbar. Glinka machte Dargomyshski in aller Gutmütigkeit darauf aufmerksam, daß die Partitur der „Russalka" nicht frei sei von Reminiszenzen an seine eigene „gute Alte" — so nannte er stets seine erste Oper „Das Leben für den Zaren" —, was den jungen ehrgeizigen Dargomyshski nicht wenig ärgerte, zumal er die Berechtigung der Glinkaschen Bemerkungen einsehen mußte. Außerdem riet Glinka, der das ausgeprägte Talent Dargomyshskis für das komische Genre richtig erkannte, diesem öfters, eine komische Oper zu schreiben. Statt diesem wohlgemeinten, sehr beherzigenswerten Rate zu folgen, erblickte Dargomyshski darin eine Kränkung seiner Künstlerehre und war überzeugt, daß Glinka aus Autorenneid diesen Rat erteilte, um das Gebiet der seriösen Oper für sich allein zu behalten. Zu einem wirklich ernsthaften Konflikte ist es zwischen beiden Komponisten natürlich nicht gekommen — mit dem gutherzigen, versöhnlichen Glinka wäre das unmöglich gewesen —, doch kamen sie, trotz des meist angeschlagenen

196

scherzhaften Tones, über eine leichte Verstimmung ihres gegenseitigen Verhältnisses nicht hinweg *).

Im Sommer 1855 begann die alte Schaffenskraft in Glinka sich zu seiner eigenen Überraschung und zur Freude seiner Freunde aufs neue zu regen. Die musikalischen Anregungen, die er von seiner „Leibgarde" erhielt, das lebhafte Interesse, das er bei all seinen musikalischen Freunden für seine Musik, besonders für den „Rußlan", bemerkte, war nicht fruchtlos geblieben. Noch im Januar 1855 hatte er an seinen alten Freund N. Kukolnik nach einer begeisterten Auslassung über Bach, Händel und Gluck geschrieben:

„Ich sollte Dich eigentlich schelten für deine „exagération" (entschuldige, daß ich kein russisches Wort finde) über mein Talent, verzeihe Dir jedoch, weil ich weiß, daß Du mich — Mischa — und nicht nur den Komponisten Glinka aufrichtig liebst. Die Sache ist die, daß ich seit einiger Zeit weder den Beruf noch den Trieb empfinde, zu komponieren. Was soll ich machen? wenn ich mich mit den drei genialen Meistern (den oben erwähnten) vergleiche, so begeistere ich mich an ihren Werken in dem Maße, daß es mir weder möglich noch wünschenswert erscheint, selbst zu komponieren.

Sollte meine Muse unerwarteterweise dennoch erwachen, so würde ich jedenfalls ohne Text für Orchester allein schreiben.

Mit russischer Musik will ich jetzt ebensowenig zu tun haben wie mit dem russischen Winter. Ein russisches Drama wünsche ich nicht mehr — ich habe mich genug damit herumgeschlagen."

Aber schon im April desselben Jahres heißt es in einem Brief an W. P. Engelhardt, der sich auf einer Auslandsreise befand:

---

*) Andre Gründe dieser Verstimmung werden in der Studie über A. Dargomyshski angeführt.

197

„Wir beabsichtigen, eine Oper zu komponieren: ‚Die Doppelehe oder die Wolgaräuber‘. Das Sujet ist schon fertig."

Vor vielen Jahren hatte Glinka einmal flüchtig an das Drama „Die Wolgaräuber" des Fürsten Schachowskoi gedacht, das einen brauchbaren Stoff für eine Oper in kleinrussischem Stil abgeben konnte. Glinka bewahrte in seiner musikalischen Vorratskammer einen reichen Schatz kleinrussischer Melodien, die er während seines Aufenthaltes in der Ukraine gesammelt hatte. In der Symphonie „Taras Bulba" hatte er schon den Versuch gemacht, dieses überaus interessante und charakteristische Material künstlerisch zu verwerten. Die Verarbeitung der eigenartigen Melodien der Ukraine geriet in diesem Werke jedoch, wie wir wissen, nicht nach Wunsch des Komponisten. Sie gestaltete sich für den Geschmack Glinkas „zu deutsch". Das war kein Zufall. Es ist ungleich schwerer, die charakteristischen Eigentümlichkeiten einer nationalen Musik in symphonischen Formen zu konservieren, als in den freieren Formen der dramatischen Musik, die der Phantasie des Komponisten gewissermaßen einen räumlich weiteren Spielraum gewähren und bei denen das lokale volkstümliche Kolorit außerdem noch durch die Wirkungen der Szene vertieft und gehoben wird. Beim Entwurf seiner Symphonie sah sich Glinka von allen Seiten von „deutschen" Vorbildern bedrängt und beengt. Er konnte sich von ihnen nicht freimachen, weil es doch gleichzeitig sein höchstes Ziel war, den großen deutschen Symphonikern nachzustreben und sie womöglich zu erreichen. Daß er nichts Besseres an die Stelle der Meisterwerke der deutschen symphonischen Literatur zu setzen vermochte, wußte der überaus einsichtsvolle und in höchstem Grade selbstkritisch veranlagte Glinka ganz genau, Schlechteres wollte er nicht geben, dazu war sein Ehrgeiz zu groß — also mußte er es genau ebenso machen, wie es die großen

Meister der Symphonie in ihren Werken vorgemacht hatten. So geschah es, daß die kleinrussische Symphonie zum Leidwesen ihres Verfassers „zu deutsch" geriet.

Auf dem Gebiete der Oper lagen die Dinge ganz anders. Hier gab es keine Vorbilder, die sich dem musikalischen Gewissen Glinkas als nachahmenswert darstellten, wenigstens keine solchen, die seine musikalische Phantasie von vornherein lahmlegten und zu sklavischer Nachahmung zwangen. Auf dem Gebiete der Oper hatte Glinka im „Rußlan" schon seinen eigenen Stil geschaffen, der dem eines Bellini, Donizetti, Meyerbeer, Verdi und Weber zum mindesten ebenbürtig war. Und vor allen Dingen bot die musikalische Situationsmalerei, von der in einem symphonischen Werke strengen Stiles natürlich keine Rede sein konnte, ihm reichlich Gelegenheit, seine national musikalische Charakterisierungskunst in glänzendstem Lichte zu zeigen.

Mit Feuereifer machte Glinka sich an die Arbeit. Ein Librettist war bald gefunden. Wir wissen, daß Glinka in dieser Beziehung nicht wählerisch war. Ein Lehrer der Petersburger Theaterschule, ein gewisser Wassilko Petrow, Literat von sehr zweifelhaftem Ruf, übernahm es, das Drama des Fürsten Schachowskoi als Oper herzurichten. Durch die am „Rußlan" erlebten Erfahrungen klug gemacht, bestand Glinka darauf, daß vor der Ausarbeitung einzelner Szenen zuerst der Plan des ganzen Werkes entworfen wurde. Die Oper sollte drei Akte in fünf Bildern umfassen. Nach Möglichkeit wurde die Gelegenheit ausgenutzt, das Volk in den charakteristischen Situationen seines geselligen Lebens zu zeigen. Das dritte Bild, „Johannistag an der Wolga", hätte ein russisches Seitenstück zum Finale der „Meistersinger" abgeben können. Die Phantasie Glinkas eilte seiner Feder weit voraus. Er nahm in Gedanken schon die Rollenbesetzung vor. Ein Brief an Kukolnik aus dieser Zeit enthält schon den kompletten Theaterzettel der Oper, von der noch nicht eine einzige Note aufgeschrieben war. Die Rolle des Kosakenessauls Kalina war dazu ausersehen, den durch die Hand Don Pedros dem Feuertode preisgegebenen ukrainischen Melodien des „Taras Bulba" zu einer wirkungsvolleren musikalischen Wiedergeburt zu verhelfen.

Den ganzen Sommer 1855 beschäftigte sich Glinka in Gedanken unausgesetzt mit der neuen Oper. Leider war er nicht dazu zu bewegen, einige schon vollständig ausgearbeitete Szenen, die er seinen Freunden oft vorspielte, aufzuschreiben. Er beschränkte sich auf ganz flüchtige Skizzen.

„Du weißt, wie streng ich meiner eigenen Musik gegenüber bin", schrieb er in dieser Zeit an seine Schwester, „il ne faut pas se dépêcher pour bien faire".

Leider wurde diesmal die Eile mit Weile dem geplanten Werke verhängnisvoll. Ebenso plötzlich und unvermittelt, wie in Glinka der Wunsch, eine neue Oper zu schreiben, erwacht war, ebenso rasch und spurlos erlosch in ihm mit einem Male jedes Interesse an der angefangenen Arbeit.

Was der wahre Grund dieses plötzlichen Stimmungsumschlages war, erfuhr auch von den nächsten Freunden Glinkas niemand. Unmittelbar schuld daran war wohl sein Librettist, nicht nur durch die Langsamkeit seines Arbeitens, die Glinka gerade in der Zeit, als seine Schaffensfreudigkeit am hitzigsten entflammt war, außerstande setzte, plangemäß zu arbeiten, sondern auch durch sein sonstiges unehrenhaftes Benehmen dem in allen Fragen der Weltklugheit kindlich unbeholfenen Komponisten gegenüber. Zu seiner Schwester äußerte Glinka nur, er könne ihr den wahren Sachverhalt nicht mitteilen, da er sie „zu sehr betrüben würde". Etwas deutlicher wurde er in einem Brief an Engelhardt, der seinem Herzen damals von allen Freunden am nächsten stand. Er schreibt:

„Mit der ‚Doppelehe‘ ist es längst vorbei. Mein Poet, Wassilko Petrow, der mich im Laufe des Sommers zweimal wöchentlich besuchte, verschwand plötzlich im August, und verbreitet jetzt, wie das in Petersburg so üblich ist, die unglaublichsten Gerüchte über mich. Eigentlich bin ich ihm wie auch Villebois aufrichtig dankbar für diese Lehre. Ich hätte mich mit diesen gemeinen Menschen nicht einlassen dürfen. Daß es mit der Oper aus ist, freut mich, 1. weil es sehr schwer, fast unmöglich ist, eine Oper in russischem Stil zu schreiben, ohne wenigstens den Charakter von meiner guten Alten („Das Leben für den Zaren“) zu entleihen, 2. weil man sich die Augen nicht blind schreiben soll, und ich schon jetzt schlecht sehe, 3. weil ich im Falle eines Erfolges länger als unumgänglich notwendig in diesem verhaßten Petersburg bleiben müßte. Allerhand Ärger, Betrübnisse und Leiden haben mich vollständig mutlos gemacht (demoralisé). Voller Ungeduld erwarte ich den Frühling, um irgendwohin loszuziehen“.

Was waren die Gründe, die Glinka den Aufenthalt in Petersburg von Woche zu Woche mehr vergällten, obgleich es anfangs geschienen hatte, daß sein Leben nun endlich eine glückliche und harmonische Wendung nehmen sollte? Seine Schwester äußert sich darüber in ihren Erinnerungen in so unzweideutiger, erschöpfender Weise, daß ihre Worte auch hier ungekürzt Platz finden mögen. Indem sie ihr Bedauern über die Abreise des Bruders aus Petersburg ausdrückt, schreibt Frau Schestakowa weiter:

„Ich war die Augenzeugin all des Schweren, das mein Bruder in diesen zwei Jahren erlebt und erlitten hatte, und hätte es nie gewagt, ihn darum zu bitten, nach Petersburg zurückzukehren. Die geringsten Unannehmlichkeiten berührten ihn tief und schmerzlich. Sein unglückliches Familienleben hatte die Empfindlichkeit seiner Nerven aufs höchste gesteigert. Die Musik war ihm teuer und wurde ihm nach der Katastrophe seines häuslichen Lebens noch teurer. Was aber sah er in Petersburg?

‚Das Leben für den Zaren' war von den Italienern aus dem Großen Theater aufs Alexander-Theater verdrängt worden. Die Oper wurde in jeder Beziehung mit unglaublichster Nachlässigkeit gegeben. Und wann wurde sie gegeben? Entweder an Kronsfeiertagen — nicht der Musik, sondern des Namens wegen, oder wenn man aus irgendeinem Grunde keine andere Oper herausbringen konnte, sei es, daß sie nicht genügend einstudiert oder jemand erkrankt war. (Glinka hatte, dem Drängen seiner Schwester nachgebend, einer Vorstellung des ‚Leben für den Zaren' beigewohnt, verließ jedoch vor Schluß der Oper das Theater. Die Aufführung trug ihm einen Nervenanfall ein, von dem er sich zwei Wochen lang nicht erholen konnte.) Für ‚Das Leben für den Zaren' bedurfte es keiner Proben! Daher fungiert die Oper bis auf den heutigen Tag als Lückenbüßerin. Und nun erst der ‚Rußlan'! Mein Bruder hat es mir gegenüber mehr als einmal ausgesprochen, daß er aus dem ‚Rußlan' zehn solche Opern wie ‚Das Leben für den Zaren' machen könnte, auch alle wirklich musikverständigen Beurteiler stellen den ‚Rußlan' unvergleichlich höher als ‚Das Leben für den Zaren'. Hier noch ein Ausspruch meines Bruders: ‚Deinen Mischa wird man erst verstehen, wenn er nicht mehr ist, und den ‚Rußlan' erst nach hundert Jahren'. Diese Prophezeihung ist allerdings etwas früher in Erfüllung gegangen. Und solch eine Oper war wegen ihrer Untauglichkeit vollständig vom Repertoire entfernt!

Aber nicht genug damit: einige ‚Freunde' meines Bruders erlaubten sich, allerhand unschöne Geschichten über ihn in den aristokratischen Salons Petersburgs pour la bonne bouche zu kolportieren, und es fanden sich andere, die sich für verpflichtet hielten, meinem Bruder das Gehörte wieder zu erzählen. Alles das regte ihn unsagbar auf, und ich bin überzeugt, daß er nicht nur in Berlin, sondern sogar in Warschau ruhiger war, weil er alle Unannehmlichkeiten weit von sich wußte, und nichts von alledem, was ihn beunruhigte, an ihn herantreten konnte".

Nachdem die Idee, eine neue Oper zu schreiben, endgültig aufgegeben war, schlugen die musikalischen Gedanken Glinkas eine vollständig andere Richtung ein. Wahrscheinlich angeregt durch Wladimir Stassow, der sich damals einem wissenschaftlich gründlichen Studium der mittelalterlichen Musik hingab, erwachte in Glinka das Interesse für die strenge Diatonik der Kirchentonarten. Mit sicherem Instinkte erkannte er, daß hier der Schlüssel für die richtige sinngemäße Harmonisierung vieler Kantilenen der russischen Volks- und Kirchenmusik zu suchen sei. Er beschloß, diesmal, es nicht bei dieser Erkenntnis bewenden zu lassen, sondern tiefer in die hiervon berührten Fragen der Musikgeschichte und Musiktheorie einzudringen. Zunächst unternahm er es, auf eigene Hand nach Aufklärung über den ihn interessierenden Gegenstand zu suchen, und machte sich auf Anraten Stassows an das Studium des berühmten Werkes von Marx über die alten Kirchentonarten. Da ihm jedoch alle Vorkenntnisse und jede Übung in der Handhabung wissenschaftlicher Methoden vollständig fehlte, so mußte er von diesem Unterfangen bald abstehen. Der einzige Mann, von dem sich Glinka auch diesmal Aufklärung und wirklich fruchtbringende Unterweisung versprach, war Dehn.

Es hat etwas Rührendes, wenn man sich den 51jährigen Glinka, den Schöpfer zweier Meisterwerke der Opernliteratur, einen Komponisten von immerhin bedeutendem Ruf und Können vergegenwärtigt, wie er nach Berlin zu seinem alten Lehrer strebt, um eine plötzlich empfundene Lücke seines musikalischen Wissens auszufüllen. Glinka konnte den Augenblick seiner Abreise nach Berlin kaum erwarten. Einige Zerstreuungen in den letzten Monaten seines Petersburger Aufenthaltes brachten ihm die Gesangsstunden, die er der außergewöhnlich stimmbegabten und musikalischen Sängerin Leonowa erteilte, auf die er bei Gelegenheit der erwähnten verhängnisvollen Aufführung des „Leben für den Zaren", in der sie den Wanja sang, aufmerksam geworden war. Glinka hatte es von jeher gerne gehabt, in der von ihm so sehr geliebten Gesangskunst einigen Auserwählten Unterricht zu erteilen. Wo immer er sich aufhielt, in Petersburg, Warschau, Berlin, Paris, sogar in Spanien hatte er einige Gesangschüler oder -schülerinnen. Die Sängerin Leonowa, später einer der glänzendsten Sterne am Himmel der russischen Bühnengrößen, fesselte durch ihr ungewöhnliches Talent sein Interesse von vornherein in hohem Grade. Für ein Konzert, das die junge Künstlerin veranstalten wollte, unternahm er es, eine ganze Reihe seiner Lieder zu instrumentieren, darunter die geniale „Nächtliche Heerschau" und das in Warschau komponierte „Gebet", das er für eine Solostimme, Orchester und Chor bearbeitete. Es zeugt von dem largen Gesichtspunkte, den Glinka solchen Dingen gegenüber einnahm, daß er, als das Konzert aus von ihm unabhängigen Gründen nicht zustandekommen konnte, Frau Leonowa alle fertiggestellten Partituren ausdrücklich zu Erb und Eigen überließ.

Kurz vor Beginn seines gewöhnlichen Reisemonats, in den letzten Tagen April des Jahres 1856, verließ Glinka zum letztenmal Petersburg. Welch furchtbare Erbitterung ihn Rußland gegenüber beseelte, das er einst über alles geliebt hatte, geht aus folgender Szene hervor, die uns in der Schilderung seiner Schwester und Stassows erhalten ist. Als sein Reisewagen den Schlagbaum der Petersburger Chaussee erreicht hatte, stieg Glinka aus, um sich von seiner Schwester und Stassow, die ihn bis dahin begleitet hatten, zu verabschieden. Dann blickte er auf Petersburg zurück und spie aus mit den Worten: „Wenn ich dieses verfluchte

Land doch nie wiederzusehen brauchte!" Diesen Wunsch hat ihm das Schicksal, das ihn sonst rauh genug anpackte, endlich erfüllt.

Welche Nation weiß sich ganz frei von Verbrechen, begangen an ihren größten Söhnen! Welch gewaltige Denkmäler könnte man aus jenen Steinen bauen, mit denen die größten Geister aller Nationen von ihren lieben Landsleuten und Volksgenossen beworfen worden sind! Was Frankreich an Berlioz, Deutschland an Wagner, Rußland an Glinka gesündigt hat — wer macht es wieder gut! Der Nachruhm dieser Helden des Geistes und Märtyrer des Lebens gleicht der Schamröte, die unsere Wangen um so höher färbt, je schwerer das begangene Vergehen ist. Die einzige Rache dieser Großen ist die brennende Scham, die sie im Herzen der kommenden Generationen erwecken.

Glinka reiste in Begleitung des deutschen Kontrabassisten Memel, der ihn in Berlin der Obhut Dehns übergab. Der alte 84jährige Dehn nahm sich mit einer wahrhaft väterlichen Fürsorge seines wissensdurstigen russischen Schülers an, dessen außerordentliche Begabung ihn die kostbarsten Resultate ihrer gemeinsamen Arbeit erwarten ließ.

„Dehn", schreibt Glinka bald nach seiner Ankunft in Berlin, „hat mich in der Marienstraße Nr. 6 vis-à-vis seiner eigenen Wohnung untergebracht und gemütlich eingerichtet. Ich lebe unter seiner Obhut, wie ich in Petersburg bei meiner Schwester lebte. Man füttert, tränkt und kleidet mich, ich selbst weiß nichts von den kleinlichen Sorgen des Lebens".

„Dehn besucht mich täglich", heißt es in einem anderen Briefe, „wir arbeiten tüchtig, schlagen uns mit den Kirchentonarten und allerhand Kanons herum — eine höchst schwierige Sache, aber äußerst unterhaltend und — Gebe Gott — von hohem Nutzen für die russische Musik".

Der Gesundheitszustand Glinkas in Berlin war vorzüglich, und nichts deutete darauf hin, daß seine Tage schon gezählt waren. Seine Briefe atmen einen so freudigen Ton, wie man ihn von Glinka lange nicht zu hören gewohnt war. Da diese Briefe aus Berlin, die in verhältnismäßig großer Zahl erhalten sind, nicht nur ein getreues Bild vom Charakter Glinkas vermitteln, sondern auch manchen interessanten Ausspruch über Musik und Musiker enthalten, so seien einige von ihnen hier im Auszuge mitgeteilt.

Sein Leben schildert Glinka in einem Briefe an seine Schwester folgendermaßen: „Ich stehe gegen 8 oder 9 auf, trinke eine große Tasse Tee mit Mandelmilch und setze mich an die Arbeit, d. h. an die von Dehn aufgegebenen Übungen. Um 1/2 12 Uhr gehe ich spazieren, wenn das Wetter es erlaubt. Von 2 Uhr nachmittags an spiele ich die zweihändigen Fugen von Bach und Kirchenmusik des XVII. Jahrhunderts. Dreimal in der Woche um 3 Uhr erscheinen zwei anmutige deutsche Jungfrauen zur Singstunde. Später am Tage bringe ich Frau Kaschperowa das Singen oder ihrem Manne das Instrumentieren bei*). Den Rest des Abends verbringe ich mit Kaschperows oder mit Dehn. Um 10 Uhr gehe ich schlafen. Solch ein ruhiger Lebenswandel war längst das Ziel meiner Wünsche..." „Ich habe es ruhig in Berlin", heißt es in einem anderen Brief. „Es besucht mich niemand mit einem Tropfen Gift auf der Zunge". Über seine Arbeiten mit Dehn äußert sich Glinka stets voller Begeisterung und jugendlicher Lernlust. „Die Beschäftigungen mit Dehn gehen rasch vorwärts. Ich habe mich mit verbohrtem Ingrimm an der Arbeit festgesogen". Oder er macht mit schlecht verhehltem Stolz die Mitteilung: „Kürzlich habe ich eine dreistimmige Doppelfuge geschrieben, mit der sogar Dehn mächtig zufrieden war". Eine Quelle unendlicher musikalischer Freuden und rückhaltlosen Ge-

---

*) Kaschperow, ein junger sehr talentierter Musiker, war Glinka nach Berlin nachgereist und studierte gleichzeitig bei Dehn Kontrapunkt und bei Glinka Instrumentation.

nießens war für Glinka das Berliner Opernhaus, das er sehr häufig besuchte. Glinka war in bezug auf musikalische Aufführungen höchst kritisch veranlagt. Selten machte man es ihm recht. Über die in Frankreich herrschenden musikalischen Zustände, speziell bei Musikaufführungen des Pariser Konservatoriums und des Orchesters der Großen Oper, war er geradezu entsetzt. „Le conservatoire de Paris est aussi menteur que le français même", schreibt er einmal voller Wut in Erinnerung seines Pariser Aufenthaltes, „il promet beaucoup et ne tient rien".

Das Berliner Opernhaus und der „Singverein" (Singakademie?) können es sich gewissermaßen zur Ehre anrechnen, von Glinka so über alle Maßen gepriesen worden zu sein. Der interessanteste Brief in dieser Beziehung ist ein vom 14. November 1856 datiertes, an seine Schwester gerichtetes Schreiben. Es heißt darin u. a.:

„Erschrick nicht, wenn meine Feder heute etwas mutwillig ist ... Das Theater und überhaupt der hiesige musikalische Nährstoff wirken höchst aufreizend. Seit ich Dir zum letzten Male schrieb, hat man im Theater die „Zauberflöte" von Mozart gegeben, die ich 30 Jahre lang nicht gehört habe. Welch ein Werk! Der reinste Götterfraß! In der vorigen Woche hörte ich „Iphigenie in Aulis". Mein Gott, wie das auf der Bühne wirkt! Madame Köster (Iphigenie) und Madame Wagner (Klytemnestra) waren als Schauspielerinnen und Sängerinnen unvergleichlich. Ich habe vor Entzücken wie ein Kind geweint ... Das Stück ist aber auch von einer unglaublichen dramatischen Wirkungskraft. Die Szene, in der der Chor hinter den Kulissen irgend etwas singt, was einem ,Cherubimischen' Gesange der russischen Kirche sehr ähnlich sieht (und was ich Dir ins Album geschrieben habe), während Klytemnestra verzweifelt versucht, sich den Händen ihrer Genossinnen zu entwinden, um der Tochter zu Hilfe zu eilen — die Szene zerreißt einem das

Herz ... Madame Wagner, eine schöne stattliche Frau, die über einen mächtigen Mezzosopran verfügt, verkörperte diese Szene geradezu vollendet. Nicht nur ich, das ganze Publikum war hingerissen ... Morgen wird ‚Iphigenie in Tauris‘ gegeben. Ich bin unbeschreiblich froh darüber. Es ist heute schönes Wetter, aber ich gehe nicht aus. Morgen ist ‚Iphigenie in Tauris‘! Bei solch hochfeierlichen Anlässen schone ich stets meine Gesundheit‘‘.

Ungeachtet seiner fast jünglinghaften Begeisterung für Gluck wurde Glinka in seinem Urteil doch nicht einseitig. Auch andere Heroen der deutschen Musikwelt erfreuten sich seiner unbedingten Hochschätzung. Nur das Mittelmäßige, Epigonenhafte lehnte er ohne Pardon, ohne jede Konzession ab. Merkwürdig ist, daß Glinka keine Note von Schumann kennengelernt hat. Dehn unterließ es leider, seinen Schüler in die damals moderne deutsche Musik einzuführen, und Glinka besaß augenscheinlich selbst nicht genug Initiative, um sich in der zeitgenössischen Musikliteratur ordentlich umzuschauen. Er hatte genug damit zu tun, sich mit den musikalischen Schätzen der Vergangenheit von Grund aus vertraut zu machen. Glinka stand als Harmoniker Schumann sehr nahe und hätte aus dessen Werken vielfach Anregung schöpfen können. Er hatte dieselbe Neigung zu überraschendem lebhaftem Modulieren, dieselbe Vorliebe für dissonante Vorhaltsbildungen, er verstand es ebenso meisterlich wie Schumann, die Bässe frei und beweglich zu führen und alle Möglichkeiten in den Septimenharmonien der einmal gefaßten Tonalität auszunutzen. Manche Wendung in den Partituren Glinkas hat eine geradezu frappante Ähnlichkeit mit dem harmonischen Stil Schumanns, man könnte sich mitunter der Täuschung hingeben, ein Schumannsches Exzerpt zu hören, klärte einen nicht der immer wieder auftauchende nationale Grundton über den wahren Sachverhalt auf. Weber mochte Glinka nicht gut leiden, und zwar gerade aus dem Grunde, der ihm die Werke Schumanns sicherlich wert gemacht haben würde. Weber war ihm als Harmoniker nicht wählerisch genug. Glinka perhorreszierte die für Weber stereotype Schlußbildung mit dem Dominant-Septakkord. Weit mehr Berührungspunkte hatte der russische Meister mit Chopin, besonders in der Behandlung der Tanzformen und in der leichten graziösen Art der melodischen Linienführung. Die harmonische Struktur ist bei Glinka gefestigter, einheitlicher, sozusagen durabler als beim polnischen Tondichter, dessen Harmonien freilich exzentrischer, bizarrer, beweglicher, „interessanter" sind.

Ein deutliches Bild vom musikalischen Geschmacke Glinkas vermittelt ein in der letzten Lebensperiode des Komponisten an seinen Jugendfreund K. A. Bulgakow gerichteter Brief. Trotz des scherzhaften Tones ist es dem Schreiber heiliger Ernst um die ausgesprochenen Urteile.

„Merkwürdig, sehr merkwürdig", heißt es dort, „daß ich in einem Briefe Bulgakows den Namen Spohr und Bortnjanski begegnen muß. Ich habe Dich im Verdacht, daß Du Dir einfach einen Witz mit mir erlauben wolltest.

. . . Was ist Spohr? Spohr ist eine gewöhnliche Diligenze von dauerhafter deutscher Arbeit, meiner Meinung nach ein deutsches Arbeitspferd — der Inbegriff deutscher Mittelmäßigkeit.

Was ist Bortnjanski? — Zuckersüßer, klebriger Honigseim — genug!

. . . Zur Strafe schicke ich Dir folgendes Rezept:

Nr. 1. Für dramatische Musik:
    Gluck einzig und allein, er ist der erste und der letzte, gottlos bestohlen durch Mozart und Beethoven.

Nr. 2. Für Kirchen- und Orgelmusik.
    Johann Sebastian Bach.
    H-Moll Messe und Passionsmusik.

Nr. 3. Für Konzertmusik:
Händel, Händel und Händel.

NB. Ein von Bortnjanski komponierter Chor ist im Vergleich mit einem Händelschen so ‚schwach' (Glinka benutzt hier den deutschen Ausdruck), daß achtzig Mann Bortnjanskis bei Händel representént au moins 200.

Von Händel empfehle ich Dir:

Messias.

Samson. (Hierin ist eine Sopran-Arie in H-Moll mit der Dalila Samson einschläfert, um ihn zu übertölpeln, die meiner Arie im „Rußlan": „O mein Ratmir" sehr ähnlich sieht, nur ist sie hundertmal frischer, klüger und wirkungsvoller.)

Jephta.

Ich hoffe, daß nach einer Radikalkur nach diesem Rezepte in Deinen Briefen allerhand Spohrs und Bortnjanskis nicht mehr vorkommen werden."

Man sieht, Glinka konnte in seinem musikalischen Urteil sehr rigoros sein. Über das Dreigestirn Gluck — Bach — Händel ging ihm nichts. Auf die Werke dieser drei Meister beschränkte sich auch die musikalische Diät, die er sich in Berlin auferlegte. Selbst den „Götterfraß" einer „Zauberflöte" ließ er gewissermaßen nur als Dessert gelten.

Geselligen Verkehr suchte Glinka in Berlin nicht, doch ging er ihm auch nicht gerade aus dem Wege. Am liebsten war er natürlich immer mit Dehn zusammen, oder mit dem Ehepaar Kaschperow, dessen musikalischer Ausbildung er sich mit wirklichem Interesse annahm. Kaschperow war ein begabter Musiker, der seinem Mentor durch größten Eifer den Unterricht leicht machte. Es mag Glinka mitunter merkwürdig vorgekommen sein, gleichzeitig als Schüler die knifflichsten kontrapunktischen Aufgaben in strengem Stil auszuarbeiten und als Lehrer Kaschperow in die verwickeltesten Geheimnisse des virtuosen Orchestersatzes einzuweihen.

Außer diesem beständigen Umgange sah Glinka oft Landsleute bei sich. Von den durchreisenden Russen unterließ es
kaum jemand, dem Komponisten des „Leben für den Zaren"
pflichtschuldigst seine Aufwartung zu machen. Solchen
sporadisch auftauchenden Besuchern gegenüber, unter denen
sich die bekanntesten russischen Musiker befanden, Fürst
Odojewski, Graf Wielhorski, Anton Rubinstein, ließ Glinka
stets die freigebigste — echt russische — Gastfreundschaft
walten. Wie aus allen seinen Briefen hervorgeht, fühlte
Glinka sich unter solchen Lebensumständen außerordentlich
wohl in Berlin und beabsichtigte, seinen Aufenthalt in der
preußischen Hauptstadt möglichst lange, wenigstens bis zum
Mai 1857 auszudehnen. Für den Sommer plante er eine
Erholungsreise nach dem Harz, später nach Hamburg, zu
der er Dehn und den von ihm so sehr geliebten W. P. Engelhardt einlud. Engelhardt befand sich während des Berliner
Aufenthaltes Glinkas in Spanien, wo er den Spuren des von
ihm über alles verehrten Meisters folgte. Die geplante Harz-
reise sollte jedoch nicht mehr zustande kommen, ebensowenig
war es Glinka vergönnt, einen anderen Plan, der seine Gedanken viel beschäftigte, verwirklicht zu sehen: im Herbst
erwartete er seine Schwester in Berlin, mit der er sich
dann für längere Zeit, möglicherweise für immer, nach
Italien oder nach dem Süden Frankreichs begeben wollte.

Mit den Kapazitäten des Berliner Musiklebens trat Glinka
kaum in Berührung. Nur mit Meyerbeer tauschte er wieder
Visiten aus und war entzückt über die Liebenswürdigkeit
und das kollegiale Entgegenkommen des „Herrn Hofkapellmeisters". Meyerbeer hatte kurz vorher in Spaa zum erstenmal Aufführungen Glinkascher Orchesterwerke gehört. Er
war davon, wie Graf Wielhorski nach seiner mit Meyerbeer
aus diesem Anlaß gepflogenen Unterhaltung mitteilt, vollständig „ébahi". Meyerbeer bereitete Glinka die letzte große
Freude seines Lebens, indem er das Terzett aus dem fünften

Akte des „Leben für den Zaren" in einem Hofkonzert in Berlin zur Aufführung brachte. Hören wir, was Glinka selbst darüber zu erzählen hat in einem vom 27./15. Januar 1857 datierten Briefe an seine Schwester, dem letzten, den Glinka überhaupt geschrieben hat.

„Ich beeile mich, Dir zwei angenehme Nachrichten mitzuteilen."(Die erste betrifft die Möglichkeit, eine ganze Menge kleiner Geschenke an sein Tauftöchterchen durch einen russischen Reisenden nach Petersburg zu expedieren.) Dann heißt es weiter: „Zweitens, am 21/9. Januar wurde das Terzett aus dem ‚Leben für den Zaren' im Königlichen Schloß zur Aufführung gebracht. Die Partie des Wanja sang die beim hiesigen Publikum mit Recht beliebte Sängerin Madame Wagner. Sie war gut gelaunt und sang sehr, sehr befriedigend. Meyerbeer dirigierte das Orchester, und man muß ihm zugestehen, daß er in jeder Beziehung ein ausgezeichneter Kapellmeister ist. Ich war auch ins Schloß geladen, wo ich mehr als vier Stunden verblieb. Um die Wichtigkeit dieses Ereignisses zu ermessen, muß man wissen, daß dies das einzige Konzert im ganzen Jahre ist, tout en grand gala, ungefähr 500—700 Personen Publikum, alle mit Gold und Brillanten besät. Wenn ich nicht irre, bin ich der erste russische Komponist, der dieser Ehre teilhaftig geworden ist. Die Briefe Meyerbeers, die beweisen, daß ich mich nicht selbst aufgedrängt habe, und einige Zeitungsartikel schicke ich in den nächsten Tagen."

Dieser Brief ist überaus charakteristisch für Glinka. Sein Künstlerstolz, der auf dem Grunde seines Herzens immer wach war, so sorgfältig er auch meist versuchte, ihn zu verbergen, hatte Genugtuung erhalten. Jede Anerkennung seitens eines fremden Publikums freute Glinka doppelt. Er sah darin immer eine kleine Rache gegenüber seinen Landsleuten in Petersburg. Jeder Applaus, den seine Werke anderswo davontrugen, war gleichzeitig eine Blamage für das stupide Petersburger Publikum, das sich seinen Werken gegenüber immer gleichgültiger verhielt. Und trotz aller Unbill, die Glinka in Rußland erlitten hatte, war er doch im innersten seiner Seele ein guter Patriot geblieben. Er freut sich darüber, der erste R u s s e zu sein, von dem bei einem Berliner Hofkonzert Notiz genommen wird. Gleichzeitig wehrt er sich, noch bevor ihn eine diesbezügliche Andeutung treffen konnte, aufs energischste gegen den Vorwurf, selbst für seine Musik Propaganda gemacht zu haben. Gegen jede Art der Selbstreklame sträubte sich von jeher nicht so sehr seine künstlerische Bescheidenheit, wie sein weltmännisches Taktgefühl.

Als Glinka sich so freudig über den in Berlin errungenen Erfolg äußerte, ahnte er noch nicht, wie verhängnisvoll dieses Konzert im Königlichen Schloß für ihn werden sollte, indem es die unmittelbare Ursache zu seinem bald darauf erfolgten Tode abgab. Auf dem Nachhausewege aus dem Konzerte zog sich Glinka, der den Saal sehr erhitzt verlassen hatte, eine starke Erkältung zu, die sich auf die Leber warf und deren Folgen er, trotz sorglichster Pflege, in wenigen Wochen erlag. Am 3. Februar 1857 hauchte Glinka seinen letzten Atemzug aus. Niemand von seinen Freunden war zugegen. Man fand ihn am Morgen tot in seinem Bett. Der Sektionsbefund stellte fest, daß Glinka außer dieser akuten Erkältung an einem schweren Leberleiden gelitten, das ihm sowieso kein langes Leben mehr gewährt hätte.

Welch eine bittere Ironie des Schicksals liegt darin, daß dieser Mann, der sein Vaterland einst so sehr geliebt und dann doch so sehr gehaßt hatte, in der Ferne einsam sterben mußte und in fremder Erde bestattet wurde!

Über die letzten Tage Glinkas berichtet in größter Ausführlichkeit ein Brief seines alten Lehrers Dehn, der ihm mit väterlicher Liebe das Leben und Sterben fern von der

Heimat erleichtert hat. Diese Zeilen des prächtigen alten Berliner Musikgelehrten sollten in jeder Glinkabiographie einen Ehrenplatz einnehmen.

„Schon im November 1856", schreibt Dehn, „begann Glinka über Unwohlsein zu klagen, obwohl er eigentlich nicht krank war. Ein ruhiger, erfahrener und gewissenhafter Arzt, Medizinalrat Busse, zu dem Glinka großes Zutrauen hatte, ließ es an keinerlei Aufmerksamkeit fehlen, und da er sich den Bemerkungen Glinkas selbst nicht fügte, so fand er rasch ein Mittel, um die Gesundheit des Patienten so weit zu kräftigen, daß Glinka schon nach wenig mehr als acht Tagen sein eifriges Fugenstudium wieder aufnehmen konnte, was ihm ein besonderes Vergnügen bereitete. Ohne ihn zu überanstrengen, begann ich aufs neue meine früheren Arbeiten mit ihm, worauf wir täglich zwei bis drei Stunden verwandten, die zum Teil durch Übungen, zum Teil durch Lektüre über Kirchentonarten, die ich ihm nach dem Buche von Zarlinos ‚Instituzione harmoniche', erklärte, ausgefüllt wurden. So ging das Jahr seinem Ende zu, während dem Glinka zwei Fugen komponierte und sich sein kritischer Blick für das wohltemperierte Klavier von I. S. Bach zu schärfen begann, was ihn sehr freute. Großes Vergnügen gewährte ihm auch der Umstand, daß, dank den Bemühungen Meyerbeers, Seine Majestät der König befahl, in dem großen Hofkonzert, das alljährlich einmal stattfindet, die Szene mit Violoncello aus der großen Glinkaschen Oper aufzuführen. Diese schön gedachte und meisterlich ausgeführte Szene wurde vom hohen Publikum, das sich in Zahl von ungefähr 800 Personen eingefunden hatte, mit allgemeinem Beifall aufgenommen, was jetzt, nach dem Tode des Komponisten, die Aufführung der ganzen Oper veranlassen dürfte *). Beim Verlassen der heißen Säle des Königlichen Schlosses, in

---

*) Bis heute hat sich die Prophezeiung Dehns nicht erfüllt.

214

denen Glinka sehr von der Hitze gelitten hatte, muß er sich heftig erkältet haben, und schon am nächsten Morgen ließ er mich rufen und klagte über seinen Zustand. Unterwegs ging ich beim Doktor an und bat ihn, mit mir zu Glinka zu kommen, diesem jedoch seinen Besuch damit zu erklären, daß er im Vorbeigehen sich nach dem Erfolge des gestrigen Konzertes habe erkundigen wollen. Der Doktor konstatierte sofort ein hochgradiges Erkältungsfieber und verschrieb ein heißes Bad. Das warme Bad erregte heftige Transpiration, Glinka fühlte sich gleich besser und litt nur an einem außergewöhnlich heftigen Schnupfen. Nach wenigen Tagen saßen wir mit ihm schon wieder am Schreibtisch oder am Klavier und setzten unsere Beschäftigungen mit der Fuge fort. In dieser Zeit muß er, ich weiß nicht wo, irgendwelche unangenehme Nachrichten erhalten haben, denn er wurde sehr reizbar, und ich suchte ihn oft vier- bis fünfmal am Tage auf, um ihn zu zerstreuen, so daß ich mehr Zeit bei ihm, als bei mir zu Hause verbrachte. Er wollte mir immer etwas Wichtiges mitteilen, entschuldigte sich aber stets mit Ausdrücken, wie: ‚Pour communiquer cette affaire, elle n'est pas encore assez mûre; donc plus tard, peut être dans quelques jours'. Obwohl ich deutlich sah, daß er irgend etwas auf dem Herzen hatte, so langweilte ich ihn doch nicht mit Fragen. In seinem körperlichen Zustande bemerkte ich nichts Gefährliches, denn er war immer bereit zur Arbeit oder zu wissenschaftlichen Gesprächen, wenn es mir nur gelang, durch einen Witz seine mürrische Laune zu vertreiben. Dennoch ersuchte ich den Arzt, dem Zustande Glinkas Aufmerksamkeit zu schenken und ihn überhaupt genau zu beobachten. So verging die erste Hälfte des Januar, und in dieser Zeit geschah es nun, daß ich ihm große Geldsummen aushändigen mußte, die er seinen Worten nach, irgendwohin abschickte. (Denn hatte das ganze Geld Glinkas bei sich in Verwahr.) Wohin er das Geld sandte, weiß ich bis jetzt nicht, da ich es für unbescheiden hielt, ihn danach zu fragen. Zu Anfang der zweiten Hälfte des Januar begann Glinka über heftige Schmerzen in der Gegend der Leber und über vollständige Appetitlosigkeit zu klagen. Bald verschlechterte sich seine Laune so, daß es mir schwer wurde, ihn mehrere Stunden am Tage zu beschäftigen. Endlich erklärte er mir, daß er sich nicht beruhigen könne, bevor ich den Diener wegschickte. Er habe seine Gründe, mit ihm unzufrieden zu sein. Dabei geriet er in Ärger, ja sogar in Wut. Um diesen erregten Gemütszustand nicht zu verschlimmern, entließ ich sofort den Menschen, und als ich mit dieser Nachricht in sein Zimmer trat, ward er wieder freundlich, liebenswürdig und begann in bester Laune mit mir zu spaßen. Bis spät in die Nacht hinein unterhielten wir uns, und beim Weggehen übergab ich ihn der Sorge seiner Wirtsleute. Sehr früh am andern Morgen erschien sein Wirt bei mir und bat mich im Namen Glinkas, sofort zu ihm zu kommen, da er sich nicht gut fühle. Während ich mich eiligst anzog, schickte ich den Wirt nach dem Arzt, und als ich bei Glinka eintrat, fand ich den Doktor schon am Bett, auf dem Glinka, sehr erschöpft durch die schlaflos verbrachte Nacht, lag. Während der Nacht hatte er wiederholt erbrochen. Einige Pulver beruhigten ihn etwas. Der alte erfahrene Arzt meinte, daß dieser Zustand von einem Leberleiden herrühre. Ich verließ den Kranken erst, als die Pflegerinnen kamen. Sie betteten Glinka auf das Lager, von dem er sich leider nicht mehr erheben sollte. Bald besuchte ihn wieder der Arzt und äußerte die Hoffnung, daß der Kranke sich bald bessern werde und daß keine Anzeichen einer drohenden Gefahr vorlägen. Nichtsdestoweniger setzte das Erbrechen nicht aus und die körperliche Schwäche nahm zu. Geistig jedoch war er munter und vergnügt, so daß er, nachdem er für kurze Zeit eingeschlummert war, sich mit mir über seine Arbeiten unterhielt und den Farceur machte.

Dieser Zustand dauerte ohne Veränderung bis zum 13/1. Februar an. An diesem Tage war ich bis zur Nacht bei ihm. Glinka scherzte und sprach von seinen Fugen. Am 14/2. Februar morgens fand ich ihn sehr ermüdet und zu meinem Leidwesen völlig teilnahmlos gegenüber allem, wovon ich auch mit ihm zu sprechen begann. Der Doktor, der ihn mehrmals täglich besuchte, erklärte, daß die Krankheit plötzlich eine bösartige Wendung genommen habe, daß das Leben des Kranken in Gefahr sei, daß Glinka jedoch, dank seiner ungewöhnlich kräftigen Körperkonstruktion nicht plötzlich sterben würde. Er verschrieb noch eine Medizin, die Glinka gerne einnahm, sonst hat er im Verlauf mehrerer Tage nichts als ein wenig Champagner mit oder ohne Wasser genossen. Seinem würdigen Arzte sagte er die unangenehmsten Dinge, die dieser ruhig und schweigend anhörte, ohne seine Beobachtungen und seine Sorge um den Kranken zu unterbrechen. Am 15/3. Februar morgens holte mich der Wirt Glinkas aus dem Bett mit der Nachricht, daß unser Freund vor einer Stunde plötzlich, aber vollständig ruhig entschlafen sei. Ich eilte sofort zum Verblichenen und traf die nötigen Anordnungen: sandte eine Depesche nach Weimar nach dem dortigen russischen Priester (der hiesige war verreist); reichte an zuständiger Stelle den vom Arzt ausgestellten Totenschein ein; schrieb Ihnen einige Zeilen und besorgte alles für die Beerdigung Notwendige. Am 17/5. wurde der Körper unter Einhaltung aller Formalitäten anatomiert. Glinka hatte das oft verlangt und mir zur Pflicht gemacht, dafür zu sorgen, daß es geschähe. Ich hatte es ihm fest versprochen. ...... Das ist alles, was ich über die letzten Wochen Glinkas berichten kann. Seine Unterhaltung war bis zum letzten Augenblick klar. Sein Lieblingsgedanke war, im Herbst nach Italien zu reisen, und den Winter in der Umgebung von Como zuzubringen. Einige Stunden vor seinem Tode hatte er nach dem ihm von seiner Mutter geschenkten Heiligenbildchen verlangt, küßte es schweigend, betete inbrünstig, wurde ruhig und friedlich und blieb so bis zu der Minute, als der Tod ihn plötzlich traf.

Am 18/6. Februar fand die Beisetzung statt, bei der Meyerbeer, ein Beamter der russischen Botschaft, Bulazel, Kaschperow, der Geiger Grünwaldt, der ihm oft Haydnsche Quartette vorgespielt hat, der Konzertdirigent Beer, die Wirtsleute und ich anwesend waren. Zwei russische Damen, die ich nicht kannte, waren die Frauen des hiesigen und Weimarer Priesters.

Gemäß Ihrem Wunsche habe ich zeitweilig ein einfaches Denkmal aus schlesischem Marmor auf seinem Grabe aufgestellt. Die Inschrift lautet: ,Michael von Glinka, Kaiserlich russischer Kapellmeister, geb. 20. Mai 1804 zu Spasskoje, Gw. Smolensk, gest. 15. Februar 1857 zu Berlin'.''

,,Noch einen merkwürdigen Zug im Leben Glinkas möchte ich erwähnen,'' schreibt Dehn weiter, ,,seine Abneigung gegen alle politische Schriftsteller, die gegen Rußland schrieben. Wenn die Rede auf sie kam, so ereiferte er sich bis zu solch einer Wut, daß ich öfters einen Schlaganfall fürchtete. An den Abenden, wenn das geschah, war es schwer, ihn zu beruhigen. Um solchen Zufällen aus dem Wege zu gehen, ließ ich keinerlei politische Gespräche zu und erinnerte die Besucher daran, daß sie Regenschirme, Gummischuhe und Politik vor der Türe zu lassen hätten. Dieser Spaß gelang und Glinka beruhigte sich sofort. Wenn er selbst ein politisches Gespräch begann, so heuchelte man Einverständnis und widersprach ihm in nichts. Zu Anfang des Winters kam es vor, daß er acht bis zwölf Tage nicht ausging. Dann arrangierte ich ihm Quartettabende in seiner Wohnung, nahm zuweilen auch meine Frau und meine Schwägerin mit. In solchen Fällen war Glinka von einer unbeschreiblichen, alle Grenzen übersteigenden Liebenswürdigkeit. Nicht selten passierte es, daß wir eines oder das andere der Quartette, die

Glinka nicht kannte, von Anfang bis zum Schluß wiederholen mußten. Wir taten es gerne, um ihm eine Freude
zu bereiten, aber er dankte uns auch jedesmal mit Tränen
in den Augen."

So weit Dehn. Aus diesem Briefe ist es leicht, sich eine Vorstellung von dem fürsorglichen, fast zärtlichen Verhalten des
selbst an der Schwelle des Grabes stehenden Berliner Musikgelehrten Glinka gegenüber zu machen. Die liebenswürdig
unbeholfene Natur Glinkas, sein goldenes Herz und sein
weiches, stets zu großem und starkem Empfinden bereites,
echt slawisches Gemüt machte es unmöglich, ihm anders als
mit der größten Liebe zu begegnen, war man ihm einmal so
nahe getreten, daß man die liebenswerten Eigenschaften seines
Charakters an sich selbst erproben durfte. Ein Zeichen dafür,
wie stark der Zauber war, der von der Persönlichkeit Glinkas
ausstrahlte, ist der Umstand, daß sich ihm sogar der trockene,
pedantische, etwas verknöcherte Dehn, der Urtypus einer
echt deutschen, wenig schwungvollen Gelehrtennatur nicht
entziehen konnte. Durch sein rührendes Verhalten dem
kranken Glinka gegenüber hat sich Dehn nicht weniger als
durch die musikalischen Anregungen, die er seinem genialen
Schüler in reicher Fülle gewährte, einen ehrenvollen Platz in
der russischen Musikgeschichte gesichert.

Die Nachricht vom Tode Glinkas, die erst nach seiner Beerdigung in Petersburg anlangte, traf seine Schwester und
die ihm nahestehenden Freunde wie ein Blitz aus heiterem
Himmel. Die letzten Nachrichten noch hatten sehr beruhi-
gend geklungen. Der Schmerz über das Abscheiden des geliebten Bruders und Freundes wurde noch vertieft durch das
Bewußtsein, die sterblichen Überreste des großen Künstlers,
der trotz aller seitens seiner Landsleute erfahrenen Krän-
kungen doch in seinem Herzen einer der treuesten Söhne
seines Vaterlandes geblieben war, in fremder Erde bestattet
zu wissen. Es gelang Frau L. Schestakowa, die Allerhöchste

Erlaubnis zur Exhumierung der Leiche Glinkas und ihrer Überführung nach Petersburg auszuwirken. Am 22. Mai 1857 traf der Sarg mit den sterblichen Resten Glinkas per Schiff in Kronstadt ein. Ohne jeden Pomp und ohne jede besondere Feierlichkeit wurde er am 24. Mai auf dem Friedhof des Alexander-Nevski-Klosters, der Ruhestätte fast aller großen Geisteshelden Rußlands, beigesetzt. Ein hochkünstlerisches Denkmal, das ihm seine Schwester aus eigenen Mitteln errichtete, schmückte bald das Grab Glinkas. Die russische Nation besann sich erst viel später auf ihre Ehrenpflicht einem ihrer größten Söhne gegenüber. Im Jahre 1870 wurde eine allgemeine Subskription zum Besten eines Glinkadenkmals eröffnet, und am 20. Mai 1885, dem einundachtzigsten Geburtstage Glinkas konnte ein vom Akademiker Bock entworfenes Glinkadenkmal in Smolensk enthüllt werden. Auf dem Sockel stehen nur zwei Worte: „Glinka — Rußland". Welch langer unerfreulicher Kommentar ließe sich an diese beiden Worte knüpfen! — Erst am hundertjährigen Geburtstage des Komponisten wurde ihm in Petersburg vor dem Gebäude des Kaiserlichen Konservatoriums ein zweites Denkmal gesetzt.

Manches Jahr noch verging seit dem Tode Glinkas, bevor der russischen Nation die künstlerische Bedeutung ihres ersten großen Komponisten klar ins Bewußtsein trat. Große Verdienste darum erwarben sich seine Schwester Ludmilla und von seinen näheren Freunden Wladimir Stassow und Balakirew.

Ludmilla Schestakowa hatte schon während des letzten Petersburger Aufenthaltes Glinkas begonnen, die Werke ihres Bruders zu sichten und in Ordnung zu bringen, Verlorenes aufzusuchen und Vergessenes wiederherzustellen. Den unmittelbaren Anlaß dazu bot die brieflich ausgesprochene Bitte Dehns, ihm die wichtigsten Kompositionen Glinkas für die Musikabteilung der Königlichen Universitätsbibliothek in Berlin zuzusenden. Die zu diesem Zwecke angefertigten Abschriften der Partituren seiner beiden Opern sah Glinka selbst durch, seiner Schwester übertrug er die Sorge um die Zusammenstellung einer vollständigen Sammlung seiner Lieder. W. P. Engelhardt leistete Frau Schestakowa hierbei und später beim Ordnen des musikalischen Nachlasses Glinkas hilfreiche Hand. Gleich nach dem Tode Glinkas ordnete seine rührige musikalische Testamentsvollstreckerin den Druck der Partituren seiner vier Ouvertüren an. („Das Leben für den Zaren", „Rußlan und Ludmilla", „Jota aragonese", „Souvenir d'une nuit d'été à Madrid".) Die gedruckten Partituren widmete sie sicherlich im Sinne ihres Bruders den vier Meistern der Tonkunst, die Glinka bei seinen Lebzeiten am meisten Entgegenkommen und wirklich freundschaftliche Gesinnung bewiesen hatten: Liszt, Berlioz, Dehn und Meyerbeer. Gleichzeitig stellte Engelhardt eine Sammlung der zwanzig besten Lieder Glinkas mit französischer, deutscher und italienischer Textübersetzung zusammen und versah diese Ausgabe mit einer Zueignung an Pauline Viardot-Garcia.

Frau Schestakowa, schon während der letzten Lebensjahre Glinkas sein guter Genius, machte es sich nach seinem Tode zur ausschließlichen Lebensaufgabe, für die Verbreitung seiner Werke zu sorgen. Sie scheute dabei weder moralische noch zeitweilig sehr bedeutende pekuniäre Opfer, stets von der Hoffnung getragen, endlich doch noch eine gerechte Würdigung des musikalischen Lebenswerkes ihres Bruders zu erleben. Ein langwieriger Prozeß mit dem Verleger Stellowski, dem sie für 25 Rubel (!) sämtliche inedierte Manuskripte Glinkas übergeben hatte, wobei sie sich noch verpflichtete, 1000 Rubel für die Kosten der Korrekturen zu tragen, verbitterte ihr das Leben im Verlaufe einer ganzen Reihe von Jahren. Endlich wurde der Prozeß zu ihren Gunsten entschieden, und es konnte mit dem Druck der Partituren der Opern „Das Leben für den Zaren“ und „Rußlan und Ludmilla“ begonnen werden. Man vergegenwärtige sich, daß bis zum Jahre 1864 „Rußlan und Ludmilla“ vom Repertoire der Petersburger Oper verschwunden blieb, und die Hoffnung auf eine Wiederbelebung des Werkes nur sehr gering sein konnte. Trotzdem verlor Frau Schestakowa den Mut nicht. „Die Partitur des ‚Rußlan‘ muß gedruckt werden und sie wird gedruckt werden,“ schrieb sie 1870 in ihren ‚Erinnerungen‘, „es ist die beste Oper meines Bruders, und die, die er am meisten geliebt hat.“

Im Jahre 1878 lag endlich die sauber gestochene Partitur des „Rußlan“ im Druck vor.

„Ich habe keine Worte, um auszudrücken, was ich empfand, als ich dieses Exemplar in die Hand nahm,“ ruft Frau Schestakowa aus. „Alle Unannehmlichkeiten, alle schweren Stunden waren vergessen und ich war vollkommen glücklich!“

Fast ihr ganzes, nicht unbeträchtliches Vermögen hat diese seltene Frau in nie erlahmendem Opfermut den Unternehmungen geweiht, die dazu dienen sollten, das Andenken ihres Bruders hochzuhalten. Anfangs wurde sie dabei nur von einigen wenigen Freunden unterstützt, unter denen sich besonders W. Stassow auszeichnete, der rastlos bemüht war, durch fulminante Aufsätze in den meistgelesensten Revuen Rußlands und durch seine schon im Oktober 1857 erschienene Glinkabiographie das russische Publikum aus seiner Gleichgültigkeit gegenüber den Schöpfungen seines genialen Landsmannes aufzurütteln. Endlich jedoch hatte sie die Freude, alle diese Bemühungen von einem geradezu beispiellosen Erfolge gekrönt zu sehen.

In den sechziger Jahren des neunzehnten Jahrhunderts änderten sich die musikalischen Zustände Rußlands wie mit einem Schlage. Allenthalben begannen sich aufs neue die durch die italienische Musik schon fast erdrückten Keime

222

eines nunmehr mächtig emporschießenden national-musikalischen Selbstbewußtseins zu regen. Eine ganze Phalanx junger Kämpen nahm den Kampf gegen die herrschende musikalische Richtung auf, den vorher Glinka allein und eigentlich erfolglos ausgefochten hatte. Die nachmalig klangvollsten Namen der russischen Musikwelt, Rimski—Korssakow, Balakirew, Mussorgski, Borodin u. a. vereinigten sich, um dem musikalischen Geschmack des zeitgenössischen Publikums eine andere Richtung zu geben, die in den Grundzügen mit der von Glinka eingeschlagenen übereinstimmte, um überhaupt die Kunstauffassung in Rußland durch eine eifrige Propaganda wirklich bedeutender Meisterwerke der Kunst, speziell der Musik, allseitig zu vertiefen.

Wie fruchtbar diese Wirksamkeit war, bezeugt am deutlichsten das Schicksal der beiden Glinkaschen Opern. Im Jahre 1862 brach geradezu eine neue Ära für die Musik Glinkas in Rußland an. Das neu inszenierte „Leben für den Zaren" erregte einen Sturm der Begeisterung, der sich nun nicht mehr legen sollte. 1864 wurde der „Rußlan" wieder ins Repertoir der Hofbühne in Petersburg aufgenommen, um von nun an zu den meistaufgeführten und beliebtesten Opern nicht nur der Petersburger, sondern aller russischen Opernbühnen überhaupt zu gehören.

„Rußlan" war die Losung der damaligen musikalischen Elite Rußlands, und das verfehlte seine Wirkung auf die breitesten Schichten des russischen Publikums nicht. Glinka wurde der unbestrittene musikalische Held des Tages, seine beiden Opern bedeuteten für das russische Musikleben das Alte und Neue Testament, auf das jeder rechtgläubige russische Musiker eingeschworen war. „Das Leben für den Zaren" erlebte schon im Jahre 1879 seine 500. Aufführung in Petersburg. Die Aufführungszahl beider Opern nahm seither mit jedem Jahre nicht ab, sondern zu, und noch

heute *) beherrschen sowohl „Das Leben für den Zaren"
als auch „Rußlan und Ludmilla" das Repertoire fast sämt-
licher russischer Opernbühnen in absolut dominierender
Stellung — ein Erfolg der in der gesamten Geschichte der
Opernliteratur kaum seinesgleichen hat.

Es war Glinka nicht beschieden, den endlichen Triumph
seiner Musik in Rußland zu erleben. Er sollte es nicht mit
ansehen dürfen, daß sich seine Lebensaufgabe, mit seinen
Werken eine neue Epoche im Opernwesen Rußlands zu in-
augurieren, sich wirklich erfüllte.

Wenn man das Leben dieses ersten großen Komponisten,
den Rußland hervorgebracht hat und der dadurch zum Begründer der gesamten modernen russischen Musikgeschichte
wurde, überschaut, so fühlt man sich betroffen durch das
augenscheinliche Mißverhältnis aller Voraussetzungen dieses
Lebens und der daraus entstandenen Folgen. Glinka war bei
seiner Geburt vom Schicksal reich bedacht worden. Ausgestattet mit einem glänzenden Talente, materiell so unabhängig gestellt, daß die kleinliche Misere des Lebens
überhaupt nicht an ihn herantreten konnte, als Charakter
ebenso anspruchslos wie liebenswürdig, schien er dazu ausersehen, alles nur erreichbare Glück des menschlichen Lebens
in seiner Person zu vereinigen. Und dennoch gewährte ihm
das Schicksal in keiner Richtung wirkliche Befriedigung.
Das Glück eines harmonischen Familienlebens blieb ihm versagt. Künstlerisch war sein Dasein an Enttäuschungen so
reich, daß die wenigen errungenen positiven Erfolge dagegen kaum in Betracht kamen. Aber auch als er endlich,
auf jede äußere Genugtuung von vornherein verzichtend, in
hingebungsvoller Arbeit innere Befriedigung suchte, stellte
sich ihm das Schicksal in den Weg, und der Tod zerstörte
sein hoffnungsreiches Streben. Von dem Gebiete der Oper,

---

*) 1914.

auf dem ihm der erhoffte Erfolg verwehrt blieb, war Glinka
auf das ganz heterogene Arbeitsfeld der Kirchenmusik ab-
geschwenkt. Er sah sehr wohl ein, daß es für ihn hier Vieles
und Großes zu tun gab. Die russische Kirchenmusik, vielleicht der einzige kräftige, eigenartige, jedenfalls der ent-
wicklungsfähigste Stamm einer wirklich autochthonen russischen Kultur, war seit der im achtzehnten Jahrhundert als
Folge der petrinischen Reformen vorgenommenen Aufpfrop-
fung allerhand ihn völlig verunstaltender italienischer Elemente seiner besten Säfte beraubt worden. Eine regene-
rierende Wirksamkeit Glinkas auf diesem Gebiete wäre ohne
Zweifel von außerordentlich fruchtbaren Folgen gewesen.
Für die weltliche Musik hatte Glinka einen absolut eigenartigen und selbständigen russischen Stil geschaffen.
Warum sollte ihm dasselbe auf dem Gebiete der Kirchenmusik nicht auch gelingen? Glinka hat sich in seinen Opern
als Meister des polyphonen Chorstils gezeigt. Seine ungewöhnliche Kunstfertigkeit in der Behandlung großer Chor-
massen prädestinierte ihn geradezu zu einem besonders erfolgreichen Schaffen auf dem Gebiete der Kirchenmusik.
Und je mehr sich Glinka die ganze Größe dieser Aufgabe
vor Augen führte, desto mehr kräftigte sich in ihm die Überzeugung, daß es ihm gelingen würde, der vaterländischen
Musik auf diesem Gebiete zu einer ähnlichen Wiedergeburt
zu verhelfen, wie sie ihm auf dem Gebiete der weltlichen
Musik schon gelungen war.

„Ich bin nahezu überzeugt davon, daß man den abend-
ländischen Fugenstil mit den Grundbedingungen unserer
Musik durch die Bande einer legitimen Ehe verknüpfen
kann," schreibt er in einem seiner letzten Briefe aus Berlin.

Da traf ihn der Tod, bevor er diese Überzeugung zur Tat
werden lassen konnte.

Das Schicksal, das zu seinen Lebzeiten die besten Absichten Glinkas zu vereiteln wußte, hat ihn nach seinem

Tode reichlich belohnt. Die Nachwelt kann sich damit trösten Doch was frommt es dem Märtyrer, wenn die Dornenkrone, die er sein Leben lang getragen hat, sich erst im Angesichte späterer Generationen in Lorbeer wandelt!

Alexander Sergejewitsch Dargomyshski

Für einen Musiker in Rußland lassen sich kaum ungünstigere Auspizien denken, als die, unter denen Alexander Sergejewitsch Dargomyshski seine Laufbahn als Komponist begann.

1836 errang Glinka den ersten bedeutenden Erfolg, der einem russischen Komponisten in seiner Heimat zuteil wurde. Wer nun überhaupt in Kunstfragen weitsichtig genug war, um die Bedeutung des „Leben für den Zaren" für die Entwicklung der russischen Musik zu erkennen, oder auch nur zu ahnen, der wandte seine Aufmerksamkeit und sein Interesse dem Schöpfer dieses ersten von nationalem Hauche durchwehten Kunstwerkes zu. Jedenfalls war Glinka ein „Fall" für seine ästhetisierenden Zeitgenossen, der zu lebhaften Diskussionen in den kunstsinnigen Kreisen der Petersburger Gesellschaft und der Presse Anlaß gab. Um den zehn Jahre jüngeren Dargomyshski, der mit größter Bescheidenheit auftrat und sich nicht, gleich Glinka, von vornherein durch ein wirklich hervorragendes und irgend bedeutsam scheinendes Kunstwerk das erforderliche Relief zu geben vermochte, hatte man weder Zeit noch Lust, sich viel zu kümmern. Und selbst, wenn das geschah, so erschienen die ersten bescheidenen Talentproben Dargomyshskis im Verhältnis zu dem Koloß, den Glinka als musikalische Erstgeburt hervorgebracht hatte, so geringfügig und bedeutungslos, daß ein flüchtig aufflackerndes Interesse gar bald erlöschen mußte. Nichts schwerer aber für einen jungen Komponisten, als eine einmal verlorene Position wieder zurückzuerobern.

Von der großen Masse des Publikums, das ja trotz Glinkas befreiender Tat fortfuhr, mit demselben Eifer und derselben Kritiklosigkeit dem Götzen des italienischen Opernkultus zu opfern, war für einen jungen Komponisten, der es wagte, einen selbständigen Weg in der Richtung seines großen Vorgängers einzuschlagen, natürlich erst recht nichts zu hoffen. So mußte Dargomyshski in den ersten Jahrzehnten seiner Künstlerlaufbahn seine Stellung im Petersburger Musikleben mit vollem Recht für „verspielt und verloren" halten.

Wenn man diesen Umstand ins Auge faßt, so kann es fast ein Wunder genannt werden, daß Dargomyshski dennoch die Kunstwerke geschaffen hat, die ihm für alle Zeiten einen Ehrenplatz in der russischen Musikgeschichte sichern. Dargomyshski war ein Künstler, der weniger aus eigenem inneren Sturm und Drang heraus schuf, als vielmehr auf Anregungen hin, die ihm von dieser oder jener Seite her zuteil wurden. Gleich Glinka gerierte er sich Zeit seines Lebens als echter russischer „Barin" — bequem, indolent, ja einfach faul, ein vollendeter Typus jener russischen Gesellschaftsklasse aus der Zeit der Leibeigenschaft, für die im Deutschen die Bezeichnung fehlt. Die ganze Komponiererei faßte er als angenehmen Zeitvertreib, als „Beschäftigung", nicht als „Beruf" auf, die Gaben seines Talentes nahm er, wie sie die augenblickliche Stimmung gebar, als Selbstverständlichkeiten hin, ohne sich in irgend anstrengender Weise ihre Vervollkommnung angelegen sein zu lassen. Mühe durfte nichts kosten, weder die Konzeption, noch die Ausführung, noch die Aufführung des Werkes. Denn wozu soll man sich mühen, wenn man es nicht nötig hat. Wenn etwas von selbst kam — mochte es kommen, der Empfänger wehrte ihm nicht, doch tat er seinerseits auch nicht das Allergeringste, um hervorzurufen, was sich nicht ohne Nachhilfe in diesem oder jenem Sinne einstellte. Diese Charakteranlage zeugt gleicherweise von höchstem Selbstbewußtsein und höchster Bescheidenheit — eine Mischung, wie sie in dieser Art nur bei dem eben charakterisierten Typus eines russischen „Barin" vorkommen konnte.

Wie sehr ein Talent und ein Charakter von diesem Schlage der Anregung, die von außen an ihn herantritt, zugänglich sein muß, ist ohne weiteres klar. Dargomyshski ist die in diesem Falle fruchtbarste Anregung in Gestalt der Anerkennung seiner Zeitgenossen erst sehr spät, fast zu spät, zuteil geworden, und immerhin in ziemlich knappem Maße. Was die Quantität zu wünschen übrig ließ, mußte die Qualität ersetzen. Als sich an seinem Lebensabende die Vertreter des komponierenden Jungrußland um ihn scharten und einen festgeschlossenen Kreis bildeten, von dem weiterhin ausführlicher die Rede sein wird, fühlte er sich vom lebendigen Atem echter Kunstbegeisterung so mächtig erfaßt, daß er noch auf dem Sterbebett, nach langem Schweigen, ohne die geringste Anstrengung, das Kunstwerk schaffen konnte, das als Markstein eines neuen Lebensabschnittes musikalisch-dramatischer Kunst in Rußland weit in die Zukunft hineinragen sollte.

Welch eine Bedeutung für sein Kunstschaffen die Anregung als förderndes Element hatte, wußte Dargomyshski selbst ganz genau. Er freilich bezeichnet sie zur Erklärung seiner künstlerischen Taten in etwas einseitiger Weise. Dargomyshski teilte mit Glinka eine außerordentliche Schwäche für das schöne Geschlecht, aus der er ebensowenig wie jener ein Hehl machte. „Wenn es auf der Welt keine Frauen, keine Sängerinnen gäbe," gesteht er in seiner Autobiographie, „so wäre ich nie ein Komponist geworden. Sie haben mich mein ganzes Leben lang inspiriert." So einseitig übertrieben dieses Geständnis scheint, so birgt es doch ganz sicherlich ein Körnchen, und kein kleines Körnchen Wahrheit — wenigstens für den in Frage stehenden Fall.

Die Petersburger Presse, die sich mit Kunstfragen befaßte, ist jahrzehntelang die Zwangsvorstellung nicht losgeworden, daß Dargomyshski eigentlich ein Dilettant sei. Eine gewisse Berechtigung läßt sich dieser Ansicht nicht absprechen, obwohl es ein großer Irrtum wäre, wenn man glaubte, mit der Bezeichnung „Dilettant" das Wesen der künstlerischen

Persönlichkeit Dargomyshskis erschöpfend charakterisieren zu können. Ebensowenig darf man aus dem Ausdruck „Dilettant" in Anwendung auf Dargomyshski ein abfälliges oder gar verächtliches Urteil herauslesen.

Der Dilettantismus spielt in der Entwicklung der russischen Musik eine ganz merkwürdige, im allerhöchsten Grade bedeutungsvolle Rolle. Man fühlt sich fast versucht, die paradoxe Behauptung aufzustellen, daß die besten russischen Musiker überall anderswo zu suchen waren und sind, nur nicht unter den Musikern selbst.

Dargomyshski war in der Tat ein Dilettant, ein „Liebhaber" seiner Kunst. Aber er war ein Dilettant nur in dem Sinne, in dem auch Glinka, ganz ersichtlich Borodin, César Cui, bis zu einem gewissen Grade sogar Rimski-Korssakow und Mussorgski Dilettanten waren.

Dilettantisch war Dargomyshski, ebenso wie die anderen oben genannten Komponisten, in der Art und Weise der Verwendung und Verwertung seines Talentes. Das äußerte sich darin, daß ihm die Musik, wie schon vorhin gesagt, immer nur die liebste Beschäftigung, nie Beruf war. Er verlieh der Musik als Tatsache des menschlichen Geisteslebens nicht die unbedingt dominierende, alleinseligmachende Bedeutung, die der sogenannte Künstler von Beruf ihr stets zuzuschreiben geneigt ist. Eine solche Bedeutung der Kunst vermochte Dargomyshski weder für sich, noch für andere zu erkennen. Dieses ausgesprochene Liebhabertum, für das die Kunst kein absolut Notwendiges ist, und das auch an sich selbst die Nötigung und den unwiderstehlichen Zwang des künstlerischen Schaffensdranges nicht erfährt, ist gewiß — dilettantisch. Damit ist aber auch die Anwendbarkeit des Ausdrucks auf künstlerische Potenzen wie Dargomyshski und seine Geistesverwandten erschöpft. Es wäre ungerecht, daraus a priori den Schluß zu ziehen, daß infolgedessen auch die Kunstwerke, denen solche Dilettanten Leben und Gestalt verleihen, als „dilettantisch" in einer niedrigeren Ordnung künstlerischer Elaborate rangieren, als die Werke „echter", weil so oder anders approbierter Künstler. Bei Dargomyshski wäre solch eine Art des Urteilens, mit der besonders allerhand „akademisch gebildete" Personen gerne bei der Hand sind, genau ebenso verkehrt, wie bei Glinka, Borodin oder Mussorgski. Eher könnte man geneigt sein — und nicht nur aus Opposition — ihren Kunstwerken nicht trotzdem, sondern weil sie von Dilettanten stammen, eine in gewissem Sinne höhere Qualifizierung zuzuerkennen als den Produkten akademisch gebildeten Kunstfleißes. Warum, braucht nicht näher auseinandergesetzt zu werden. Die Gründe liegen auf der Hand. War nicht schließlich Walter von Stolzing auch ein Dilettant!

Eines steht jedenfalls fest: im Kunstschaffen eines Mannes wie Dargomyshski haben wir es lediglich mit musikalischer Inspiration von absolut reiner und einwandfreier Beschaffenheit zu tun. Und das war in der Kunst von jeher das Wichtigste, wenn nicht gar das einzig Wichtige. Ein „Dilettant" wie Dargomyshski komponiert nur, wenn er muß, das heißt wenn ihm wirklich was einfällt. Als schlichter Mann gibt er nicht mehr als er hat. Dieser Umstand ist von so großem Wert, daß man dafür selbst gelegentliche Unebenheiten der Faktur mit in den Kauf nehmen würde, wenn es nötig wäre. Doch ist das bei Dargomyshski nicht der Fall. In diesem Sinne haben seine Werke nichts Dilettantisches an sich, denn er selbst respektierte unerbittlich streng die Grenzen seines Könnens und wollte nie irgend etwas leisten, wozu er nicht wirklich imstande war. Daß er mehr hätte leisten können, wenn er sein Talent in anderer Weise, fachmännischer, gepflegt hätte, ist höchst wahrscheinlich.

Aber auch so war sein Schaffen bedeutend genug, um bei seinen musikalischen Nachkommen vollen Anspruch auf Beachtung und gerechte Würdigung erheben zu können.

Das Leben Dargomyshskis bietet nach außenhin wenig Interessantes. Es verlief ereignislos. Die einfache gerade Linie seiner Lebensschicksale wurde durch keinerlei Perturbationen unterbrochen. Weder die Umstände seines Lebens, noch irgendwelche innere Gärungsprozesse, denen ein in der Bildung begriffenes Talent meist ausgesetzt zu sein pflegt, führten irgendwelche entscheidende Krisen in diesem beschaulichen und behaglichen Leben herbei. Dargomyshski lebte das gewöhnliche, in fast allen Dingen nach der Schablone zugeschnittene Leben eines wohlhabenden russischen Edelmannes der Zeit vor der Aufhebung der Leibeigenschaft.

Während die Memoiren Glinkas einen stattlichen Band füllen, umfassen die autobiographischen Aufzeichnungen Dargomyshskis nur wenige Seiten. So wenig Erzählenswertes wußte der Autor der „Russalka" von seinem Leben zu berichten.

* *

*

Alexander Sergejewitsch Dargomyshski ist das Kind einer der aufregendsten und inhaltschwersten Epochen der russischen Geschichte. Er wurde am 2. Februar 1813 geboren. Das Morgenrot des Sieges strahlte seiner Geburt entgegen, das tiefe Aufatmen des befreiten Vaterlandes kündete neues Leben, den Beginn einer neuen Zeit für Rußland. Der Vater Dargomyshskis, Sergei Nikolaewitsch, der Sproß eines angesehenen und begüterten Adelsgeschlechtes, war mit einer Fürstin Koslovski verheiratet. Er lebte in weltferner Abgeschiedenheit auf dem Stammgute seiner Väter unweit Smolensks und führte das ruhige Leben eines Landedelmannes mit dessen gewöhnlichen Interessen, die sich zumeist um Landwirtschaft, Viehzucht und ähnliche Dinge drehten. Kunst und Literatur wurden in seinem Hause gerade so viel gepflegt, um die eigene Bildung auf dem nicht allzu hohen Durchschnittsniveau seiner Gesellschaftsklasse zu erhalten. Der Einmarsch Napoleons und seiner Truppen, die ihren Weg nach Moskau über Smolensk nahmen, veranlaßte Sergei Nikolaewitsch Dargomyshski, sich und seine Frau in Sicherheit zu bringen. Er verließ seinen langjährigen Stammsitz und siedelte auf das Gut einer befreundeten Familie im Gouvernement Tula über. Dort erblickte Alexander Sergejewitsch Dargomyshski das Licht der Welt.

Der Knabe war so schwächlich, daß die Eltern jahrelang in steter Sorge um sein Leben bangten. Er entwickelte sich sehr langsam und bis zu seinem fünften Lebensjahre befürchtete man, daß er stumm bleiben würde. Glücklicherweise bewahrheiteten sich diese Befürchtungen nicht. Von seinem sechsten Jahre an vollzog sich die körperliche und geistige Entwicklung des Knaben vollständig normal. Es galt nun, an seine Erziehung zu denken. Im Jahre 1817 hatten die Eltern Dargomyshskis ihren Wohnsitz nach Petersburg verlegt, das von nun an zum ständigen Aufenthaltsort Alexander Sergejewitschs werden sollte. Er hat Petersburg bis zu seinem Tode nur wenigemal für kurze Zeit verlassen.

Der Vater Dargomyshskis trat mit den besten Absichten, ohne irgendwelche Mittel zu scheuen, an die Aufgabe heran, seinem Sohne eine möglichst gute Bildung — nach den Begriffen der damaligen Zeit zuteil werden zu lassen. Zu dem Begriff einer guten Bildung aber gehörte damals, neben allerhand enzyklopädischem Wissen, das die mannigfachsten Gebiete oberflächlich berührte, ohne irgendwo in die Tiefe zu dringen, vor allen Dingen eine gewisse Fertigkeit in den schönen Künsten, vornehmlich in der Musik. Dementsprechend wurde mit dem Musikunterricht des kleinen Alexander Sergejewitsch fast früher begonnen, als er lesen lernte.

Das Bild der ersten musikalischen Studien Dargomyshskis

offenbart dieselben Züge, die wir aus gar vielen Musiker-
biographien kennen. Der Junge machte so rapide Fortschritte, daß er seine Lehrer, einen nach dem andern, über-
flügelte. Begonnen wurde natürlich mit Klavierstunden und
das ebenso natürlich bei einer „deutschen Gouvernante",
die zur damaligen Zeit zum absolut notwendigen Inventar
eines russischen wohlhabenden Hauses gehörte. Louise Wohl-
geboren hieß die Brave. Sie lieferte ihren talentvollen Schüler
bald an den russischen Pianisten Adrian Danilewski ab, der
den Aussagen Dargomyshskis nach ein vortrefflicher Musiker
gewesen sein soll. Als dieser alles eigene Können seinem
jungen Schüler beigebracht hatte, langte Dargomyshski bei
einem Schüler Hummels, Johann Schoberlechner, an, der
eine der angesehensten pianistischen Autoritäten des damaligen Petersburg war. Fast ebenso erfolgreich betrieb
Dargomyshski das Geigenspiel bei einem gewissen Woronzow,
der dem berühmten Hausorchester des russischen Plutokraten
Juschkow angehörte. Wenigstens hat sich die Überlieferung
erhalten, daß die ausgezeichnetsten Künstler, die für längere
oder kürzere Dauer in Petersburg waren, Böhm, Meinhardt,
Romberg u. a., oft und gerne mit dem jungen Dargomyshski
Quartett spielten. Der lebhafte Geist des Jünglings mag
dabei manche wertvolle und fördernde Anregung erhalten
haben. Er ließ es sich übrigens am Klavier- und Geigenspiel
nicht genügen, sondern betrieb außerdem noch eifrige Gesangsstudien bei dem damals bekannten und gerühmten
Sänger Zeibich, obwohl seine Stimme sich durch keinerlei
besondere Qualitäten auszeichnete, sondern einen unangeneh-
men, schrillen Klang hatte und eher einer Weiberstimme als
einer Männerstimme ähnelte. Desungeachtet zog das Studium
der vokalen Musik Dargomyshski in ganz besonders hohem
Maße an, und für die Richtung, die sein musikalisches Talent
bei seiner späteren Entwicklung nahm, waren diese Gesangsstudien geradezu ausschlaggebend. Seine Meisterwerke hat

Dargomyshski auf dem Gebiete der vokalen Musik geschaffen.

Außer der Musik war es das Theater, das das Interesse des Knaben von früh her in lebhaftester Weise eregte. Das Puppentheater, das wir aus den Kindheitsbiographien der meisten bedeutenden Dramaturgen kennen, fehlt auch in seinen Erinnerungen nicht. Das liebste Spielzeug des kleinen Alexander Sergejewitsch waren seine „Papierpuppen", für die er mit größtem Eifer allerhand lustige Szenen und kleine Vaudevilles erfand, die dann mit ebensogroßem Eifer aufgeführt wurden. Zu allen diesen Dingen fand der Knabe Zeit, obgleich sich außerdem zahlreiche russische, französische und deutsche Lehrer damit befaßten, ihn in diejenigen Gebiete des Wissens einzuführen, die damals als „bildend" sanktioniert waren und deren es nicht wenige gab.

Die ersten Kompositionsversuche Dargomyshskis datieren aus seinem elften und zwölften Lebensjahre. Ohne die geringste Ahnung von Theorie und Harmonielehre — denn die gehörte nicht in den Bildungsplan eines wohlerzogenen russischen Jünglings hinein — verfaßte er sich zu eigenem Gebrauche allerhand Klavierstückchen und Lieder. Der größte Teil davon fiel seinem Klavierlehrer Danilewski zum Opfer, der diesen Kompositionen durchaus kein wohlwollendes Verständnis entgegenbrachte und nichts als eine törichte Spielerei darin sah. Er vernichtete ohne Erbarmen alle Manuskripte des kleinen Dargomyshski, die ihm in die Hände fielen und war aufs eifrigste bestrebt, seinem Schüler diese Dummheiten auszutreiben und sein Interesse in nötigem Maße auf die aufgegebenen Fingerübungen hinzulenken.

So verlief die Jugend Dargomyshskis, ausgenommen einige kleine Reibereien mit Danilewski, die jedoch auch stets gütlich beigelegt wurden, in harmlosem Frieden. Die musikalischen Studien standen unter den Beschäftigungen, denen er sich hingab, fraglos an erster Stelle und beanspruchten den Löwenanteil seiner Zeit. Dennoch kam es niemandem, am allerwenigsten ihm selbst in den Kopf, daß vielleicht ein Musiker aus ihm werden könnte. Was war überhaupt ein Musiker? Ein Mann, der sich für die Ausübung seiner Kunst bezahlen ließ, dem die Kunst nicht die Freundin lichter Stunden, sondern vor allen Dingen die „melkende Kuh" war. Nein. Das war plebejisch. Das hatte ein junger russischer Aristokrat nie und nimmer nötig. Wozu sollte der einen angenehmen Zeitvertreib zum Handwerk herabwürdigen? Diese Anschauung macht es verständlich, daß den musikalichen Studien Dargomyshskis, mit so großem Eifer sie auch betrieben wurden, dennoch der wahre Ernst vollständig mangelte. Zu dieser Zeit war Dargomyshski — Dilettant, in gutem aber auch in schlechtestem Sinne des Wortes.

Freilich — sein Ruhm verbreitete sich in den Kreisen der Gesellschaftsklasse, der er selbst angehörte, gar schnell. Der junge Dargomyshski war eine gesuchte Persönlichkeit, Er galt als guter Pianist, der alles herunterspielte, was man ihm aufs Pult legte, der die schönsten Tänze improvisierte, wenn man tanzen wollte; er war ein zuverlässiger Geiger, den man bei allen häuslichen musikalischen Veranstaltungen bestens brauchen konnte; er sang auch nicht übel, obzwar seine Stimme nichts weniger als schön war, denn er ersetzte den Wohlklang des Organs durch einen überaus lebendigen, temperamentvollen Vortrag, und seine Art, die Lieder zu deklamieren, konnte einen wohl fesseln und so recht ans Herz greifen, wenn man ordentlich zuhörte; außerdem komponierte er sogar und, wie es schien, gar nicht viel schlechter als seine Standesgenossen Gurilew und Graf Wielhorski, deren Lieder damals in aller Munde waren. Kurz, der junge Dargomyshski erfreute sich einer großen Beliebtheit und sogar einer gewissen Berühmtheit. Einige Lieder, regelrechte „Romanzen" im damaligen Geschmacke, die der 17—18 jährige Jüngling komponierte, begannen bald in den

Petersburger Salons die Runde zu machen. Sie gingen von Hand zu Hand, und der leicht entflammte Komponist hatte oft die Freude, daß sie ihm aus schönem Frauenmunde entgegentönten, wenn er eines der aristokratischen Häuser Petersburgs betrat.

Unter diesen Liedern befinden sich übrigens einige recht anmutige Sächelchen, die nachher auch in die Gesamtausgabe der Lieder Dargomyshskis Aufnahme gefunden haben: das graziöse und überaus melodische Duett „Das Mädchen und die Rose" nach einem reichlich sentimentalen bukolischen Gedicht des Baron Delwig, zwei französische Lieder nach Worten von Victor Hugo, „O ma charmante", „L'aube naît et ta porte est close", einige russische „Romanzen" mit leicht national gefärbtem Hauche à la Alabjew, der damals sehr in Mode war, und manches andere. Einige größere Kompositionen aus jener Zeit, zwei Streichquartette und einige brillante Phantasien für Klavier und Violine im Stile der abscheulichen Vorbilder von Lafont und Herz, sind nicht gedruckt. Im allgemeinen ließen diese ersten Talentproben, so anmutig sich manches ausnahm, nicht das erwarten, was sich später aus dem jungen Komponisten entwickeln sollte.

Als Dargomyshski 18 Jahre alt geworden war, schien es Zeit zu sein, an den sogenannten „Ernst des Lebens" zu denken. Für einen russischen Edelmann der damaligen Zeit bestand dieser Ernst des Lebens darin, daß es hieß, in den Staatsdienst einzutreten. Diesem Schicksal entging auch Dargomyshski nicht. Im Jahre 1831 trat er als Beamter in die Kontrollabteilung des Kaiserlichen Hofministeriums ein. Gleich von vornherein wurden ihm irgendwelche Arbeiten in der Sektion, die sich mit den Kaiserlichen Theatern befaßte, anvertraut. Obgleich dieses Arbeitsgebiet seinem persönlichen Interessenkreise ziemlich nahe lag, ist nichts davon bekannt geworden, daß Dargomyshski sich irgendwie auf ihm hervorgetan hätte. Eine mehr oder minder pünktliche Einhaltung der Bürostunden ist ja so ziemlich alles, was von jungen Beamten in solchen Fällen verlangt zu werden pflegt. Und mehr hat auch Dargomyshski nicht geleistet. Nachdem er glaubte, das Seinige zum Wohle des Staates beigetragen zu haben, d. h. nach vier Jahren, quittierte er den Dienst und erhielt seinen Abschied mit dem Range eines Titulärrats.

Obgleich der Staatsdienst als solcher nicht die allergeringste Bedeutung für das Leben Dargomyshskis gewann, so fällt doch in jene Zeit ein Ereignis, das eine entscheidende Krisis im Werdegange des jungen Komponisten herbeiführte: seine Bekanntschaft mit Glinka, zu der es im Winter 1833/34 kam.

Es konnte gar nicht anders kommen, als daß die ganze Persönlichkeit Glinkas, vor allem sein zielbewußtes Arbeiten, tiefen Eindruck auf Dargomyshski machte. Natürlich blieb es nicht bei der ersten flüchtigen Bekanntschaft beider Komponisten. Sie traten sich bald näher und es bahnte sich zwischen ihnen ein Verhältnis an, das, wenn auch nicht gerade ein intimes, so doch ein recht herzliches und freundschaftliches war. Dargomyshski selbst schreibt in seiner Autobiographie folgendes darüber:

„Die gleiche Bildung, die gleiche Liebe zur Kunst knüpfte sofort ein Band zwischen uns, obgleich Glinka zehn Jahre älter war als ich. Im Laufe von 22 Jahren haben wir stets in den allerangenehmsten, freundschaftlichsten Beziehungen zueinander gestanden. Auch in den letzten Lebensjahren Michael Iwanowitschs geriet unsere Freundschaft nicht ins Schwanken, obwohl sich, wie gewöhnlich, gute Freunde fanden, die sich aus allen Kräften bemühten, Eifersüchteleien auf dem Gebiete der Kunst zwischen uns zu erregen. Die Geistesbildung Glinkas und die aufrichtige Bewunderung, die ich für sein Talent hegte, halfen uns über den gemeinen Klatsch hinweg".

A. S. Dargomyshski

A. S. Dargomyshski
Porträt von K. Makowski
Original in der Tretjakowschen Gallerie zu Moskau

Man hatte keinen Grund, an der Aufrichtigkeit dieser Worte zu zweifeln. Die Hochachtung, die Dargomyshski dem Talente Glinkas entgegenbrachte, und die Anerkennung mancher guten Charaktereigenschaft seines großen Rivalen läßt sich durch zahlreiche Briefstellen, die den verschiedensten Lebensepochen Dargomyshskis entstammen, belegen. Freilich war er den menschlichen Schwächen Glinkas gegenüber nicht blind und beugte sich nicht kritiklos vor dem musikalischen Genie des Schöpfers des „Rußlan", obwohl er dessen Überlegenheit immer unbedingt anerkennt. Einige dieser Briefstellen mögen hier folgen. Sie bedürfen keines weiteren Kommentars: „Glinka ist ein Mensch wie wir Sterblichen alle, doch scheint sein Talent, in meinen Augen wenigstens, ganz ungeheuer groß", oder: „Ich halte seine (Glinkas) Werke für höchst wichtig, nicht nur für die russische, sondern auch für jede andere Musik". In einem anderen Briefe heißt es: „Bei seinem hohen Talente war er ein Mensch von europäischer Bildung, dabei ein guter und lieber Kamerad; sein origineller Verstand hielt seinem weichen und edlen Herzen die Wage".

Aber ganz so glatt, wie Dargomyshski es in seiner Autobiographie schildert, hat sich das Verhältnis beider Komponisten doch nicht abgespielt. Wenn Dargomyshski auch den Einflüsterungen der „guten Freunde" widerstand, so war Glinka schwächer. Er hat, wie aus seinen Memoiren hervorgeht, lange geglaubt, daß die Seele seines jüngeren Kollegen von Neid und Mißgunst ihm gegenüber erfüllt war, obgleich er selbst diese Gefühle, im ruhigen Bewußtsein seiner Überlegenheit, sicherlich nicht hegte. Dann mag der Verkehr zwischen beiden Komponisten nur dank dem weltmännischen Takt, über den beide in gleichem Maße verfügten, aufrechterhalten worden sein. Ein wenig „Eifersüchtelei", die Dargomyshski bestreitet, klingt doch auch in seinen eigenen Worten durch, wenn er schreibt: „Wieviel hat er (Glinka) uns geraubt. Das Publikum will jetzt alle mit seinem Maße messen. Kein Wunder, daß wir dem nicht standhalten".

Kein Wunder ist es aber gewißlich auch, wenn in der Seele Dargomyshskis zeitweilig ein leichtes Neidgefühl gegenüber dem glücklicheren Glinka Raum fand. Er war Zeuge des großartigen Erfolges, den Glinka mit seinem Erstlingswerke, dem „Leben für den Zaren", davontrug; und wie es ihm selbst mit seiner ersten Oper erging, werden wir gleich hören. Auch auf anderem Gebiete übrigens mag es zu „Eifersüchteleien" zwischen beiden Komponisten gekommen sein. Doch auch davon später.

Das erste wichtige Ergebnis der Bekanntschaft mit Glinka war, daß Dargomyshski daran ging, die Lücken seiner musiktheoretischen Bildung auszufüllen. Zu diesem Zwecke händigte ihm Glinka die vier historischen Heftchen mit den Aufzeichnungen des Berliner Musiktheoretikers Dehn ein, aus denen er selbst kurz vorher seine musikalische Weisheit geschöpft hatte. Dargomyshski schrieb sich diese Dehnsche Harmonielehre fein säuberlich ab und machte sich voller Eifer daran, in die Geheimnisse des regelrechten Tonsatzes einzudringen. Die Gebiete der Harmonielehre und des Kontrapunktes mögen ihm dank den eigenen kompositorischen Versuchen schon einigermaßen vertraut gewesen sein, und es galt nur, die durch eigene praktische Erfahrung gewonnenen Kenntnisse in ein einigermaßen befriedigendes System zu bringen. Eine vollständige terra incognita jedoch war dem angehenden jungen Komponisten das ganze weite Reich der Instrumentation. Da stand ihm nun Glinka, der in allen Fragen der Orchestertechnik einen geradezu genialen Instinkt besaß, hilfreich zur Seite. Dargomyshski erwähnt in seiner Selbstbiographie, daß er die ersten Versuche in der Instrumentation unter Anleitung Glinkas vornahm. Wenn es sich dabei auch nicht um einen systematischen Unterricht gehandelt hat, so war die Fertigkeit im Instrumentieren, die Dargomyshski dank dieser „Anleitung" erlangte, doch keineswegs eine geringe. Freilich war es ihm nicht gegeben, seinen großen Lehrmeister in dieser Beziehung zu erreichen. In kurzer Zeit fühlte Dargomyshski sein musikalisches Können so weit erstarkt, daß er sich befähigt glaubte, nach dem Vorbilde Glinkas eine größere Arbeit in Angriff nehmen zu können. Bei der Suche nach einem geeigneten Opernstoffe fiel seine Wahl auf ein Werk seines Lieblingsschriftstellers Victor Hugo — Lukrezia Borgia. Doch gedieh diese Arbeit nicht über die ersten Anfangsstadien hinaus. Dargomyshski stellte nur einige Nummern der Partitur fertig und ließ den Plan dieser Oper auf Anraten des Dichters Shukowski dann fallen. Nun richtete sich sein Augenmerk auf einen anderen Stoff desselben Victor Hugo, den Roman „Notre-Dame de Paris". Es existierte zu diesem Stoffe ein fertiges Libretto unter dem Namen „Esmeralda", das der Autor des Romans selbst für die französische Komponistin Louise Bertin zurechtgemacht hatte. Dargomyshski wußte sich dieses Libretto zu verschaffen und machte sich, im Glauben, endlich das Richtige gefunden zu haben, mit Feuereifer an die Arbeit. Er schrieb die Oper nach den Versen des französischen Originals, die er erst später selbst ins Russische übersetzte. In verhältnismäßig kurzer Zeit — wenn man den Grad der technischen Fertigkeit des jungen Komponisten und das Niveau seiner musikalischen Kenntnisse bedenkt — war die Partitur fertig. Im Winter 1839 konnte Dargomyshski seine Erstlingsoper der Begutachtung der Direktion der Kaiserlichen Petersburger Theater vorlegen.

Nun sollte Dargomyshski die ganze Beschwerlichkeit des Dornenpfades kennenlernen, der vom Schreibtisch des Komponisten bis zur Bühne eines Hoftheaters führt, und der schon mehr als ein bedeutendes Talent zum Straucheln gebracht hat. Die Kanzleibeamten der Hoftheaterdirektionen haben noch nie und nirgends Verständnis dafür gehabt, daß das Schicksal eines Kunstwerkes seinem Schöpfer mindestens ebenso teuer ist wie ihnen selbst das Wohl oder Wehe ihrer Kinder von Fleisch und Bein. Nichts ist furchtbarer, nichts ist lähmender für die Tatkraft eines jungen Künstlers als die langandauernde Ungewißheit inbezug auf das Schicksal seines Werkes. Aber je mehr sich die Ungeduld des Verfassers steigert, desto weniger fühlt sich der Kanzleibeamte veranlaßt, sich zu beeilen. Für einen jungen russischen Komponisten war diese Situation damals ganz besonders verzweifelt. Er sah sich zu vollständiger Untätigkeit verdammt, denn außer den Kaiserlichen Theatern' gab es keine Opernbühnen in Rußland, weder in Petersburg noch in Moskau, von der Provinz ganz zu schweigen. Die Direktion der Kaiserlichen Theater in Petersburg hat genau acht Jahre gebraucht, um ihr Urteil über die „Esmeralda" von Dargomyshski zu fällen. „Diese acht Jahre ergebnislosen Wartens in der allerbewegtesten Zeit meines Lebens legten sich als schwere Last auf meine ganze künstlerische Tätigkeit" — klagt Dargomyshski in seiner Autobiographie.

Endlich fiel die Entscheidung. „Esmeralda" wurde zur Aufführung in den Kaiserlichen Theatern angenommen.

Allerdings wurde die Oper nicht, wie Dargomyshski gehofft hatte, in Petersburg, sondern in Moskau auf die Bühne gebracht. Aber auch das war schon etwas. Im Frühling 1847 wurde „Esmeralda" zum ersten Male in Moskau aufgeführt. Der Erfolg war kein sensationeller, doch konnte Dargomyshski immerhin zufrieden sein. Denn soweit überhaupt Beifall gespendet wurde, konnte er ihn auf das Werk selbst und nicht auf die Aufführung beziehen. Mit einheimischen Werken pflegte die Direktion der Kaiserlichen Theater in Rußland damals in der Regel wenig Federlesens zu machen. Nicht nur, daß an die Ausstattung höchstens das Allernotwendigste — und auch das nicht einmal immer — gewandt wurde, auch bei der Rollenbesetzung hatten sich einheimische Komponisten oft mit Künstlern zweiten und dritten Ranges zu begnügen. Die „stars" wurden für wichtigere Gelegenheiten geschont. Nachdem die Direktion der russischen Hoftheater zu ihrem Erstaunen erfahren mußte, daß „Esmeralda" wider Erwarten in Moskau nicht durchgefallen war, beschloß sie, die Oper auch in Petersburg aufzuführen. Mit gewohnter Schnelligkeit wurde dieser Beschluß zur Tat gemacht. Diesmal dauerte es nur fünf Jahre, bis „Esmeralda" den Weg von der Bühne des Moskauer Großen Theaters bis zum Marientheater — damals noch „Theater-Zirkus" genannt — in Petersburg fand. Merkwürdigerweise blieb der Erfolg dem Werk auch in Petersburg treu, ein Umstand, der auf die Schaffenskraft Dargomyshskis überaus fördernd einwirkte.

Wenn man heutigentags die Partitur der „Esmeralda" betrachtet, so erlebt man nur wenig Freude daran, obwohl es nicht ganz unverständlich ist, daß das Werk seinerzeit Gefallen erregt hat. Im höchsten Grade auffallend ist, daß „Esmeralda" sich in musikalischer Beziehung in so ganz anderen Bahnen bewegt als die Erstlingsoper Glinkas. Das könnte sich fast wie ein Protest gegen die angebahnte national-musikalische Richtung ausnehmen, wüßte man nicht ganz genau, daß es keiner ist. Der Plan zu „Esmeralda" entstand, als die ersten Proben zum „Leben für den Zaren" mit dem Hausorchester des Fürsten Jusupoff im Gange waren. Dargomyshski, der eifrigen Verkehr mit Glinka pflegte, nahm an diesen Proben lebhaften Anteil. Dennoch scheint es ihm nicht in den Kopf gekommen zu sein, den Weg, den sein Lehrmeister als Pionier beschritt, weiter zu verfolgen. Oder war es damals nur Bescheidenheit, mangelndes Vertrauen zu den eigenen Kräften, das ihn davon abhielt, sich von vornherein den nationalen Tendenzen

Glinkas anzuschließen? Tatsache ist jedenfalls, daß die Erstlingsoper Dargomyshskis in keinem Takte den Einfluß des Schöpfers von „Das Leben für den Zaren" aufweist. Die ganze Oper ist schlecht und recht nach den gangbaren französischen Vorbildern der damaligen Zeit gearbeitet, entsprach dadurch freilich besser als Glinkas „Leben für den Zaren" dem Geschmack des großen Publikums, entbehrt jedoch jeder selbständigen Bedeutung. Dargomyshski selbst hat in reiferen Jahren ein hartes Urteil über seine erste Oper gesprochen. Es ist kaum etwas hinzuzusetzen. „Die Musik", schreibt er in einem Brief, „ist keineswegs hervorragend, oft einfach gemein, wie das bei Halévy und Meyerbeer hin und wieder zu sein pflegt. Aber in den dramatischen Szenen schaut doch schon jene Sprache der Wahrheit und Kraft durch, die ich in meiner späteren ‚russischen' Musik zu entwickeln bemüht war." Doch auch hier sah das Auge des Verfassers schärfer als das gewöhnlicher Sterblicher. Von der erwähnten „Sprache der Wahrheit und Kraft" ist in „Esmeralda" für den unbefangenen Beurteiler nichts zu spüren. Die ganze Oper ist bis auf einige für Dargomyshski charakteristische, schöne melodische Wendungen ein höchst ordinäres Machwerk, an dem kaum etwas anderes zu loben ist als die flüssige, gewissenhafte Arbeit.

Während der langen Zeit des Wartens, bis sich das Schicksal der „Esmeralda" entschied, konnte Dargomyshski sich nicht dazu entschließen, irgendein anderes Opernprojekt in Angriff zu nehmen. Dennoch verharrte er nicht ganz in Untätigkeit während dieser endlosen acht Jahre, in die nur eine kleine ausländische Reise etwas Abwechslung hineintrug. In einem Briefe Dargomyshskis vom Jahre 1843 an einen seiner Freunde, dem gegenüber er sich bitter beklagt über die Behandlung, die er und seine „Esmeralda" seitens der Theaterdirektion erfuhren, heißt es dann weiter:

„Wie dem auch sei, glaube nicht, daß ich die ganze

Zeit feiere. Außer einer Anzahl kleinerer Musikstücke, die ich für Liebhabervorstellungen, musikalische Albums und besonders für die Serenaden, die ich im vorigen Jahre auf dem Schwarzen Flüßchen veranstaltete, geschrieben habe, ist mir eine große Kantate für Chor und drei Solopartien gelungen. Sie enthält fünf umfangreiche Musiknummern. Den Text habe ich den Werken unseres unsterblichen Puschkin entnommen: ‚Der Triumph des Bacchus'.. Ich habe nichts in dem Poem verändert. Es ist dyonisisch und wollüstig vom Anfang bis zum Schluß. Ich habe meine Kantate noch nicht versuchen lassen und sie niemandem vorgespielt, aber wenn Du wissen willst, was ich selbst von ihr denke, so kann ich Dir nur sagen, mir scheint, daß ich nie etwas Besseres schreiben werde. Übrigens, vielleicht täusche ich mich".

Hier ist hinzuzufügen, daß Dargomyshski sich glücklicherweise wirklich täuschte. Er hat vieles Besseres geschrieben als die Kantate „Der Triumph des Bacchus", die freilich unbedingt seinen relativ gelungenen Werken zuzuzählen ist.

Es scheint übrigens, daß Dargomyshski im Anfang an die Bühnenfähigkeit dieser „Kantate" gedacht hat. In seiner Selbstbiographie erwähnt er den Plan, eine „lyrische Oper" nach dem Poem von Puschkin zu schreiben, und fügt hinzu, daß er diesem Plane nicht endgültig Gestalt geben wollte, bevor das Schicksal der „Esmeralda" entschieden war. Später hat er diesen Plan dann wieder aufgegriffen. Im Sommer des Jahres 1848 schrieb er eine ganze Reihe von Tänzen und Märschen, eine regelrechte Ballettmusik, mit der er die Partitur seiner Kantate ausstaffierte, um sie dann als „Ballett-Oper" der Begutachtung der Kaiserlichen Theaterdirektion zu unterbreiten, wozu ihm der Erfolg der „Esmeralda" volle Berechtigung gab. Allein diesmal erhielt er einen nicht näher motivierten abschlägigen Bescheid. Schneller war es freilich gegangen.

Trotz aller Sympathien für das ehrliche Streben des jungen Komponisten kann man es der Theaterdirektion nicht verdenken, daß sie eine Aufführung dieser „Ballett-Oper" ablehnte. Das Werk ist als Ganzes, wie man zu sagen pflegt, weder Fisch noch Fleisch. Es ist kein Ballett, es ist kein Oratorium, und am allerwenigsten ist es eine Oper. Jede Andeutung einer „Handlung" fehlt, an ihrer Stelle vollziehen sich auf der Bühne allegorisch-mythologische Vorgänge, zu denen einzelne Sänger, d. h. die Inhaber der Solopartien, mit den Worten Puschkins Erklärungen abgeben. Etwas Undramatischeres und szenisch Unwirksameres läßt sich schwerlich ausdenken.

In rein musikalischer Hinsicht steht „Der Triumph des Bacchus" merklich höher als „Esmeralda". Zu freier Entfaltung gelangt der musikalische Stil Dargomyshskis allerdings auch hier noch nicht, doch entdeckt das aufmerksame Ohr schon hin und wieder Vorboten jener „Wahrheit und Kraft" der musikalischen Sprache, zu der sich der Verfasser des „Steinernen Gastes" endlich doch durchringen sollte. Dargomyshski hat eine Bühnenaufführung des „Triumph des Bacchus" nicht erlebt. So wurde ihm jedenfalls eine Enttäuschung erspart, denn der Komponist selbst glaubte unabänderlich an die Bühnenwirksamkeit seines Werkes.

Unter den „kleineren Musikstücken", die Dargomyshski in dem oben zitierten Briefe erwähnt, befanden sich dreißig Lieder, die noch im selben Jahre vom Musikverleger Lee herausgegeben wurden und rasche Verbreitung im Petersburger Publikum fanden. Als Liederkomponist erfreute sich Dargomyshski in seinem Gesellschaftskreise schon längst großer Beliebtheit. „Meine Lieder", schreibt er 1844 einem seiner Freunde, „werden in Petersburg dermaßen viel gesungen, daß sie mir schon zum Halse herauswachsen. Nichtsdestoweniger schreibe ich von Zeit zu Zeit immer wieder neue."

Das Jahr 1844 brachte erwünschte Abwechslung in das bisher ziemlich einförmige Dasein des jungen Komponisten. Er beschloß, sich die Welt ein wenig anzusehen und unternahm eine ausländische Reise, die ihn acht Monate — vom September 1844 bis zum April 1845 — von Petersburg fernhielt. Irgendwelche künstlerische Ziele verfolgte Dargomyshski mit dieser Reise nicht. Doch hatte er immerhin Gelegenheit, einigen musikalischen Größen Europas manches von seinen Kompositionen vorzuspielen, was ihm nicht nur die Anerkennung einzelner Musiker, sondern auch freundliche Aufmunterung seitens der französischen Presse eintrug.

In Wien, Paris und Brüssel nahm der junge Komponist längeren Aufenthalt, wobei er mit Auber, Meyerbeer, Halévy und anderen bedeutenden Musikern der damaligen Zeit in nähere Berührung trat. Fast freundschaftlich gestaltete sich sein Verhältnis zum großen belgischen Musikhistoriker Fétis. Leider sind aus der Zeit dieser ersten Auslandsreise Dargomyshskis nur wenige Briefe erhalten, die jedoch lebhaftes Zeugnis ablegen von der feinen Beobachtungsgabe ihres Verfassers und manches charakteristische und treffende Urteil über Musik und Musiker jener Glanzepoche der Pariser Grand Opéra enthalten. In der dramatischen Musik herrschte in Paris als unbestrittener Souverän Giacomo Meyerbeer, auf dem Gebiete der symphonischen Musik wurde der Konservatoriums-Direktor Felicien David als zweiter Beethoven gepriesen. Über diese zwei Götzen des musikalischen Volksglaubens in Paris enthalten die Briefe Dargomyshskis an seinen Vater folgende Verdikte:

„Meyerbeer ist nicht stark im Drama. Das Sujet des „Robert" ist Überlieferung, eine phantastische Sage des Mittelalters, die Oper bewegt sich durchaus im Geleise der künstlerischen Berufung Meyerbeers. In den „Hugènotten" gibt es Religionsfanatismus und ein packendes Drama. Die entfesselten Leidenschaften des Volkes und die Wut des Katholizismus sind vorzüglich wiedergegeben. Es ist etwas Satanisches, der Feder Meyerbeers Verwandtes darin. Dagegen sind die dramatischen Szenen lärmend, gekünstelt und ach! wie weit entfernt von der Natur. Während ich in der Oper saß, hielt ich das Libretto in der Hand. Jede dramatische Szene wußte ich voraus, und wenn ich dann die entsprechende Musik hörte, fand ich nicht eine einzige Idee, die von wirklicher Inspiration zeugte. Die Meisterschaft und der Verstand sind — unwahrscheinlich. Aber keine Meisterschaft und kein Verstand können die wahren Herzensregungen des Menschen nachahmen. Ein großer Meister braucht noch kein Poet zu sein." —

Man sieht aus diesen Zeilen ganz klar, wohin sich das künstlerische Streben Dargomyshskis hauptsächlich richtet. Herzenswärme verlangt er vom Komponisten, überhaupt die Fähigkeit, echt zu empfinden, und das Vermögen, diesem Empfinden wahrhaften, unverfälschten Ausdruck zu verleihen. Von hier bis zu den bald darauf mit so außerordentlichem Nachdruck ausgesprochenen Forderungen des musikdramatischen Realismus war nur ein Schritt.

Über ein Konzert, dessen Programm ausschließlich aus Kompositionen Félicien Davids bestand, schreibt Dargomyshski:

„Die Franzosen rasten vor Begeisterung, aber wir sehen mit anderen Augen. Jedes Talent kann man David nicht absprechen, aber er ist ebensowenig Beethoven wie meine Faust — die Vendôme-Säule. Seine erste Symphonie ist nicht übel, doch ist mancher Lapsus darin, der den Schüler verrät. Am besten gefiel mir das Finale der Symphonie, das vieles in der Art Aubers enthält. Dann sang man eine ganze Reihe Romanzen, Melodien und Chörchen. Das taugte nun allerdings gar nichts. Zum Schluß erschien die berühmte Symphonie „Le desert" auf dem Tapet. Dort hört man die Wüste und sieht man den Gesang der Araber. Dort gibt es Sturm, Nacht, Sonnenaufgang und vieles andere noch. Die Musik ist nach allen Regeln der Kunst geschrieben, und es gibt auch Gedanken darin, die allerdings nichts weniger als originell sind. Obwohl David den Orient bereist hat, um Melodien für diese Symphonie zu sammeln, habe ich in ihr wenig arabischen Geist gefunden, dafür aber so viele französische Flausen, daß das ganze Werk eigentlich ‚Les boulevards de Paris' heißen müßte." —

Eigentlich hatte Dargomyshski sich durch seine eigenen Werke noch nicht das Recht erworben, in dieser Weise über seine berühmten französischen Kollegen zu urteilen. Nun, es geschah ja wenigstens nicht öffentlich. Sein lauteres, künstlerisches Gewissen, das sich auf das Bewußtsein des eigenen guten Willens stützte, mag ihm ein gewisses Gefühl der moralischen Überlegenheit gegeben haben, obwohl er vom eigenen Können sicherlich nicht allzu hoher Meinung war.

Durch die Aufführung der „Esmeralda" in Moskau hatte der an sich nicht übermächtig entwickelte künstlerische Schaffensdrang Dargomyshskis einige Aufmunterung erfahren. Er machte sich gleich darauf, wie schon gesagt, an den Entwurf jenes merkwürdigen Mixtum compositum „Der Triumph des Bacchus", das er durchaus als „Oper-Ballett" auf die Bühne bringen wollte. Die Ablehnung dieses Werkchens seitens der Theaterdirektion hatte prompt eine sofortige Abkühlung seines Schaffensdranges zur Folge. Unmittelbar nach Beendigung seiner „Ballett-Oper" hatte sich Dargomyshski — wie aus einem Briefe vom 3o. September 1848 an einen seiner Freunde hervorgeht — an einen neuen dramatischen Entwurf gemacht, zu dem er Puschkins „Russalka" („Nixe") als Vorwurf benutzte. Doch nach dem Mißerfolg mit dem „Triumph des Bacchus" ließ

er die Arbeit liegen. „Meine Lust zu dramatischer Produk-
tin erkaltete vollständig“, meldet die Autobiographie Dargomyshskis von jener Zeit, d. h. den Jahren 1848—1852.
Nur der immer lebendige Quell der Lieder versiegte auch
damals nicht.

Durch die Petersburger Aufführung der „Esmeralda“ im
Jahre 1852 wurde die Produktionskraft des nun schon bald
vierzigjährigen Komponisten aufs neue angeregt. Die Oper
wurde, aus unerfindlichen Gründen, zwar nur dreimal aufgeführt, um dann für immer vom Repertoir des Petersburger Alexander-Theaters zu verschwinden, aber der Erfolg war nicht hinwegzuleugnen. Besonders gehoben wurde
das Selbstgefühl des Komponisten durch das offensicht-
liche Interesse, das die besten Künstler der Petersburger
Musikwelt seinem Werke entgegenbrachten. Henselt, Maurer,
Laskovski, Tamburini u. a. besuchten alle drei Vorstellungen
der „Esmeralda“ und drückten dem Komponisten wiederholt ihr aufrichtiges Entzücken aus, wodurch sich dieser
natürlich nicht wenig geschmeichelt fühlte. Tamburini, der
damals vergötterte Liebling des Petersburger Publikums, kam
sogar um die Erlaubnis ein, „Esmeralda“ zu seinem Benefiz
im Theaterzirkus aufzuführen. Doch wurde ihm seitens der
Kaiserlichen Theaterdirektion, ohne nähere Motivierung, die
Genehmigung dazu verweigert. Man betrachtete die geistigen Erzeugnisse einheimischer Komponisten, weil „made
in Russia“, überhaupt als Machwerke, die an sich zweiten
Ranges waren. Ein Halbgott, wie Tamburini, durfte sich
damit jedenfalls nicht abgeben.

Immerhin wirkte die Teilnahme, die Dargomyshski seitens
einzelner Künstler und seitens des Publikums erfuhr, sehr
günstig auf ihn. „Du siehst,“ schrieb er im Februar 1852
einem Freunde, „daß ich als Künstler zufrieden bin, doch
als Mitglied der Petersburger Gesellschaft bedauere ich, daß
die musikalische Kunst bei uns so in Verfall geraten ist.

Du kannst Dir nicht vorstellen, was für Kompositionen hier Erfolg haben: Zigeuner-Arien und Polkas von allergemeinster Qualität. Auf der italienischen Bühne gibt man Verdi und Alard: lauter Gemeinplätze, gewürzt durch den fürchterlichsten Lärm." Zum Schluß desselben Briefes heißt es dann: „Die schmeichelhafte Aufmerksamkeit des Publikums, die ich in diesem Jahre erfahren habe, verpflichtet mich so quasi, auf meine alten Tage eine nationale Schöpfung hervorzubringen."

Dargomyshski nahm die Arbeit an der „Russalka" wieder auf und es gelang ihm, damit das Werk zu schaffen, das ihn für Jahrzehnte, nächst Glinka, zum populärsten Opernkomponisten seines Landes machen sollte. Die von Puschkin unvollendet hinterlassenen dramatischen Szenen, die Dargomyshski als Libretto benutzt hat, geben in der Tat einen höchst dankbaren Opernstoff ab. Die romantisch-phantastische Handlung mit stark dramatischem Einschlag und wirkungsvollen lyrischen Szenen, die kontrastierenden Milieuverhältnisse, in denen sich die Handlung abspielt, einige charakteristische und interessante Volkstypen, die in die Fabel verwirkt sind, geben der Phantasie des Tondichters auf Schritt und Tritt neue Nahrung. Dargomyshski hat die Verse des Puschkinschen dramatischen Gedichtes, soweit es angängig war, wörtlich benutzt, die nötigen Veränderungen hat er selbst vorgenommen, d. h. einige Chöre hinzugefügt und die ganze letzte Szene dazu gedichtet. Vor lebenden Textdichtern hatte Dargomyshski einen merkwürdigen Horror und war nicht dazu zu bewegen, ihre Dienste in Anspruch zu nehmen. Zum Teil mag das daran gelegen haben, daß von allen Libretti ausländischer und russischer Opern, die er kannte, kein einziges seinen künstlerischen Bedürfnissen genügte. Dann aber spricht er auch in einem Briefe vom „unerträglichen Hochmute" der Herren Textdichter, der ein gemeinsames Arbeiten mit ihnen vollständig unmöglich mache. Mit welchen Textdichtern er diese schlimmen Erfahrungen gemacht hat, ist jedoch leider nicht bekannt.

Die Handlung der Oper ist in Kürze folgende: Ein junger russischer Fürst liebt die Tochter eines Müllers, die diese Zuneigung mit aller Unbesonnenheit ihrer jugendlichen Leidenschaft erwidert. An dem Tage, als Natascha — so heißt das Mädchen — ihrem Liebsten eingestehen will, daß sie sich Mutter fühlt, macht ihr der junge Fürst in ziemlich frostiger Weise die Mitteilung, daß er durch allerhand Rücksichten gezwungen sei, eine Vernunftehe einzugehen, und daß er alle Beziehungen zu ihr abbrechen müsse, um seiner zukünftigen Gattin mit reinem Gewissen in die Augen sehen zu können. Natascha hört diese kühle Auseinandersetzung mit erzwungener Ruhe an und scheint die naive Freude ihres Vaters über die reiche Abfindungssumme zu teilen. Gleich nach dem Weggange des Geliebten stürzt sie sich jedoch in die Fluten des Mühlbaches. Der alte Vater wird vor Schmerz wahnsinnig (1. Akt). Der junge Fürst findet in seiner Ehe nicht das erhoffte Glück. Schon während des Hochzeitsschmauses (2. Akt) quälen ihn Gewissensbisse und inmitten der lärmenden Lustigkeit ist es ihm, als höre er die klagende Stimme Nataschas. Während die junge Fürstin über die verlorene Liebe ihres Gatten klagt und sich auch durch das schalkhafte Geplauder ihrer Freundin Olga nicht trösten läßt (3. Akt, 1. Bild), streift der Fürst planlos in seinen Jagdgründen umher. Eine unwiderstehliche Macht zieht ihn stets zum Schauplatze seiner jungen Liebe. Er findet die Mühle zur Ruine verfallen (3. Akt, 2. Bild). Im Dickicht hockt, in Fetzen gehüllt, der alte Müller, der sich einbildet, der „alte Rabe dieses Ortes“ zu sein. Er klärt den Fürsten über die Folgen seiner gewissenlosen Tat auf. Seine Rede atmet Wahnsinn und Haß. Natascha ist nicht ertrunken, die Nixen des Mühlbaches haben sie aufgenommen, sie zur Königin des Wasserreiches gemacht.

Dort hat sie einem kleinen Nixlein das Leben geschenkt. Nun schickt die „Russalka" (Natascha) das junge Nixlein aus, um den Gatten zu rufen, nach dem sie sich in unstillbarer Sehnsucht verzehrt (4. Akt, 1. Bild). Das Nixlein findet den Fürsten am Ufer des Baches bei der Ruine der alten Mühle sitzend. Ihr Gespräch wird durch die Dazwischenkunft des wahnsinnigen Müllers, der Fürstin, die ihren Mann sucht, und Olgas unterbrochen. Während der nun folgenden Auseinandersetzung ergreift der Müller die Hand des Fürsten und führt ihn zum Ufer des Baches, um ihn plötzlich mit gellendem Hohnlachen in die Wellen hinabzustoßen.

Leider hat sich Dargomyshski mit diesem außerordentlich wirkungsvollen, weil völlig unerwarteten Schlusse nicht begnügt. Er fügte noch eine „Apotheose" hinzu, die das Wiederfinden der Liebenden im unterirdischen Wasserreiche schildert. Dieser theatralisch-ballettmäßige Schluß paßt zum Stile der ganzen Oper, wie die Faust aufs Auge. Unbegreiflich, daß gerade Dargomyshski es nicht einsah, daß er durch diese unbedachte Konzession an die Schaulust des Publikums seinem Werke einen nicht geringen Teil der Wirkungskraft raubte. Wieder ein lehrreiches Beispiel dafür, wie blind unter Umständen der Künstler der eigenen Schöpfung gegenüber sein kann. Der Stoff der „Russalka" bietet dem Komponisten, wie man sieht, eine unendliche Fülle reicher und mannigfaltiger Ausdrucksmöglichkeiten. Zuerst das Milieu des russischen Landlebens mit der dankbaren Gelegenheit, Chöre des Landvolkes in volkstümlichem Genre anzubringen, was Dargomyshski natürlich auch nicht entgangen ist. Dann die Pracht des fürstlichen Hochzeitsfestes mit Tänzen, Chören und allerhand interessanten traditionellen russischen Hochzeitsbräuchen. Dann die tragische Dramatik in der Rolle Nataschas, die reine Lyrik der jungen Fürstin, die musikalisch überaus dankbaren Stimmungen des jungen

Fürsten, mit ihren aus Sehnsucht und Gewissensqualen und glücklichen Erinnerungen gemischten Gefühlen. Das Melodrama des kleinen Nixleins, die ganze reich auszubeutende Phantastik des Wasserreiches. Endlich die wundervolle Figur des alten Müllers, heute*) noch eine Glanzrolle des unvergleichlichen Schaliapine, und die amüsanten Episodenfiguren der Olga und eines komischen Heiratsvermittlers im zweiten Akte.

Leider erwies es sich, daß nicht alle Elemente dieses reichen und dankbaren Stoffes in gleichem Maße der Feder Dargomyshskis „verwandt" waren, um seinen eigenen, auf Meyerbeer gemünzten Ausdruck zu gebrauchen.

Über die künstlerischen Absichten des Komponisten orientiert ziemlich genau ein interessanter Brief, den Dargomyshski während der Arbeit an der „Russalka" im Sommer 1853 an den aus der Glinka-Biographie bekannten Fürsten Odojewski, einen der hervorragendsten Musikliebhaber und Musikkenner des damaligen Rußland, richtete. Es heißt darin unter anderem:

„Während Sie sich in Wyborg ländlichen Vergnügungen hingeben, mühe ich mich hier mit meiner ‚Russalka'. Je mehr ich unsere volkstümlichen musikalischen Elemente studiere, desto mannigfaltigere Reichtümer entdecke ich in ihnen. Glinka, der bisher allein der russischen Musik breiten Raum (in der Kunstmusik) gegeben hat, hat, meiner Ansicht, nur eine ihrer Seiten berührt, die lyrische. Das Drama ist bei ihm zu weinerlich, die komische Seite verliert ihren nationalen Einschlag. Ich spreche von dem Charakter seiner Musik, denn die Faktur ist immer bewundernswert. Nach Maßgabe meiner Kräfte und Fähigkeiten arbeite ich in der ‚Russalka' an der Entwicklung unserer dramatischen (musikalischen) Elemente. Ich werde glücklich sein, wenn ich

---

*) 1914.

in dieser Richtung die Hälfte von dem erreiche, was Michael Iwanowitsch (Glinka) auf seinem Gebiete erreicht hat..."

Schon früher hatte Dargomyshski, wie erwähnt, den Ausspruch getan, er „fühle sich verpflichtet, eine nationale Schöpfung hervorzubringen". Er trat also, wie auch aus dem eben zitierten Briefe hervorgeht, vollständig bewußt in die Fußstapfen Glinkas, war sich jedoch gleichzeitig klar darüber, daß das von Glinka begonnene Werk der Hebung und Nutzbarmachung der musikalischen Schätze des russischen Volkes noch der Vertiefung bedurfte. Deshalb wollte er den künstlerischen Hebel an anderer Stelle ansetzen. Glinka und Dargomyshski waren zwei grundverschiedene Naturen. Glinka war in allem Idealist, Dargomyshski — der strikte Gegensatz davon, ein überzeugter Realist in allen Fragen der Kunst. In einem Briefe aus späterer Zeit hat Dargomyshski sein künstlerisches Credo ganz klipp und klar ausgesprochen. Die für das Verständnis des Komponisten und seiner Werke hochbedeutsamen Worte seien schon hier angeführt: „Die Routine sucht Melodien, die dem Ohr schmeicheln. Ich jage ihnen nicht nach. Ich will, daß der Ton strikt das Wort ausdrückt. Wahrheit will ich. Das wollen die anderen nicht verstehen."

Wenn man sich die Partitur der „Russalka" daraufhin ansieht, wie weit es Dargomyshski gelungen ist, seiner künstlerischen Überzeugung durch die künstlerische Tat Ausdruck zu verleihen, so muß man zugestehen, daß ihm das, wenn auch nicht in der Vollendung, so doch in hohem Maße geglückt ist. Die Ausdruckskraft des dramatischen Gesanges hatte sich bislang, wenigstens in der russischen Oper, noch nicht zu der Höhe gesteigert, die Dargomyshski stellenweise in der „Russalka" erreicht. Meisterlich in jedem Strich ist die musikalische Charakterzeichnung des Müllers. Er ist die erste ganz realistische Figur von Fleisch und Bein, die die russische Opernkunst auf die Bühne gebracht hat. Zu den gelungensten Seiten der „Russalka"-Partitur gehören ferner ohne Zweifel die Chöre, in denen sich das nationale Kolorit oft zu außerordentlicher Intensität verdichtet. Ein kleines Meisterwerk ist gleich der erste Männerchor mit Begleitung einer obligaten Oboe. Was die Chöre der „Russalka" im allgemeinen anbetrifft, so stehen sie kaum zurück hinter den prächtigen Chören der Glinkaschen Opern. Ausnahmen bilden nur die Chöre, in denen nationale Anklänge vermieden sind (Chor der Jäger, Chöre der Nixen). Die musikalische Erfindungsgabe Dargomyshskis äußert sich mit überzeugender Kraft überall da, wo er den realen Boden der Wirklichkeit nicht verläßt. Er war ein musikalischer Anthäus, der alle seine Kräfte aus der Berührung des heimischen Erdreiches schöpfte. Dagegen verlassen den Komponisten alle guten Geister, sobald er sich aufs Gebiet der reinen Phantasie begibt. Alle Szenen, die sich im phantastischen Reiche der Wassergeister abspielen (besonders die geradezu klägliche „Apotheose") gehören nicht nur zu den schwächsten Partien des Werkes, sondern halten überhaupt keiner ernsthaften Kritik stand.

Der Wunsch Dargomyshskis, den Puschkinschen Text der „Russalka" möglichst unverändert beizubehalten, stellte ihn vor die Notwendigkeit, mit den traditionellen Formen des Opernstiles zu brechen. Doch tat er das hier noch nicht mit der Rigorosität, die er in dieser Beziehung später an den Tag legte. Puschkin hatte seine „dramatischen Szenen" natürlich nicht daraufhin angelegt, daß sie später als Textunterlage zu Arien, Duetten und Terzetten dienen sollten. Trotzdem ist es Dargomyshski gelungen, einzelne Verse seines Dichters zu diesem Zwecke herauszuschälen und sie in die traditionellen Opernformen hineinzuzwängen. Freilich ließ sich das längst nicht immer bewerkstelligen. Und dieser Umstand geriet dem Komponisten zum Heile. Er sah sich genötigt, weite Strecken seiner Partitur als

Rezitative durchzukomponieren, vielleicht ohne es selbst zu wissen, daß darin die Hauptstärke seines Talentes lag. Daß das Secco-Rezitativ der italienischen Oper nicht am Platze gewesen wäre, das sagte dem Komponisten sein guter Geschmack von vorneherein. Es galt also, eine neue Form zu finden. Und so wurde Dargomyshski gezwungenermaßen zum Schöpfer des Vokalstiles, der nachher zu außerordentlicher Bedeutung in der russischen Opernproduktion werden sollte. Er führte in der „Russalka" das „melodische Rezitativ" ein. Der musikalische Schwerpunkt liegt bei dieser Art des Rezitativs durchaus in der Singstimme, die sich in freien, ausdrucksvollen, eben „melodischen" Wendungen ergeht, doch beschränkt sich das Orchester dabei nicht auf eine einfache, trockene, akkordische Begleitung, sondern ist bemüht, durch eine möglichst ausdrucksvolle Sprache den Gesang zu unterstützen. Als eigentlicher „Erfinder" des „melodischen Rezitativs" — wem fiele dabei nicht Gluck ein — kann Dargomyshski nicht einmal für Rußland gelten. Schon Glinka verwendet es, allerdings nur gelegentlich und ganz zufällig, im „Leben für den Zaren" und im „Rußlan". Dargomyshski kann nur Anspruch auf das Verdienst erheben, die ganze Ertragsfähigkeit dieses Vokalstiles erkannt und ihn selbst zum formalen Prinzip für die dramatische Musik erhoben zu haben. Der Charakter seines musikalischen Talentes läßt ihn dazu ausersehen erscheinen. Dargomyshski war ein vorzüglicher Kenner der Gesangskunst. Er selbst meint von sich in seiner Autobiographie mit vollem Rechte: „Da ich mich ständig in Gesellschaft von Sängern und Sängerinnen bewegte, gelang es mir bald, alle Eigenschaften und Eigenheiten der menschlichen Stimme, sowie die Kunst des dramatischen Gesanges praktisch zu erlernen." Alles was Dargomyshski für Gesang geschrieben hat, darunter an erster Stelle seine Rezitative, verrät in der Tat ein überaus feines

Verständnis für die Behandlung der menschlichen Stimme und eine darauf basierte seltene Kunst, ausdrucksvolle Gesangsphrasen zu erfinden. Auch in der Erfindung kurzer prägnanter Motive der Orchesterbegleitung war Dargomyshski stets glücklich. So war er eigentlich von Natur aus dazu prädestiniert, den Stil des „melodischen · Rezitativs" zu pflegen und man kann es sowohl für ihn, als auch für die russische Kunst als freundliche Schicksalsfügung betrachten, daß ihn die Wahl seines ersten nationalen Opernstoffes dazu zwang. Von hier bis zur Anwendung des Leitmotives wäre nur ein Schritt gewesen. Doch hat ihn Dargomyshski in der „Russalka" nicht gewagt, ja nicht einmal einen schüchternen Versuch dazu gemacht. Sein melodisches Rezitativ bewegt sich völlig frei, ohne jeden motivischen Zwang. Daß auch auf diese Weise ästhetisch Unanfechtbares, künstlerisch Wertvolles und formal Abgerundetes zustandekommen kann, beweist manche schöne Seite der „Russalka"-Partitur, z. B. das lange rezitativische Gespräch zwischen dem wahnsinnigen Müller, der sich einbildet, als Rabe herumzuflattern, und dem jungen Fürsten.

Wenn vorhin ein Ausspruch Dargomyshskis zitiert wurde, demnach sich der Komponist nicht bemüßigt fühlte, gefälligen und einschmeichelnden Melodien „nachzujagen", so will das durchaus nicht besagen, daß ihm die melodische Erfindungsgabe überhaupt fehlte. Im Gegenteil, vielleicht jagte er den Melodien nicht nach, weil sie sich von selbst einstellten. Auch die Partitur der „Russalka" weist gar viele schöne melodische Blüten auf. Gleich die Ouvertüre hat als zweites Thema eine außerordentlich ausdrucksvolle Melodie von fast schubertischer Wölbung. Leider war der Komponist nicht immer genügend wählerisch. Neben sehr Eigenartigem und Schönem finden sich oft die banalsten Wendungen. Auch Reminiszenzen ist Dargomyshski, obgleich er ihrer gewiß nicht bedurfte, nicht immer mit der nötigen

Vorsicht aus dem Wege gegangen. Besonders auffallend sind die „Reminiszenzen im großen Terzett des ersten Aktes der „Russalka" an das berühmte Terzett aus dem „Leben für den Zaren". Hier wie dort derselbe freie imitatorische Stil, der zwar hier wie dort mit dem gleichen Geschick gehandhabt ist, doch blickt das bekannte Vorbild bei Dargomyshski allzu deutlich durch. Fast ebenso auffallend, wenngleich weniger bemerkt, ist in der folgenden Arie Nataschas die Reminiszenz an „Ci darem la mano" aus dem „Don Juan". Und trotz dieser gelegentlichen Entgleisungen kann man Dargomyshski die Qualitäten eines eigenartigen und kraftvollen Melodikers doch nicht absprechen, dem es freilich leider nicht immer darauf ankam, sich von dieser Seite in besonders günstigem Lichte zu zeigen.

Verhältnismäßig schwach bestellt war es bei Dargomyshski um die Beherrschung der großen musikalischen Formen. Wenn man seine sehr lückenhafte musikalische Vorbildung bedenkt, so ist das weiter nicht verwunderlich. Aber bedauerlich bleibt es doch. Das heißt, sobald Singstimmen in Aktion treten, weitet sich der Blick des Komponisten auch in dieser Beziehung. Es ist als ob die Textworte sich ganz von selbst zu abgerundeten musikalischen Formen zusammenschließen. An den Arien, Duetten, Terzetten, Quartetten mit und ohne Chor, die die Partitur der „Russalka" aufweist, ist in formaler Beziehung nicht das Geringste auszusetzen, ebensowenig an jenen rezitativischen Gebilden, bei denen der Komponist die Form erst selbst schaffen mußte. Doch versagt sein Können vollständig, sobald es sich um die Formen der reinen Instrumentalmusik handelt. Die Ouvertüre zur „Russalka" bekundet in formaler Hinsicht eine geradezu bemitleidenswerte Hilflosigkeit. Nicht die Spur von organischer Entwicklung steckt in dem Stücke. Der Aufbau ist unklar, unübersichtlich, fast schülerhaft.

Es tut einem immer leid um das schöne zweite Thema, wenn man die Ouvertüre hört. Der Komponist hat es so ganz und gar nicht verstanden, dieser glücklichen Eingebung das erforderliche Relief zu geben. Merkwürdig schlecht gelungen sind auch die Tänze im zweiten Akt, die etwas ordinär in der Erfindung und höchst primitiv in der Form sind. Wenn ihm keine Textworte als formgebendes Prinzip vorliegen, ist Dargomyshski entweder ganz hilflos, oder er verfällt — was auch von seinem Standpunkte aus höchst verwerflich ist — der Routine. Das zeigen die Ouvertüre, die Tänze und nicht zum wenigsten die Schluß-Apotheose der „Russalka" in leider nur zu deutlicher Weise.

Eine der anziehendsten Seiten im Charakter Dargomyshskis, als Künstler wie als Mensch, war sein feiner Sinn für Humor. Bei der Besprechung seiner Lieder wird sich Gelegenheit bieten, auf diese Seite seines Wesens näher einzugehen. Als Glinka mit Dargomyshski näher bekannt wurde, riet er ihm dringend, sich auf dem Gebiete der komischen Oper zu versuchen. Er erkannte richtig, daß dies das Feld gewesen wäre, auf dem Dargomyshski sein Talent im günstigsten Lichte hätte zeigen können. Dargomyshski hat den Rat leider nicht befolgt. Ein späterer Versuch blieb in den ersten Stadien der Entwicklung stecken. Doch ließ er natürlich Gelegenheiten, die komische Ader seines Talentes zu verwerten, nicht ungenützt vorübergehen. In der „Russalka" boten sich solche Gelegenheiten, und die betreffenden Stellen gehören zweifellos zu den besten Seiten der Partitur. Der alte Müller ist, solange er seine fünf Sinne beisammen hat, eine Figur, die einer ganz spezifischen Komik nicht entbehrt.

Wie jede Seite des menschlichen Charakters, so ist auch der Humor ganz entschieden nationalen Bedingungen unterworfen. Was der Deutsche komisch findet, darüber verzieht der Franzose oder Engländer keine Miene, was den

Russen lachen macht, das findet der Deutsche vielleicht abgeschmackt und nichts weniger als lächerlich. Die Unterschiede, die in dieser Beziehung bei den Vertretern verschiedener Gesellschaftsklassen e i n e s Volkes den Geschmack bestimmen, haben natürlich in bedeutend höherem Grade für die Angehörigen verschiedener Nationen Geltung. Handelt es sich um die Kunst, so heißt es in Fragen des Humors und der komischen Wirkung ebenso wie in allen anderen Fragen: „Willst du den Dichter recht verstehen, mußt du in Dichters Lande gehen". Jedes Volk hat seine ganz bestimmten komischen Typen, seine ganz spezifischen Begriffe von Humor, die wieder aus ganz bestimmten Situationen hergeleitet werden, aus Situationen, die eben nur unter den Lebensbedingungen dieses und keines anderen Landes möglich sind. Das meinte Dargomyshski, wenn er Glinka den Vorwurf machte, daß die Komik bei ihm „des nationalen Einschlags entbehre". Dargomyshski hat versucht, es besser zu machen und in dieser Beziehung tatsächlich einiges Unnachahmliche geschaffen. Besonders charakteristisch, ein kleines Meisterwerk feinsinniger Komik, ist die Szene zwischen dem übereifrigen „Heiratsvermittler" — einer überaus typischen Figur der russischen Volkssitten — und der Schar junger lustiger russischer Dirnen im zweiten Akt der „Russalka". Das ist nationale Komik von bester Art. Kein richtiger Russe wird die Szene ohne geheimes Schmunzeln anhören können.

Mit ungewöhnlichem Eifer arbeitete Dargomyshski in den Jahren 1852—55 an seiner „Russalka". Einen kräftigen Antrieb für seine Arbeitslust, den er so sehr brauchte, bot ihm folgender Umstand. Auf Vorschlag des Fürsten W. N. Odojewski veranstaltete Dargomyshski im April 1853 ein Konzert in Petersburg, in dem er eine ganze Reihe seiner Kompositionen zur Aufführung brachte. Das Konzert hatte überraschenden Erfolg. Dargomyshski, dessen Name nach der Aufführung der „Esmeralda" auch weiteren Schichten des Petersburger Publikums bekannt geworden war, wurde bei dieser Gelegenheit zum Gegenstand lebhafter Ovationen gemacht. die in der Überreichung eines kostbaren Dirigentenstabes gipfelten. Diese äußere Anregung hatte auf die Arbeitskraft des Komponisten eine überaus günstige Wirkung. Er selbst schreibt an einen seiner Freunde folgendes über das Konzert: „Ich gab ein großes Konzert im Saale der Adelsversammlung. Das Publikum nahm meine Kompositionen mit einem Enthusiasmus auf, der ihren tatsächlichen Wert bedeutend überstieg. Das hat die ganze ‚Synagoge'*) (wie Glinka sagt) und alle kleinen Komponisten und Journalisten gegen mich aufgebracht. Um sie noch mehr in Wut zu bringen, will ich mich im Sommer tüchtig an die Arbeit machen und versuchen, etwas wirklich Anständiges zustande zu bringen."

Ende 1855 war die „Russalka" fertig. Dieses Mal brauchte der Komponist nicht lange auf die Aufführung seines Werkes zu warten. Er war immerhin schon eine „kleine" Berühmtheit geworden und die Direktion der kaiserlichen Theater sah sich infolgedessen veranlaßt, die Aufführung seiner neuen Oper mit etwas mehr Eifer zu betreiben. Freilich so weit reichte der Eifer nicht, daß man sich bemüht hätte, das Werk in ein seiner Bedeutung halbwegs entsprechendes äußeres Gewand zu kleiden. Die erste Aufführung der „Russalka" vollzog sich nach dem Prinzipe, daß für einheimische Komponisten des Schlechteste immer noch gut genug sei. Man kann sich denken, was der arme Komponist dabei gelitten hat. Der damalige Kapellmeister der russischen Oper, K. N. Ljadow, der Vater des später bekannt gewordenen Komponisten, war von einer unbegreiflichen Animosität gegen Dargomyshski und sein Werk erfüllt. Er studierte das Werk mit mittelmäßigen Kräften höchst flüch-

*) Damit ist das Petersburger Konservatorium gemeint, an dessen Spitze A. Rubinstein stand.

264

tig ein, erlaubte sich auf Schritt und Tritt Tempoverschiebungen, ohne den Angaben des Komponisten die geringste Beachtung zu schenken, brachte sinnentstellende Kupüren an, wo es ihm beliebte, kurz trätierte die Oper so, wie man ein von vornherein dem Tode verfallenes Kunstwerk zu trätieren pflegt. Die Theaterdirektion, speziell der Oberregisseur, sekundierte dem Herrn Kapellmeister dabei in einer seinen Handlungen völlig entsprechenden Weise. Ein Zeitgenosse Dargomyshskis, W. T. Sokolow, schildert in seinen „Erinnerungen" an den Komponisten diese erste Aufführung der „Russalka" unter Anführung von Tatsachen, die über die geradezu skandalöse Nachlässigkeit der Theaterleitung dem Kunstwerke gegenüber keinen Zweifel lassen. Dargomyshski war den Vorgängen gegenüber natürlich nicht blind, doch überwog bei ihm die Spannung und Freude, sein Werk zu hören, alle Bedenken. Er ließ die Dinge gehen, wie sie gingen, und war zufrieden, daß er sein Werk überhaupt zu hören bekam. Erst nach der ersten Aufführung klagt er einer Freundin, Frau L. J. Karmalina, sein Leid in einem Briefe: „Wenn Sie statt der Probe die Aufführung gehört hätten, so hätte meine Musik längst nicht den Eindruck auf Sie gemacht. Sie können sich nicht denken, in welch einem Maße die erbärmliche Ausstattung der Oper die Wirkung der Musik beeinträchtigt. Auf der Hochzeit des Fürsten brennen zwei Paar dreiarmiger Kandelaber. Die abgeschlissenen Bojarenkostüme und die Tischdekorationen, die schon in gegen hundert Vorstellungen des Stückes „Russische Hochzeit" haben herhalten müssen, tragen deutliche Spuren der Unreinlichkeit, die hinter den Kulissen herrscht. Zum Schluß der Oper sieht man statt der graziösen Schwimmbewegungen lebender Nixen, die den Körper des ertrunkenen Fürsten mit sich ziehen, zwei gräßliche Seeungeheuer, die perpendikulär herabgelassen werden. Diese Ungeheuer haben menschliche Köpfe mit Backenbärten um die Wangen und die Körper mächtiger Barsche mit geringelten Schwänzen! Ein schwacher Trost ist, daß einer dieser Köpfe, wie ein Tropfen Wasser dem andern, Gedeonow*) gleicht. Urteilen Sie selbst, ob dabei eine gute Wirkung möglich ist."

Natürlich war unter solchen Umständen nicht nur keine gute Wirkung einzelner Szenen möglich, es war auch nicht möglich, daß die Oper in dieser Gestalt einen befriedigenden Erfolg beim Publikum haben konnte. Der ersten Aufführung der „Russalka", die im Mai 1856 stattfand, folgten nur wenige weitere, dann verschwand die Oper sang- und klanglos vom Repertoire. Das Publikum verhielt sich sehr kühl. Und ebenso reserviert äußerte sich die Fachpresse, soweit die dilettantischen musikalischen Skribenten des damaligen Petersburg diesen ehrenden Sammelnamen verdienen. Der einzige, der warm für den arg verkannten und verketzerten Autor der „Russalka" eintrat, war der Komponist A. N. Sseroff, der in einem eigenbrödlerischen „Musik- und Theaterboten" zehn umständliche analytische Artikel über die Oper schrieb. Sseroff erkannte die Bedeutung, die die „Russalka" als künstlerische Tatsache für die musikalische Entwicklung des Landes haben mußte. Er fühlte die Sprache musikalischer und dramatischer Wahrheit, die Dargomyshski in seiner Oper zu reden bemüht war, und fühlte, daß Dargomyshski in dieser Beziehung Glinka überlegen war. Sseroff schreckte nicht davor zurück, die für die damalige Zeit unerhörte Ansicht auszusprechen, daß die „Russalka" als Kunstwerk, mit dem strengen Maßstabe allgemein ästhetischer und musikalisch-dramatischer Forderungen gemessen, eigentlich höher stehe als „Das Leben für den Zaren". Ein Urteil, das allerdings stark übertrieben ist, ebenso wie die für den Komponisten der „Russalka" überaus schmeichelhafte Parallele,

---

*) Gedeonow war der damals berüchtigte, schon aus der Glinka-Biographie unrühmlichst bekannte Direktor der Petersburger Kaiserlichen Theater.

die Sseroff, in bezug auf die Wahrheit des musikalischen Ausdrucks zwischen Dargomyshski und — Gluck zieht. Nur über die letzte Szene der „Russalka", die unglückliche „Apotheose", mußte natürlich auch Sseroff, wie jeder vernünftige Kunstkritiker, ein geradezu vernichtendes Urteil fällen. Doch überzeugte auch er den Komponisten nicht. In dem Briefwechsel, der im Anschluß an die „Russalka"-Artikel Sseroffs zwischen beiden Komponisten entstand, findet sich folgender charakteristischer Passus Dargomyshskis: „Ich glaube Ihren Eindrücken (vom letzten Bilde der Oper) um so mehr, als Sie mit den Eindrücken aller anderen schamhaften und schamlosen Rezensenten übereinstimmen. Merkwürdig nur, daß gerade dieses Finale mir die liebste Nummer der ganzen Oper ist. Übrigens ist der Autor in solchen Fällen ein schlechter Richter." Merkwürdig in der Tat, daß auch Dargomyshski die Regel bestätigt, daß die Fehler eines Kunstwerkes dem Verfasser fast immer als besonders schätzenswerte Vorzüge erscheinen.

In späteren Jahren veränderte Sseroff seine Stellungnahme zu Dargomyshski in fast unerklärlich krasser Weise. Warum und wie das geschah, soll an anderer Stelle erzählt werden. Nur soll die Tatsache nicht verschwiegen werden, daß zwölf Jahre nach der ersten Aufführung der „Russalka" Sseroff alles zurücknahm, was er in seinen zehn Artikeln über die Oper gesagt hatte, daß er Dargomyshski nicht nur jede Eigenart, sondern auch jedes Talent absprach und ihn zum physiognomielosen Nachtreter Glinkas stempelte.

Wie dem auch sei — in der wenig erheiternden Zeit, die auf die erste Aufführung der „Russalka" für Dargomyshski folgte, mag ihm die warme Anerkennung des Kollegen und einzig urteilsfähigen Kritikers Petersburgs wohler getan haben, als ihn sein späterer Verrat, den er nicht mehr erlebte, geschmerzt hätte.

Das unzweideutig kühle Verhalten des Publikums bei den ersten Aufführungen der „Russalka" berührte Dargomyshski verhältnismäßig wenig. Hatte er ein Werk vollendet und gar schon gehört, so lag ihm dessen ferneres Schicksal nicht mehr am Herzen. Dem Beifall des Publikums und allen daraus entstehenden Annehmlichkeiten gegenüber verhielt er sich gleichgültig. Das war keine Pose, sondern er meinte es vollständig ehrlich. Dieser Charakterzug war bei seiner Natur eines echten und rechten russischen „Barin" sehr verständlich. Dargomyshski brauchte den Beifall als Anregung zu kommenden, nicht als Lohn für schon vollbrachte Taten. Daraus erklärt sich die sonst verwunderliche Indolenz, die er seinen eigenen Werken gegenüber an den Tag legte und die ihm das „laissez aller, laissez passer" in allen Situationen recht erscheinen ließ. Den Lohn für seine künstlerischen Taten suchte er anderweitig, als im rauschenden Beifall der Menge und in offiziellen Ehrungen seiner Persönlichkeit. Darüber äußert er sich selbst, bald nach den ersten verunglückten Aufführungen der „Russalka" in einem Brief an Frau Karmalina. Und in diesen Briefen war ihm Aufrichtigkeit Herzenssache. Dargomyshski schreibt: „Wir sehen mit Ihnen viele Dinge verschieden, ja sogar in direkt entgegengesetzter Weise an. Sie z. B. sind vollständig befriedigt durch den Thymian der ausländischen Zeitungen, halten ihn für einen würdigen Lohn Ihres Talentes, Ihrer Mühen usw. Von Ihrem Standpunkte aus haben Sie recht. Aber wenn Sie schreiben, daß Rußland mich nicht gewürdigt hat, mich, dem man einen Tempel erbauen sollte (diese Hyperbel kann übrigens nicht einmal durch die exaltierteste Freundschaft gerechtfertigt werden), so kann ich Ihnen beweisen, daß Rußland mich voll gewürdigt hat und vielleicht sogar über Gebühr. Es ist wahr, daß die Theaterdirektion sich, solange ich lebe, mir gegenüber widerwillig benommen hat; daß die höchste Gesellschaft und die Beamtenwelt meine Opern nicht besucht hat; daß einige Zeitungsskribenten sich nicht gerade wohlwollend über mich geäußert haben, obgleich sie sich doch schämten, ihre Namen zu unterschreiben. Aber alles das gehört zur zufälligen, zeitweiligen Ordnung der Dinge, und alles das im umgekehrten Verhältnisse wäre mir kein wahrer Lohn für meine Werke... Sie fragen, worin ich denn meinen Lohn suche. Worin? Nun denn — im Mitgefühl und Verständnis einiger weniger, die dazu berufen sind, alles Gute, Schöne und Edle zu lieben, in den Tränen, die ich in den Augen vieler meiner lieben Zuhörerinnen erblickt habe, Tränen, die sich weder durch die Abwesenheit der Aristokratie, noch durch die elende Ausstattung meines Werkes, noch durch die dummen Auseinandersetzungen Halbgebildeter zurückdrängen ließen; endlich in den Abenden, die ich mit Ihnen und anderen, die meinem Herzen und meinem Ohre lieb sind, verbracht habe, und in vielem, vielem, das für die Mehrzahl der Menschen unergründlich ist... Sie wissen, daß ich immer für irgend jemanden schreibe, daß ich auch für Sie geschrieben habe, als Sie es wollten... Kurz, wenn Sie und die anderen, für die ich geschrieben habe, mein Talent schätzen, was soll mir dann die Anerkennung der Theaterdirektoren, Beamten und Zeitungen! Für mich als Künstler bedeuten Sie und jene wenigen anderen — Rußland. Folglich habe ich von meinem Gesichtspunkte aus recht, wenn ich behaupte, daß Rußland mich anerkennt. Ist das klar?..."

Glücklicherweise hat Dargomyshski es dennoch erlebt, daß die Anerkennung seines Talentes nicht auf dieses „intime" Rußland beschränkt blieb. Und zwar hat er seine ersten regelrechten Triumphe gerade mit dem Werke gefeiert, das anfangs so beleidigend reserviert aufgenommen wurde, mit der „Russalka". Übrigens ist die Partitur dieser Oper, ebenso wie die Partitur von Glinkas „Rußlan" nur durch einen Zufall der Nachwelt erhalten geblieben. Im Jahre 1858 wurde die „Russalka" in Moskau zum Benefiz der Primadonna des Großen Theaters, Frau Semenowa, aufgeführt. Zu diesem Zwecke wurde die Partitur, die sich in der Bibliothek des Petersburger Theaters „Zirkus" befand, kopiert und die Kopie nach Moskau geschickt. Im selben Jahre brannte dann das Petersburger Theater nieder und die ganze Bibliothek mit allen dort verwahrten Partituren wurde ein Raub der Flammen. Die Moskauer Aufführung der „Russalka" war von starkem, wenn auch nicht durchschlagendem Erfolge begleitet. Jedenfalls genügte der Erfolg, um der Petersburger Direktion den Gedanken nahezulegen, das Werk neu einzustudieren. Im Jahre 1859 wurde zwar nichts daraus. Statt dessen holte man die „Esmeralda" aus dem Theaterarchive hervor, um sie zu nochmaligem Scheindasein zu erwecken. Dagegen kam es erst 1865 zu einer Neueinstudierung der „Russalka" in dem an Stelle des abgebrannten Theaters „Zirkus" erbauten Marien-Theater. Dargomyshski selbst erwartete nichts mehr von diesem zweiten Versuch. Doch dieses Mal täuschte er sich. Die neueinstudierte „Russalka" erzielte einen unerhörten Erfolg. Abend für Abend machte die Oper volle Häuser und bei vielen Vorstellungen war der Komponist Gegenstand stürmischer Ovationen. Was hatte dieses Wunder bewirkt? Augenscheinlich nur die Neubesetzung der Hauptrollen, zu denen dieses Mal nicht die „zweite Garnitur", sondern die bedeutendsten Künstler der russischen Oper hinzugezogen wurden, dieselben Künstler, die auch den Werken Glinkas zum Siege verholfen hatten, Frau Platonowa, Frau Leonowa und vor allem der berühmte Petrow, der aus der Figur des Müllers ein Meisterwerk musikalisch-darstellerischer Kunst schuf. Sonst war alles beim alten geblieben. Man hatte es nicht für nötig befunden, Ausstattung und Dekorationen zu erneuern. Als jedoch die Oper unerwarteterweise einen durchschlagenden Erfolg erzielte und die Theaterkasse in angenehmster Weise füllte, besannen sich die leitenden Personlichkeiten der Petersburger Oper auf ihre Pflichten der einheimischen Kunst gegenüber. Im Jahre 1867 erhielt die „Russalka" eine „eigene" vollständig neue und äußerst prunkhafte Ausstattung. Und nun, unter Leitung des hochbegabten jungen Kapellmeisters Naprawnik, der den inzwischen verstorbenen Ljadow am Dirigentenpulte des Marien-Theaters ersetzte, begann die Glanzperiode der „Russalka", die bald zur erklärten Lieblingsoper des Petersburger Publikums wurde. Von diesem Augenblicke bis auf den heutigen Tag ist die „Russalka" nicht mehr vom Repertoire der Kaiserlichen Theater in Petersburg und Moskau verschwunden und wetteifert an Popularität mit dem „Leben für den Zaren". Für die Lebensfähigkeit des Werkes ist das jedenfalls ein unwiderleglicher Beweis.

Wenn man die „Russalka" auch nicht ohne Vorbehalt als Meisterwerk bezeichnen kann, so bildet das Werk doch eine bedeutsame Erscheinung in der Geschichte der russischen Oper. Es ist sozusagen die Probe auf das Exempel der Glinkaschen Opern. Den Zeitgenossen bewies es, daß die künstlerische Tat Glinkas dazu ausersehen war, fortzeugend eine national-russische Opernkunst zu gebären, den kommenden Generationen russischer Opernkomponisten wies die „Russalka" den Weg des künstlerischen Schaffens. Und zwar nicht nur nach der Seite national-musikalischer Ziele hin, sondern auch im Sinne der Vertiefung der musikalisch-dramatischen Kunst als solcher.

Das persönliche Leben Dargomyshskis verstrich unterdessen stets in denselben Formen. In materieller Beziehung war er vollständig unabhängig gestellt. Er konnte arbeiten, wenn es ihm paßte, und wenn es ihm nicht paßte, arbeitete er nicht. Für ein Honorar hat Dargomyshski nie geschrieben. Er hat auch nie eines bekommen, mit Ausnahme der sehr knappen Tantième, die ihm für die „Russalka" ausgezahlt wurde. Für einen russischen Komponisten der damaligen

Zeit war das übrigens nichts Wunderbares. Auch Glinka hat nie ein Honorar von seinem Verleger gesehen. Aber selbst ohne die Verpflichtung, Honorar zu zahlen, waren die russischen Verleger für die Herausgabe größerer Werke nicht zu haben. Die „Russalka" mußte Dargomyshski auf eigene Kosten drucken lassen, und war noch froh, daß ihm der Druck so „billig" — nämlich 700 Silberrubel — zu stehen kam. Unterdessen mästeten sich seine Verleger vom sehr bedeutenden Gewinn, den seine Lieder einbrachten.

Das häusliche Leben Dargomyshskis in Petersburg trug, nach den Schilderungen seiner Zeitgenossen einen überaus gemütlichen Charakter. Dargomyshski hat nicht geheiratet, trotz seiner offenkundigen Vorliebe fürs weibliche Geschlecht. Er trug ein Idealbild der Frau im Herzen, dem er nur einmal im Leben begegnete, ohne doch, wie er sich selbst ausdrückte, über das Stadium einer „enthusiastischen Seelenfreundschaft" hinauszukommen. Dargomyshski lebte als Junggeselle zuerst mit seinem Vater bis zu dessen Tode im Jahre 1864; dann mit einer seiner Schwestern, die ihm die Wirtschaft führte. Über zwanzig Jahre bewohnte er dieselbe anspruchslose Wohnung in einer abgelegenen Straße der Petersburger Innenstadt. Es ist verständlich, daß bei der Stellung, die Dargomyshski im Petersburger Musikleben einnahm, sich jedermann, der sich ernsthaft für Musik interessierte, zum Verkehr mit ihm drängte. Im Hause des Komponisten der „Russalka" wurde die sprichwörtliche russische Gastfreundschaft in breitestem Maße geübt, doch galt es, sich dem Tone, der in diesem Hause herrschte, anzupassen. Dargomyshski war in der Wahl seines Umganges immerhin vorsichtig. Neugierige Gaffer hielt er sich mit aller Energie vom Leibe. Seine Freunde dagegen fanden in ihm stets denselben unbestechlich ehrlichen, edlen, frohgelaunten Menschen, einen feingeistigen Gesellschafter, der voll ungezwungenen Humors steckte und sich bis an sein Lebensende eine jugendliche Warmherzigkeit und das lebendigste Interesse für seine Umgebung bewahrte. Dies die Charakteristik W. T. Sokolows, der vom Jahre 1856 an zum nahen Freundeskreise Dargomyshskis gehörte. In den „Erinnerungen" Sokolows findet sich eine lebendige Schilderung des geselligen Lebens im Hause Dargomyshskis. Sie mag auch hier Platz finden.

„Bei Dargomyshski," schreibt Sokolow, „versammelte sich ganz regelmäßig zweimal in der Woche ein intimer Kreis seiner guten Bekannten und es wurden musikalische Abende veranstaltet, an denen sich stets auch der Vater des Komponisten beteiligte, der ein großer Liebhaber der Gesangskunst und besonders der Werke seines Sohnes und Glinkas war. An diesen Abenden wurden von Liebhabern und den Schülerinnen Dargomyshskis, außer seinen Kompositionen, Werke von Glinka, Moniuszko, Gluck, Weber, Méhul, Auber u. a. aufgeführt, mit einem Worte alles, was es in der Vokalliteratur der damaligen Zeit Gutes gab, mit Ausnahme italienischer Musik, die an diesen Abenden selten gesungen wurde und wenn, dann nur spaßeshalber. Später wurde an diesen Abenden bei Dargomyshski die ganze Oper ‚Der Gefangene im Kaukasus' von Cui aufgeführt, Bruchstücke aus der Oper ‚Mazeppa' von Baron Vietinghoff, Bruchstücke aus der Oper ‚Judith', das ‚Pater noster' von Sseroff und eine ganze Reihe von Werken der neueren russischen Musikliteratur. Diese Abende zeichneten sich durch die absolute Freiheit aller Teilnehmer vorteilhaft aus. Wer nicht singen und selbst musizieren wollte, konnte sich den ganzen Abend als stummer Zuhörer verhalten. Doch mußte während der Aufführungen vollständige Stille beobachtet werden. Darüber wachte Dargomyshskis Vater selbst wie ein Argus. Um 10 Uhr begab sich der Greis meist zur Ruhe. Dann wurde oft vierhändig gespielt (was der Alte nicht liebte, in seiner Gegenwart spielte man nie). Am Klavier saß immer Dargomyshski, meist sekundierte ihm M. R. Schtscheglow, ein intimer Freund des Komponisten und vorzüglicher Klavier- spieler, obgleich Dilettant. Zuweilen wurde sogar getanzt. Dazu spielte fast immer Dargomyshski selbst und improvi- sierte die gewagtesten Quadrillen und Polkas, die musika- lisch ebenso interessant als unbequem zum Tanzen waren. Zum Abendessen blieb meist nur ein ganz intimer Freundes- kreis, sechs bis zehn Personen. Diese Abendessen, die sehr bescheiden waren und meist aus einer Speise und allerhand süßen Kuchen bestanden, dehnten sich oft bis spät in die Nacht hinein aus. Sehr oft wurden, während man bei Tische saß, allerhand ‚Serenaden‘ gesungen. Einmal kam es uns in den Kopf, die ‚Freischütz‘-Ouvertüre im Chore abzu- singen, und wir sangen sie auch trotz vielfacher Hinder- nisse und unfreiwilliger Stationen von Anfang bis zu Ende durch."

Diese häuslichen Musikabende waren das gesellschaftliche Element, in dem sich Dargomyshski am wohlsten fühlte. Oft äußerte er, daß er sie gegen keine Freuden und Ver- suchungen der „großen Welt" eintauschen möchte. Wenn er Musik außerhalb des eigenen Hauses suchen wollte, so machte sich Dargomyshski in die Oper auf. Konzerte haßte er. Dar- über äußerte er sich in unzweideutiger Weise in einem Briefe an Frau Karmalina, der auch eine Kritik seiner eigenen häus- lichen Musikübungen enthält. Es heißt darin:

„Für Konzerte habe ich wenig Sympathie . . ., sie inter- essieren mich fast gar nicht. Nach dem Theater, nach der dramatischen Musik langweilen sie mich im allerhöchsten Grade. Außerdem liebe ich nicht alle Scharlatanerie, die pedantischen Streitigkeiten der ‚Kenner‘, mißglückter Kom- ponisten und Journalisten. In den Konzerten grassiert alles das in der fürchterlichsten Weise, und wehe dem Künstler, der es sich einfallen läßt, sich an diesen moralischen Faust- kämpfen zu beteiligen. Wenn Sie wüßten, wie friedlich und

274

angenehm ich zu Hause die Zeit verbringe, in einem Freundeskreise, der nicht zahlreich ist, in dem jedoch auf Gegenseitigkeit beruhende freundschaftlich-aufrichtige Beziehungen herrschen und dieselbe Hingabe an die Kunst. Dieser Kreis besteht aus einigen meiner Schülerinnen und einigen talentvollen Gesangliebhabern. Die russische Musik wird bei uns einfach, ordentlich und ohne alle gekünstelte Effekthascherei gesungen, so wie unser verstorbener Freund Michael Iwanowitsch (Glinka) es liebte. In früheren Jahren wurden meine Abende oft durch die Anwesenheit von verschiedenen ruhm- und streitsüchtigen ‚Kennern‘ verfinstert, diesen Winter sind sie alle ausgeblieben und meine Sänger können sich nicht genug über unsere Einsamkeit freuen. Überhaupt verläuft mein musikalisches Leben höchst angenehm. Erstens die Theaterdirektion: sie unterstützt mich zwar nicht gerade, aber verfolgt mich auch nicht wie früher. Zweitens: die lärmende ‚gute Gesellschaft‘, die gelehrte Musikwelt und der Zeitungsstrudel haben meine Existenz, wie es scheint, vergessen, so daß ich in aller Stille meine Kunst selbst genießen und nur für Wenige komponieren kann. Möchte ich nur immer diese Wenigen haben, für die zu schreiben mir am Herzen liegt...“ (Der Brief ist im November 1859 geschrieben.)

Zu den Besuchern des Dargomyshskischen Hauses gehörten vom Jahre 1859 an vier junge Leute, die im damaligen Musikleben Petersburgs noch gar keine Rolle spielten, deren Namen jedoch bald zu höchster Bedeutung für die musikalische Entwicklung Rußlands gelangen sollten. Es waren: Balakirew, Cui, Mussorgski und Rimski-Korssakow. Von den geistigen Beziehungen Dargomyshskis und dieser vier jugendlichen Brauseköpfe, die bald den Begriff der „neurussischen Schule“ repräsentieren sollten, wird später unten ausführlicher die Rede sein. Sie gehörten nicht lange zu Besuchern der Hauskonzerte bei Dargomyshski und fanden sich lieber an anderen Tagen bei ihrem älteren Freunde ein, den sie als ihr geistiges Oberhaupt rückhaltlos verehrten. Manche wichtige musikalische und künstlerische Anregung ist dabei, wie wir sehen werden, von beiden Seiten ausgegangen.

Auf den vorstehenden Seiten sind vielfach die „Schülerinnen" Dargomyshskis erwähnt worden. Was hatte es damit für eine Bewandtnis? Dargomyshski war, wie ebenfalls schon oft erwähnt, ein außerordentlich feiner Kenner der Gesangskunst, für die er sich von jeher in hohem Grade interessierte. Da konnte es nicht fehlen, daß sich Gesangsbeflissene fanden, in denen der Wunsch erwachte, sich guten Rat von ihm für ihre Ausbildung zu holen. Das hatte zur Folge, daß bald von allen Seiten Bitten um Gesangsunterricht auf Dargomyshski einstürmten. Da diese Anfragen sein ureigenstes Interessengebiet berührten, ließ sich Dargomyshski nicht lange darum bitten, Gesangsunterricht zu erteilen. Und ehe er sich's versah, hatte er alle Hände voll mit Gesangsstunden zu tun. Doch unterrichtete er ausschließlich Damen (er hat nur einen einzigen Gesangsschüler gehabt) und erteilte die Stunden ausnahmslos gratis. Letzterer Umstand trug natürlich nicht dazu bei, die Zahl seiner Schülerinnen zu vermindern. In seiner Autobiographie sagt Dargomyshski folgendes darüber: „Ich kann kühnlich behaupten, daß es in der ganzen Petersburger Gesellschaft kaum eine einzige bekannte oder irgend hervorragende Sängerin gab, die nicht meinen Unterricht oder wenigstens meine Ratschläge in Anspruch genommen hätte (Frau Bilibina, Bartenewa, Schidlowskaja, Belenizina, Greis, Pawlowskaja, die Fürstin Manwelow und Dutzende anderer weniger bekannter)."

Die intensive „fachmännische" Beschäftigung mit der Gesangskunst mag das Interesse Dargomyshskis ganz von selbst auf einen Kompositionszweig gerichtet haben, der ihm sonst vielleicht nicht so mannigfaltige und schöne Früchte beschert hätte — das Lied. Schon als Jüngling hatte sich Dargomyshski allerdings durch einige sangbare und dankbare „Romanzen" einen Namen in gewissen Kreisen der Petersburger Gesellschaft gemacht. Doch erst viel später, als ihn die praktischen Fragen der Gesangskunst vor die Notwendigkeit stellten, manches prinzipielle Problem dieser Musikgattung zu lösen, schuf er seine Meisterwerke auf dem Gebiete des Liedes. Während zweier Perioden seines Lebens hat Dargomyshski ausschließlich Lieder komponiert. Beide Male folgten sie auf Enttäuschungen, die er als dramatischer Komponist erlebt. Seine besten Lieder stammen aus der Zeit nach der Ablehnung seines „Triumph des Bacchus" seitens der Petersburger Theaterdirektion und nach dem Fiasko der ersten Aufführung der „Russalka", d. h. aus den Jahren 1848 bis 1852 und 1858 bis 1865.

Die Vielseitigkeit, die Dargomyshski als Liederkomponist entfaltete, ist erstaunlich. Fast jedes Genre ist unter seinen Liedern vertreten. Es soll nicht in Abrede gestellt werden, daß sich darunter manches minderwertige, flüchtig gearbeitete Stück befindet, dafür gibt es darunter einzelne kleine Kunstwerke von unvergänglichem Wert, die noch kommenden Generationen zur Freude gereichen werden. Die Perle unter den rein lyrischen Liedern Dargomyshskis ist das kleine Lied „Mir ist es einerlei", ein Kunstwerk, das die „Meisterschaft der Beschränkung" in hoher Vollendung zeigt. Das Lied ist mit den allereinfachsten Mitteln gearbeitet und doch welch feine künstlerische Überlegung zeigt jeder kleinste Zug der Melodik und Harmonik. Als Strophenlied gedacht, entwickelt das Lied die melodische Anfangsphase jedesmal anders, wobei der kaum wahrnehmbare Wechsel der Stimmungsnuancen durch sehr diskrete Modulationen in feinsinniger Weise unterstützt wird. Zu den talentvollsten Vokalkompositionen Dargomyshskis gehören unzweifelhaft seine Balladen, besonders „Der alte Korporal" und „Der Paladin". Auch in diesen beiden Stücken ist die Verwendung der musikalischen Ausdrucksmittel auf ein Minimum beschränkt. Trotzdem oder vielleicht gerade deswegen ist ihre Wirkungskraft, wenn sie gut vorgetragen werden, eine außerordentlich starke. „Der alte Korporal", nach dem bekannten Gedicht von Beranger, übertrifft in dieser Beziehung vielleicht sogar den Schumannschen „Soldaten", der ihm stofflich nah verwandt ist.

Eine besondere Rubrik unter den Liedern Dargomyshskis bilden seine humoristischen Gesänge. Der feine Sinn des Komponisten für Humor zeigt sich in ihnen in den verschiedensten Abstufungen und Schattierungen. Dargomyshski wagte — und mit Glück — auf diesem Gebiete manches, was vor ihm nicht gewagt worden war. Zum Beispiel die Einführung eines überlegen ironisierenden Tonfalles in einigen seiner „Liebeslieder" (in den Liedern „Ich eile in deine Umarmung" und „Was tue ich nur mit dir"). Selbstverständlich verlangen diese Lieder einen Vortragskünstler allerersten Ranges, der Dargomyshski selbst bekanntlich war. Eine gröbere Komik, die jedoch nie in den gemeinen Buffostil umschlägt, zeigen die beiden famosen Gesänge „Der Titulärrat" („Er war Titulärrat — sie war die Tochter eines Generals", der witzige Text ist von Weinberg) und „Der Wurm" (von Beranger). Auf dem Gebiete der musikalischen Komik, die jedoch nie aus dem Rahmen der Kunst herausfällt, um zur ordinären Burleske zu werden, hatte Dargomyshski in Rußland keine Vorgänger und hat er bis zum heutigen Tage nur einen kongenialen Nachfolger gefunden — Mussorgski.

Ein unschätzbarer Vorzug aller Lieder Dargomyshskis ist die darin zutage tretende außerordentlich feine Behandlung der musikalischen Deklamation. „Ich will, daß der Ton direkt das Wort ausdrückt" — diesem Prinzip ist Dargomyshski in keinem einzigen Liede, die er als gereifter Künstler geschrieben hat, untreu geworden. Niemals opfert er die Natürlichkeit der Deklamation etwa auftauchenden Ansprüchen rein musikalischer Phraseologie. Und trotzdem ist auch die Melodie immer formvollendet und leidet keine Einbuße an Schönheit ihrer Linien. Die Melodie ist eben immer aus dem Wort geboren und die Linie des Verses bestimmt die Linie der musikalischen Phrase. In dieser Beziehung übertrifft Dargomyshski bei weitem seinen großen Vorgänger Glinka und ist selbst von keinem seiner zahlreichen hochbegabten Nachfolger übertroffen worden, es sei denn wiederum von Mussorgski. Ebenso wie die Form des Verses die Form der musikalischen Phrase bestimmte, so steht die Form des ganzen Liedes bei Dargomyshski meist in direkter Abhängigkeit von der Form des Gedichtes. Auch hierin machte er der musikalischen Syntax, die in so vielen Liedern so vieler bedeutender Komponisten so gänzlich ungerechtfertigte Ansprüche auf Symmetrie erhebt (Textwiederholungen und ähnliches), nie auch nur die geringste Konzession. Die Konsequenzen, die sich aus diesem Prinzip der musikalischen Deklamation für die dramatische Musik ergaben, hat Dargomyshski erst in seinem letzten Meisterwerke, dem „Steinernen Gaste", gezogen. Bei der Behandlung der Liedbegleitungen ist für Dargomyshski stets die Forderung höchstmöglichster Einfachheit maßgebend. Er ging immer, auch in der dramatischen Musik, wie sich zeigen wird, von dem Gedanken aus, daß die ganze Ausdruckskraft des Gesanges nur in diesem selbst beruhen soll. Die Begleitung ist ein notwendiger Hintergrund, eine Unterstützung des Gesanges, tritt jedoch nie mit Ansprüchen auf eine selbständige Bedeutung hervor, obwohl sie nicht selten reich ist an überaus feinen Zügen.

Dargomyshski komponierte, wie er selbst eingesteht, immer „für irgend jemanden". In besonders hohem Maße gilt das natürlich von seinen Liedern. Jedes von ihnen mag ein bestimmtes Widmungsobjekt haben, das vielleicht nicht immer auf dem Titelblatte angegeben ist. Zumeist waren es wohl seine talentvollen Schülerinnen, denen wir die Inspiration seiner zahlreichen Gesänge verdanken. Und unter diesen besonders eine, die im Leben Dargomyshskis überhaupt eine hervorragende Rolle von entscheidender Bedeutung gespielt hat — die junge hochbegabte Sängerin L. I. Belenizina, nach ihrer Verheiratung mit einem General der russischen Garde Frau Karmalina.

Die Beziehungen zu der jungen liebreizenden Sängerin, die durch ihre Persönlichkeit und ihre Kunst jung und alt in gleichem Maße bezauberte, bildeten im Leben Dargomyshskis ohne Zweifel das größte und tiefste seelische Erlebnis, das das Schicksal für ihn bereit hielt. Über die intimen Seiten des Lebens Dargomyshskis ist die Nachwelt leider nur sehr mangelhaft unterrichtet. Nur wenige Dokumente, die darüber einigen Aufschluß geben, sind uns erhalten. Darunter stehen einige Briefe, die Dargomyshski im Laufe der Jahre 1856 bis 1868 an die spätere Frau Karmalina gerichtet hat, an erster Stelle. Diese Briefe sind ein getreuer Spiegel der Persönlichkeit ihres Schreibers. Und jedem, der diese Zeugnisse eines reinen und edlen menschlichen Empfindens liest, muß die Persönlichkeit dessen, der sie schrieb, ungeteilte Sympathie einflößen. In den vorstehenden Blättern sind schon einige Stellen aus diesen Briefen zur Schilderung der Persönlichkeit des Komponisten der „Russalka" herangezogen worden. Es wird sich noch mehrfach Gelegenheit dazu bieten, und man möchte keine dieser Gelegenheiten versäumen, denn der Schlüssel zum Kunstwerk beruht oft im Verständnis der Persönlichkeit des Künstlers, und dazu sind in bezug auf Dargomyshski die Briefe an L. I. Karmalina der einzige zuverlässige Weg.

Die Beziehungen des alternden Komponisten zu der blutjungen Künstlerin waren rein ideale, aus seinen Briefen spricht ein unendlich zartes, fast schülerhaft schüchternes Empfinden. Dargomyshski begnügte sich, wie er oft betont, mit rein freundschaftlichen Beziehungen zu seiner jungen Schülerin. Dennoch spürt man in den ersten Briefen des Dreiundvierzigjährigen noch eine leise Hoffnung keimen, daß das Verhältnis sich vielleicht ändern könnte, eine Hoffnung, die sich der, der sie hegte, selbst kaum einzugestehen wagte. L. I. Belenizina erwiderte die Anbetung ihres Lehrers mit begeisterter Bewunderung seines Talentes und treuer herzlicher Freundschaft.

Auffallend ist, daß in den Briefen Dargomyshskis an den Gegenstand seiner Verehrung bei jeder Erwähnung Glinkas dessen menschliche Schwächen in einer von Dargomyshskis sonstiger Art vollständig abweichenden, fast gehässigen Weise unterstrichen werden. Aufschluß über dieses merkwürdige Verhalten Dargomyshskis geben einige Erinnerungsblätter, die Frau Karmalina einige Jahre nach dem Tode Dargomyshskis veröffentlichte und die ein völlig unerwartetes Streiflicht auf das Verhältnis beider Komponisten werfen.

Es läßt sich nicht in Abrede stellen: Dargomyshski war eifersüchtig auf die Verehrung, ja Liebe, die seine Schülerin zunächst noch unbekannter Weise Glinka entgegenbrachte. Künstlerische und menschliche Gefühle mischten sich dabei in beständigem Widerstreit und ließen sich oft nicht mehr auseinanderhalten. Frau Karmalina gesteht, daß es von Kindheit an ihr sehnlichster Wunsch gewesen war, die persönliche Bekanntschaft Glinkas zu machen. Dargomyshski dagegen versuchte das mit allen Mitteln, die ihm zu Gebote standen, zu hintertreiben. Auf das Drängen der Karmalina, ihre Bekanntschaft mit Glinka zu vermitteln, hatte er immer nur ein und dieselbe Antwort: „Sie werden enttäuscht sein... er ist zu alt für Sie und häßlich obendrein." — „Das ist nicht wichtig, ich suche nicht das in ihm." — „Was denn sonst?" — „Dasselbe, was ich in Ihnen liebe." Aber es half nichts. Sogar als Glinka aus dem Auslande nach Petersburg zurückkehrte, versuchte Dargomyshski seine Anwesenheit vor seiner Schülerin zu verheimlichen. Dennoch fand die junge Sängerin Mittel und Wege, hinter dem Rücken Dargomyshskis die Bekanntschaft mit Glinka anzubahnen. Als Dargomyshski das erfuhr, war er im höchsten Grade verstimmt, doch mußte er gute Miene zum bösen Spiel machen und sich in die Tatsache fügen, was er denn auch, als geborener Weltmann, mit größtem Takte tat. Seinerseits hatte er Glinka, obwohl er in ständigem Verkehr mit dem Meister stand, die Existenz dieser Schülerin und ihr ungewöhnliches Talent sorglich verschwiegen. Glinka geriet in helles Entzücken, als er die junge Sängerin zum ersten Male bei sich hörte, und bat sie, ihm zwei Abende in der Woche zu gemeinsamem Musizieren zu schenken, was sich die angehende Künstlerin trotz ihrer großen Verehrung zu Dargomyshski natürlich nicht zweimal sagen ließ. An diesen Abenden, zu denen es in der Tat kam, fand sich jedoch pünktlich auch — Dargomyshski ein, mit welchen Gefühlen, darüber schweigt die Chronik. Kein Wunder, daß sich L. I. Belenizina unter der ständigen musikalischen Kontrolle der beiden größten Komponisten, die Rußland damals aufzuweisen hatte und die beide gleich hervorragende Kenner der Gesangskunst waren, zu einer Künstlerin allerersten Ranges entwickelte. Öffentlich aufgetreten ist sie jedoch nur sehr wenig, da ihre baldige Verheiratung mit dem Gardeoffizier Karmalin ihrer Künstlerlaufbahn ein Ziel setzte. Während einer Auslandsreise im Jahre 1857 ist sie einige Male in Mailand aufgetreten, und da fanden die expansiven Italiener allerdings kaum Worte, um ihr Entzücken über „la piccola maraviglia del Nord", „la regina della feste", „la perla, la musa della Russia" usw. auszudrücken.

Die Briefe Dargomyshskis an Frau Karmalina enthalten
außer Mitteilungen rein persönlicher Art, die manches interessante Streiflicht auf die tatsächlichen Vorgänge seines
Lebens werfen, einige ganz allgemein gehaltene Erörterungen über Fragen der Kunst und des Lebens, die uns
über die Denkungsart des Komponisten der „Russalka" sehr
wertvolle Aufschlüsse geben. Gleich der erste Brief behandelt in amüsanter Form die Unterschiede zwischen
„künstlerischem Effekt" und „künstlerischem Eindruck",
denen Dargomyshski eine große Bedeutung beimaß. Die
betreffende Briefstelle mag auch hier ihren Platz finden. Sie
erläutert in sympathischer Weise die Frage, wie Dargomyshski über die Aufgaben des Komponisten dachte. Die
Frage war augenscheinlich in einem Briefe der Frau Karmalina angeregt worden, auf den Dargomyshski antwortet. Er
schreibt:

„. . . Jetzt von den ,Effekten'. Ich will versuchen, Ihnen
meine Meinung so klar als möglich darzulegen.

Einem reproduzierenden Talente steht es vielleicht an, von
Zeit zu Zeit an den äußeren Effekt zu denken. Scharlatanerie wirkt oft auf die Masse. Das schöpferische Talent dagegen darf seine Inspiration nie dem äußeren Effekte
unterordnen. Ich gebe zu, daß die Fähigkeit, ihn hervorzubringen, das Vorhandensein von Beobachtungsgabe, Verstand, einen gewissen Grad von Phantasie und vielleicht
sogar Talent im Künstler beweist. Doch alle diese ge-
wollten Effekte blenden nur zu Anfang, um später um so
schaler zu erscheinen. Die echte Inspiration dagegen, deren
sich der Künstler ohne alle gesuchten Hilfsmittel entledigt,
macht auf die Auserwählten unter den Zuhörern nicht nur
zu Anfang einen starken Eindruck, sondern bereitet ihnen
auch später einen immerwährenden hohen und edlen Genuß.
Sie sehen, daß ich zwei Arten künstlerischer Wirkung unter-
scheide: den Effekt und den Eindruck. Ich will das

mit einem Beispiel erläutern: Herr Schulze oder Müller (ich stelle es Ihnen anheim, sich unter diesem Namen einen Dichterling in Kavallerieuniform oder einen jungen Geeken im Frack zu denken), also Herr Schulze oder Müller befindet sich auf einer Abendgesellschaft. Eine junge, hübsche Dame erscheint. Malen Sie sich aus: pechschwarzes Haar von Perlenschnüren durchflochten; feurige, bezaubernde Augen; ein regelmäßiges Gesichtchen; wundervoll modellierte Figur; eine kostbare Toilette — stahlgrauer Damast mit purpurrotem Samt verbrämt. Die Ohrringe, das Fermoire blitzen und sprühen Funken, wie die Illumination des Englischen Magazins zur Krönung. Der entzückende weiße Arm ist vom Handgelenk bis zum Ellenbogen mit kostbaren Bracelets bedeckt. Alles das ist so überaus geschickt erdacht. Sie tritt ein mit einem Hermelinumhang auf den Schultern, den sie jedoch mit der Lebendigkeit eines Goldfischchens nach einigen Minuten auf das nächststehende Sammetfauteuil gleiten läßt... Wie wäre es möglich, daß man nicht im Nu bezaubert ist. Vor ihrem Eintritt war es Herrn Schulze oder Müller sehr langweilig zu mute, doch beim Anblick dieser Zauberin lebt er auf. Zehn Minuten lang läßt er kein Auge von ihr. Er möchte, daß auch alle anderen sich an ihrem Anblick erfreuen. Er kommt nach Hause und erzählt voller Begeisterung von der Dame und ihrer Robe. Endlich geht er auf sein Zimmer und greift gewohnheitsmäßig nach einem Buche. Und gewohnheitsmäßig gähnt er und schläft er ein. Sie erraten, daß das bezaubernde Weib Effekt bei ihm gemacht hatte. Jetzt ein anderes Bild: Herr Schulze oder Müller tritt ins Zimmer. Ein junges Mädchen empfängt ihn. Malen Sie sich wieder aus: ein interessantes, kluges, ein wenig bleiches Gesicht. Blaue lebhafte Augen unter dunklen Brauen. Die blonden Haare sind vorne hoch heraufgekämmt und tief im Nacken zusammengesteckt. Ein weißes Mousselinekleid, in Art einer

Bluse, mit hohem Kragen. Von der Taille bis zum Saum sind kleine Sträuße von, nehmen wir an, blaßlila Farbe gestickt. Ohrringe sind nicht zu sehen, am Arme hängt, statt einer Kollektion kostbarer Armbänder, eine alte Perlenschnur in Art eines Rosenkranzes (setzen wir noch voraus, daß im Zimmer ein angenehmes, bläuliches Dämmerlicht herrscht). Im schelmischen Lächeln des Mädchens und in einigen nicht ganz aufrichtig gemeinten Worten schimmert eine harmlos-unschuldige, liebliche Koketterie durch. Sie erscheint Herrn Schulze oder Müller wie ein lustiger Engel, der vom Himmel herabgeflogen ist, um auf der Erde vergnügt und unartig zu sein. Und — wie merkwürdig! Im ersten Bilde hatte er gewünscht, daß alle anderen sein Entzücken über die schöne Zauberin teilen sollten, hier dagegen möchte er mit niemandem seine Berauschung teilen. Er fährt nach Hause. Er erzählt nichts und scheint sogar verstimmt. Als er allein in seinem Zimmer ist, hat er keine Lust, das gewohnte Buch zur Hand zu nehmen. Er löscht sein Licht und will einschlafen. Aber das bleiche Gesichtchen, die lebhaften Augen und das blonde Köpfchen lassen sich nicht bannen. Lange, lange findet er keinen Schlaf... Hier haben Sie einen tiefen E i n d r u c k.

Ich weiß nicht, ob der Vergleich Ihnen klar ist. Nun — aus Ihren Worten sehe ich zu meiner Befriedigung, daß meine ‚Russalka' keinen Effekt bei Ihnen gemacht hat, sondern — Eindruck."

Nach den mißlungenen ersten Aufführungen der „Russalka" schien das Interesse Dargomyshskis für dramatische Musik erkaltet zu sein. Zwar entwarf er 1870 den Plan zu einer komischen Oper „Bogdana", ließ jedoch die Arbeit bald ruhen, um sie nie wieder aufzunehmen. Fünf Nummern der geplanten Oper, die er fertiggestellt hat, sind erst nach seinem Tode veröffentlicht worden. Darunter befinden sich drei vorzüglich gelungene Chöre, ein Männerchor und zwei Frauenchöre. Aus derselben Zeit stammt wohl auch ein Duett zwischen Orlik und Mazeppa, doch ist nichts darüber bekannt, ob Dargomyshski im Ernste daran gedacht hat, den Mazeppa-Stoff zu einer Oper zu verwenden. Weder in seiner Autobiographie noch in seinen Briefen findet sich ein Wort darüber. Überhaupt hatte das künstlerische Selbstbewußtsein Dargomyshskis unter dem Mißerfolge der „Russalka" ganz entschieden gelitten. Im Februar 1863 schrieb er dem Dramaturgen Kukolnik: „Du fragst, wie meine Musik geht. Ja, wie soll sie gehen. Der Durchgang ist zu eng. Von der einen Seite die elende Willkürlichkeit der Direktion, von der anderen — die flegelhafte Unbildung des Publikums. Die begonnene komische Oper habe ich endgültig bleiben lassen. Ich schreibe verschiedene charakteristische Phantasien für Orchester, z. B. einen polnischen Kosakentanz (Kasatschok), ein russisches Märchen, ein finnisches Tanzlied u. a. Die Neuheit dieser Elemente wird vielleicht im Auslande Aufmerksamkeit erregen, wohin ich in meinen Gedanken schon lange strebe. Hier ist mir zum Ersticken zumute. Und wenn diese Sachen sich als überflüssig auf Erden erweisen sollten, so ergötze ich mich selbst an ihnen und — fort damit ins Feuer! (Natürlich die Kompositionen, nicht mich.) Ich habe viele Manuskripte, die zu diesem Schicksale verdammt sind."

Die in diesem Briefe erwähnten Orchesterkompositionen sind später unter folgenden Titeln erschienen: „Kleinrussischer Kasatschok", „Baba Jaga oder von der Wolga nach Riga" und „Finnische Phantasie". Dargomyshski war kein Symphoniker. Schon in seinen Opern hatte es sich gezeigt, daß er die Formen der rein instrumentalen Musik durchaus nicht als Meister beherrschte. Eine glückliche Eingebung ließ ihn jedoch auch in der Instrumentalmusik das Gebiet ausfindig machen, auf dem er nicht nur in Ehren bestehen konnte, sondern durchaus Eigenartiges und zum Teil

Neues zu geben vermochte. Und wieder war es jene Seite seines Wesens, die ihm schon oft zu den glücklichsten Eingebungen verholfen hatte, die ihn auch hier das Richtige finden ließ: sein ausgeprägter Sinn für Humor.

Die drei Orchesterphantasien Dargomyshskis können auf irgendwelche Bedeutung in der ernsthaften symphonischen Literatur keine Ansprüche erheben. Es sind Instrumentalscherze, aber von so reiner, so durchaus künstlerischer Arbeit, daß jedermann, der Verständnis für musikalischen Humor besitzt, seine helle Freude daran haben muß. Ein musikalischer Griesgram freilich soll sie lieber nicht anhören. Der ernsthafteste von diesen drei Scherzen ist immerhin die „Finnische Phantasie", in der einige rhythmisch und melodisch interessante Weisen des nordischen Volkes eine geistreiche und wohlklingende, harmonische und instrumentale Bearbeitung erfahren haben. Der „Kleinrussische Kasatschok" fordert unwillkürlich einen Vergleich mit Glinkas berühmter Orchesterphantasie „Kamarinskaja" heraus. Und den kann er natürlich nicht bestehen. Eine anspruchslose, etwas derbe Lustigkeit beherrscht das ganze Stück. Die Finessen Glinkascher Kontrapunktik hat Dargomyshski wohlweislich nicht nachzuahmen versucht. Dank der glänzenden Instrumentation, die an die Delikatesse des Glinkaschen Orchestersatzes freilich nicht im entferntesten heranreicht, dem Stück aber immer eine gute Wirkung sichert, ist dieser „Kasatschok" von allen drei Orchesterphantasien Dargomyshskis zur verhältnismäßig größten Popularität und Beliebtheit gelangt. Eine richtige musikalische Groteske ist die Phantasie „Baba Jaga oder von der Wolga bis nach Riga". Das Stück beginnt mit den feierlichen Klängen der Wolgahymne, eines der beliebtesten und bekanntesten russischen Volkslieder, doch schon von der ersten Wiederholung an beginnt der Komponist, sein Thema harmonisch und melodisch in der merkwürdigsten Weise umzubiegen, bis es endlich ganz abenteuerliche Formen annimmt. Nun tritt die „Baba Jaga", die Urhexe des russischen Volksaberglaubens, in Aktion. In sausendem Luftritt eilt sie auf dem Besen von einer Grenze ihres Reiches, der majestätischen Wolga bis zur anderen, dem deutschen Riga. Hier setzen die naiven Klänge des deutschen Volksliedes „Anna Marie", die sich im Orchester namenlos lächerlich ausnehmen, ihrer Expedition und gleichzeitig der Dargomyshskischen Phantasie ein Ziel. Hohe Kunst ist es, wie gesagt, nicht, was der Komponist in dieser Phantasie darbietet. Aber das war auch gar nicht seine Absicht. Das Lächeln, das seine Phantasie auf dem Gesichte eines jeden Zuhörers auslösen mußte, sofern er nicht ein ganz humorloser Misanthrop war, bereitete ihm dieselbe Befriedigung, wie die Tränen, die er zur „Russalka"-Aufführung in den Augen seiner Zuhörerinnen blinken sah.

Das einzige Instrumentalwerkchen, das wir außer diesen drei Orchesterphantasien von Dargomyshski besitzen, ist ebenfalls ein musikalischer Scherz: die vierhändige „Slawische Tarantella". Natürlich ist auch dieses Stück „für jemanden", nämlich für eine glutäugige französische Tänzerin geschrieben, für die sich Dargomyshski zeitweilig in Paris interessierte. Da die Dame nicht Klavier spielen konnte, es aber doch wollte, beschränkte sich der Part des Sekondospielers auf eine Note, die unablässig mit beiden Händen abwechselnd angeschlagen wird. Dazu ergeht sich der rechte Partner in anmutigen kontrapunktischen Spielereien. Bekanntlich hat Liszt dem Stücklein die Ehre angetan, es für Klavier zu zwei Händen zu bearbeiten.

Im Jahre 1864 erfüllte sich ein schon lange sehnlichst gehegter Wunsch Dargomyshskis. Er reiste zum zweitenmal ins Ausland, ohne bestimmte Pläne, doch nicht ohne die Partituren der „Russalka" und seiner drei Orchesterphantasien in den Koffer zu packen. Dieses Mal führte ihn sein

Weg über Warschau, wo er Station machte, um den polnischen Komponisten Moniuszko aufzusuchen, dessen Werke
er sehr hoch stellte. Er fand sich jedoch vom polnischen Meister etwas enttäuscht. „Er spielte mir seine
neuen Opern vor," schreibt Dargomyshski aus Warschau,
„doch hat sich sein Talent jetzt unter dem Drucke des
stumpfsinnigen Publikums verflacht. Trotzalledem steht
er unvergleichlich höher als unsere beiden Komponisten" (hier sind A. Rubinstein und Sseroff gemeint). Von
Warschau wandte Dargomyshski sich nach Leipzig. Aus
einigen brieflichen Andeutungen geht hervor, daß der russische Komponist nichts dagegen gehabt hätte, sich für
längere Zeit in der deutschen Stadt niederzulassen, wenn er
einiges Entgegenkommen gefunden hätte. Doch war das
nicht der Fall, wenigstens nicht in einer Weise, die seine
Entscheidungen irgendwie hätte beeinflussen können. Obgleich er in Leipzig Fühlung mit den musikalischen Kreisen
gewann, stellte sich doch kein befriedigendes Verhältnis
zwischen dem russischen Musiker und seinen deutschen
Kollegen heraus. Man fand die Werke Dargomyshskis,
wenn er sie hier oder dort vorspielte, „sehr neu" oder
„sehr interessant", aber damit hatte es sein Bewenden. Ein
tiefergehendes Verständnis für die russische Musik vermochte Dargomyshski in Leipzig nicht anzubahnen. Das
war natürlich eine bittere Enttäuschung; von der „Musik-
stadt" Leipzig mag Dargomyshski mehr erwartet haben.
So hielt er es nur zwei Monate in der „verrußten" Stadt
aus — dem Doppelsinne des Wortes konnte er leider keine
für sich und seine Kunst erfreuliche Deutung geben —
in der Stadt, „wo es keine Theater gibt, wo die Weiber
Ungeheuer sind, wo man um 1 Uhr Mittag speist, wo um
zehn Uhr schon alles schnarcht und auf den Straßen die
Laternen ausgelöscht werden". Einem Petersburger Ein-
wohner, für den das Leben um zehn Uhr abends über-

haupt erst begann, konnte diese Tageseinteilung freilich nicht sonderlich behagen.

Sehr viel freundlichere Eindrücke erwarteten Dargomyshski in Brüssel. Dort lebte Fétis, zu dem er schon während seiner ersten Auslandsreise in vortreffliche Beziehungen getreten war und der ihm ein reges Interesse entgegenbrachte. Dort war der Name Glinka gut bekannt; dort interessierte man sich überhaupt für russische Musik. Dargomyshski wußte nicht, wie ihm geschah, als er in den Brüsseler Musikkreisen als regelrechte „Berühmtheit" begrüßt und dementsprechend behandelt wurde. So was war ihm sein Lebtag noch nicht passiert. Die musikalischen Vereine rissen sich um ihn, man veranstaltete ihm zu Ehren musikalische Aufführungen, machte ihn mit · allen musikalischen Größen der Stadt bekannt, schleppte ihn von Gesellschaft zu Gesellschaft, von Konzert zu Konzert. Die Zeitungen brachten spaltenlange Artikel über seine Anwesenheit in der Stadt; sogar der Kellner im Hotel nahte ihm mit besonders devoten Verbeugungen: „Monsieur, on cause de vous; on dit que vous êtes un homme de talent." —

Mehr als alles dies erfreute Dargomyshski natürlich der Vorschlag Charles Louis Hanssens, der damals erster Kapellmeister am Theatre de la Monnaie war, im nächsten fälligen Konzerte einige seiner Werke zur Aufführung zu bringen. Dargomyshski wählte die Ouvertüre zur „Russalka" und den „Kleinrussischen Kasatschok". Als er zur ersten Probe erschien, wurde Dargomyshski doch, wie er sich selbst ausdrückt, „etwas nachdenklich". „Ich befand mich in einer ziemlich kitzlichen Situation. Allein in einer großen Residenz, dazu noch einer der musikalischsten Städte, ohne jeden Anflug europäischer Berühmtheit. So sollte ich dem Gericht von 86 Musikern standhalten, ernsten Künstlern, die schon alle nur mögliche Musik durchgespielt und durchgehört hatten — Künstlern, mit denen mich weder verwandschaftliche, noch freundschaftliche, noch sonst irgendwelche Beziehungen verbanden und die nur dazu versammelt waren, um meine Kompositionen zu spielen (man weiß, wie wenig alle Orchester das lieben), und die endlich gewohnt waren, laut und unverblümt ihre Meinung zu sagen — wahrlich ich hatte allen Grund, nachdenklich zu werden! Ums Publikum schere ich mich wenig. Das Publikum ist wie jedes Publikum — ein Kuckuck! Aber mit der hiesigen Künstlerwelt ist nicht zu spaßen. Sie fordert Neues und Lebendiges in der Idee, die gute Mache versteht sich von selbst."

Die Befürchtungen Dargomyshskis gingen jedoch nicht in Erfüllung. Sowohl auf der Probe bei den Musikern als auch beim Publikum im Konzert hatten seine Werke einen unzweifelhaften Erfolg, und von der Presse wurde ihre Aufführung als „eines der interessantesten musikalischen Ereignisse" gefeiert. Obwohl Dargomyshski, wie zur Genüge aus seinen brieflichen Bekenntnissen hervorgeht, sich herzlich wenig aus der Meinung des Publikums und der Journalisten machte, fühlte er sich von der enthusiastischen Aufnahme, die seine Werke bei den Besuchern der Brüsseler „Grande Harmonie" und der belgischen Kritik fanden, doch sehr sympathisch berührt. „Hier schreibt man keine Rezensionen" — meldet er seinem Freunde Schtschiglew — „dafür achtet man das Talent; man analysiert die Werke nicht, aber man freut sich an lebendiger Schöpferkraft und besonders an jeder Neuheit der Gedanken. Ist das nicht besser?"

Übrigens beschränkte sich die Direktion der „Grande Harmonie" nicht auf diese eine Aufführung Dargomyshskischer Kompositionen. Zum nächsten Konzerte wurden die Tänze aus dem zweiten Akt der „Russalka" einstudiert, und die Direktion des Theatre de la Monnaie trat in Unterhandlung mit dem Komponisten wegen der Aufführung einer seiner Opern. Dargomyshski hätte aus der glänzenden Stellung, die er sich so mühelos in der Brüsseler Musikwelt erworben hatte, leicht den größten Nutzen ziehen können. Doch spielte ihm dabei sein eigener Charakter und seine merkwürdige Indolenz in Sachen seiner eigenen Kunstinteressen einen Streich. Alle Tore standen ihm offen. Er schlug sie sich selbst vor der Nase zu. Freilich spürte er selbst, daß es jetzt galt, energisch zu handeln, um seinen künstlerischen Ruf im Auslande zu festigen. Doch vermochte er nicht, es über sich zu bringen, von seiner Seite auch nur das Geringste dazu zu tun. Er schreibt, höchst schuldbewußt, an seinen Freund Schtschiglew: „Wenn ich sehe, welch eine Teilnahme Sie und viele andere mir als russischem Künstler entgegenbringen, so muß ich mir Vorwürfe machen, daß ich selbst so wenig für die hiesigen Aufführungen meiner Werke tue und nur zufällige Gelegenheiten ergreife, die sich von selbst darbieten. Was ist zu machen! Die Jahre sind nicht mehr die. Die Erfolge machen mir keine Freude mehr. Wie Sie mich in Petersburg kannten, so bin ich auch hier. Ich ziehe es vor, abends mit einer netten Belgierin zu musizieren, als in irgendeine glänzende Versammlung zu fahren und Protektion und Verbindungen zu suchen. Ich habe übrigens den Vorschlag gemacht, „den Triumph des Bacchus" hier aufzuführen, weil ich ihn noch nicht auf der Bühne gesehen habe. Hanssens und die Musiker billigen den Plan, doch findet die Direktion, daß es in dieser Saison unmöglich ist. Sie wollen in der nächsten Saison ‚Esmeralda' aufführen. Aber Gott weiß, was im nächsten Jahre sein wird! Man kann nicht in die Zukunft schauen. Außerdem habe ich ‚Esmeralda' schon gehört. Sie interessiert mich nicht mehr."

„Außerdem habe ich ‚Esmeralda' schon gehört, sie interessiert mich nicht mehr" — mit diesem lakonischen Ausspruch erledigte Dargomyshski die ganze Frage, von deren mehr oder weniger geschickter Lösung vielleicht das Schick-

sal seiner Werke auf dem gesamten europäischen Musik-
markte abhing.

Zwei Tage vor der Aufführung seiner Tänze im Konzerte
der Brüsseler „Grande Harmonie" reiste Dargomyshski nach
Paris ab. Brüssel „interessierte" ihn eben nicht mehr.

Die Eindrücke, die Dargomyshski von Paris aufnahm,
waren dieses Mal keine allzu freundlichen. Er war entsetzt
über den moralischen Verfall der Pariser Gesellschaft. „Die
Veränderung, die mit Paris vor sich gegangen ist, ist erstaunlich. So sehr die Stadt äußerlich gewonnen hat, so
tief ist sie moralisch gesunken, man möchte fast sagen
versumpft. ... Lohnte es sich im Jahre 1792 40000 unschuldige Menschen zu guillotinieren, um der heutigen Skla-
verei zu verfallen! Das ist lächerlich und ekelhaft!" Dargomyshski vergaß, daß die Augen eines Zweiundfünfzig-
jährigen anders sehen als die Augen eines Einunddreißig-
jährigen. Ganz Paris erschien ihm als ein großes Ver-
gnügungsetablissement zweifelhafter Sorte. Er nennt die
Stadt: ein großes prächtiges „Café-Restaurant-femmes-se-
promenantes". „Für einen Menschen, der sich amüsieren
und lumpen will, für Greise und alternde Frauen, die die
Jugendlichen spielen wollen, ist Paris ein Dorado. Für
mich wäre ein ständiger Aufenthalt in Paris gleichbedeutend
mit der fürchterlichsten Galeerenstrafe." Von den Musik-
verhältnissen der Stadt, von der in Künstlerkreisen herrschenden Korruption, Bestechlichkeit, Scharlatanerie war Dargomyshski so entsetzt, daß er sich vom offiziellen Musikleben
vollständig fern hielt und es vermied, mit den „Autoritäten"
des musikalischen Paris in nähere Berührung zu treten.
„Mit der Künstlerwelt", schreibt er seiner Schwester, „bin
ich ein wenig bekannt geworden, aber weiter werde ich
beileibe nicht gehen. Man macht mir so törichte Vorschläge,
daß ich den Leuten ins Gesicht lachen muß. Alles das ist
so dumm, daß es sich nicht lohnt, darüber zu schreiben.

Die Künste hier sind in vollständigem Verfall. Nur das Variétée floriert . . ."

Vom Publikum und seinem Kunstverständnis war Dargomyshski in Paris ebenso enttäuscht wie in Petersburg, Leipzig und Brüssel. Seine diesbezüglichen Eindrücke faßte er in einem Briefe an den General Weljaminow, einem begeisterten Musikfreund und ständigen Besucher der Hauskonzerte bei Dargomyshski, zusammen. Diese Ausführungen, die eines allgemeinen Interesses nicht entbehren, mögen auch hier Platz finden. Dargomyshski schreibt:

„Ich ziehe aus meiner Reise eine ganze Reihe interessanter Schlußfolgerungen:

1. Das Residenzpublikum ist überall gleich stumpfsinnig in bezug auf das wahrhaft Gute und Schöne in der Kunst. Natürlich trifft man hier keine Leute, von denen ein Fuselgeruch ausgeht, wie von alten Fässern, auch werden Sie es hier nicht erleben, daß man mit dem Säbel auf dem Fußboden rasselt, um die Aufmerksamkeit auf sich zu lenken. Was jedoch das Kunstverständnis anbetrifft, so ist es hier wenig besser darum bestellt als in Petersburg.

2. In den Theatern ist die Kunst endgültig zugrunde gegangen. Nur grobe Effekte, der Kothurn und allerhand Geschmacklosigkeiten haben Erfolg. Der Künstler singt — das Publikum bleibt kalt, er brüllt — und das Publikum mit ihm.

3. Nur im engsten Künstlerkreise lebt die Kunst und wird gepflegt. Die belebende Kraft dieser musikalischen Kreise hängt oft von einem oder zwei hervorragenden Künstlern ab. Es kommt vor, daß ein berühmter Künstler auch nach seinem Tode noch die Reputation seines musikalischen Kreises aufrecht erhält. Leipzig mit seiner tief eingewurzelten musikalischen Rückständigkeit verdankt seinen unverdienten Ruhm einzig und allein Mendelssohn, der dort viele Jahre gelebt und das Konservatorium begründet hat. Ja,

und Bach, der in Leipzig gelebt hat und dort gestorben ist. Überall finde ich den Kampf zwischen neuen fortschrittlich gesinnten Richtungen und alten rückständigen Professoren. Es scheint mir, daß in dieser Beziehung unsere nationale Schule einen großen Schritt vor der sogenannten neudeutschen Musik voraus hat. Die Zuneigung und Aufmerksamkeit, die ich z. B. seitens der Brüsseler Künstlerwelt erfahre und die Hochachtung, mit der sich viele hiesige Künstler zu Glinka und auch sogar zu Werstowski verhalten, erweckt in mir die Überzeugung, daß unsere Musik viel leichter und schneller die Sympathien des Westens zu erwerben vermag als die neue deutsche Musik. Nur kennt man uns noch wenig. Doch auch Wagner wird hier nur bruchstückweise genossen, Liszt gar nicht.."

Trotz der nicht unrichtigen Überzeugung, daß die nationale russische Musik in Frankreich die besten Aussichten auf Erfolg hatte und obgleich der Boden ihm von Brüssel her durch die Presse in Paris gut vorbereitet und geebnet war, rührte Dargomyshski keinen Finger, um in Paris die Aufführung eines seiner Werke zustande zu bringen. So unklug diese Handlungsweise war, die darin bestand, daß er gar nicht handelte, so ist sie nach den vorstehenden Meinungsäußerungen über die Pariser Musikverhältnisse von seinem Standpunkte aus doch verständlich. Dargomyshski begnügte sich damit, genau wie wenige Jahre vorher Glinka, daß er „die Französinnen russische Romanzen singen lehrte" und freute sich darüber, daß sie an seiner Musik „immer mehr Gefallen fanden". Das einzige, was er bedauerte, war, daß die „Physiognomie" dieser oder jener Sängerin nicht immer seinem Geschmacke entsprach.

Von Paris wandte sich Dargomyshski für kurze Zeit nach London, das ihn in helle Begeisterung versetzte. Paris erschien ihm nur wie ein „großer Vergnügungsvorort von London". Aber an irgendwelche musikalische Unterneh-

mungen war in London natürlich erst recht nicht zu
denken.

Im Frühling 1865 kehrte Dargomyshski von dieser zweiten
und letzten Auslandsreise heim. Zur Verbreitung seines
künstlerischen Ruhmes hatte sie, das Brüsseler Intermezzo
abgerechnet, nicht das geringste beigetragen. Aber das war
ja auch nicht seine Absicht gewesen. In Petersburg dagegen waren die Brüsseler Erfolge des russischen Komponisten nicht unbemerkt geblieben. Als nun, nicht ohne
Kausalzusammenhang damit, im Herbst desselben Jahres die
„Russalka" neu einstudiert wurde und einen entscheidenden Sieg errang, änderte sich die Stellung Dargomyshskis
in Petersburg mit einem Schlage. Dazu kam noch, daß
Glinka das Zeitliche gesegnet hatte, und dadurch der Platz
des führenden russisch-nationalen Musikers freigeworden
war. Kein anderer als Dargomyshski konnte vorläufig in
Betracht kommen, um diesen Platz einzunehmen. Das Zu-
sammentreffen aller dieser Umstände verschaffte Dargomyshski wenigstens an seinem Lebensende die Genugtuung,
daß seine Verdienste um die russische Musik endlich auch
„offiziell" anerkannt wurden. Es dauerte nicht lange, so
erfolgte sogar die „obrigkeitliche" Bestätigung der führenden Stellung Dargomyshskis im russischen Musikleben —
eine Auszeichnung, die den davon Betroffenen jedoch keineswegs sehr glücklich machte.

* * *

Im Jahre 1859 waren durch Anton Rubinstein die „Russische Musikgesellschaft", die später das Prädikat einer
„Kaiserlichen" erhielt, und das Petersburger Konservatorium
begründet worden. Als Rubinstein im Jahre 1867 aus Gründen teils persönlicher, teils kunstpolitischer Natur gezwungen war, die Leitung beider Institutionen niederzulegen,

wurde Dargomyshski zum Direktor der Kaiserlich-Russischen Musikgesellschaft ernannt und verblieb in dieser Stellung bis zu seinem Tode. Schon früher, 1860, war er „Beisitzer" der Direktion der Musikgesellschaft geworden. Dieser Umstand veranlaßte die Freundin Dargomyshskis in einem ihrer Briefe zu dem entrüsteten Ausrufe: „Warum Beisitzer des Komitees und nicht Vorsitzender?" Dargomyshski antwortete auf diese Frage mit einem Schreiben, das fast einer Abhandlung über die Würde des Künstlers gleicht. Die ausgesprochenen Gedanken sind in so hohem Grade charakteristisch für den Schreiber, daß sie hier nicht fehlen dürfen. Der Brief Dargomyshskis lautet:

„Warum nicht Vorsitzender des Komitees, sondern nur Beisitzer? Ich habe Ihnen versprochen, auf diese Frage zu antworten und will es tun. Wie Sie sich wider Willen mit dieser Frage verraten haben! Wieviel unverzeihliche Eigenliebe und Ruhmsucht steckt darin! Sie erinnern sich, daß ich Ihnen bei all meiner Ergebenheit oft Ihren übergroßen Künstlerstolz vorgeworfen habe. Doch Sie sind eine ausübende Künstlerin, und als solcher sei Ihnen einige Ruhm- und Ehrsucht gestattet. Für ihresgleichen ist es schwer, so viel Mühe zu verschwenden und dann nicht einmal die gebührende Aufmerksamkeit zu erregen. Der schaffende Künstler — das ist ein ganz anderes Ding. (Das, was ich Ihnen schreiben werde, bezieht sich hauptsächlich auf die russischen Komponisten, die alle mehr oder weniger materiell unabhängig gestellt sind.) Der schaffende Künstler ist ein Ausnahmewesen. Ist es Ihnen jemals in den Kopf gekommen, daß der liebe Gott für ihn eine Ausnahme aus seiner Grundregel des Lebens gemacht hat, die für alle übrigen Menschen unvermeidlich ist? Wem z. B. sind Mühe und Arbeit nicht beschwerlich? Nur dem schaffenden Künstler bedeuten sie den höchsten Lebensgenuß. Auf wen üben Luxus, Moden, Diners, gesellschaftliche Zerstreuungen und allerhand Vergnügungen nicht die geringste Anziehungskraft aus? Auf den Künstler. Sie sind ihm lästig. Einsamkeit und das ständige Bemühen, seine Werke vollkommener zu gestalten — das ist das wahre Leben des schaffenden Künstlers, sein einziges Glück. Der, welcher schreibt, um Reichtümer oder lauten Ruhm zu erwerben, ist schon kein Künstler, sondern einfach ein talentvoller Mensch, der mit seinen Fähigkeiten im Dienste der Kunst oder Poesie Handel treibt. Erinnern Sie sich der schönen Verse meines Paten Puschkin „An den Dichter".

„Du bist der Herr der Welt. Du warst es immer schon.
Geh' ruhig deines Weg's, wohin dein Wunsch dich führt.
Vergiß, daß für dein Werk dir Dank gebührt —
Und heisch für deine Taten niemals einen Lohn."

Puschkin hat recht, und glücklich jedermann, den die Lebenserfahrung und die Liebe zur Kunst zu diesen hohen Überzeugungen führt. Sie sagen, daß es unter den schaffenden Künstlern nur wenig solcher Männer gibt. Das ist wahr, aber warum gibt es ihrer so wenige? Darum, weil sie ihr Glück nicht zu nutzen verstehen. Auch unter allen Katholiken, Lutheranern, Quäkern und Protestanten gibt es nur wenige wahre Christen. Doch ist die Lehre des Evangeliums allen gegeben. Jetzt, nachdem ich Ihnen in Kürze die Bedeutung des Künstlers in der menschlichen Gesellschaft dargelegt habe, nachdem ich Ihnen gezeigt habe, welch hohe Befriedigung, die ihm keine Macht der Welt rauben kann, ihm im Leben gegeben ist, jetzt will ich Sie fragen: hat er recht, wenn in ihm trotzalledem der Wunsch erwacht, Reichtümern nachzujagen, oder irdischen Ehren, oder nach dem liebenswürdigen Lächeln vornehmer Personen auszuschauen, nach dem roten Paletotfutter,*) nach allerhand adeligen und unadeligen Ordensauszeichnungen auf

*) War in Rußland das Zeichen der Generalswürde.

der Brust, oder wenn er, endlich, danach strebt, als Vorgesetzter andere zu kommandieren? Was soll man dann den Grafen X und Y übriglassen? den verschiedenen Mühwaltern, Bureaukraten, Zöllnern, kärglich besoldeten, käuflichen Beamten und durchtriebenen Journalisten? Wie oft bestraft das Schicksal übermäßige Ruhmsucht der Künstler." Nun führt Dargomyshski eine lange Reihe von Beispielen an. Besonders schlecht kommt dabei Glinka weg, aber auch Monjuszko, Puschkin, Lwow*) u. a. Er fährt dann fort: „Nicht die Größe des Talentes, sondern die Fähigkeit, die Kunst über alles in der Welt zu lieben, macht den Künstler glücklich. Ich gestatte ihm auch eine gewisse Eigenliebe, die notwendig ist, um das geliebte Ziel, ungeachtet törichten Klatsches, der ihn umgibt, zu verfolgen. Ich gestatte ihm, stolz auf seinen Ruhm zu sein, doch darf er sich nicht darum sorgen und mühen. Bei wirklicher Schöpferkraft und gewissenhafter Arbeit stellt sich der Ruhm ganz von selbst ein. Gewöhnliche Ehrsucht ist meiner Ansicht nach für den Künstler einfach erniedrigend.

Diese meine Überzeugungen machen es verständlich, daß ich nicht nur nicht bereit wäre, die Stellung eines Vorsitzenden in irgendeinem Komitee zu übernehmen, sondern, daß ich auch den Ruf als Beisitzender nur angenommen habe, um zu zeigen, daß ich nicht gleich Lwow beleidigt bin, daß man weder ihn noch mich von vornherein zum Vorsitzenden der Musikgesellschaft gewählt hat. Ich will Ihnen sogar im Geheimen mitteilen, daß ich die Absicht habe, bei der ersten günstigen Gelegenheit die Herren Direktoren zu bitten, sie möchten an meiner Stelle irgendeine vornehmere und wichtigere Person zum Komiteemitglied ernennen. Um so mehr als ich nicht den geringsten Nutzen in dieser ganzen Komiteesitzerei sehe.

---

*) Der Verfasser der russischen Nationalhymne.

Kommen Sie nach Petersburg. Sie werden sehen, wie aufrichtig und geschickt ich die dargelegte Theorie in Praxis umsetze. Seit meiner Rückkehr aus dem Auslande lebe ich fünfzehn Jahre unausgesetzt in demselben Petersburg, sogar in demselben Hause. Ich schreibe nicht viel, aber wie mir scheint mit mehr Sinn und Verstand, als früher. Mit den Journalisten stehe ich auf Kriegsfuß.

> Gleichmütig laß ich Lob und Tadel mir bereiten,
> Ich fordre keine Krone —
> Und will auch nicht mit Toren streiten.

Schon wieder der Namensvetter! *) ... Was ist zu tun, — ich kann keinen Schritt ohne ihn machen..."

Trotz der hier mit größter Aufrichtigkeit und Ehrlichkeit ausgesprochenen Ansichten, denen man seine Sympathie wohl nur schwer versagen kann, und trotz des Vorsatzes „nie die Stellung des Vorsitzenden irgendeines Komitees anzunehmen", erfolgte von seiten Dargomyshskis doch keine Absage, als er im Jahre 1867 an Stelle Rubinsteins zum vorsitzenden Direktor der Kaiserlich-Russischen Musikgesellschaft ernannt wurde.

Um diese Handlungsweise Dargomyshskis verständlich erscheinen zu lassen, muß etwas weiter ausgeholt werden.

In den sechziger Jahren des neunzehnten Jahrhunderts vollzog sich in der musikalischen Entwicklung Rußlands eine entscheidende Krise, die nicht weniger bedeutungsvoll vielleicht für die künstlerische Zukunft des Landes war, als die gärende Zeit der ersten Aufführungen Glinkascher Opern. Der damalige Antagonismus italienischer und russischer Musik wiederholte sich in verschärfter Form. Dieses Mal spielte sich der Kampf jedoch nicht zwischen den gespaltenen Streitmächten des Laienpublikums, sondern ausschließlich inmitten

---

*) Puschkin, der ebenfalls Alexander mit Vornamen hieß.

der persönlich interessierten Künstlerschaft ab, und die Banner, um die sich die streitenden Parteien sammelten, gehörten der deutschen und der russischen Musik an. Die deutsche Partei repräsentierte Anton Rubinstein. Obwohl er eigentlich Russe von Geburt war, gehörten doch alle seine Sympathien der deutschen Kunst und den Heroen des klassischen und romantischen Zeitalters der deutschen Musik. Glinka schätzte er allerdings sehr hoch, doch erkannte er ihn nur als Ausnahmefall an und war durchaus nicht geneigt, die von Glinka inaugurierte Richtung der russischen dramatischen Musik als Anfang einer neuen Kunstperiode des Landes aufzufassen.

Dieser Ansicht diametral entgegengesetzt war das musikalische Credo eines Kreises junger russischer Musiker, der sich um dieselbe Zeit in Petersburg bildete. Der Mittelpunkt dieses Kreises, sein geistiges Oberhaupt, war Mili Balakirew, der als achtzehnjähriger Jüngling voll kühner musikalischer Zukunftsträume im Jahre 1855 nach Petersburg gekommen war. Obgleich er in der Familie des bekannten Mozart-panegyrikers und Beethovenhassers Ulibischeff aufgewachsen war, schlugen die musikalischen Ideen Balakirews von vornherein eine Richtung ein, die ihn weitab führte von den Prinzipien der klassischen Musik. Mit der ganzen flammenden Begeisterung, der das Jünglingsherz eines enthusiastischen und temperamentvollen Musikers fähig ist, wandte er sich der Musik Glinkas zu, in der er die erlösende künstlerische Tat des neunzehnten Jahrhunderts begrüßte. An Balakirew schlossen sich mit derselben Begeisterungsfähigkeit vier junge Musiker an, alles Dilettanten vom reinsten Wasser, von denen damals noch niemand ahnte, welche Bedeutung einzelne von ihnen für die künstlerische Zukunft des Landes gewinnen sollten: die beiden jungen Garde-offiziere Cui und Mussorgski, der Marineleutnant Rimsky-Korsakow und der Student der Medizin Borodin. Auf der

Basis gemeinsamer künstlerischer Interessen und der gleichen kühnen reformatorischen Ideen, die sich hauptsächlich auf die Entwickelung der musikalisch-dramatischen Kunst richteten, schlossen sich die jungen Leute eng aneinander. Jugendlicher Enthusiasmus artet fast immer in Radikalismus aus. So ging es auch hier. Sie schrieben den von Mussorgski proklamierten Kriegsruf „Zu neuen Ufern!" auf ihr künstlerisches Banner und begannen damit, daß sie alle Brücken hinter sich abbrechen wollten. Später hat sich dieser Feuereifer sehr gemäßigt, aber anfangs stand er in hellen Flammen und schien alles verzehren zu wollen, was sich ihm in den Weg stellte. Vor allem war es die „offizielle" Musikrichtung Petersburgs, die von Rubinstein und dem von ihm gegründeten Konservatorium repräsentiert wurde, gegen die das „mächtige Häuflein" — diesen Spitznamen verdankte der Balakirewsche Kreis seinem späteren literarischen Gewährsmann W. Stassow — seine Waffen richtete. Der Wortführer der Partei war César Cui, der in einer der gelesensten Zeitungen Petersburgs einen Kampf bis aufs Messer gegen die musikalische Rückständigkeit der Petersburger Konservatoriumskreise begann und einen ganzen Ozean von Tinte in den leidenschaftlichsten Schmähreden ergoß. Trotz der unglaublichsten ästhetischen Schnitzer, trotz der verrannten Einseitigkeit seines kritischen Urteils, die ihn zu den verhängnisvollsten Irrtümern führte, flößt der jugendliche Kampfesmut dieser Cuischen Zeitungskampagne doch eine gewisse Sympathie ein. Der Kampf um die nationalen Prinzipien der Musik — davon und von Glinka wurde ausgegangen — verwandelte sich bald in den allerorts bekannten Widerstreit zwischen Fortschritt und Rückständigkeit. Die Frage wurde ganz allgemein gestellt, und hie Klassizismus und Untergang, dort nationale Regeneration der Kunst und neues Leben lauteten die Schlagwörter, um die sich das Wortgefecht drehte.

Die vom „mächtigen Häuflein" der fünf jungen musikalischen Feuergeister ausgegebene Losung von der notwendigen Reform der Musik, speziell der Oper, fand in dem Herzen des alternden Dargomyshski lebhaften Widerhall. In dem ungleichen Kampf zwischen der von der Allgemeinheit anerkannten Autorität Rubinsteins, die auf den sicheren und unwandelbar scheinenden Stützen der musikalischen Tradition ruhte, und den utopistischen Phantasmagorien der umstürzlerisch gesinnten „Novatoren", die damals kaum jemand ernst nahm, waren alle seine Sympathien auf Seiten der jungen Partei.

Als nach dem Weggange Rubinsteins die Stellung des Direktors der Kaiserlichen Musikgesellschaft Dargomyshski angetragen wurde, glaubte er wohl, daß damit die Möglichkeit gegeben war, einen Ausgleich herbeizuführen, und die aufgeregten Gemüter etwas zu beruhigen. Auch lockte ihn wohl die Aussicht, durch die eigene Tätigkeit der künstlerischen Wirksamkeit der Musikgesellschaft eine Richtung zu geben, die ihren Namen einer „Russischen" rechtfertigte. Diese Gründe veranlaßten ihn, nicht ohne Bedenken, die Stellung anzunehmen. Er ahnte, daß die aufreibende Tätigkeit mit allen damit verknüpften Verpflichtungen und Ungelegenheiten ihm, der ein ruhiges, gemütliches Dasein gewöhnt war, im übrigen wenig Freude bereiten würde. Und er hat sich nicht getäuscht. Trotzdem harrte er tapfer auf seinem Posten aus. Die erste „Tat", die Dargomyshski als Direktor der Musikgesellschaft vollbrachte, war, daß er es durchsetzte, daß Balakirew als Dirigent der Symphoniekonzerte, die die Musikgesellschaft alljährlich veranstaltete, gewonnen wurde. Dadurch erwies er der Sache des „mächtigen Häufleins" einen unschätzbaren Dienst. Als Balakirew an die Spitze der Symphoniekonzerte der Kaiserlich-Russischen Musikgesellschaft trat, gewannen die Programme des Unternehmens natürlich sofort ein anderes Aussehen. Ein

frischer Strom neuer Ideen durchdrang das offizielle musikalische Leben der russischen Residenz. Dargomyshski war
es auch, dessen Anregung die russische Künstlerfahrt
Hektor Berlioz' zu verdanken war. Bis dahin hatte man
sich vor diesem modernen Hexenmeister des Orchesters dreimal bekreuzigt.

Doch auch für Dargomyshski selbst gewannen die Beziehungen zum Balakirewschen Kreise die höchste Bedeutung. Alle Mitglieder des „mächtigen Häufleins" waren von
höchster Verehrung für den Komponisten der „Russalka"
durchdrungen. Die Neueinstudierung dieses Werkes, bei der
dank der vorzüglichen Darstellung alle oder wenigstens viele
unbemerkt gebliebenen Schönheiten der Oper enthüllt wurden, zeigte außerdem aufs deutlichste, daß man es hierin
in gewissem Sinne schon mit einem Fortschritte gegenüber
den Glinkaschen Opern zu tun hatte. Als Glinka gestorben
war, ruhte alle Hoffnung in bezug auf eine weitere Entwicklung der musikalisch-dramatischen Kunst in Rußland auf
Dargomyshski. Wenigstens solange bei den jungen Komponisten das Zutrauen zu den eigenen schöpferischen Kräften
noch nicht in genügendem Maße erstarkt war, um selbst in
die musikalisch-dramatische Produktion des Landes einzu-
greifen.

Die Wohnung Dargomyshskis wurde gewissermaßen zum
Konspirationsquartier der „neurussischen Schule", zu der
sich das „mächtige Häuflein" in seinem künstlerischen
Werdegange allmählich entwickelte. Es wurde schon erwähnt, daß sich Balakirew, Cui, Mussorgski und Rimski-Kor-
sakow von den regulären Musikabenden, die bei Dargomyshski stattfanden, absonderten. Doch fanden sie sich mit
genau derselben Regelmäßigkeit, nur an anderen Tagen,
beim Komponisten der „Russalka" ein. Die brennende Frage,
die bei diesen Zusammenkünften immer wieder beredet
wurde, lautete: auf welchem Wege und mit welchen Mitteln

ist eine Reform der musikalisch-dramatischen Kunst durchzusetzen?

Ganz klar war nur eines: so ging es mit der musikalischen Bühnenkunst nicht weiter. Wie radikal jedoch mußten die Reformen sein, deren die Oper bedurfte, um das Aussehen eines Zerrbildes dramatischer Kunst zu verlieren?

Es muß ausdrücklich betont werden, daß diese reformatorischen Ideen auf dem Gebiete der russischen Oper in vollständiger Unabhängigkeit von dem Werke Richard Wagners standen. Wagner kannte man kaum, und was man von ihm kannte, erregte mehr Widerspruch als Zustimmung. Der Proselyt Wagnerscher Kunst in Rußland war Sseroff, der nie zum Lager der neurussischen Schule gehört hat, ja diese im Gegenteil fast ebenso heftig befeindete, wie er die deutsche Kunst Wagners befürwortete. Dargomyshski selbst war mit der Musik Wagners sehr wenig vertraut, von dessen Kunsttheorien hatte er wahrscheinlich nur eine sehr oberflächliche, wenn überhaupt eine Ahnung. Es findet sich in den zahlreich erhaltenen Briefen Dargomyshskis nur eine einzige Andeutung darüber, daß er es versucht hat, zu der Wirksamkeit des großen Reformators der deutschen Oper irgendwie Stellung zu nehmen. Seine Kenntnis Wagners beschränkte sich auf die Durchsicht des Klavierauszuges des Tannhäuser. Er schreibt an Sseroff, von dem er die Noten entliehen hatte: „Wagner (den Tannhäuser) retourniere ich Ihnen noch nicht, habe erst die halbe Oper durchgesehen. Sie hatten recht: es ist viel Poesie im Szenarium der Oper. In der Musik weist sie neue und richtige Wege. Aber im unnatürlichen Gesange und in der gradlinigen, obgleich stellenweise sehr unterhaltenden Harmonisierung schaut irgendein Zug des Leidens durch. Er ‚will und kann nicht'. Wahrheit ist ein gutes Ding, aber man muß auch Geschmack haben." Das ist alles. Charakteristisch ist in dieser kurzen Kritik der Hinweis auf den „unnatürlichen Gesang". Das Opernideal, das den Reformatoren der russischen Oper vorschwebte, war doch ein anderes, als das, welches Wagner in seinen Musikdramen verwirklichte. Die Wahrheit, d. h. die Wahrheit des musikalischen Ausdruckes über alles! Aber der Gesang darf dabei nicht zu kurz kommen, im Gegenteil, er allein soll der Träger des musikalischen Ausdrucks sein. Das war eine der Hauptthesen, die Dargomyshski in bezug auf die Reform der Oper vorschwebte. Schon in der „Russalka" hatte er in dieser Beziehung versucht, besseres zu leisten, als seine Vorgänger. Dieses Bestreben hatte ihn zur konsequenten Verwendung des „melodischen Rezitativs" geführt. Und folgerichtigerweise wurde das „melodische Rezitativ" zum Ausgangspunkt aller weiteren Reformen.

In bezug auf die Natürlichkeit der dramatischen Handlung, ihre zureichende Motivierung, den Kunstwert des zu vertonenden Gedichtes, die Unmöglichkeit, szenische Vorgänge in den Rahmen eingeschlossener symmetrischer musikalischer Formen einzuzwängen, überhaupt in bezug auf alle Anforderungen, welche künstlerische Vernunft an ein musikalisches Bühnenwerk zu stellen berechtigt ist, stimmten die hitzigen Novatoren in Petersburg, und natürlich auch Dargomyshski, mit Wagner vollkommen überein. Doch ergab sich diese Übereinstimmung ganz von selbst und war nicht die Folge bewußter Nachahmung oder auch nur Anregung.

Obwohl alle Mitglieder des Balakirewschen Kreises in ihren Grundanschauungen über die Notwendigkeit einer Opernreform vollkommen übereinstimmten, konnte doch ein jeder von ihnen bei der späteren praktischen Verwendung der gewonnenen theoretischen Gesichtspunkte seine persönliche künstlerische Individualität nicht verleugnen. Ein jeder von ihnen ging seine eigenen Wege. Infolgedessen wurde ein allgemeingültiger Typus des reformierten Musikdramas in Rußland nicht geschaffen. Das wäre nur möglich gewesen, wenn die ganze künstlerische Reformarbeit von e i n e r willensstarken und schaffenskräftigen Persönlichkeit geleistet worden wäre, wie das in Deutschland die schöpferische Tätigkeit Wagners zeigt. In welcher Weise jeder einzelne der russischen Komponisten es versuchte, dem Opernideale, das ihnen allen vorschwebte, nahezukommen — das kann an dieser Stelle nicht gezeigt werden. Spezielle Untersuchungen, die dem Leben und Schaffen der einzelnen Komponisten gewidmet sein werden, sollen versuchen, über diese Frage das nötige Licht zu verbreiten.

Der erste, der eine praktische Lösung der Opernreform in Rußland versuchte, war — Dargomyshski selbst. Seine Muse hatte lange geschwiegen. Die öffentliche Tätigkeit, in die er unversehens hineingeraten war, nahm seine ganze Arbeitskraft in Anspruch, denn, was er tat, das tat er gründlich. Trotzdem konnte es nicht fehlen, daß die Anregungen des Balakirewschen Kreises eine mächtige Wirkung auf seine künstlerische Phantasie ausübten. Er fühlte es, daß die russische Musik einer neuen Entwicklungsphase entgegenging. Und da erwachte der Wunsch in ihm, noch einmal die eigenen Kräfte daran zu wenden, um diesen Entwicklungsprozeß zu beschleunigen.

Im Anfang der sechziger Jahre hatte Dargomyshski flüchtig daran gedacht, den „Don Juan" von Puschkin als Opernstoff zu verwenden. Doch erlahmte seine Lust, sich aufs neue an den Entwurf eines größeren Werkes zu machen, angesichts der in Petersburg herrschenden musikalischen Zustände. Er äußert sich darüber in einem Briefe an Frau Karmalina, der aus dem Jahre 1866 stammt: „Sie fragen nach meiner zukünftigen Oper? Ich habe in der Tat vor langer Zeit an eine Oper*) gedacht, damals, als die Musik noch eine Kunst war. Doch jetzt ist sie zum Handwerk geworden. Man muß zum Charlatan werden, „zarische" Stoffe wählen, sich um eine

---

*) Gemeint ist hier die komische Oper „Bogdana".

prunkvolle Ausstattung bemühen, sich in den Zeitungen herausstreichen lassen. Ich fühle, daß ich es nicht verstehen würde, damit fertig zu werden — deshalb habe ich es bleiben lassen. Ich habe überhaupt kein Glück. Vor siebzehn Jahren habe ich z. B. den „Triumph des Bacchus" geschrieben. Und bis zum heutigen Tage habe ich ihn nicht auf der Bühne gehört. Man verspricht, ihn in Moskau aufzuführen. Zweimal hat man mich schon betrogen. Wir wollen sehen, was in diesem Winter sein wird." In demselben Briefe findet sich dann die erste Erwähnung des Puschkinschen „Don Juan". Doch schien Dargomyshski diesem Versuche damals noch keine besondere Bedeutung zuzumessen. Er fährt fort: „Übrigens habe ich mich noch nicht endgültig von meiner Muse getrennt. Ich liebäugele mit dem ‚Don Juan' von Puschkin. Versuche etwas noch nie Dagewesenes: ich schreibe Musik zu den Szenen des ‚Steinernen Gastes', so wie sie dastehen, ohne eine Wort im Text zu verändern. Natürlich wird das niemand anhören wollen. Aber was bin ich schlechter als andere? Für mich ist's nicht übel."

Das Jahr 1867 war für Dargomyshski gänzlich unfruchtbar. Es verlief in endlosen Scherereien, administrativen Anordnungen und Repräsentationspflichten, die seine neue Stellung als Direktor der Kaiserlich-Russischen Musikgesellschaft mit sich brachte. Erst im nächsten Jahre konnte er sich wieder an die Arbeit der liegengebliebenen Oper machen. Und plötzlich flammten seine schöpferischen Kräfte — zum letztenmal — in ungeahnter Weise empor. Das Schicksal wollte es, daß gerade in dieser Zeit seine Gesundheit vollständig versagte. Ein altes Herzübel, das ihn bald ins Grab bringen sollte, meldete sich von Tag zu Tag mit gesteigerter Heftigkeit. Trotzdem hielt ein geradezu fieberhafter Arbeitseifer an. Im Januar 1868 schreibt Dargomyshski einem seiner Freunde: „Meine Krankheit verschlimmert sich, wie

308

mir scheint... nichtsdestoweniger arbeitet meine schöpferische Ader so, wie es in der Jugend war. Das ist in der Tat eine merkwürdige Erscheinung. Krank und gebückt sitze ich am Klavier, und habe in fünf Tagen meinen „Steinernen Gast" soweit gefördert, wie es mir als Gesundem in zwei Monaten nicht gelungen wäre..." — Und im April desselben Jahres heißt es in einem Briefe an Frau Karmalina: „Ungeachtet meines schweren Gesundheitszustandes singe ich meinen Schwanengesang. Ich schreibe den ‚Steinernen Gast'. Merkwürdig. Meine nervöse Stimmung ruft einen Gedanken nach dem andern hervor. Es ist nicht die geringste Anstrengung dabei. In zwei Monaten habe ich soviel geschrieben, wozu ich früher ein ganzes Jahr gebraucht hätte. Sie glauben wahrscheinlich, daß ich auf meine alten Tage irgend etwas ganz Törichtes und Schwächliches schreibe. Weit gefehlt! Nicht ich schreibe, sondern irgendeine unbekannte Kraft in mir..." — Im Herbst 1868 war der „Steinerne Gast" nahezu fertiggestellt. Dargomyshski schreibt: „Der ‚Steinerne Gast' naht sich seiner Vollendung. Es gibt viele Neugierige, die ihn hören wollen. Und wenn sie ihn hören, so sind sie im Zweifel, ob das Musik ist oder — Hühnerblindheit."

Im Balakirewschen Kreise erregte die Arbeit Dargomyshskis natürlich das höchste Interesse und ungeteilte Bewunderung. Von den jungen Komponisten war noch keiner so weit, daß er sich selbst an ein größeres Werk gewagt hätte. Nur César Cui bildete eine Ausnahme. Er schrieb seinen „William Ratcliff". Daß von diesem Werke jedoch nicht das Heil für die russische Kunst zu erwarten war, darüber konnten sich sogar seine sehr nachsichtigen Freunde nicht täuschen. Ganz was anderes war es um Dargomyshskis „Steinernen Gast". Das war neu, kühn, unerhört, das wurde jedenfall das „epochemachende" Werk, von dem das „mächtige Häuflein" träumte. Die Ungeduld der jungen Musiker,

·das Werk zu hören, ließ sich endlich nicht mehr zügeln. Sie setzten eine häusliche Aufführung des noch nicht ganz vollendeten „Steinernen Gastes" bei Dargomyshski durch. Der Komponist, ungeachtet seiner Krankheit, sang selbst den „Don Juan", Mussorgski — ein geniales darstellerisches Talent — den Leporello und Don Carlos, für die Damenrollen wurden die beiden besten Sängerinnen, die das Petersburger Marientheater damals aufzuweisen hatte, gewonnen, Frau Platonowa und Frau Poljakowa. W. Stassow, der diesen Aufführungen beiwohnte, äußerte später, daß man den „Steinernen Gast" auf der Bühne schwerlich jemals in so vollendeter Wiedergabe zu hören bekommen würde. Übrigens schienen die Aussichten auf eine baldige Aufführung des Werkes im Marientheater sehr günstig zu sein. Dargomyshski — der als Direktor der Kaiserlich-Russischen Musikgesellschaft jetzt freilich eine wichtige Person war — erfuhr ein Entgegenkommen, von dem er wenige Jahre vorher noch nicht zu träumen gewagt hätte. Der Minister des Kaiserlichen Hofes, Graf Adlerberg, schickte zu ihm mit der Anfrage, wann die Oper beendet sein würde und wie der Komponist die Rollenverteilung vorzunehmen wünsche. Dargomyshski nahm auch die Rollenverteilung vor, die übrigens bei der ersten Aufführung des „Steinernen Gastes" tatsächlich respektiert wurde, doch sollte er die Freude, sein Werk von der Bühne herab zu hören, nicht mehr erleben. Am 5. Januar 1869 setzte ein plötzlicher Tod seinem Leben ein Ziel. Seine sterblichen Überreste wurden auf dem Friedhofe des Alexander Newskiklosters in Petersburg, in unmittelbarer Nähe des Grabes Glinkas, beigesetzt.

Es war Dargomyshski nicht vergönnt, sein letztes Werk bis auf den abschließenden Federstrich selbst zu vollenden. Der Tod rief ihn ab, bevor die Arbeit ganz getan war. Gemäß dem Wunsche des Komponisten übernahmen César Cui und Rimski-Korssakow sein künstlerisches Vermächtnis: Cui be-

endete das erste Bild des ersten Aktes, in dem zehn Vers-
zeilen nachzukomponieren waren und schrieb eine kurze In-
strumentaleinleitung zu der Oper. Rimski-Korssakow besorgte die Instrumentierung des ganzen Werkes nach den
Skizzen des Komponisten. Beide, sowohl Cui als auch
Rimski-Korssakow, haben sich ihrer Aufgaben mit großer
Pietät und bemerkenswertem Geschick entledigt. Von der
Instrumentierung Rimski-Korssakows läßt sich getrost behaupten, daß der Komponist selbst seine Sache schwerlich
besser gemacht hätte.

Mit seiner Prophezeiung, daß der „Steinerne Gast" ein
Kunstwerk „nicht für Viele" bleiben würde, hat Dargomyshski recht behalten. Die Oper hat sich auf keinem
Theater Rußlands einzubürgern vermocht, und Aufführungen
des „Steinernen Gast" gehören auch heute noch zu den
größten Seltenheiten, selbst auf den Opernbühnen der beiden
Residenzen. Nichtsdestoweniger hat das Werk für die spätere Entwicklung der Oper in Rußland eine ungeheure Bedeutung erlangt. War Glinkas „Rußlan" das Alte Testament
der neurussischen Schule gewesen, so schworen ihre Mitglieder auf Dargomyshskis „Steinernen Gast" als auf ihr
Neues Testament. Wie verschieden die Richtungen auch
waren, wohin die Komponisten der neurussischen Schule auf
ihren künstlerischen Wegen geführt wurden — der gemein-
same Ausgangspunkt aller war das nachgelassene Bühnenwerk
Dargomyshskis.

In der Tat bietet der „Steinerne Gast" von Dargomyshski
solche Fülle neuer und anregender Ideen, daß die Bedeutung
des Werkes in dieser Beziehung auch jetzt vielleicht noch
nicht voll erkannt ist. Für das Jahr 1868 war die Oper
jedenfalls ein unerhört kühnes künstlerisches Experiment.
Noch „nie dagewesen" war, wie Dargomyshski selbst richtig
bemerkt, vor allem der Gedanke, ein fertig vorliegendes
Werk der dramatischen Dichtkunst Wort für Wort durch-

zukomponieren, ohne die geringste Veränderung zugunsten der musikalischen Linienführung vorzunehmen. In unserer Zeit hat der „Steinerne Gast" von Dargomyshski in dieser Hinsicht schon manches Seitenstück in der Opernliteratur gefunden — „Salome" und „Elektra" von Richard Strauß in Deutschland, „Mozart und Salieri" von Rimski-Korssakow, „Der geizige Ritter" von Rachmaninow in Rußland. Einer der wertvollsten Gedanken, die die musikalische Vernunft den Musikern eingegeben hat, war es natürlich, daß zu einem guten Musikdrama, d. h. zu einer guten Oper, ein gutes Drama eine ebenso unerläßliche Vorbedingung ist, wie eine gute Musik. Die Frage, die aus dieser Einsicht entstand, konnte nur sein: was ist ein gutes Drama im Hinblick auf seine musikalische Verwertbarkeit, wie muß ein Drama beschaffen sein, um im Verein mit der Musik ein gutes Gesamtkunstwerk zu ergeben. Eine spezielle Untersuchung dieser Frage würde weit über den Rahmen, den der Zweck des Buches bestimmt, hinausführen. Die Musikgeschichte kennt bis jetzt nur zwei Arten prinzipieller Versuche, die oben aufgeworfene Frage zu lösen. Die eine Lösung hat Wagner versucht, indem er selbst die Dramen konstruierte, aus denen dann Musikdramen wurden. Die Wagnerschen Dramen sind Kunstwerke an sich, doch ist in ihnen immerhin jedes niedergeschriebene Wort von dem Gedanken begleitet gewesen, daß es später in Musik zu setzen sei. Der andere Versuch, das musik-dramatische Problem zu lösen, ist von jenen Komponisten ausgegangen, die ein fertiges Drama zur Hand nahmen und, unbekümmert um seinen ursprünglichen Zweck, jedes Wort davon musikalisch kolorierten. Unter diesen Komponisten gehört, wie gesagt, Dargomyshski das Primat.

Die Beantwortung ob oder inwieweit Wagner das Problem gelöst und das musikdramatische Ideal erreicht hat, gehört wiederum nicht hierher. Dagegen müssen gegenüber der

312

anderen Lösung der Frage, im Hinblick auf das Kunstwerk Dargomyshskis einige Bedenken geltend gemacht werden.

Der wichtigste Umstand, den jene Komponisten übersehen, die ein Kunstwerk der dramatischen Poesie gewissenhaft in Musik setzen, ist das ästhetische Moment der Dauer eines künstlerischen Eindrucks. Das gesprochene Wort benötigt höchstens ein Drittel der Zeit, die das gesungene in Anspruch nimmt. In allen Fällen einer erregten szenischen Handlung wird dieser Umstand für das musik-dramatische Kunstwerk verhängnisvoll, und zwar meist gerade in den Szenen, die im rein-dramatischen Kunstwerke die wirkungsvollsten sind. Auch ein knapper, schlagfertiger Dialog ist im Musikdrama unmöglich, selbst wenn man das secco-Rezitativ verwendet, das jedoch für die Komponisten moderner Musikdramen überhaupt nicht mehr in Betracht kommt — auch Dargomyshski hatte sich, wie schon mehrfach erwähnt, davon frei gemacht. Bühnenbilder, deren Zeitdauer im Interesse der ästhetischen Wirkung vielleicht aufs Genaueste berechnet sind, werden durch musikalische Kolorierung jedes gesprochenen Wortes zu unerträglicher Länge ausgedehnt, die jeden künstlerischen Genuß erwürgt. Es sei nur an den abstoßenden Eindruck der letzten Szene der Oper „Salome" erinnert, während sich im Drama dieselbe Szene, dank kürzerer Dauer, sehr leicht ertragen läßt. Man weiß, wie wichtig das „Tempo" für eine dramatische Aufführung ist. Der Dichter ist sich über das Tempo jeder Szene seines Dramas ganz klar und weiß, daß oft wenige Sekunden von höchster künstlerischer Bedeutung sein können. Nun kommt der Komponist daher und projiziert die dramatische Szene sozusagen mit dem langschenkeligen Zirkel der Musik. Alle zeitlichen Dimensionen erscheinen ums Dreifache vergrößert. Kann die Wirkung da noch dieselbe oder gar eine bessere sein? In Ausnahmefällen mag es möglich sein, doch bestätigt das nur eine für den Komponisten derartiger Musikdramen keineswegs ermunternde Regel, die das Entgegengesetzte besagt.

Ein weiteres Bedenken, das sich der Komposition fertiger Dramen entgegenstellt, stützt sich auf folgende Erwägung: der musikalische Bühnenstil hat immer etwas vom al fresco an sich. Einzelheiten gehen unrettbar verloren, und zwar nicht Einzelheiten der Musik, auf die sich doch immer — man mag dagegen sagen was man will — die Hauptaufmerksamkeit des Zuhörers konzentriert, sondern Einzelheiten der Dichtung. Man schädigt also gewissermaßen den Dichter, wenn man sein Drama in Musik setzt. Ein feinpointierter Dialog — der Lebensnerv mancher dramatischen Dichtung („Salome"!) — verliert im musikalischen Drama nicht nur jede Bedeutung, sondern eigentlich seine ganze Existenzberechtigung. Die großen Linien dramatischer und psychologischer Vorgänge können durch die Musik in ungeahnter Weise vertieft oder hervorgehoben werden, die feineren Details psychologischen Erlebens und seines sprachlichen Ausdrucks sind der musikalischen Ausbeutung — wenigstens von der Bühne herab — nicht zugänglich.

Und dann: wie oft benötigt der Dichter aus dramaturgischen Rücksichten der alltäglichen Vorgänge und ebensolcher Wendungen im Gespräch. Die Musik aber kann und soll nur Bedeutungsvolles darstellen. Hieraus ergibt sich ein unlösbares Dilemma. Das ästhetische Mißverhältnis zwischen Musik und ihrem sozusagen substantiellen, aber außermusikalischen Inhalte wirkt dann nur peinlich. Die Musik kann ihres eigenen, rein musikalischen Gehaltes nicht entblößt werden. Und versucht man es, so unternimmt man Unsinniges, weil Zweckloses. Man kann vom Wasser, solange es Wasser bleiben soll, nicht verlangen, daß es nicht naß sein soll.

Der „Steinerne Gast" Dargomyshskis belegt die vorgebrachten Bedenken Takt für Takt. Die gleichnamigen drama-

314

tischen Szenen Puschkins sind ohne Zweifel eines der größten Meisterwerke der russischen Literatur. Die subtile Charakterzeichnung der handelnden Personen ist ebenso bewunderungswürdig wie der feingeschliffene geistreiche Dialog, der in klingende Verse von wunderbarer Formvollendung gefaßt ist. An eigentlicher Empfindungslyrik, die für musikalische Untermalung doch stets das dankbarste Feld bietet, ist das Drama dagegen arm. Dargomyshski hat mit seiner Vertonung des Puschkinschen dramatischen Gedichtes ohne Frage ein Kunstwerk von höchster Vollendung geschaffen, und bedauerlich bleibt nur, daß dieses Kunstwerk seinen eigentlichen Daseinszweck, nämlich seine szenische Wirkungsfähigkeit, nicht erfüllt.

Wenn man die Partitur des „Steinernen Gast" zu stillem Studium vornimmt, so entzückt einen jede Szene, jeder Takt, und man kann es nachher kaum begreifen, warum der Eindruck des Werkes von der Bühne herab so farblos ist, warum die Oper im Theater eintönig und langweilig wirkt. Die Erklärung ist im Vorstehenden zu suchen. Der „Steinerne Gast" von Dargomyshski ist im Grunde genommen eine unendlich fein gearbeitete musikalische Miniature, die ihre Wirkungskraft bei der weiten Entfernung des Zuschauers von der Bühne einbüßt. Man unterscheidet nicht mehr die minutiöse Detailarbeit, die einen entzückt, wenn man das Werk in wahrer und übertragener Bedeutung nahe vor Augen hat.

Die Musik, die Dargomyshski zum „Steinernen Gast" von Puschkin geschrieben hat, ist vielleicht nicht weniger reich an Geist und Grazie, als die Verse des Dichters. Das Exempel, demzufolge man nun an dem „Gesamtkunstwerke" das doppelte Quantum künstlerischen Genusses erleben müßte, stimmt jedoch — sobald die Bühne in Frage kommt — leider ganz und gar nicht. Ist schon das Puschkinsche Gedicht an und für sich eigentlich ein sogenanntes Buchdrama, so ist es in der Dargomyshskischen Vertonung noch vielmehr eine Klavierauszug-Oper.

Die stärkste Seite der Musik zum „Steinernen Gast" ist die außerordentlich freie und natürliche musikalische Deklamation. In dieser Beziehung wird das Werk für alle Zeiten vorbildlich bleiben. Tonfall und Intonation jeder einzelnen Phrase kann man sich vollendeter kaum denken. Das „melodische Rezitativ", das die ganze Oper beherrscht, ist von großer Ausdruckskraft und erstaunlicher Naturwahrheit. Dabei ist es dem Komponisten gelungen, die Charakteristik der einzelnen handelnden Personen in überaus feiner Weise auseinanderzuhalten. Leporello spricht, d. h. singt ganz anders als Don Juan, eine völlig verschiedene Gemütsart spiegelt sich in den Rezitativen Donna Annas oder der Donna Laura. Dargomyshski treibt feinste musikalische Psychologie in seinem ganzen Werke, ähnlich wie es Wagner in den „Meistersingern" getan hat. Nur sind die Mittel, deren sich Dargomyshski bedient, ungleich einfachere.

Ein kühner Fortschritt der musikalisch-dramatischen Gestaltung des „Steinernen Gast" im Vergleich zu allen früheren Opern ist die vollständige Verbannung aller formal abgeschlossenen Musiknummern. Die ganze Partitur weist an abgeschlossenen Musikstücken nur zwei Lieder auf, die Donna Laura dem Don Juan vorsingt und die durch die textliche Vorlage bedingt sind. Im übrigen bewegt sich die ganze Oper in freiem rezitativischem Fluß. Das Hauptgewicht des musikalischen Ausdrucks tragen, wie immer bei Dargomyshski, die Singstimmen. Die Orchesterbegleitung dient als notwendiger Hintergrund, bemüht sich immer und mit Erfolg, charakteristisch zu sein, erhebt jedoch nie Ansprüche auf selbständige Bedeutung. Unter diesen Umständen doch ein formal abgeschlossenes Kunstwerk zustandezubringen, das den Eindruck eines künstlerischen Ganzen und nicht eines sinnlosen musikalischen Mosaiks macht,

316

war ein Problem, dessen Lösung fast unmöglich erscheint. Dargomyshski ist sie dennoch gelungen, und erst hiermit hat er die Probe einer wirklich außerordentlichen künstlerischen Befähigung abgelegt. Das Leitmotiv, das, wie Wagner richtig erkannte, unter solchen Bedingungen zweifellos das verläßlichste musikalische Ferment ist, durch das die einzelnen Teile des Kunstwerkes untrennbar verbunden werden, hat Dargomyshski verschmäht. Mit einer Ausnahme, die übrigens auch mehr künstlerischer Zufall als Prinzip ist: die Gestalt des Commandore wird durch ein kurzes Motiv charakterisiert, das sich aus der von Glinka im „Rußlan" zuerst eingeführten Ganzton-Tonleiter konstruiert und das der Komponist in harmonischer Beziehung überaus geistvoll auszubeuten verstanden hat. Überhaupt ist die Harmonik des „Steinernen Gast" für ihre Zeit eine sehr kühne, macht allerdings stellenweise den Eindruck gewollter Originalität und unmotivierter Schroffheit. Vielleicht ist das darauf zurückzuführen, daß es dem Komponisten versagt war, selbst die letzte Feile an sein Werk zu legen. Jedenfalls ist auch in dieser Beziehung manche Anregung für die späteren Komponistengenerationen Rußlands von der Partitur des „Steinernen Gast" ausgegangen. Daß das Talent für musikalische Komik, das in Dargomyshskis ganzer Natur wurzelte, in der Figur des Leporello reichliche Nahrung fand, versteht sich von selbst. Unnachahmlich fein getroffen ist der Ton leichtfertiger Ironie in einigen seiner Gespräche mit Don Juan.

Alles in allem präsentiert sich das Werk Dargomyshskis, ungeachtet seiner szenischen Unwirksamkeit, als höchst bedeutungsvoller Markstein in der Entwicklungsgeschichte der russischen Oper, ohne den vielleicht weder Mussorgski noch Rimski-Korssakow den Weg gefunden hätten, der sie zu so hohen Zielen hinaufführen sollte. Schon dieser Umstand allein hätte genügt, den Namen Dargomyshskis mit unver-

gänglichen Lettern in die Annalen der russischen Musikgeschichte einzuzeichnen. Doch soll man deswegen nicht
vergessen, daß Rußland in ihm außerdem einen seiner
feinsten und poetischsten musikalischen Lyriker besaß,
dessen Liederschatz einen überaus wertvollen Bestandteil
der russischen Musikliteratur bildet.

Der großen Masse gehört Dargomyshski dank seiner „Russalka" und ihren volkstümlich gewordenen Melodien, dem
Musiker ist er durch seinen „Steinernen Gast" und die darin
enthaltenen, noch längst nicht restlos erschöpften künstlerischen Anregungen unendlich teuer. Sein Name wird ebensowenig wie der Name Glinkas aus dem dankbaren Gedächtnis
der kommenden Musikergenerationen Rußlands ausgelöscht
werden.

Zum Schluß einige wenige Worte über das kuriose Schicksal des „Steinernen Gast" nach dem Tode des Komponisten. Die merkwürdigen Erlebnisse dieser Partitur sind
ein lehrreiches Beispiel der in Rußland herrschenden Hof-
theaterzustände.

Noch bei Lebzeiten hatte Dargomyshski geäußert, daß er
als Honorar für das Aufführungsrecht des „Steinernen
Gast" 3ooo Rubel beanspruchen würde. Die Direktion
der Kaiserlichen Theater war jedoch laut einem steinalten
Gesetze nur ermächtigt, die runde Summe von 1143 Rubeln
für Werke einheimischer Komponisten zu zahlen. Der Vor-
mund der Erben Dargomyshskis bestand auf der Zahlung
von 3ooo Rubeln, das Hofministerium weigerte sich, für
Dargomyshski — noch dazu nach seinem Tode — eine Ausnahme zu machen. So wäre denn der „Steinerne Gast" wahrscheinlich niemals aufgeführt worden, hätten nicht die musikalischen Freunde und Testamentsvollstrecker des verstorbenen Komponisten sich der Angelegenheit angenommen.
César Cui veröffentlichte in den „Petersburger Nachrichten"
einen fulminanten Artikel, in dem er den Tatbestand der

ganzen Angelegenheit auseinandersetzte. Nun vollzog sich ein in der Kunstgeschichte ohne Seitenstück dastehendes Geschehnis. In wenigen Tagen war der Hauptteil der fehlenden Summe als freiwillige Spenden von verschiedenen Personen bei der Redaktion eingelaufen. Den Rest erbrachte ein Konzert, das der Petersburger Künstlerverein mit diesem speziellen Zwecke veranstaltete. Nur so konnte es geschehen, daß das letzte Werk Dargomyshskis, zugleich immerhin eine der bedeutendsten Schöpfungen der russischen Opernliteratur überhaupt, das Rampenlicht des Marientheaters erblicken konnte, denn — und das ist das Beste an der ganzen Geschichte — das Hofministerium nahm das Geld. Im Jahre 1870 hatten Cui und Rimski-Korssakow die Partitur des „Steinernen Gast" vollendet. Am 15. Februar 1872 fand die erste Aufführung der Oper im Petersburger Marientheater statt.

A. N. Sseroff

A. N. Sseroff

Porträt von J. Köhler (Viliandi) aus dem Jahre 1870
Original in der Tretjakowschen Gallerie zu Moskau

Alexander Sergejewitsch Sseroff

Neben der eigentlich nationalen russischen Oper, deren Entwicklungsgang von Glinkas „Das Leben für den Zaren" über Dargomyshskis „Russalka" zu den Meisterwerken der sogenannten „neurussischen" Schule hinführt, die hauptsächlich durch Mussorgski, Rimski-Korssakow und Borodin repräsentiert wird, blühte in der zweiten Hälfte des 19. Jahrhunderts in Rußland eine musikalische Bühnenkunst mit weniger ausgeprägten Tendenzen, der jedoch ebenfalls eine nicht zu unterschätzende Bedeutung für die musikalische Entwicklungsgeschichte des Landes zukommt. Einer der Hauptvertreter dieser abseits von allen russophilen Bestrebungen emporwachsenden Bühnenkunst ist neben P. Tschaikowski und dem ja eigentlich ganz internationalen A. Rubinstein Alexander Sseroff. Unter den musikgeschichtlich bemerkenswerten Persönlichkeiten Rußlands ist Sseroff ohne Frage eine der interessantesten und markantesten. Der objektiven Beurteilung gibt sein ständig in unentwirrbare innere Widersprüche verwickelter Charakter mehr als ein unlösbares Rätsel auf. Eine fortlaufende Illustration dieses Charakters ist der Lebensgang des Mannes, der ihn bald zu den höchsten Höhen künstlerischen Erfolges führt, sich bald in den tiefsten Tiefen einer kümmerlichen Lebensmisere verliert.

Trotz seiner glänzenden Begabung, die ihm sowohl auf literarischem als auch auf musikalischem Gebiete mehr als eine bedeutende Leistung ermöglichte, trotz seiner fanatischen Liebe zur Kunst, für die er seine ganze Persönlichkeit einsetzte, trotz der alleridealsten Bestrebungen, die nie das eigene Wohl, sondern stets das Heil der geliebten Kunst bezweckten, trotz seiner geradezu enzyklopädischen musikalischen Bildung ist es Sseroff nicht gelungen, eine offiziell anerkannte Stellung im russischen Musikleben einzunehmen. Seine grundehrliche Natur erlaubte ihm nie, in irgendeiner Richtung auch nur die allergeringste Konzession zu machen.

Als Kritiker verfolgte er mit einer an grobe Rücksichtslosigkeit grenzenden Offenheit die Schwächen des einheimischen Musiklebens. Dabei focht er nach allen Seiten hin mit der gleichen Heftigkeit und Leidenschaft. Kein Wunder, daß er mit der Zeit alle Freunde einbüßte und endlich vollkommen einsam dastand. „Ma position — c'est l'opposition" äußerte er einmal voller Bitterkeit, als er nach seiner offiziellen Stellung im Petersburger Musikleben gefragt wurde.

Wenn man ehrlich urteilt, muß man zugeben, daß die Tätigkeit Sseroffs als Musikschriftsteller von weitaus größerem kulturellem Wert für sein Land gewesen ist, als sein tondichterisches Schaffen. Für die Musikentwicklung Rußlands hätte es keinen unersetzlichen Verlust bedeutet, wenn Sseroff seine drei Opern „Judith", „Rogneda" und „Feindes Macht" nicht geschrieben hätte. Wir wären um drei in mancher Beziehung bemerkenswerte Kunstwerke ärmer, aber irgendwelche weitere Konsequenzen wären nicht zu beklagen. Sseroff hat als Komponist keine Schule gemacht, nicht einen einzigen Nachahmer gefunden. Er ist in seiner Kunst ebenso wie im Leben einsam geblieben.

Auf musikschriftstellerischem Gebiete hat er dagegen für sein Land nahezu dieselbe Bedeutung erlangt, die etwa einem Glinka auf dem kompositorischen Gebiete zukommt. Sseroff war der erste Musiker in Rußland, der über Musik geschrieben hat. Das Publikum lernte durch ihn einen ganz neuen Standpunkt der musikalischen Beurteilung kennen — den fachmännischen. Das war insofern von größter Wichtigkeit, als durch die Feder Sseroffs eine ganze Menge echt musikalischer Bildung verbreitet wurde. Dank dem Umstande, daß er das Deutsche, Französische und Englische fast wie seine Muttersprache beherrschte, konnte er auf allen Gebieten der Musikliteratur beschlagen sein. Sseroff las unglaublich viel, und sein glänzend geschultes Gedächtnis speicherte gleich einem Reservoir die erworbene Weisheit auf, die er dann tropfenweise an andere Konsumenten — das zeitunglesende Publikum — weitergab. Kein Wunder, daß man in Petersburg nach seinen Artikeln, die stets von großer Sachkenntnis zeugten und außerdem im allerhöchsten Grade geistreich und originell abgefaßt waren, das dilettantische Geschreibsel der bisherigen musikalischen Federhelden, die in jedem Stande, nur nicht unter den Musikern, zu suchen waren, nicht mehr lesen wollte. Der erste Rivale erwuchs Sseroff erst in W. Stassow, von dem in den vorstehenden Seiten noch viel die Rede sein wird. Sseroff erhob die Musikkritik in Rußland auf ein Niveau, das nun nicht mehr jedem kunstbeflissenen Melomanen aus dem unabsehbaren Heere der Dilettanten zugänglich war. Er kann mit Recht Anspruch darauf erheben, der Begründer der zünftigen Musikkritik in Rußland zu sein.

Außerdem haben jedoch viele seiner musikschriftstellerischen Arbeiten auch an sich einen nicht zu unterschätzenden Wert. Sie füllen vier stattliche Quartbände von nahezu zweieinhalbtausend Seiten und stellen in ihrer Gesamtheit ein regelrechtes Kompendium der Methodik der Musikkritik dar, nicht im Sinne kühler pedantischer „Wissenschaftlichkeit", sondern als lebendige Dokumente einer instinktiv das Richtige treffenden Musikauffassung und eines auf starker natürlicher Veranlagung basierten tiefdringenden Kunstverständnisses.

Es ist überflüssig, darüber zu streiten, ob der literarische oder der musikalische Nachlaß Sseroffs den absolut größeren Wert repräsentiert. Das ist letzten Endes eine von den Fragen, in denen der persönliche Geschmack entscheidet. Beides ist der Niederschlag eines Lebens, das mit seiner nie erlahmenden Begeisterung für die höchsten Ideen der Kunst, mit seiner Kampfesfreudigkeit, Selbstlosigkeit und Opferwilligkeit ein ehrliches Gefühl der Hochachtung für den, der es gelebt hat, hervorruft. In unserer Zeit der

Vergeschäftlichung der Kunst, in der nüchterne, kommerzielle Erwägungen oft an Stelle idealer Bestrebungen treten, ist es nicht unangebracht, einen Blick in das Leben solch eines Mannes zu werfen, dem die Kunst um ihrer selbst willen wert war und nicht wegen allerhand anderer, zufälligerweise mit ihr zusammenhängender Interessen.

Folgende Worte aus einem Jugendbriefe Sseroffs an Stassow können seiner Biographie als Motto dienen:

„Die Masse von Mittelmäßigkeit im menschlichen Geschlechte hindert die Musik, die Menschheit souverän zu beherrschen. Die Muse wandert inkognito auf dem Erdball und sucht sich ihre Lieblinge unter den seltenen Wesen, denen die Schönheit der absolute Zweck des Daseins ist."

Zu diesen seltenen Wesen gehörte, obgleich ihm selbst das vielleicht am wenigsten bewußt war, Alexander Sseroff.

Die Jugendgeschichte Alexander Sseroffs unterscheidet sich dadurch von der Kindheit der meisten berühmten Musiker — Richard Wagner und Berlioz ausgenommen —, daß er sich durch keinerlei bemerkenswerte musikalische Frühreife auszeichnete. Man hätte in dem Kinde alles andere voraussehen können, etwa einen Naturforscher oder Maler, nur keinen Musiker. Auch die Eltern Sseroffs, obzwar durchaus gebildet, standen keiner Kunst so fern, wie der Musik. Sein Vater Nikolai Iwanowitsch Sseroff hatte es im russischen Staatsdienste zu einer hohen Beamtenstellung im Finanzministerium gebracht und nahm im Petersburger Gesellschaftsleben eine sehr geachtete Stellung ein. Er verfügte über einen klaren, durchdringenden Verstand bei einer leichten Neigung zu beißendem Sarkasmus und giftiger Ironie, die sich ohne Frage auch auf den Sohn übertrug. In ihren Erinnernugen an A. N. Sseroff läßt die Frau des Komponisten ihren Mann folgendermaßen über seine Eltern urteilen:

„Mein Vater war ein strenger ernster Mann, der nach den Begriffen der damaligen Zeit eine glänzende Bildung erhalten hatte. Seine Schwärmerei für Voltaire hinderte ihn nicht, über bedeutende administrative Fähigkeiten zu verfügen. Wäre er nicht als freidenkender Anhänger des großen Atheisten verrufen gewesen, so hätte er es sicherlich bis zum Portefeuille eines Ministers gebracht. Die ganze Tragik seiner Existenz bestand in dieser carrière manquée. Er vertiefte sich ins Studium der alten Klassiker und zwängte seine starke begabte Natur in den engen Rahmen des Familienlebens, wobei er auf die zahlreichen Glieder der Familie naturgemäß einen nicht geringen Druck ausübte. Ich erinnere mich, daß er oft über sein Schicksal klagte. Jene Glücklichen, welche die ihm nach Maßgabe seines Verstandes, seines Talentes und seiner Energie gebührenden Stellungen einnahmen, verfolgte er mit ebenso treffenden wie boshaften Bemerkungen.

Alle seine Bitterkeit ergoß sich über seine Gattin, unsere Mutter, eine Frau durchaus nicht ohne Charakter, die es jedoch infolge ihrer Jugend nicht verstand, ihm wirksamen Widerstand entgegenzusetzen... Sie war eine Frau von keineswegs dutzendmäßigem Verstande, ihrer Natur nach stolz und unabhängig."

Die Mutter Sseroffs war von deutscher Abstammung mit einer starken Beimischung — jüdischen Blutes. Über diese „Entdeckung" und die Wirkung, die sie auf die Beteiligten ausübte, erzählt W. Stassow in seinen Jugenderinnerungen folgende amüsante Geschichte:

„Eines Abends kam ich zu Sseroffs, wie immer mit einer dicken Notenrolle unterm Arm, um mit Alexander vierhändig zu spielen. Ich fand ihn und seine älteste Lieblingsschwester Sophie, die fast ebenso begabt und vielseitig talentiert war wie er selbst, in einer höchst ungewöhnlichen, noch nicht dagewesenen Verfassung. Sie sprangen händeklatschend ums

Klavier herum, auf dem sie eben gespielt hatten, und
riefen mir mit dem Ausdruck des höchstens Entzückens zu:
,Woldemar, welch ein Glück! Stellen Sie sich vor — wir
sind Juden!' Ich blieb wie angewurzelt auf der Schwelle
stehen und wußte nicht, was das sein sollte: ein Scherz,
einer von den dummen Witzen, in denen die beiden überhaupt exzellierten, oder ob diese Freude ernst gemeint war.
Sie liefen auf mich zu und erzählten mir unter unauf-
hörlichen Freudenbezeugungen, daß ihnen die Mama soeben
erklärt habe, sie seien beide genau so begabt und lebhaft
wie ihr Großvater Karl Iwanowitsch, und der sei ein Jude
gewesen. Nun freuten wir uns alle drei unbändig, denn es
war bei uns längst ausgemachte Sache, daß die Juden das
am vielseitigsten talentierte und überhaupt am meisten begabte Volk sei.'

Alexander Nikolajewitsch Sseroff wurde am 11. Januar
1820 geboren. Von irgendeinem Wunderkindertum war bei
dem Knaben, wie gesagt, nicht das allergeringste zu merken.
Ungewöhnlich begabt war der Junge allerdings, doch diffe-
renzierte sich seine Begabung verhältnismäßig spät. Mit
acht Jahren las und sprach er fließend drei Sprachen: russisch, deutsch und französisch. Mit 11 Jahren kaufte er sich
für einige Rubel, die er sich mühsam von seinem Taschen-
gelde abgespart hatte, die illustrierte Naturgeschichte von
Buffon und ging in der Lektüre dieses Buches vollständig
unter. Bis dahin hatte für ihn nur eine Autorität existiert
— sein Vater, an dem er mit abgöttischer Verehrung hing,
ohne zu ahnen, welch schwere Kämpfe ihm nachher der
unbeugsame Charakter dieses Mannes kosten sollte. Von
jetzt ab jedoch sah sich die Autorität des Vaters derjenigen
Buffons gleichgestellt. Sseroff pflegte als Knabe alle seine
oft gewagten Behauptungen mit den Worten einzuleiten:
,,Ich, Papa und Buffon . . .'' Die solide naturwissenschaft-
liche Basis, die Sseroff seiner Bildung auf diese Weise zu-

grunde legte, kam ihm übrigens später oft bestens zu statten, wenn es ihm auch nicht beschieden war, wie er als Knabe beabsichtigte, eine Naturgeschichte „in der Art von Buffon" zu schreiben.

Von den Künsten pflegte Sseroff als Knabe ausschließlich die Malerei oder vielmehr die Zeichenkunst. Kein Gegenstand war vor dem sorglich gespitzten Zeichenstift, den er stets bei sich trug, sicher. Es haben sich einige artige Zeichnungen von seiner Hand erhalten. Dieses unzweifelhafte Talent für die Malkunst übertrug Sseroff auf seinen Sohn Valentin, der bekanntlich einer der hervorragendsten Maler Rußlands geworden ist.

Der Musikunterricht Sseroffs wurde begonnen, als der Knabe acht Jahre alt war. Musik war zu den damaligen Zeiten, vielleicht mehr noch als heutzutage, ein notwendiges Ingredienz der allgemeinen Bildung. Ohne daß er besondere Lust und Liebe für diese Kunst zeigte, machte Sseroff, der überhaupt äußerst gewissenhaft in seinen Lernpflichten war, gute Fortschritte bei seiner Lehrerin. Als er mit fünfzehn Jahren in die Rechtsschule zu St. Petersburg eintrat, konnte er bei einem Festaktus zu allgemeiner Zufriedenheit des Publikums das A-moll-Konzert von Hummel vortragen. Nun fing die Musik an, ihn allmählich lebhafter zu interessieren. Da er ein guter a-vista-Spieler war, begann er wahllos alles durchzuspielen, was ihm unter die Finger geriet und entwickelte sich mit der Zeit zu dem, was man mit einem wenig geschmackvollen Ausdruck einen „Notenfresser" genannt hat. Besonders zogen ihn die Klavierauszüge von Opern an, die zur damaligen Zeit im Schwange waren: Bellini, Donizetti, Spontini, Meyerbeer und Weber.

Der Eintritt in die Rechtsschule eröffnete einen wichtigen Abschnitt im Leben Sseroffs. In mancher Beziehung war dieser Schulaufenthalt vielleicht die glücklichste Zeit, die das Schicksal für ihn in Bereitschaft hatte. In den

Jugenderinnerungen Stassows „Die St. Petersburger Rechts-schule vor vierzig Jahren" liegt ein unschätzbares, einzig-artig interessantes biographisches Material für diesen Lebens-abschnitt Sseroffs vor.

Die St. Petersburger Rechtsschule wurde im Jahre 1835 gegründet. Die Geschichte ihrer Entwicklung ist originell genug, um erzählt zu werden. Die Korruption des russi-schen Beamtentums war schon zur damaligen Zeit ein offenes Geheimnis. Doch schien es unmöglich zu sein, dem Un-wesen zu steuern, und in allen russischen Regierungskanz-leien herrschten ungehindert Bestechlichkeit und Unfähig-keit, die sich mit anmaßender Unbildung paarten. Die Sach-lage konnte sich nur bessern, wenn man ein wirklich ge-bildetes Beamtentum heranzog, das sich aus Vertretern der ersten Familien des Landes zusammensetzte. Dies einzu-sehen, war nicht schwer, doch fehlte es an Initiative, um irgendeinen darauf hinzielenden Plan zu verwirklichen. End-lich erschien der Retter in der Not, und zwar von einer Seite, von der man ihn am allerwenigsten erwartet hätte. Der blut-junge, erst 23jährige Prinz Peter von Oldenburg warf aus seinen Privatmitteln eine Million Rubel zur Gründung und zum Unterhalt einer höheren Beamtenschule aus, in die nur Angehörige adliger Familien Zutritt erhalten sollten, und in der den Zöglingen eine umfassende Bildung auf allen Gebieten der Staats- und Geisteswissenschaften gewährleistet wurde. Als Neffe des Zaren hatte es der Prinz, der dem Glauben und der Abstammung nach ein Deutscher war, nicht schwer, seine Schule mit den weitgehendsten Privilegien aus-zustatten. Wenn persönliches Interesse sich in den Dienst einer allgemeinen Angelegenheit stellt, so pflegt das meistens zu den erfreulichsten Resultaten zu führen. Die Rechtsschule in St. Petersburg gelangte zu höchster Blüte. Solange der Prinz lebte, war er die Seele der Anstalt, deren Schicksal ihm mit allen kleinsten Einzelheiten am Herzen lag. Das

Lehrerpersonal in der Schule wurde mit größter Sorgfalt gewählt. Auf die Interessen der Zöglinge ging der Prinz mit einer Liebe und Hingabe ein, als wenn es seine eigenen Kinder wären. Kein Wunder, daß die Schüler der Rechtsschule ihren Begründer, den sie „unseren Prinzen" nannten, vergötterten.

In diese Rechtsschule trat, kurz nachdem sie ins Leben gerufen war, Alexander Sseroff ein, ein Jahr später auch der nachmalige berühmte Kunsthistoriker und Musikkritiker Wladimir Stassow. In seinen schon erwähnten Jugenderinnerungen gibt Stassow eine überaus lebendige Schilderung von der ersten Begegnung mit seinem späteren Freunde, die den Jüngling Sseroff überaus treffend charakterisiert.

„Schon am zweiten Tage nach meinem Eintritt in die Schule," erzählt Stassow, „traf ich mit Sseroff zusammen, Das geschah folgendermaßen: nach den damaligen Schulregeln schickte man uns nicht gleich nach dem Abendessen schlafen, sondern gab uns noch eine halbe Stunde, zuweilen auch mehr frei. Wir durften während dieser Zeit in den Schulsälen promenieren, uns unterhalten, kurz tun, was uns beliebte. An diesem Tage nun während des Abendessens fiel neben mir die Bemerkung: ‚Heute wollen wir Musik hören gehen. Sseroff wird heute wieder spielen.' — ‚Was ist das für eine Musik?' fragte ich. — ‚Sseroff wird spielen, er spielt ausgezeichnet Klavier und wenn er abends spielt, kann zuhören, wer da mag' . . . Als das Abendessen beendet war, standen wir auf, sangen in schlechtem Chor das Gebet ‚Dank dir Herr', und stiegen paarweise in die obere Etage hinauf, wo wir uns nach Geschmack und Neigung in die verschiedenen Säle verteilten. Ich schloß mich denen an, die Sseroff hören gingen. In einem kleinen Zimmer mit gräulichen vert de gris-Wänden und blendendweißer Decke fanden wir schon eine Zuhörerschaft von etwa 3o—4o Knaben vor. Man saß und stand überall herum. Die wichtigsten Persönlichkeiten, Schüler der oberen Klassen, räkelten sich zu beiden Seiten eines kleinen tafelförmigen zitternden Klaviers, auf dessen Deckel sie die Ellenbogen aufgestützt hatten… Sseroff selbst, klein, untersetzt, breitschultrig, mit kleinen Händen und Füßen, mächtigem Schädel und hoher Brust (er hatte etwas Ähnlichkeit von jenen bemalten Gipsfiguren, den geschickten und witzigen Karrikaturen zeitgenössischer Berühmtheiten, mit denen der Franzose Dantan Ende der dreißiger und Anfang der vierziger Jahre des 19. Jahrhunderts alle Residenzen Europas überschwemmte) — also Sseroff selbst, der damals noch nicht seine imposante Mähne hatte, dafür aber durch einen „Coque" über der Stirn, wie ihn damals fast alle trugen, verschönt wurde, saß auf einem Tabourett vor dem Klavier und blätterte in einem Notenheft. ‚Nun, Jungens, was soll ich spielen?' fragte er in dem Augenblick, als wir eintraten. ‚Das Trio, das Trio,' ertönte es von allen Seiten, und er fing sogleich an zu spielen. Es war das Terzett aus dem „Freischütz". (Aus dieser Oper spielte er auch später bei unseren bescheidenen musikalischen Abendunterhaltungen am meisten und am liebsten vor.) Er spielte vorzüglich, geläufig und frei, ohne die geringste Anstrengung, obzwar ohne besondere Kraft, selbst dort, wo sie verlangt war, dafür oft mit echt empfundenem Ausdruck…

Alle hörten mit gespannter Aufmerksamkeit zu. Als er geendet hatte, gab es laute Lobpreisungen und viel Applaus. Ich war begeistert, sowohl von der neuen Musik, die mir sehr gefiel, als auch von dem meisterlich sicheren Spiele Sseroffs…

Am nächsten Tage, während einer Zwischenstunde, noch früh am Morgen, ging ich in die Aula, suchte Sseroff auf und erklärte ihm, daß ich mit ihm bekannt zu sein wünsche, da wir beide Musiker seien, er so schön Klavier spiele und mir auch das gefiel, was er spiele, obgleich ich es nicht

332

kenne. Wir gaben einander die Hand und vertieften uns sofort in ein eifriges und lebhaftes Gespräch... Natürlich sagten wir zueinander ‚Sie‘, wie das zwischen Schülern der älteren und jüngeren Klassen üblich war, doch war das kein Hindernis für die Intimität, die uns bald fest und innig verband... Der Altersunterschied zwischen uns war nicht groß: Sseroff zählte sechzehn, ich zwölf Jahre."

Für Sseroff war es ein unschätzbares Glück, daß er gerade in die Rechtsschule und nicht in eine andere Erziehungsanstalt gesteckt wurde. Hätte sein Vater vorausgesehen, in welcher Richtung sich die intellektuellen Fähigkeiten des Sohnes entwickeln würden, keinen Tag länger hätte er ihn darin geduldet. Der Vater Sseroff wollte aus seinem Sohne einen glänzenden Staatsbeamten machen. Im Geiste sah er ihn wohl schon die höchsten Staffeln der Ministerialkarriere emporklettern, die ihm selbst versagt geblieben waren. Dem damaligen Geiste der Rechtsschule lag jedoch nichts ferner, als jedwedes Strebertum. Dafür griff immer mehr ein anderer Geist um sich, der den Plänen Sseroffs des Vaters verhängnisvoll werden sollte: der Geist der Musik.

Es hat schwerlich jemals in Rußland oder anderswo eine staatliche Erziehungsanstalt gegeben, in der die Tonkunst auf ähnliche Weise gepflegt wurde, wie zur damaligen Zeit in der Rechtsschule des Prinzen Peter von Oldenburg. Wie sich Stassow ausdrückt, war die Musik derjenige Charakterzug, der der Physiognomie der Schule das ausschlaggebende Gepräge verlieh. Der Prinz selbst liebte Musik über alles, widmete ihr seine meiste freie Zeit und dilettierte als Komponist. Auch der Direktor der Schule war ein begeisterter Freund der Tonkunst. Diese Liebhaberei übertrug sich natürlich gar leicht auf die Schüler, wenn sie nicht schon von Natur aus in ihnen steckte. Zeitweilig ging es in der Rechtsschule her, wie in einem Konservatorium. Jeder Schüler mußte sich bei seinem Eintritt irgendein Orchesterinstrument zum Studium wählen. Flöte, Waldhorn, Trompete, Kontrabaß wurde mit demselben Eifer geübt, wie Klavier und die edleren Streichinstrumente. Sseroff wählte sich das Cello, das ihn durch seinen gesanglichen Ton am meisten anzog. Sein Lehrer wurde Karl Schubert, damals Solist der kaiserlichen Theater, später Dirigent der Symphoniekonzerte in Petersburg. Der Lehrer war mit seinem Schüler zufrieden und erklärte bald, in bezug auf Ausdruck und Phrasierung habe er ihm nichts mehr beizubringen, das könne er alles von selbst. Mit der Technik freilich haperte es bedenklich. Obzwar Sseroff sich keine Mühe verdrießen ließ, sich stundenlang einsperrte und mit Exerzitien und Etüden in seinem Schlafzimmer abplagte, auch viele Frei- und Zwischenstunden zum Üben benutzte, ist er doch nie ein wirklich guter Cellist geworden. Seine kleine kurzfingrige Hand erwies sich als völlig untauglich für Passagen und technische Schnörkel jeder Art. Dafür jedoch verfügte er über einen schönen vollen Ton, den sein Lehrer nicht genug rühmen konnte. Bei den Schulkonzerten mußte denn auch fast jedesmal Sseroff mit seinem Cello erscheinen. Er spielte dann mit Todesverachtung allerhand Phantasien und Variationen von Romberg und tutti quanti, lieber jedoch Gesangstücke aus deutschen Opern, vorzugsweise dem „Oberon" und „Freischütz", die er sich selbst für sein Instrument übertrug. Diese Schulkonzerte müssen immerhin anhörbare Musik geliefert haben. Auf den Programmen finden sich die zwei ersten Symphonien von Beethoven, der, obzwar seit zehn Jahren tot, in Rußland doch nur wenig bekannt war, ferner die Ouvertüren von Mozart, Weber, hin und wieder ein Stück von Meyerbeer, Marschner, Klavierkompositionen von Schumann, Chopin, Thalberg. Der Zar in Höchsteigener Person beehrte diese Konzerte nicht selten mit seiner Anwesenheit. Prinz Peter von Oldenburg fehlte natürlich nie. Das Cellospiel Sseroffs versetzte ihn in Ent-

334

zücken. Als Zeichen seiner Bewunderung schenkte er ihm eines Tages ein zusammenlegbares Notenpult aus Rotholz, auf dem in Gold der horazische Spruch eingelegt war: „Omne tulit punctum, qui miscuit utile dulci." (Alles erreicht, wer das Nützliche mit dem Angenehmen verbindet.) Wenn mit dem Nützlichen — die Jurisprudenz, mit dem Angenehmen die Musik gemeint war, so hat sich der Spruch in bezug auf Sseroff nicht bewahrheitet. Nie ist ihm die Juristerei nützlich gewesen und selten hat ein Mensch von solchen Gaben weniger „erreicht" als er.

Den Klavierunterricht in der Rechtsschule leitete kein Geringerer als Adolf Henselt, doch blieb Sseroff auf diesem Instrument Autodidakt. Merkwürdig indifferent verhielt sich der zukünftige Komponist lange Jahre auch alle dem gegenüber, was mit der Theorie seiner geliebten Kunst im Zusammenhang stand. Erst als sich der offizielle Lehrer der Rechtsschule, ein gewisser Karel, Esthe von Geburt und Musiker von wenig Talent und viel Begeisterung, eine kleine musiktheoretische Bibliothek anlegte, versuchte Sseroff, wohl nicht ohne Anregung von Seiten Stassows, mit Hilfe dieser Bücher in die Geheimnisse der Harmonielehre und des Kontrapunktes einzudringen. Diese Studien unterstützte er durch praktische Improvisationsübungen am Klavier, bei denen jedoch kein Mensch, auch nicht sein geliebter Freund Stassow, zugegen sein durfte. Diese flüchtigen, plan- und ziellosen musiktheoretischen Übungen richteten in seinem jungen Gehirn nur einen heillosen Wirrwarr an, statt ihm eine feste Grundlage satztechnischer Kenntnisse zu geben. Dennoch entstand damals, augenscheinlich zum ersten Male, in Sseroff der Wunsch, Komponist zu werden, ein Wunsch, der bis zu seinem vierzigsten Lebensjahre unerfüllt bleiben sollte, obgleich er ihn während dieser langen Zeitspanne von fast fünfundzwanzig Jahren nicht einen Augenblick verlassen hat.

Trotz dieser intensiven Beschäftigung mit der Musik, machte Sseroff auch in allen übrigen Wissenschaften, die in einer „Rechtsschule" doch immerhin die Hauptsache blieben, glänzende Fortschritte. Nur die Mathematik bereitete ihm, wie so vielen Musikern von Talent, Schwierigkeiten. Unter den Rechtsschülern des ersten Zötus war Sseroff ganz ohne Zweifel die weitaus bedeutendste Persönlichkeit. Von Rechts wegen hätte er die Schule als Primus omnium beenden müssen, doch wurde ihm dieser Ruhm, nach dem er selbst übrigens am allerwenigsten geizte, durch Intriguen des Direktors, der Sseroff aus unerfindlichen Gründen nicht recht mochte, vereitelt. Auf der Marmortafel im Vestibül der Schule steht als erster Name unter den durch goldene Medaillen ausgezeichneten Schülern nicht der Name Sseroffs, sondern der irgendeines indifferenten nachmaligen Geheimrates oder Senators.

Doch existiert aus jener Zeit ein Kunstdenkmal, das den Rechtsschüler Sseroff an den ihm gebührenden Platz stellt. Auf Bestellung des Prinzen Peter von Oldenburg fertigte der berühmte polnische Porträtist Sarjanko ein Ölgemälde von dem Lehrer- und Schülerpersonal der Rechtsschule an. Das Bild zeigt die Aula der Schule, die durch dorische Säulen in zwei Hälften geteilt wird. Im Hintergrunde sitzen und stehen eine Unmenge von Schülern, die Mitte des Bildes nimmt die hohe Obrigkeit, der Direktor, alle Lehrer, der Schulpriester in violett-samtenem Ornat, doch im Vordergrundo steht gewissermaßen als Hauptperson des ganzen Bildes — Alexander Sseroff in Profilstellung, den Dreispitz unterm Arm, den Degen an der Seite, in voller Galauniform. Das Porträt ist nach Aussagen seiner Zeitgenossen außerordentlich ähnlich. Der Maler hatte Sseroff auf speziellen Wunsch des Prinzen an dieser Stelle verewigt. In die Angelegenheiten des Schulrates, der Sseroff die ihm gebührende Anerkennung versagte, mochte sich der Prinz nicht ein-

336

mischen, doch war ihm Sseroff dank seiner Musik und seiner Begabung ganz besonders ans Herz gewachsen, und er mochte es instinktiv spüren, daß er unter seinen Kameraden und Lehrern ganz ohne Zweifel die bedeutendste Persönlichkeit war.

Sseroff verließ die Rechtsschule mit vorzüglichen, gründlichen Kenntnissen in allen einschlägigen Wissenschaften, mit einer zwar oberflächlichen, aber vielseitigen musikalischen Bildung, mit glänzenden Aussichten auf eine erfolgreiche Beamtenlaufbahn. Mehr jedoch als alles dies war eines wert, was ihm die Schule eingebracht hatte: die Freundschaft Wladimir Stassows. Stassow war ein eminent reger Geist, der auf seine nächste Umgebung in fast wunderbarer Weise befruchtend wirken konnte. Das haben später, außer Sseroff, auch Tschaikowski und die meisten Vertreter der sogenannten neurussischen Schule, besonders Mussorgski, an sich erfahren. Trotz seiner jüngeren Jahre verfügte Stassow entschieden über einen disziplinierteren, ruhiger arbeitenden Verstand als der genialische Hitzkopf Sseroff, dessen Vernunft Zeit seines Lebens durch sein unbändiges Temperament paralysiert wurde. Der Verkehr mit dem geistreichen, klug und kühl erwägenden Stassow mag in diesen jungen Jahren von überaus wohltätiger Wirkung auf die intellektuelle Entwicklung Sseroffs gewesen sein. War es ursprünglich die Musik gewesen, die die beiden jungen Leute zusammengeführt hatte, so erweiterte sich ihr gemeinsames Interessengebiet bald nach allen Seiten hin. Beide hatten eine leidenschaftliche Vorliebe für Lektüre jeder Art. Wahllos wurden die Schriftdenkmäler der Weltliteratur verschlungen. Sseroff zog die deutsche Literatur vor, schwärmte für E. T. A. Hoffmann und vergötterte Goethe, den er „sogar" über Gogol stellte, Stassow spielte dagegen die Heroen der von ihm über alles geschätzten klassischen französischen Literatur aus. Auch auf dem Gebiete der bildenden Künste verband die beiden jungen Leute ein gemeinsames außerordentlich reges Interesse. Sseroff, der, wie schon erwähnt, über ein nicht unbedeutendes Zeichentalent verfügte, begeisterte sich an den Meisterwerken der Malerei von Rafael, Leonardo, Caracci, Dominichino bis Rubens, Teniers und Ostade. Stassow hatte eine nicht weniger starke Neigung zur Architektur und ihrer Geschichte (sein Vater war einer der bedeutendsten Architekten Petersburgs.) Welch eine unerschöpfliche Fülle von Gesprächsstoff gaben diese Gegenstände eines gemeinsamen und doch differenzierten Interesses für die beiden angehenden Kunstkritiker ab!

Stassow schildert in seinen schon erwähnten Erinnerungen die Persönlichkeit des jungen Sseroff mit wahrem Enthusiasmus. Das will um so mehr bedeuten, als diese Freundschaft im Laufe der Jahre vollkommen in die Brüche ging, ja in unversöhnlichen Haß umschlug. Doch davon später. Die Erinnerungen an die Rechtsschule hat Stassow niedergeschrieben, als Sseroff schon längst gestorben war. Es heißt dort unter anderem:

„In der ganzen Schule staunte sicherlich niemand so über Sseroff und begeisterte sich so an ihm wie ich. Zum ersten Male in meinem Leben sah ich mit eigenen Augen eine so vielseitig entwickelte, hochgebildete und begabte Natur, wie sie ihm eigen war. Es gab in der Schule nicht wenige kluge, gute, edle, ehrliche und gebildete Knaben, doch im Vergleich zu Sseroff erschienen sie mir alle nicht der geringsten Beachtung wert. Alle ihre Vorzüge und Tugenden verblichen und schrumpften zu einem Nichts zusammen, wenn ich Sseroff traf und einige Stunden mit ihm zusammen sein konnte. Freilich, nicht selten machte ich ihm heftige Vorwürfe wegen seines indifferenten Verhaltens und einer gewissen schläfrigen Apathie gegenüber einer Menge von Dingen, die jedem Jüngling in der Schule und außerhalb der Schule wichtig sein sollten. Voller Ärger sagte ich ihm,

338

daß dies wohl der Grund sei, weshalb er Goethe so liebe, der auch diesen verdammten Indifferentismus und diese unerschütterliche Ruhe zur Schau getragen habe. Ja, ich meinte oft, der Vater Sseroffs habe recht gehabt, wenn er, wie das häufig geschah, seinen Sohn Alexander — die „ekelhafte Lymphe" nannte. Dann senkte Sseroff meistens ergeben sein Haupt, erklärte sich einverstanden mit mir und bedauerte willig die „Unzulänglichkeiten" seines Charakters. Doch machte er mich immer wieder alle Vorwürfe schnell vergessen. Der künstlerische Schwung seiner Natur hatte etwas unwiderstehlich Fortreißendes und Bestechendes, ebenso die Elastizität seines Geistes, die Fähigkeit, alles zu erfassen, alles zu begreifen, in jede beliebige Rolle, jedes Gefühl, jede Situation einzudringen...

Einen besseren Gesellschafter gab es gewißlich auf der ganzen Welt nicht. Wie Wachs bog sich sein Geist nach allen Seiten hin und schmiegte sich jeder beliebigen Form und Richtung an. Seine Gedanken unternahmen oft einen Wettlauf auf dem angegebenen Gleise, wobei er unterwegs mit vollen Händen die wunderbarsten und anziehendsten Variationen über jedes beliebige Thema ausstreute. Man konnte mit Sseroff hundert Jahre zusammenleben und sich keinen Augenblick langweilen..."

Diese fabelhafte Elastizität seiner Auffassungsgabe wurde für das kritische Urteil Sseroffs oft verhängnisvoll. Man hat von ihm gesagt, daß er seine Ansichten wie Wäschestücke wechselte. Das ist übertrieben. Doch läßt sich nicht in Abrede stellen, daß sein ästhetisches Urteil gewaltigen Schwankungen unterworfen war. Sympathisch berührt dabei, daß er nie einen Augenblick gezögert hat, solche Stimmungsänderungen freimütig einzugestehen. Sowohl im persönlichen Verkehr, wie auch später in seiner offiziellen Stellung als Kritiker. Zweien Göttern ist er Zeit seines Lebens treu geblieben, Beethoven und Goethe, zu denen sich später noch Wagner gesellte. Vor dem Schaffen dieses Dreigestirnes beugte er sich bedingungslos. Man hat Sseroff den Vorwurf gemacht, er habe überhaupt keine festen Ansichten, weil es ihm unmöglich war, sich einer bestimmten „Richtung" anzuschließen, wie das besonders Stassow, als die neurussische Schule entstand, forderte. Der Natur Sseroffs war nichts weniger naheliegend, als Engherzigkeit, in die ja schließlich jede aktive Parteinahme ausartet. Schon in sehr jungen Jahren äußert sich Sseroff darüber in einem Brief an Stassow in nicht mißzuverstehender Weise:

„In der Musik als Weltkunst sind unendlich viele verschiedene Richtungen möglich (phases, genres usw.). Sie ist ebenso vielgestaltig und universell wie der menschliche Gedanke. In dieser Vielseitigkeit, auf Grund der Immaterialität ihrer Erscheinungsform, übertrifft sie bei weitem die Malerei."

Zu jener Zeit erfaßte Sseroff eine wachsende Begeisterung für Weber und Schubert, für die er — vergeblich — Stassow zu erwärmen versuchte. Von den deutschen Komponisten ließ Stassow eigentlich nur Beethoven gelten, den Giganten, wie Sseroff sich ausdrückt, „dem Du, glaube ich, verzeihst, daß er ein Deutscher ist". Diese nationale Voreingenommenheit Stassows in bezug auf die deutsche Musik war eine Frage, die beiden Freunden als beständiger Zankapfel diente ... „der Punkt, auf den wir uns nie einigen werden," schreibt Sseroff, „ist unsere Meinung über die deutsche Musik. Ich verstehe nicht, wie sich Dein musikalisches Gefühl den wahrhaft poetischen Schönheiten einiger Deutscher verschließen kann. Nichts ist mir ärgerlicher, als wenn Du mich deswegen jeden Augenblick als Germanen apostrophierst. En musique on doit etre cosmopolite."

Das ist ein goldenes Wort, das jeder Musiker im Herzen tragen sollte.

In der Jugendzeit Sseroffs läßt sich nur ein einziger

340

musikalischer Treubruch verzeichnen, Meyerbeer gegenüber. Während seines Aufenthaltes in der Rechtsschule gab es für Sseroff nächst Beethoven nichts Höheres als den „Robert" und die „Hugenotten". „Meyerbeer c'est le favori de mon âme," äußerte er häufig, und um seinen Liebling zu verteidigen, machte er die gewagtesten Behauptungen („In meinen Lieblingen kann ich keine Fehler sehen —" war eins von seinen ethischen Axiomen). So schreibt er z. B. an Stassow: „Du machst Meyerbeer den Vorwurf, daß nicht er dem Dichter folgt, sondern den Dichter veranlaßt, ihm zu folgen. Meyerbeer schreibt seine Musik zu einem vollständig fertiggestellten Sujet, nur die Worte werden später zur Musik hinzugefügt. So handelten und handeln alle Komponisten, um so mehr der stolze Meyerbeer." Dieser ebenso sonderbaren als irrtümlichen Ansicht, die sich besonders bei einem späteren, über alles Maß begeisterten Wagnerapostel merkwürdig ausnimmt, ist Sseroff übrigens treu geblieben, wie in späteren Jahren seine eigene Kompositionstechnik zeigte.

Über Meyerbeer hieß es jedoch noch in demselben Jahre „Weißt Du was (ich fürchte es fast zu sagen): ich zweifle an der Größe Meyerbeers. Eines kann ich nie verzeihen: Falschheit! Und es läßt sich nicht leugnen, daß sie sich bei meinem Meyerbeer vorfindet. Und noch dazu was für eine Falschheit! Eine echt jüdische, feine, aalglatte, eine Falschheit, deren Vorhandensein man eher mit einer gewissen negativen Intuition, mit dem Instinkte erfaßt, als daß man mit Hilfe vorsichtiger analytischer Methoden dahinterkommt." — Und bald darauf schreibt er: „Der Muse als Göttin ist nichts unmöglich. Doch erfüllt sie nicht anders als mit Bedauern die Forderungen eines historischen Komponisten (Meyerbeer), der ihr eine Wirksamkeit abquält, deren sie nicht würdig ist ... Doch wie glänzend ist Meyerbeer in diesen unerlaubten Dingen. Nur er kann so schön sündigen. Ich bin überzeugt, daß die Muse ihn sterblich liebt, obgleich sie ihn für einen garçon dépravé hält. Wie sollen wir ihn dann nicht lieben! Wir sind doch Menschen. Meyerbeer wird immer la désolation de ses imitateurs sein. An ihnen kann man sans aucun scrupule alle Mängel ihres Vorbildes anatomieren." Die theoretische Mißbilligung Meyerbeers, die sich später in zahlreichen fulminanten Artikeln kundgab, hinderte Sseroff nicht, in praxi ganz anders zu verfahren. Als er die zitierten Zeilen hinschrieb, wußte er es noch nicht, daß er einst selbst zu den „Imitateurs" des „großen" musikalischen Falschmünzers gehören würde.

Im Jahre 1840 hatte Sseroff die Rechtsschule verlassen. Die kostenfreie Erziehung, die er dort genossen hatte, verpflichtete ihn zum Staatsdienste. So trat er, auf Wunsch des Vaters, ohne Begeisterung zwar, aber auch ohne Murren als Beamter in eines der zahlreichen Departements des Regierenden Senats ein: „Was meinen Dienst anbetrifft," schreibt er im August des Jahres an Stassow, „so versehe ich ihn vorläufig schlecht und recht. Mir wird nicht warm, noch kalt dabei. Anders kann es mit diesem Kehricht, den man Senatsakten nennt, ja auch nicht sein ... Kann es überhaupt eine menschliche Seele geben, die vertrocknet und verstaubt genug ist, um sich den Beschäftigungen des Senatsdienstes con amore hinzugeben?!"

Seine musikalischen Pläne und Aussichten hatten noch so wenig greifbare Gestalt angenommen, daß er an ihre Verwirklichung gar nicht zu denken wagte. Wenn er sich zu Hause über seine künstlerischen Hoffnungen äußerte, so wurde ihm das Wort vom Vater sofort abgeschnitten, der in der Musik eine zwecklose Spielerei erblickte, die seines Sohnes durchaus unwürdig war.

Trotzdem widmete Sseroff alle freie Zeit, die ihm der Dienst übrigließ — und die war nicht zu knapp bemessen —, der geliebten Kunst. Nur kurze Zeit schwankte er in der Erkenntnis seines wahren Lebensberufes. Die Universalität seiner Begabung eröffnete ihm allerlei Möglichkeiten, von denen es eine zu wählen galt. Er schreibt darüber an Stassow: „Es ärgert mich geradezu, daß meine Fähigkeiten so ausgeglichen sind, daß ich auf jedem Gebiete brauchbar, auf keinem groß sein kann. Natürlich stehen auch dem Verstande viel Genüsse bevor, der sich von jeder Einseitigkeit fernhält, dem alles Schöne in allen möglichen Formen zugänglich ist, was heißt zugänglich: dem das Schöne ein Verwandtes ist und dem jeder Kunstgenuß die Seligkeit bedeutet. Und dennoch ist es ärgerlich, ja grausam, daß, um seinen Namen zu verewigen, um in der Nachwelt weiterzuleben, man um Eines willen alles andere opfern muß. Eine gewisse Einseitigkeit ist dabei unvermeidlich, und die liegt mir nun einmal ganz und gar nicht... Eines tröstet mich, wenn ich über mich selbst nachdenke und mein geistiges Auge nach innen richte — es scheint mir, daß in all meiner Vielseitigkeit die musikalische Begabung dennoch überwiegt, Gott sei Dank!"

Noch während der Schulzeit hatte Stassow dem Freunde oft gepredigt, er müsse sich aufs Komponieren verlegen. Sseroff wäre gern diesem Wunsch gefolgt, mußte jedoch bald einsehen, daß es nicht so einfach war, wie es den Anschein hatte. Es kostete ihn die größte Mühe, seine musikalischen Gedanken zu Papier zu bringen, ihnen diejenige Form zu verleihen, die sie in seinem Kopfe annahmen. Sseroff, der gewohnt war, alles im Fluge zu erfassen und dem selten etwas mißlang, wollte es nicht einsehen, daß ihm hierbei nur ein systematisches und langsam zielbewußtes Studium helfen könnte. Oder wenn er es einsah, so konnte er sich noch nicht dazu bequemen, diese theoretische Einsicht in die Praxis umzusetzen. Seine ersten Kompositionsversuche führten zu nichts. Es waren eine Gesangsszene „Napoleon" nach dem Gedichte „Das Luftschiff" von Seydlitz in der Übersetzung von Lermontoff und eine große „Phantasie" für Cello und Klavier über Themen aus den „Hugenotten". Wie das bei einer so eindrucksfähigen Natur nicht anders möglich war, erschütterten diese ersten Mißerfolge den Glauben Sseroffs am eigenen Talent. Er schreibt an Stassow:

„Ich warte (auf Grund Deiner Prophezeiung) immer noch auf die Inspiration, aber sie will sich bei mir nicht einstellen, bei mir, dem Senatsbeamten! Deine Hoffnungen hinsichtlich meiner werden schwerlich in Erfüllung gehen. Mich quälen immer noch arge Zweifel, scilicet: lohnt es sich, an mein Talent beständige Arbeit (zu der ich übrigens nie Zeit finden kann) zu verschwenden, oder fehlt es mir vielleicht überhaupt an Talent. That is the great question! — Und unterdessen rinnt der Sand. Zuweilen kommt mir der Gedanke: woher hast Du überhaupt die Überzeugung, daß ich ein Komponist sein könnte? Und dann wieder flüstert mir eine innere Stimme zu, daß in mir genug Kraft steckt — um alles zu sein, was ich will."

Ein andermal schreibt er: „Verstehen — durchführen — schaffen! Quelle énorme distance!... Ich bin felsenfest überzeugt, daß ich das Schöne in der Musik und in der Malerei verstehe, je sens le beau, und zwar genau so, wie die großen schöpferischen Geister, aber mir sind keine Mittel gegeben, um auszudrücken, was in mir selbst vorgeht"... „Ich erwarte von mir keine großen Schöpfungen oder zweifle wenigstens an ihrer Möglichkeit."

Allein die Lust zu schaffen regte sich dennoch mächtig in dem jungen Sseroff und gab ihm keine Ruhe. Endlich am 2. April 1840 konnte er an Stassow schreiben: „Du denkst vielleicht, daß ich immer noch auf die Inspiration warte oder gar zu warten aufgehört habe. Im Gegenteil, ich schwelge jetzt, denn: ,mein Mund hat sich aufgetan'." Dabei übersandte er dem Freunde drei Kompositionen, ein

344

„Cantique pour le violoncelle", „Une fantaisie en forme de valse pour violoncelle et piano" und die durchkomponierte Ballade „Der Rattenfänger" von Goethe. Die letztgenannte Komposition unterzog Stassow einer sehr eingehenden Kritik, die im ganzen günstig für den Freund ausfiel. Sseroffs Freude darüber kannte keine Grenzen. Mit erneutem Eifer warf er sich auf die Musik. „Ich muß Dir sagen," schreibt er einen Monat später, „daß ich jetzt einfach in Musik schwimme. Ich versichere Dir, ohne Spaß, daß für mich im Augenblick nichts anderes existiert, ich lese sogar nichts. Selten zeichne ich ein wenig zur Erholung, sonst nähre ich mich ununterbrochen von Tönen, fremden und eigenen, oder überlege und bedenke meine musikalischen Projekte. Gott sei Dank! Mir scheint, ich habe endlich den Weg gefunden, den ich gehen muß. Und nichts wird mich von diesem Wege abbringen."

Im Juni darauf komponierte Sseroff das „Mailied" von Goethe für Gesang, Cello und Klavier. Mit dieser Komposition hatte der junge Autor seinen ersten äußeren Erfolg. Sie wurde beim Prinzen Peter von Oldenburg in einem Hauskonzert, wie sie der Prinz von Zeit zu Zeit veranstaltete, aufgeführt. Sseroff wußte sich nicht zu lassen vor Freude. „Als ich von meinem Vater die Nachricht bekam, daß meine Musikalien vom Prinzen, dem großen Wielhorski und den magischen Fingern Henselts zum Klingen gebracht worden sind," schrieb er an seinen Intimus, „bin ich vor Freude fast verrückt geworden. Diese Freude erfüllte mein ganzes Sein."

Der Erfolg des „Mailiedes" gab der Phantasie des jungen Komponisten Flügel. Nun wollte er am liebsten gleich den Himmel stürmen. Er entwarf den Plan zu einem großen Gesangswerke. Als Text wählte er Schillers „Macht des Gesanges". Als daraus nichts werden wollte, was bei der vollständig ungenügenden theoretischen Vorbildung des jungen Komponisten kein Wunder war, suchte er Hilfe beim Cellisten Carl Schubert, der ihn damit tröstete, daß selbst Beethoven in zehn Tagen mit solch einem grandiosen Text nicht fertig geworden wäre. Aber auf den Gedanken, sich nun durch seßhafte Arbeit die zum Komponieren notwendigen technischen Kenntnisse anzulegen, kam Sseroff immer noch nicht. Er ruft wohl aus: „Arbeiten, arbeiten muß ich, um auf dem von mir erwählten Gebiete etwas zu erreichen", aber was das für eine Arbeit sein müsse, davon hatte er selbst nur einen sehr unklaren Begriff, oder besser gesagt gar keinen. Bei der Fülle ästhetischer und musikalischer Ideen, die ihm zuflossen, erschien es ihm lächerlich, sich dem Abc einer Kunst zuzuwenden, die er in ihren höchsten Emanationen zu beherrschen glaubte. Etwa als wenn ein Philosoph deklinieren lernen wollte. Rosigster Optimismus erfüllte seine Seele. Nicht ohne ein Gefühl schmerzlicher Rührung kann man, wenn man seinen weiteren Lebensgang kennt, folgende Worte lesen, die er in der glücklichen Stimmung jener Tage an Stassow richtete:

„Ein Gedanke noch macht mich stutzig: ich habe mit Absicht die Biographien von allerhand Berühmtheiten auf dem Gebiete der schönen Künste studiert und fast überall sah ich, daß sie auf ihrem Lebenswege ständig mit Hindernissen zu kämpfen hatten und Mißerfolgen begegneten. Wenn ich mich mit ihnen vergleiche (vous me pardonnez) — bei Gott, niemandem außer Dir hätte ich das geschrieben, denn ich kenne Deine Meinung über mich —, so sehe ich zu meinem größten Bedauern, daß bei mir alles glatt wie nach Noten geht. Ich suche Schwierigkeiten und Verfolgungen und finde nur Erfolge und Wohlwollen."

Der junge Enthusiast ahnte es nicht, daß er bald keinen Grund mehr haben sollte, sich über allzu großes Wohlwollen des Schicksals zu beklagen. Zwanzig Jahre eines kümmerlichen Beamten- und Journalistendaseins standen ihm

noch bevor, bis er den ersten wirklich entscheidenden Erfolg als Komponist errang.

Wenn ihm zu jener Zeit Zweifel an seinem wahren Be-
rufe kamen, so tröstete er sich mit anderen Aussichten.
Schon damals kam ihm, allerdings vorübergehend, der Gedanke, sich der musikalischen Kritik zuzuwenden. Er
schreibt: „Wenn ich auf dem Wege des künstlerischen
Schaffens auch nichts erreichen sollte, so werde ich doch
ganz bestimmt auf dem Gebiete der ästhetischen Analyse,
der höheren Kritik, etwas leisten. Ein Winckelmann zu sein
ist auch nicht übel!"

Über seine Befähigung zur künstlerischen Kritik, in der
er nachher tatsächlich so außerordentlich Glänzendes leisten
sollte, konnte ihm schon der Briefwechsel, den er damals
mit Stassow führte, keinen Zweifel lassen. Seine Briefe
muten einen oft wie kunstanalytische Traktate an. In ihrer Gesamtheit bilden diese Briefe ein kleines Kompendium der
Musikästhetik. Die Antwortschreiben Stassows sind leider
nicht erhalten. Einige weitere Proben aus den Briefen
Sseroffs seien hier noch aufgeführt, da sie die reife und
rege Denkweise des Zwanzigjährigen besser charakterisieren,
als eine fremde Feder es vermöchte:

„Die Musik ist, wie allen längst bekannt, die Sprache der
Seele, der unmittelbare Ausdruck der geheimsten und tiefsten Regungen des Gefühls, die allen anderen Ausdrucks-
arten unzugänglich sind. Du weißt, daß bei jedem Werke
der Dichtkunst, auch beim allervollendetsten, vieles, sehr
vieles in der Seele des Poeten zurückbleibt, und zwar nur
deshalb, weil Worte überhaupt nicht imstande sind, die
— wenn man so sagen kann — unendlich vielen Facetten
des poetischen Gedankens zu beleuchten und dem Leser
oder Zuhörer vollständig die Stimmung des Dichters, die
die Atmosphäre seiner Gedanken ist, mitzuteilen. Dieses
unwägbare, unfaßbare Etwas, diese geheimnisvolle Atmo-

347

sphäre ist das eigentliche Gebiet (le domaine), der eigentliche Beruf (la vocation) der Musik, wenn sie sich überhaupt schon vorhandenen poetischen Vorlagen zuwendet."

Oder: „Die Musik fordert ihrem Wesen nach die ganze Seele eines Menschen, volle Hingabe an den Gegenstand, völliges Fehlen aller anderen Eindrücke, Gedanken, Begriffe und Vorstellungen — un véritable abandon. In solch einem Zustande überlegt man nicht! Jedoch, mein Gott, was kann einen glückseliger machen als dieser Zustand! Ohne Zweifel ist das eine Vorahnung jener immerwährenden glückseligen Begeisterung, zu der wir einst, vielleicht nach tausend Jahren gelangen werden. Das ist meine Religion." Von dieser „Religion" bis zur „Ekstase" Skrjabins ist nur ein Schritt. „Alles schon dagewesen," sagt Ben Akiba. Auch folgender Ausspruch erinnert an die musikalisch-philosophische Ethik Skrjabins und seine „volupté divine", in der er den Sinn des Lebens und der Kunst erblickt. „Der Mensch unterscheidet sich von allen anderen Lebewesen der Natur durch die Idee der Schönheit. Daraus folgt, daß das Leben dem Menschen zum Schönheitsgenuß gegeben ist, zum Genuß im typischen Sinne der ‚voluptas' Epikurs, die in der Verwirklichung der Schönheitsidee besteht."

Einem seiner Briefe an Stassow legte Sseroff eine ganze kleine musikästhetische Abhandlung bei, das Programm einer Dissertation über das Subjektive und Objektive in der Musik. Er unterscheidet darin zwei Arten von Musik, mit denen seiner Ansicht nach der ganze Inhalt dieser Kunst erschöpft ist: 1. Lyrische Musik, d. h. eine solche Musik, die von keinerlei bestimmten Relationen bedingt ist, sondern nur das musikalische Erleben des Komponisten zum Inhalt hat — das ist subjektive Musik. 2. Dramatische Musik, deren Ausdruck in einem bestimmten Verhältnis zu einer bestimmten Idee (die oft nur in einer Überschrift ausgedrückt ist) steht — das ist objektive Musik.

348

Das, was Sseroff „schildernde Musik" nennt, gehört als „accessoir" in die zweite Kategorie. Er findet überaus feinsinnige Analogien zwischen dieser „musique descriptive" und der Landschaftsmalerei, deren ästhetischer Reiz für ihn in dem stummen Dialog zwischen der Seele des Beschauers und der Seele des Malers besteht. Sehr geistreich sind manche seiner Ausführungen über dramatische Musik. „Die Musik, eine zarte geistige Kunst, darf nie zum Ausdruck materieller Einzelheiten erniedrigt werden, die leider notwendig sind, une fois que l'opéra historique existe. Es ist zu wenig gesagt, daß solch eine Behandlung die Musik erniedrigt. C'est une prostitution de la muse."

Das Jahr 1842 war von größter Wichtigkeit für die innere musikalische Entwicklung Sseroffs. In dieses Jahr fällt seine Bekanntschaft mit Liszt und mit Glinka.

„Der Aufenthalt Liszts 1842 in Petersburg gewann für Sseroff und mich die Bedeutung eines Weltereignisses," schreibt W. Stassow in seinen Erinnerungen. Die Erwartungen der beiden jungen Kunstenthusiasten waren aufs höchste gespannt und wurden doch noch von der Wirklichkeit bei weitem übertroffen. An den Konzerten, die Liszt im Großen Saale der Petersburger Adelsversammlung veranstaltete, war für sie alles neu. Schon der Umstand, daß Liszt immer allein spielte, ohne Orchester, ohne irgendwelche musikalische Helfershelfer, schien ihnen gewagt. Merkwürdig und nicht dagewesen für die damalige Zeit waren auch die Programme seiner Konzerte. Was fand sich darauf nicht alles vor: er spielte die alten Meister, Bach, Händel und alte Italiener, Franzosen, Volkslieder und meisterhafte Transkriptionen aus hundert alten Opern, Walzer und Märsche von Schubert, zahllose Klavierstücke von Chopin, Kompositionen von Weber, eine unabsehbare Menge eigener Kompositionen, eine Menge vergessener und verschimmelter Geistesprodukte von Hummel, Ries, Kalkbrenner, daneben

Bruchstücke aus den gewaltigsten Werken von Beethoven und Berlioz. Für einen so eminent kritisch veranlagten Geist wie Sseroff war die Erweiterung seines musikalischen Horizontes und seiner Literaturkenntnis, die ihm die Konzerte Liszts brachten, von unschätzbarem Wert.

Das Spiel Liszts versetzte die beiden Freunde in einen ekstatischen Taumel des Entzückens. Stassow erlitt, während Liszt die Sonata quasi una fantasia spielte, einen hysterischen Anfall. Sseroff schreibt dem Freunde zwei Stunden nach dem ersten Konzerte einen Brief über diese „höchste Offenbarung, die ihm je zuteil geworden ist", in dem seine sonst so gewandte Feder nur noch stammeln und lallen kann. Die beiden Freunde entäußerten sich dann ihrer enthusiastischen Gefühle in zwei glühenden Briefen, die sie an Liszt richteten. Sseroff übernahm es, die Briefe dem Gewaltigen selbst zu überbringen, Stassow war damals noch Rechtsschüler. Liszt empfing Sseroff, wie man eben junge Musikenthusiasten in solchen Fällen zu empfangen pflegt: huldvoll und herablassend. Er tat sogar ein Übriges und spielte seinem jugendlichen Verehrer die „Don Juan"-Phantasie vor. Das brachte Sseroff vollends außer sich. Unter dem frischen Eindruck schrieb er seinem geliebten Woldemar:

„Ich brannte natürlich darauf, zu erfahren, wie der „Don Juan" von Mozart im Kopfe Liszts lebt. Schon bei den ersten Tönen, die er anschlug, verlor ich (buchstäblich) fast den Verstand. Ich habe mir nicht vorstellen können, daß die magische Kraft der Töne in dem Maße allmächtig ist. Hier in wenigen Augenblicken durchlebte ich Jahre einer ungeahnten Konzentration des Seins, wobei mir die Menschheit verständlich wurde und ich Shakespeare begriff. Erst hier erfuhr ich, was eigentlich das musikalische Drama ist und was für eine Wirkung es auf den Zuhörer ausüben kann. Ich beugte die Knie vor Mozart und seinem gottbegnadeten Interpreten."

Die Bekanntschaft Sseroffs mit Liszt fand für diesmal mit diesem einen Besuche ihr Ende. Nach einigen Jahren übersandte Sseroff Liszt seine Klavierübertragung der „Coriolan"-Ouvertüre von Beethoven mit einer untertänigen Widmung, die ihm ein schmeichelhaftes Anerkennungsschreiben von Liszt eintrug. Viel später, anläßlich eines Besuches des russischen Tondichters in Weimar, knüpften sich zwischen Liszt und Sseroff engere Beziehungen an, wovon weiter unten die Rede sein soll.

Von weit größerer Bedeutung noch als die „Offenbarungen", die er durch das Spiel Liszts erhielt, wurde für die künstlerische Entwicklung Sseroffs sein Verkehr mit dem „Vater der russischen Musik" — Michael Iwanowitsch Glinka. Die erste Oper Glinkas, „Das Leben für den Zaren", deren Uraufführung 1836 in St. Petersburg stattgefunden hatte, war Sseroff natürlich bekannt. Doch hatte die Musik dem Sechzehnjährigen nicht sonderlich gefallen. Er beschrieb seinen Eindruck damals folgendermaßen: „Die Ähnlichkeit des Stiles dieser Musik mit unseren Volksliedern war natürlich sehr auffallend für mich. Ich wurde merkwürdig davon berührt: die Musik war gleichzeitig volkstümlich und auch nicht volkstümlich, hin und wieder schimmerten höchst gelehrte, komplizierte musikalische Formen durch. Der allgemeine Charakter der Musik glich weder Mozart noch Meyerbeer. Eine ganz besondere Ernsthaftigkeit der Faktur und das strenge Kolorit der Orchestrierung frappierten mich. Doch kann ich nicht sagen, daß mir die Oper gefiel." Diese Meinung änderte sich gründlich, als er mit Glinka in persönliche Berührung trat. „Seit ich mit ihm bekannt bin, glaube ich an ihn wie an Gott," schrieb er seinem Freunde Stassow. Das musikalische Genie Glinkas imponierte ihm gewaltig, besonders da er es gar nicht mit der einfachen, jeder Pose baren Persönlichkeit des Schöpfers der ersten russischen Oper in Einklang zu bringen vermochte.

Er zweifelte ernstlich daran, daß sich in Glinka der Schöpfungsprozeß, der so viel Herrliches zutage förderte, „bewußt" vollziehe.

Anläßlich der Bekanntschaft mit Glinka regten sich in Sseroff natürlich mancherlei Gedanken über nationale Kunst und speziell über die russische Volksmusik. In der Korrespondenz mit Stassow fanden diese Gedanken ihren Niederschlag. Er schreibt eine längere Auseinandersetzung über die Volkspoesie und die Notwendigkeit ihrer künstlerischen Wiederbelebung. Ein anderer Brief handelt von der „russischen Musik und ihren jetzigen Erscheinungsformen". Damit war natürlich „Das Leben für den Zaren" gemeint, an deren Musik sich Sseroff immer mehr begeisterte, obgleich er den „Kwas"*)-Patriotismus des Sujets ablehnte. Überhaupt schien es ihm zweifelhaft, daß die Liebe zum Herrscher, Patriotismus als Einzelerscheinung, losgelöst vom Volke, als einzige treibende Kraft der szenischen Handlung eines dramatischen Kunstwerkes genügen könnte. Wieder ein andermal verbreitet er sich über „die Zukunft der russischen Oper", wozu ihm die Partitur des „Rußlan", an der Glinka damals arbeitete, den Anlaß gab. „Meiner Ansicht nach bedarf es für die russische Oper der Zukunft eines phantastischen Märchenstoffes, um alle Reichtümer der russischen Mythologie aufzuzeigen und die echt russische Naturanschauung zu schildern." In diesem Gedanken berührt sich Sseroff mit Wagner. Bei seiner späteren Tätigkeit als Opernkomponist hat er jedoch an dieser Anschauung nicht festgehalten, wie denn überhaupt bei ihm Theorie und Praxis selten in Einklang miteinander standen.

Stassow hatte dem Freunde schon oft den Gedanken nahegelegt, es mit der Komposition einer Oper zu versuchen. Unter dem Einflusse Glinkas und seiner kompositorischen Tätig-

*) Eine Art russisches Dünnbier.

keit erwachte dieser Gedanke aufs neue. Unabhängig vom Freunde, macht sich Sseroff daran, ihn zu verwirklichen. Natürlich erwuchs ihm in der Unkenntnis der technischen Vorbedingungen seiner Kunst ein unüberwindliches Hindernis.

„Du hast wahrscheinlich nie darüber nachgedacht, was es eigentlich heißt, eine Oper zu komponieren," schreibt er daraufhin an Stassow. „Ich aber habe darüber nachgedacht. Ja mehr als das: in meinem Kopfe entsteht seit langem ein großer Plan, der zum Teil schon zu Papier gebracht ist, den ich jedoch, um der Versuchung nicht zu unterliegen, möglichst weit von mir verstecke."

Dieser Plan war dem Roman „Askolds Grab" entnommen, aus dem schon Werstowski eine Oper gemacht hatte. Zweiundzwanzig Jahre später benutzte ihn Sseroff teilweise für seine Oper „Rogneda".

„Selbst wenn ich mich mit frechem Wagemut rüsten würde," schreibt Sseroff weiter, „um solch eine großartige Arbeit zu beginnen, so müßte ich doch sofort einhalten. Ich habe kein fertiges Libretto, ich müßte es selbst schreiben, und das ist nichts für mich, Prosa kann man nicht singen, und ich habe noch nie in meinem Leben auch nur einen halben Vers gedichtet."

Später war die Abfassung eines Librettos doch „etwas für ihn". Als er seine Oper „Judith" schrieb, flossen ihm die Verse aus der Feder, als wenn er nie etwas anderes getan hätte, als Verse machen. Damals jedoch suchte er nach einem anderen Auswege: „Oder soll ich es so machen: ein vollständiges Szenarium entwerfen, ähnlich den Schemas, die uns Schiller und Goethe hinterlassen haben, und dann irgendeinen geschickten Reimschmied die Verse ausführen lassen?" Es ist ein merkwürdiger Zufall, daß das Libretto zu der zweiten Oper Sseroffs „Rogneda" genau in dieser Weise entstanden ist. „Jedenfalls würde ich nie einverstanden sein," schreibt Sseroff weiter, „die Musik zu einem Text zu machen, der nicht in allem meinem Geschmack entspricht."

Gleich darauf faßt er sich an den Kopf: „Ha, ha, ha, ha. Bei Gott ich muß lachen, wenn ich daran denke, wer hier so wichtig tut und so launenhaft ist. Ein Mensch, der nie eine Note von sich anders als auf dem Klavier gehört hat, ein Mensch, der nie etwas gelernt hat, weder Generalbaß noch Kontrapunkt, noch Instrumentation, der im Dunkeln tappt, wie ein Blinder, und auf Schritt und Tritt über Gräben und Gruben stolpert!"

Trotz dieser vernünftigen, leider nur zu wahren Einsicht kam Sseroff immer noch nicht der Gedanke, nun endlich ernsthaft mit dem Studium des musikalischen Abc zu beginnen. Seine schöpferischen Pläne gingen durch mit ihm, seine Phantasie gaukelte ihm die verlockendsten Bilder vor, und er zog es vor, darin zu schwelgen, statt sich wenigstens zeitweilig auf den nüchternen Boden der Wirklichkeit zu stellen. Merkwürdigerweise scheint auch der sonst so vernünftige W. Stassow damals nicht genug Vernunft besessen zu haben, um den Freund von derartigen Phantastereien abzubringen. Im Gegenteil, er schürte den Funken schöpferischer Inspiration, der doch nirgends Feuer fangen konnte, indem er Sseroff immer wieder neue Opernstoffe proponierte. Unter anderem den damals sehr viel gelesenen Roman „Bassurman" von Lashetschnikow. Sseroff war natürlich Feuer und Flamme für diesen Gedanken. „Der Gedanke an diese Oper," schrieb er dem Freunde, „hat ganz von mir Besitz ergriffen, er durchdringt mein ganzes Sein, als wenn es von jeher nur darauf eingestellt gewesen wäre." Im Nu war ein Szenarium entworfen und — die Rollenverteilung vorgenommen. Aber dabei blieb es natürlich. Nicht viel weiter gedieh ein anderer Opernplan, dessen geistiger Vater ebenfalls Stassow war: „Die lustigen Weiber von Windsor". Für diesen Plan wurde sogar ein regelrechter Librettist in

354

Bewegung gesetzt, der Dichter Sotow. Allein der Komponist, „der im Dunkeln tappte", erwies sich als so prätentiös und weitläufig, daß dem Dichter der Geduldsfaden bald riß. Damit hatte die Sache ihr Bewenden, was Sseroff jedoch gar nicht hinderte, nun einige große Pläne zu Oratorien zu entwerfen. Erst sollte es „Der Gott und die Bajadere" von Goethe sein, dann „Santa Elena al Calvario" von Metastasio. Mit dem letztgenannten Text beschäftigte sich Sseroff während einer Reise nach Nishni-Nowgorod, die er in Familienangelegenheiten unternahm. Bei dieser Gelegenheit wurde er mit Oulibischew, dem Mozartbiographen, bekannt, der ein Landgut in der Nähe Nishnis besaß, und dem Sseroff im Auftrage Glinkas eine handschriftliche Partitur des „Leben für den Zaren" überbrachte. Dieser Auftrag war für Sseroff insofern von Nutzen, als er auf der langen Reise Gelegenheit hatte, sich mit dem Werke Glinkas aufs genaueste vertraut zu machen. Bei der ersten Begegnung mit Oulibischew ahnte Sseroff wohl noch nicht, daß sie sich nach einigen Jahren als Todfeinde gegenüberstehen sollten, infolge einer bis aufs Messer geführten Polemik, die Sseroff gegen den Mozartpanegyriker und Beethovenpamphletisten Oulibischew unternahm.

Aus den geplanten Oratorien wurde natürlich genau ebensowenig wie aus den Opern. Der ganze musikalische Niederschlag dieser Sturm- und Drangperiode bestand aus einigen Kleinigkeiten: einem „Cherubinischen" Kirchengesange, einem „Chançon des pirates", einer „Elegie" und zwei Liedern nach Puschkinschen Texten, einer Klavieretüde „Capricioso quasi burlesco", zwei Klaviersonatinen in B-Dur und Es-Dur, sowie einem Thema mit sechs Variationen für Klavier. Ein „Dionysischer Gesang" für Chor und Orchester gedieh auch nicht über die ersten Skizzen hinaus. Von allen diesen Jugendwerken Sseroffs ist übrigens nichts erhalten oder wenigstens nichts veröffentlicht worden.

Der einzige vernünftige Mensch, der die Sachlage damals richtig erkannte und wußte, was dem jungen Kunstaspiranten not tat, scheint Dargomyshski gewesen zu sein. Im Herbst 1844 war er mit Sseroff bekannt geworden und erwiderte ihm einen Besuch. Bei dieser Gelegenheit sah er einen ganzen Stoß angefangener Kompositionen von Sseroff durch. Ohne sich auf eine detaillierte Kritik einzulassen, legte er die Blätter aus der Hand und sagte nur: „Je vous conseille de travailler fortement."

Mit dem Jahre 1845 begann für Sseroff ein Lebensabschnitt, durch den die Möglichkeit einer künstlerischen Zukunft in immer weitere Ferne gerückt wurde. Er wurde als Gehilfe des Vorsitzenden des Appellhofes nach Simferopol in die Krim versetzt. Dienstlich bedeutete das ein außergewöhnlich rasches Avancement. Es sah fast so aus, als solle der junge Sseroff „Karriere" machen, und gar mancher seiner Dienstkollegen in Petersburg mag ihm mit Neid nachgeblickt haben. Wem Sseroff diese dienstlichen Auszeichnungen zu verdanken hatte, die ihm auch schon in Petersburg einigemal zuteil geworden waren, wußte er selbst nicht. Sein eigenes Gewissen in bezug auf jedes Strebertum war rein, ebenso wie es ihm klar war, daß es im Ressort des russischen Justizministeriums gewiß nur wenige Beamte gab, die sich durch noch geringeren Diensteifer auszeichneten als er. Allein gegen die Tatsache seiner Ernennung, hinter der möglicherweise der ihm nach wie vor sehr wohlgesinnte Prinz Peter von Oldenburg steckte, ließ sich nichts einwenden.

So machte er sich denn im Herbst 1845 auf den weiten Weg in die Krim. Während der langen Reise, die fast einen Monat dauerte, denn damals gab es noch keine Eisenbahnen, bekam er nur einmal in einem Gasthofe ein Klavier zu Gesicht, auf dem er sich nach Herzenslust austoben konnte.

356

In Simferopol erwartete Sseroff ein glänzender Empfang. Seine gesellschaftlichen Talente, sein Geist, seine vielseitigen Fähigkeiten, besonders aber natürlich seine musikalische Begabung machten ihn im Handumdrehen zum enfant gâté der örtlichen Gesellschaft. Eine weniger starke Natur wie Sseroff wäre natürlich rettungslos in den Sumpf des Provinziallebens hineingezogen worden. In Rußland erlebt man das ja alle Tage. Die Gesellschaft der Provinz, nur auf sich selbst angewiesen, sucht und findet ihr einziges Vergnügen in einer keineswegs alkoholfreien Geselligkeit, Bällen, Liebhabervorstellungen, Kartenspiel. Sseroff hielt sich von alledem durchaus nicht fern. Wer wollte das seinen 25 Jahren verübeln! Im Gegenteil, es machte ihm nicht wenig Spaß, als „Löwe" in der Simferopoler Gesellschaft zu glänzen. Dennoch behielt er getreulich und voll rosiger Hoffnungen seine höheren künstlerischen Ziele im Auge. Ein reger Briefwechsel mit seiner älteren Schwester Sophie und dem geliebten Freunde Woldemar unterrichtete ihn nicht nur über alle künstlerischen Ereignisse der Residenz, sondern bot ihm überhaupt die feinere intellektuelle Nahrung, die sein verwöhnter Geist von Petersburg her gewohnt war, und die ihm inmitten der „Intelligenz" von Simferopol allerdings zeitweilig fehlte. Hin und wieder machte er eine oder die andere interessante Bekanntschaft, doch blieben das Ausnahmen in dem öden Einerlei des einförmigen Daseins in der Provinz. So z. B. geriet er in nähere Berührung mit dem Bruder des bekannten russischen Sozialpolitikers Bakunin, mit dem er interessante Gespräche über die politische Zukunft Rußlands führte. Auch den berühmten Marinemaler Aiwasowski, der auf seinen Besitzungen am Südufer der Krim lebte, lernte Sseroff kennen. Er war glücklich, endlich wieder einmal mit einer echten rechten Künstlernatur zusammenzutreffen, zumal Aiwasowski, „wie jeder wahre Künstler, außer seiner Kunst auch die

Musik leidenschaftlich liebte". Aiwasowski seinerseits fand nicht weniger Gefallen an dem regen Geist des jungen Justizbeamten, den er des öfteren zu sich einlud. Einst äußerte er sich über Sseroff folgendermaßen: „Ich kann diesen Menschen nicht ohne Tränen ansehen. Mit ganzer Seele ist er Künstler und noch dazu was für einer! Und dabei dient er, ist Beamter! Und noch dazu wo? — Im Appellhof!" — „Sagen Sie, was machen Sie eigentlich in Ihrem Appellhofe?" fragte er Sseroff. „Was können Sie für ein Richter sein?" Mit dieser Bemerkung hatte Aiwasowski natürlich so unrecht nicht. Auch Sseroff sah es immer deutlicher ein, daß ein Dasein als Justizbeamter ihm auf die Dauer unmöglich sein würde. Er äußert sich mehrfach voller Bitterkeit darüber in seinen Briefen. Ohne jedoch irgendeinen Gewaltstreich zu unternehmen, ließ er vorläufig die Dinge gehen, wie sie eben gingen. Er versah seinen Dienst eigentlich nur nominell. In Wahrheit tat er es gar nicht. Seine Obrigkeit drückte beide Augen zu, wohl in der Erwägung, daß die für eine Provinzstadt unschätzbaren Talente Sseroffs solch eine Schonung verdienten.

Um so intensiver beschäftigte sich Sseroff während seines dreijährigen Aufenthaltes in Simferopol mit Musik, freilich nur zum Teil in einer Weise, die fruchtbringend und für seine eigene musikalische Entwicklung nützlich war. Das gesellige Leben in der Provinz bot fast ununterbrochen Gelegenheit für musikalische Betätigung in irgendeiner Form.

Aus Petersburg hatte Sseroff den Entwurf zu einer — Operette in die Krim mitgenommen. Das war vorläufig aus allen stolzen Opernplänen geworden. Das Stück hieß „Die Müllerin von Marly", ein französisches Vaudeville, das in der Übersetzung von Filimonow am Alexandertheater in Petersburg vielfach aufgeführt wurde. Diese „Müllerin von Marly" scheint das erste Werk von Sseroff gewesen zu sein, das er vollendet hat. Wenigstens ist in seinen Briefen des öfteren davon mit dem Ausdruck größter Selbstzufriedenheit die Rede. Erhalten hat sich nur ein kleines Couplet in E-Dur, das Findeisen in seiner Biographie Sseroffs mitteilt. Diesem Stück wird kaum jemand, bei aller Hochachtung vor den späteren kompositorischen Leistungen Sseroffs, viel Geschmack abgewinnen. Es besteht aus einer reichlich banalen Melodie nebst einem ebensolchen Ritornell mit einer hoffnungslos homophonen, für Streichquartett gesetzten Begleitung. Noch dazu ist der Text schlecht, d. h. prosodisch falsch deklamiert.

Als Gelegenheitskomponist hatte Sseroff, wie gesagt, in Simferopol alle Hände voll zu tun. Bald galt es die Musik zu einer Liebhabervorstellung: „Die Memoiren des Teufels" zu schreiben, die aus 20 Musiknummern, darunter zwei Chören mit Streichquartett und Klavier, bestand und durch welche die Simferopoler Melomanen in höchstes Entzücken versetzt wurden. Dann instrumentierte er einige Nummern aus Mozarts „Figaros Hochzeit" für das Simferopoler Stadttheater, in dem das Stück von Beaumarchais aufgeführt wurde. Für ein Gartenfest bei Aiwasowski lieferte Sseroff eine „Kantate", fürs Kurorchester schrieb er einen „Katharinenwalzer" und instrumentierte eine ganze Reihe von Tänzen.

Außerordentlich heilsam für Sseroff war es, daß er in Simferopol vor die Notwendigkeit gestellt wurde, für Orchester zu schreiben, für ein Orchester, das zwar klein und miserabel war, nichtsdestoweniger aber doch ein Orchester blieb. Die Gesellschaft verlangte es, und sein Ehrgeiz — galt er doch in Simferopol für ein großes Musikgenie — erlaubte es ihm nicht, diese Erwartungen zu täuschen. Die ersten Versuche mögen kläglich genug ausgefallen sein. Wenigstens gesteht er selbst in seinen Briefen an Stassow, daß er die eigene Musik nicht wieder erkannte, als er sie im Orchester hörte. Zum Teil mag das freilich auch an der

Ausführung gelegen haben. Mit der Zeit jedoch ging es immer besser. Sseroff lernte an seinen eigenen Fehlern. Zu einem systematischen Studium konnte er sich aber auch hier nicht entschließen. Allerdings sah er, vor die Notwendigkeit gestellt, praktische Aufgaben zu lösen, mit Schrecken die ganze Unzulänglichkeit seiner technisch musikalischen Vorbildung ein. Als abgesagter Feind theoretischer Schulweisheit wollte er wenigstens die Handgriffe des Instrumentierens aus praktischer Erfahrung lernen. Während seines Aufenthaltes in Simferopol hat Sseroff eine Unmenge Klavierkompositionen für Orchester arrangiert — vorzugsweise Sonaten von Beethoven. Einige von diesen Arrangements gelangen so gut, daß sie, von Stassow dem Kapellmeister der Kaiserlichen Theater, Kaschinski, mitgeteilt, vielfach als Zwischenaktmusik im Alexandertheater aufgeführt wurden. Aber auch im umgekehrten Verfahren, der Übertragung von Orchesterpartituren für Klavier, legte sich Sseroff eine große Geschicklichkeit an. Da in Simferopol keine gute Notenbibliothek zu haben war, fertigte er sich alle vierhändigen Klavierübertragungen für den Hausgebrauch selbst an. Damit hatte er allerdings schon in Petersburg begonnen, wo er für das tägliche Vierhändigspiel mit Stassow nie genug Notenmaterial bekommen konnte. Wie Stassow sich ausdrückt, hat Sseroff „fast alle bedeutenderen klassischen Kompositionen der letzten 80 Jahre" für Klavier übertragen. Von Simferopol aus suchte Sseroff, durch Vermittlung Stassows, einen Verleger für diese Arrangements. Doch blieben alle Bemühungen vergeblich, da der Name Sseroffs in der Musikwelt natürlich noch völlig unbekannt war. Doch müssen seine Klavierübertragungen ausgezeichnet gewesen sein. Davon zeugt unter anderem ein Brief von Liszt, den Sseroff als Antwort auf die dem Meister aus Simferopol aus zugesandte Klavierübertragung der „Coriolan"-Ouvertüre erhielt. Es heißt in diesem Schreiben:

„Ihre Klavierpartitur macht Ihrem künstlerischen Gewissen die allergrößte Ehre und zeugt von der seltenen Begabung und der Geduld, die dazu nötig sind, um eine solche Aufgabe wirklich gut zu lösen."

Die vielen Instrumentationsversuche erregten in Sseroff naturgemäß die Lust, nun auch eine selbständige Komposition für Orchester in Angriff zu nehmen. Stassow hatte ihm in einem seiner Briefe eine Übersetzung des Theokritschen Idylls „Die Zauberin" zugesandt. Sseroff unternahm es nun, dazu eine Programm-Phantasie verwegenster Art zu schreiben. Das Werk wurde entgegen der bisherigen Gewohnheit Sseroffs auch wirklich fertiggestellt. Er sandte es dem Freunde nach Petersburg zur Kritik ein. „Ich werde zufrieden sein," schrieb er dazu, „wenn Du in dem Stück nur einen Funken von echter Inspiration, nur einen Tropfen von Wahrheit und Schönheit finden wirst." Schon war Sseroff bescheidener geworden. „Die Müllerin von Marly", die er übrigens in eine „Mühle von Marly" umtaufte, war in seinen Augen ein Meisterwerk gewesen, das ruhig mit Glinkas „Rußlan" konkurrieren konnte. Wie die Kritik des Freundes über diese erste selbständige Orchesterkomposition Sseroffs ausfiel, wissen wir nicht. Schwerlich sehr günstig, denn bald darauf schrieb Sseroff selbst: „Ohne Kenntnis des Kontrapunktes ist ans Komponieren nicht zu denken. Diese Frechheit, so Hals über Kopf ins Wasser zu springen, bevor man schwimmen gelernt hat! Eine Orchesterphantasie zu schreiben, dazu eine im allerhöchsten Grade dramatische, noch dazu nach einem antiken Sujet! Das ist doch zu kindisch! Man kann sich nicht einmal darüber ärgern, man kann nur lächeln. Genau dasselbe ist es mit der Oper. Daran ist überhaupt nicht zu denken bei unseren Anforderungen."

Endlich, so schien es, war Sseroff die Einsicht gekommen, daß kein Meister vom Himmel fällt, eine Einsicht, die ihm vor zehn Jahren noch nützlicher gewesen wäre als immerhin auch jetzt. Nun beschließt er endlich, kontrapunktische Studien zu treiben. Aber das war leichter gedacht als getan. In Simferopol war er immerhin selbst noch bei weitem der beste Kontrapunktiker, obzwar er gar nichts davon verstand. Wieder mußte der schon vielfach erprobte Freund Woldemar helfen. Durch seine Vermittlung setzte sich Sseroff mit einem gewissen Gunke in Verbindung. Dieser Gunke war Klavierlehrer, ein mittelmäßiger Künstler, aber firmer Theoretiker, und lebte in — Petersburg. So mußte der Unterricht im Kontrapunkt brieflich geführt werden. Daraus konnte natürlich nicht viel werden. Nach sehr kurzer Zeit schlief diese musikpädagogische Korrespondenz wieder ein. Aber wenigstens war Sseroff jetzt überhaupt auf den einzig richtigen Weg des Lernens geraten. Hier mag die Bemerkung Platz finden, daß Sseroff außer diesem Gunke, den er nie gesehen hat, keinen Lehrer mehr in der Musiktheorie gehabt hat. Alles, was er nachher erreichte, erreichte er durch sich selbst. Seinen Lorbeer als Opernkomponist durfte er als vollkommener Autodidakt pflücken. Er hatte niemandem dafür zu danken.

Eine Episode aus der Simferopoler Zeit muß noch erwähnt werden. Sseroff verliebte sich zum erstenmal. Natürlich war es eine ältere Frau, die mit ihrer Neigung ein fast mütterliches Wohlwollen für den jungen Künstler und, was mehr wert war, ein tiefes Verständnis für seine künstlerischen Hoffnungen und Zukunftspläne verband. Sseroff war glücklich wie ein Kind! „Wenn ich immer nicht dumm war," schreibt er an seine Schwester Sophie, „so bin ich jetzt eine Million mal klüger, wenn meine Seele immer begeisterungsfroh und mein Herz warm war, so ist jetzt beides eine Million mal gesteigert. Du verstehst, wem diese Veränderung zu danken ist. Du kannst Dir vorstellen, was die Frau für mich ist, die das bewirkt hat, und deren

Freundschaft hoffentlich mein Leben lang unvergänglich sein wird."

Allein, man wandelt nicht ungestraft unter Palmen. Der kleinstädtische Klatsch, der sich bald der intimen Angelegenheiten Sseroffs bemächtigte, verleidete ihm den Aufenthalt in Simferopol immer mehr. Er suchte um seine Versetzung nach Odessa nach. Als dieses Gesuch fehlschlug, beschloß er, nach Petersburg zurückzukehren.

Im Sommer 1848 traf Sseroff in Petersburg ein. Ihm wurde besonders seitens seines Vaters ein sehr wenig freundlicher Empfang zuteil. „Wenn Du so weiterleben wirst, wirst Du auf einem Strohsack in einer Fuhrmannskneipe verenden," sagte Nikolai Iwanowitsch zu seinem Sohne und weigerte sich, ihn in seinem Hause aufzunehmen. Bei Sseroff war es seit Monaten beschlossene Sache, den Staatsdienst endgültig zu quittieren. „Nein, für nichts in der Welt bleibe ich in unserem Ministerium," hatte er dem Freunde aus Simferopol geschrieben. „Das ist einfach Mord!" Dennoch wagte er es in Petersburg noch nicht, dem Vater offene Opposition entgegenzusetzen. Er ließ sich gehorsam an den Gerichtshof nach Pskow schicken, wo ihm der Vater dieselbe Stellung, die Sseroff in Simferopol bekleidet hatte, ausgewirkt hatte. Aber der kurze Aufenthalt in Petersburg hatte seinen Musikhunger wieder mächtig angeregt. Er schreibt darüber seiner Schwester: „In Petersburg habe ich viel Gutes gehört. Wenn Du wüßtest, wie mich das in meiner musikalischen Entwicklung gefördert hat. Aber in solchen Fällen überkommt mich ein unstillbarer Durst, eine Art Gier, die mit nichts zu vergleichen ist. Ich tröste mich mit dem Gedanken, daß die Zeit kommen muß, wo ich die Möglichkeit haben werde, so viel zu hören, wie ich will, und alles, was ich will. Patientons nous — et travaillons!" In Pskow hatte Sseroff wiederum das Glück, sehr günstige dienstliche Verhältnisse vorzufinden. Sein unmittelbarer Vorgesetzter, Lwow, war der Bruder des Komponisten der russischen Nationalhymne. Die künstlerischen Bestrebungen seines jungen Gehilfen sah er mit wohlwollenden Augen an. Ähnlich wie in Simferopol, verbrachte Sseroff die meiste Zeit mit Musizieren, dem Veranstalten von Liebhabervorstellungen, Konzerten und Quartettabenden.

In Pskow entwarf Sseroff einen neuen Opernplan. Diesmal wählte er eine Novelle von Gogol „Die Mainacht". Die Arbeit gedieh besser als bei seinen bisherigen Versuchen. Gleichzeitig erprobte er seine Kräfte zum erstenmal in strengen Kunstformen. Er schrieb drei Fugen, worauf er nicht wenig stolz war. Auch eine Violinsonate, die er nachher in Petersburg mit Henri Vieuxtemps probierte, die aber nicht gedruckt ist, gehört in jene Zeit.

Zu Ende des Jahres 1849 reiste Sseroff in persönlichen Angelegenheiten in die Krim, und zwar wieder nach Simferopol, wo er aufs neue fast ein ganzes Jahr verweilte. Dort machte er sich mit Feuereifer an die Vollendung seiner Oper. Bald konnte er voller Stolz nach Petersburg melden, daß seine Partitur schon „mehr als 500 Bogen stark war". Die Quantität der geleisteten Arbeit muß ja bei jungen Komponisten oft die Qualität ersetzen. Jede fertiggestellte Nummer der Partitur wurde natürlich der Kritik des Freundes Woldemar unterbreitet. Diese Kritik fiel zur Enttäuschung des jungen Autors nicht allzu günstig aus. Er entschloß sich das ganze Werk umzuarbeiten, was er auch tat, jedoch ohne daß damit sein kritischer Freund zufriedengestellt war. Trotzdem war Sseroff voller rosiger Hoffnungen, baute mit Sicherheit darauf, seine Oper auf der Bühne des Petersburger Marientheaters zu erblicken, und nahm sogar im Geiste schon die Rollenverteilung vor. Erst als Stassow die Oper endgültig „brakierte", warf Sseroff die ganzen schönen 500 Partiturseiten ins Feuer.

364

Von der Mainacht hat sich nichts erhalten, als ein Bruchstück von zwanzig Takten, die Sseroff Frau S. J. Schestakowa, der Schwester Glinkas, ins Stammbuch schrieb.

Mit der abermaligen Rückkehr nach Petersburg begann für Sseroff die allerschwerste Zeit seines Lebens, eine Zeit voller Enttäuschungen, voller künstlerischer und materieller Sorgen, wie sie in solcher Fülle glücklicherweise nur wenig Menschen von seinem geistigen Range zuteil werden. Man kann die Zähigkeit, mit der er das alles ertrug, die Standhaftigkeit, mit der er, das einmal gefaßte Ziel vor Augen, ruhig, selbstbewußt und unbekümmert um fremde Hilfe seinen Weg verfolgte, nicht genug bewundern. Gar mancher wäre von der Last der Sorgen und Enttäuschungen, die ihm das Schicksal aufbürdete, erdrückt worden. Sseroff brachte es fertig, auch das eigene Leben sozusagen vom „künstlerischen Standpunkte" aus zu betrachten. Er schreibt darüber seiner Schwester noch aus Simferopol:

„Für mich ist das erste aller Dinge — Leben in allem! Wenn das Leben nur stark ausgeprägt ist, so freue ich mich, selbst wenn ich es in Schmerz und in der Sehnsucht der mir teuren Menschen wahrnehme. Wenn das sonderbar ist, so ist das die Sonderbarkeit einer Künstlernatur, die immer die Freude am Schauspiel sucht, selbst wenn das die eigenen Leiden sind."

Im Jahre 1851 quittierte Sseroff seinen Dienst im Senat und verzichtete damit natürlich auf die mit einem solchen verbundene Gage. Weder der Zorn des Vaters, noch seine sehr drückende pekuniäre Lage vermochten ihn zur Raison zu bringen. Als er die Partitur der „Mainacht" ins Feuer geworfen und sich damit der Hoffnung beraubt hatte, durch dieses Werk etwas zu erwerben, sah er sich, nach Petersburg zurückgekehrt, im vollen Sinne des Wortes vis-à-vis de rien.

Wenn man aller Existenzmittel entblößt ins Leben hineingestellt wird, so denkt man vor allen Dingen daran, womit man etwas verdienen könne. So auch Sseroff. Der Gedanke lag nahe, sich dem musikalischen Journalismus zuzuwenden. Sseroff pochte bei verschiedenen Redaktionen an, fand jedoch überall verschlossene Türen. Die Tatsache ist kaum glaublich, besteht aber dennoch, daß es Sseroff Zeit seines Lebens nicht gelungen ist, eine feste Stellung als Musikkritiker an einer der großen politischen Zeitungen Rußlands zu erhalten. Überall wies man ihn höflich aber bestimmt ab. Zu Anfang seiner Tätigkeit als Kritiker war das verständlich. Wer wußte etwas von Sseroff? Sein Name war in der russischen Musikwelt völlig unbekannt. Später aber mußte er den Fluch büßen, der darin besteht — seine eigene Meinung zu haben. Sseroff besaß ein eigenartiges Talent darin, sich als Kritiker alle Welt zu Feinden zu machen.

Die ersten Artikel, die Sseroff schrieb, erschienen im „Zeitgenossen" („Sowremennik"), in der „Lesebibliothek" („Biblioteka Ilja Ischtenya") und im „Pantheon". Wie ein reinigendes Gewitter fegten seine Worte durch die von den Dünsten italienischer Melomanie und bodenständigem Dilettantismus geschwängerte musikalische Atmosphäre Petersburgs. Im Publikum erregten sie Sensation. Man riß sich, wie das Zeugnis vieler Zeitgenossen belegt, um die Zeitungsexemplare mit den Artikeln Sseroffs. Der Chor der Musiker jedoch schnaubte Rache. Sseroff war nicht der Mann, sich jemals ein Blatt vor den Mund zu nehmen. Mit einer wahren Wollust schoß er mit den geistreichen Pfeilen seiner Beredsamkeit nach allen mehr oder weniger offen zutage liegenden Wunden und Schäden des Petersburger Musiklebens. Nichts war ihm lieber, als jede Art von Polemik, und er ruhte in solchen Fällen nicht eher, als bis er seinem jeweiligen Gegner endgültig den Garaus gemacht hatte.

366

Die Musikkritik in Rußland befand sich damals auf einem erbärmlichen Niveau. Sie wurde durchweg von Dilettanten ausgeübt, deren musik-historische und musik-literarische Kenntnisse oft gleich Null waren. Ihnen trat nun Sseroff entgegen, gewappnet mit dem ganzen Rüstzeuge der enormen musikalischen Erudition, die er sich im Laufe der Jahre angelegt hatte. Man staunt, wenn man die ersten Artikel Sseroffs liest, über die Kenntnisse des Mannes. Es ist schwer zu verstehen, wo er sie herhatte, denn an Hilfsquellen stand ihm in Petersburg damals wahrhaftig nicht allzu vieles zu Gebote. Die Hauptaufgabe, die der musikalischen Kritik in Rußland vorläufig oblag, erblickte er darin: „Den künstlerischen Geschmack des Publikums zu erziehen", und nebenbei seinen Lesern das nötige Wissen beizubringen, damit sie sich nachher in den gegebenen Kunstfragen selbst zurechtfinden könnten. Das war gewiß sehr ideal gedacht, nur übersah es Sseroff, daß derartige Versuche meist mit mäßigem Dank quittiert werden. Das Publikum will vom Musikkritiker nur hören, was es selbst weiß, selbst denkt, oder wenigstens denken könnte. Jede Art von Belehrung insinuiert die Überlegenheit des Belehrenden, und eine solche gern und willig anzuerkennen — dazu entschließen sich diejenigen am schwersten, die es am ehesten nötig hätten. Kurz, Sseroff machte mit seinen Kritiken von Anfang an viel, sehr viel böses Blut in allen Kreisen der Petersburger Musikwelt und in vielen Schichten des Laienpublikums.

Die ersten Artikel Sseroffs glichen musikgeschichtlichen und ästhetischen Abhandlungen von oft recht stattlicher Ausdehnung: „Musik und Virtuosen", „Spontini und seine Musik", „Mozarts Don Juan und seine Panegyriker". Von diesen Aufsätzen ist besonders der über Spontini beachtenswert, insofern er das Kredo Sseroffs über die Formen der Oper und des musikalischen Dramas enthält. Dieses

Kredo deckt sich fast in allen Punkten vollständig mit dem, was Wagner ungefähr zur selben Zeit über denselben Gegenstand vorbrachte. Sseroff kannte die Schriften Wagners noch nicht, als er im Jahre 1851 seinen Artikel schrieb. Erst Ende 1853 lernte er „Oper und Drama" und „Das Kunstwerk der Zukunft" kennen und konnte nicht genug staunen über die Fülle und Tiefe der Gedanken, die ihm darin entgegentraten. Gleichzeitig war er betroffen und aufs höchste erfreut durch die Ähnlichkeit der Ansichten Wagners und seiner eigenen über den gegebenen Gegenstand. Hatte er doch z. B. in dem erwähnten Artikel ausgesprochen: „Die Hauptsache auch im musikalischen Drama bleibt doch immer und vor allen Dingen das Drama."

Von den russischen Kritikern der damaligen Zeit zeichnete sich der Mozartbiograph Oulibicheff wenigstens durch das Niveau seiner allgemeinen Bildung aus. Er galt in Petersburg als Autorität. Die vollständige Unfähigkeit dieses Schriftstellers, das Genie Beethovens zu verstehen, die sich in seinem Buche „Beethoven, ses critiques et ses glossateurs" offenbarte, brachte Sseroff in helle Wut. Er schrieb zuerst in Petersburg, dann in den „Moskauer Nachrichten" („Moskowskija Wjedomosti") vernichtende Artikel gegen Oulibicheff. Nicht genug damit, er übertrug seine Polemik nach Deutschland, wo, wie er wußte, Oulibicheff sehr bekannt, viel gelesen und hochgeachtet war. Die Artikel Sseroffs erschienen in der „Neuen Zeitschrift für Musik", die damals Brendel redigierte und in der „Neuen Berliner Musikzeitung". Welch eine Genugtuung für Sseroff, als kein Geringerer als Franz Liszt in dieser Sache seine Stimme zugunsten des jungen Petersburger Kritikers erhob. Liszt, mit dem Sseroff, seinen ersten knabenhaften Annäherungsversuch im Jahre 1842 ungerechnet, noch nicht persönlich bekannt war, veröffentlichte in der „Neuen Zeitschrift für Musik" einen Artikel „Oulibicheff und Sseroff, eine Kritik der Kritik", in dem er unumwunden für Sseroff Partei ergriff.

Daß Sseroff mit diesem Ausfall gegen Oulibicheff in den maßgebenden Gesellschafts- und Musikkreisen Petersburgs sich nicht viele Freunde erwarb, versteht sich von selbst.

In die erste Zeit seiner Tätigkeit als Kritiker fällt eine Begebenheit, mit der Sseroff seine „erste Periode" als Komponist endgültig für mehr als ein Jahrzehnt abschloß. In einem Wohltätigkeitskonzerte, das der Prinz Peter von Oldenburg veranstaltete, wurde eine Szene aus der „Mainacht" Sseroffs vorgeführt, das Gebet der Hannah aus dem 3. Akt. Sseroff selbst behauptet, daß der Initiator dieses Konzertes eigentlich nicht der Prinz von Oldenburg, sondern sein eigener Vater gewesen sei, der seinen Sohn „durchaus vors Publikum loslassen wollte, erstens aus Eitelkeit, zweitens aus Neugierde, um zu erfahren, ob ich wirklich etwas Vernünftiges in der Musik leiste, für die ich so viel Zeit vergeude." Das Stück fand Beifall, wenngleich keinen sehr enthusiastischen. Verbürgt ist nur ein Ausspruch A. Rubinsteins, der dem Konzerte beiwohnte: „Je ne m'attendais pas à ça du tout. C'est noblement et aristocratiquement musical."

Die neue Tätigkeit als Kritiker absorbierte Sseroff in so hohem Maße, daß er jahrelang ans Komponieren kaum mehr dachte. „Entweder gar nicht oder ganz" war die Losung, mit der er an seine musikschriftstellerische Tätigkeit herantrat, die ihn genau ein Jahrzehnt lang fast ausschließlich in Anspruch nahm. Es würde viel zu weit führen, sollte an dieser Stelle auch nur der Versuch gemacht werden, ein wirklich vollständiges Bild von den Verdiensten zu entwerfen, die sich Sseroff als Kritiker und Musikschriftsteller um die musikalische Kultur seines

Landes erwarb. Ganz ohne Zweifel war er der erste Kritiker in Rußland, der imstande war, den musikalischen Erscheinungen nicht nur vom fachmännischen, sondern auch vom kunstphilosophischen und kulturhistorischen Standpunkte aus entgegenzutreten. Nur auf diese Weise konnte er die inneren Zusammenhänge der Kunstphänomene aufdecken und dem Publikum verständlich machen. Charakteristisch ist z. B., daß er Richard Wagner, im Gegensatz zu allen Kritikern nicht nur seines Landes, sondern fast der ganzen Welt, nie als eine von der organischen Entwicklung der Tonkunst losgelöste Einzelerscheinung betrachtete. Mit sicherem Instinkte erkannte er von vornherein, daß die Werke Wagners eine Evolution, nicht eine Revolution der Tonkunst bedeuteten. „Den Tannhäuser und Lohengrin nicht zu lieben," schrieb er, „das heißt: weder Gluck, noch Mozart, noch Spontini, noch Beethoven, noch Weber zu lieben. Die Werke Wagners sind die direkte Fortsetzung des Vorzüglichsten, was bisher auf dem Gebiete der dramatischen Musik geschaffen worden ist." Ein weiterer charakteristischer Zug Sseroffs als Kritiker ist die außerordentliche Vielseitigkeit und die Weitherzigkeit seiner musikalischen Anschauungen. Einer seiner Lieblingsaussprüche war: „Es gibt viele Wohnungen in meinem Reich." — Auch war er der Ansicht, daß zu den Höhen der Kunst ein breiter Weg führe, auf dem gar viele Platz haben. Daraus folgt jedoch durchaus nicht, daß ihm kein bestimmtes künstlerisches Ideal vorschwebte. Beethoven und Wagner — das waren die beiden Götter, an denen er mit bedingungslosem Glauben und leidenschaftlicher Zuneigung hing. Doch machte ihn das nicht blind gegen die Vorzüge anderer, die in seinen Augen allerdings Dii minorum gentium waren. Im Leben wie auch in der Schriftstellerei kannte das sanguinische Temperament Sseroffs keine Mäßigung. Nichts war ihm so verhaßt wie Lauheit. Er selbst war in seinem Lieben und in seinem Haß stets maßlos. Dadurch, daß er seinem Temperament nur zu oft die Zügel schießen ließ, spielte er seinen Gegnern allerdings oft erwünschte und wirksame Waffen in die Hand. Kühle Überlegenheit gegenüber heftigen Temperamentsausbrüchen macht immer Eindruck und erweckt, wenngleich oft mit Unrecht, den Schein des Rechten. Dieser Umstand wurde von den literarischen Gegnern Sseroffs oft zu seinen Ungunsten ausgenutzt. Trotzdem ließ er sich nie zu größerer Vorsicht bekehren. Die Gradheit und Ehrlichkeit, die aus der zügellosen Leidenschaft seiner publizistischen Kampfesweise hervorleuchtet, sicherte Sseroff wenigstens die Sympathie der Nachwelt in höherem Maße als seinen diplomatischer veranlagten Gegnern.

Die vornehmste Aufgabe der Kritik erblickte Sseroff, wie gesagt, darin, den Geschmack des Publikums zu bilden. In dieser Beziehung war seine kritische Tätigkeit in Rußland tatsächlich ein Segen für alle interessierten Kreise. Sein Eintreten für Wagner ist ein in der Geschichte der musikalischen Journalistik fast einzig dastehendes Beispiel. Davon soll weiter unten ausführlich die Rede sein. Aber auch Berlioz und Liszt, in Rußland nur als ausübende Virtuosen, als Pianist und Dirigent anerkannt, fanden in ihm einen begeisterten und heißblütigen Fürsprecher als Komponisten. Seine leidenschaftliche Propaganda der letzten Werke Beethovens, besonders der neunten Symphonie, der er mehrere umfangreiche Abhandlungen widmete, die er mit einer Polemik gegen den stumpfen Unverstand Oulibicheffs verband, ist schon erwähnt worden.

Im Jahre 1856 gründete der Journalist Rappoport eine Wochenschrift „Der Musik- und Theaterbote" in Petersburg. Er berief Sseroff als Redakteur des musikalischen Teiles an sein Unternehmen. Damit ging der sehnlichste Wunsch Sseroffs in Erfüllung. Nun konnte er seine musikschriftstellerische Tätigkeit völlig frei und ungebunden entfalten, denn nun war er nicht mehr von den allen künstlerischen Mitarbeitern politischer Tageszeitungen verhaßten „Raumrücksichten" abhängig. Die Erscheinungen der ausländischen und der einheimischen Musikwelt erregten sein Interesse in gleicher Weise. Er schrieb einen großen Essay über „Die Oper und ihre neueste Richtung in Deutschland", daneben zehn analytische Artikel über die „Russalka" von Dargomyshski. Zwei kritische Abhandlungen über die beiden Beethovenbücher von Lenz wurden von einem hochinteressanten polemischen Aufsatz über „Rußlan und die Rußlanisten" abgelöst. Neben den Untersuchungen über das russische Volkslied schrieb er erschöpfende Analysen der Opern Verdis, Meyerbeers, Rossinis, Gounods. Immer wieder kam er in längeren Abhandlungen auf die Meister der klassischen Periode der Tonkunst, Haydn und Mozart, zu sprechen. Da die großen russischen politischen Zeitungen ihm verschlossen blieben, veröffentlichte er eine Reihe vortrefflicher musikalischer Essays im „Journal de St. Petersbourg" in französischer Sprache, darunter einen glänzenden Artikel über „Hector Berlioz". In deutscher Sprache schrieb er, außer dem schon erwähnten polemischen Aufsatz gegen Oulibicheff noch eine Abhandlung über die Thematik der „Leonoren-Ouvertüre" in der „Neuen Zeitschrift für Musik".

Während seiner Tätigkeit als Kritiker hat Sseroff (zufolge dem „Bibliographischen Katalog der schriftstellerischen Arbeiten A. Sseroffs" von Moltschanow) in 27 Editionen 257 Artikel veröffentlicht. Gewiß ein stattliches Quantum geleisteter Arbeit, wenn man bedenkt, daß die meisten Aufsätze von Sseroff den Umfang kleiner Broschüren oder sogar ganzer Traktate hatten. Nach dem Tode Sseroffs wurde eine Gesamtausgabe seiner schriftstellerischen Werke veranstaltet. Die Freigebigkeit des Zaren Alexander III., der 3000 Rubel dafür spendete, ermöglichte dieses Unternehmen.

Die materielle Ausbeute, die Sseroff sein Bienenfleiß als musikalischer Journalist einbrachte, war, wie das ja · meist in solchen Fällen zu sein pflegt, äußerst gering. Es hat sich ein Teil der Korrespondenz erhalten, die Sseroff damals mit seinen verschiedenen Redakteuren und Verlegern führte. Diese Briefe reden eine beredte Sprache. In einem von ihnen heißt es z. B.: „Dieser Tage erhalten Sie den zweiten (und letzten) Artikel mit der Überschrift: ,Was ist glaubwürdig in der Musikkritik?' Die ,Remuneration' dafür und für den schon gedruckten Teil macht ungefähr fünfzehn Rubel aus — aber wann werde ich das bekommen, und unterdessen knebelt mich die äußerste Not. Obgleich es mir im höchsten Grade peinlich ist, bleibt mir nichts anderes übrig, als an Ihre Güte zu appellieren und Sie dringend zu bitten, mir dreißig Rubel Vorschuß zu geben. Ich werde ihn sofort abarbeiten, davon können Sie überzeugt sein ...... P. S. Wenn Sie die Güte haben wollen, richten Sie es so ein, daß ich das Gewünschte d. 28. gegen 1 Uhr erhalten kann. Ich wiederhole, daß ich mich in äußerster Bedrängnis befinde und in dieser Zeit keinerlei Hilfsmittel in Aussicht habe." Diesem Brief braucht man, wie der Biograph Sseroffs, N. Findeisen, sehr richtig bemerkt, nichts hinzuzufügen; es sei denn die Bemerkung, — daß die Bitte Sseroffs keine Berücksichtigung seitens des Verlegers erfuhr.

Sseroff hatte überhaupt Pech in bezug auf die Rentabilität der literarischen Unternehmungen, an denen er beteiligt war. Der „Musik- und Theaterbote" mußte sein Erscheinen nach vier Jahren einstellen. Ein „Enzyklopädisches Wörterbuch" an dem Sseroff die Redaktion des musikalischen Teils übertragen wurde, gedieh nicht weiter als bis zum Buchstaben A und verkrachte nach der fünften Lieferung; ebenso erging es einer Zeitschrift „Die Kunst", die sich wenig mehr als einen Monat über Wasser halten konnte. In allen solchen Fällen würde Sseroff natürlich um das Honorar für seine oft bedeutenden Beiträge geprellt.

Eine andere Einnahmequelle hoffte Sseroff sich durch musikalische Vorträge zu eröffnen. Er annoncierte einen Zyklus von sechzehn musikalischen und historischen Vorlesungen in der Universität. Aber der erhoffte materielle Gewinn blieb aus. Er schreibt: „Meine Lage ist geradezu widerwärtig! Von der Hälfte des Kursus an (d. h. von der neunten Vorlesung) sind nur vierzig Zuhörer nachgeblieben. Mit meinen Artikeln muß ich die Beleuchtung bei meinen Vorlesungen bezahlen! Das ist Petersburg! Wochenlang habe ich buchstäblich nicht drei Kopeken in der Tasche! Muß mir sogar das Geld für eine Droschkenfahrt zusammenpumpen!"

Ende 1856 starb der Vater Sseroffs, ohne daß sich dadurch die materielle Lage des Sohnes besserte, denn Nikolai Iwanowitsch, als pensionierter Beamter, hatte von der Hand in den Mund gelebt, und seine Hinterlassenschaft war äußerst gering. So sah sich Sseroff durch seine prekäre Lage gezwungen, doch wieder Hilfe im Staatsdienste zu suchen. Er reichte eine Bittschrift um Wiedereinstellung in den Staatsdienst ein. Dieses Mal ins Ministerium des Innern. Richtig sehen wir ihn kurze Zeit darauf damit beschäftigt, „das italienische Archiv beim Departement geistlicher Angelegenheiten fremder Konfessionen zu ordnen". Es handelte sich dabei um die Sichtung alter Handschriften und Dokumente aus dem Nachlaß eines gewissen Bacciarelli, der Sekretär beim päpstlichen Nuntius in Warschau gewesen war. Im Jahre 1857 wechselte Sseroff das Ressort seines Dienstes und wurde als Zensor am Postamt mit einer Gage von dreißig Rubel (!) monatlich angestellt. Bis zum Jahre 1869 blieb Sseroff im Staatsdienste. Er wurde in Gnaden verabschiedet und erhielt als Auszeichnung für „besonderen Eifer" im Dienst den Rang eines wirklichen Staatsrates mit dem Prädikat „Exzellenz". Das nennt man „Ironie des Schicksals".

Sonst war das Leben Sseroffs während des Abschnittes 1851—58 arm an äußeren Geschehnissen. Er lebte sehr zurückgezogen, wie das seiner materiellen Lage entsprach. Nur mit Glinka, der sich in den Jahren 1854—56 in Petersburg aufhielt, trat er in nähere Beziehung. Er fertigte für Glinka achthändige Arrangements von zahlreichen Bruchstücken aus den Opern „Das Leben für den Zaren", „Rußlan und Ludmilla" und aus der Musik zum „Fürsten Cholmsti" an, übertrug auch die „Polonaise", die Glinka 1856 zur Krönung Alexanders II. geschrieben hatte, für zwei Klaviere. Diese Bearbeitungen wurden dann an den musikalischen Abenden, die Glinka bei sich im Hause veranstaltete, fleißig gespielt. Nach dem Diktat Glinkas schrieb Sseroff auch die „Bemerkungen über die Instrumentation" nieder, die dann im „Musik- und Theaterboten" veröffentlicht wurden.

Im Jahre 1858 trat, vorläufig freilich nur für kurze Zeit, eine freundliche Wendung im Schicksal Sseroffs ein. Ein bekannter Musikdilettant und Chordirigent, Fürst Golyzin, reiste ins Ausland, um dort einige „russische" Konzerte zu veranstalten. Er forderte Sseroff auf, ihn zu begleiten. Die Reise führte zuerst nach Dresden, wo Sseroff zum erstenmal den „Tannhäuser" hörte, der ihn in einen Taumel der Begeisterung versetzte. Seine musikalischen Reiseberichte, die eine Fülle geistreicher und treffender Bemerkungen über deutsche Musik und deutsches Musikleben enthalten, lesen sich wie eine Variationenkette über ein immer wiederkehrendes Thema: „Ceterum censeo — der ‚Tannhäuser' ist das genialste Kunstwerk, das Menschengeist bisher hervorgebracht hat." Von Dresden reiste Sseroff nach Weimar, um Liszt zu besuchen. Er wurde vom Herrn der Altenburg mit so hinreißender Liebenswürdigkeit empfangen, daß er sich einen Monat lang nicht von Weimar losreißen konnte. Die ganze Zeit über lebte er als Gast von Liszt in dessen Hause. Auch über diesen Aufenthalt findet sich in seinen musikalischen Korrespondenzen aus Deutschland vieles Interessante. Besser jedoch geben die enthusiastische Stimmung Sseroffs seine Privatbriefe wieder, von denen einer vom 29./17. Juli 1858 an seine Schwester gerichtet ist. Sseroff schreibt: „. . . Gestern waren bei der Fürstin Lilly (Wittgenstein) Gäste. Ungefähr fünfundzwanzig Personen. Eine Gesellschaft von Künstlern, Literaten (deren es hier in Weimar genügend viele gibt) mit ihren Frauen und anderen weiblichen Verwandten, der russische Priester Sobinin, dessen Tochter, obzwar mäßig talentiert, Schülerin von Liszt ist, — der aus Berlin zugereiste Veteran der Gelehrten, Varnhagen von Ense, usw. — alle in großer Parade (die Wittgenstein ist — Durchlaucht und liebt es, sich mit mondänem Glanz zu umgeben), beinah ‚cravate blanche‘.

Als alle sich versammelt hatten, trat Liszt zu dem wundervollen Flügel und bestand eigensinnig darauf, den musikalischen Abend — was glaubst Du wohl womit — mit dem Duett von Vollweiler über Themen aus ‚Rußlan und Ludmilla‘ unter Assistenz von Fröhlich (!) zu eröffnen. Ich prävenierte Liszt, daß dieser Blasebalgklarinettist grauenhaft schlecht spiele, allein er wollte aus Courtoisie Fröhlich nicht des schmeichelhaften Vergnügens berauben, etwas mit !Liszt! zu dudeln. Sie begannen — Du erinnerst Dich vielleicht, wie Fröhlich spielt!! — der reine Skandal! Alle (darunter Bermann, der Sohn des ersten Klarinettisten der Welt) hörten zu und entsetzten sich. Liszt bemühte sich, das „Zischen" der Klarinette mit den wundervollsten Arpeggiatos zu maskieren — aber es half nichts! Während er mit einem ergebenen mitleidsvollen Lächeln weiterspielte, winkte er mich mit den Augen heran und flüsterte mir zu: ‚Vous avez raison, Sséroff — il est atroce!‘ Endlich — es ging wirklich

376

über die Kraft — sagte er: ‚Voyons — faisons une petite pause. Der Herr muß sich etwas erholen.' Nachdem Liszt die Sache auf diese Weise zurecht gedreht hatte, endigten unsere Qualen, die bald vergessen und reichlich belohnt werden sollten.

Liszt setzte sich bald wieder ans Klavier (er hatte seiner Fürstin versprochen, an diesem Abend v i e l zu musizieren), und spielte eine seiner ungarischen Rhapsodien. Was das war!! Mir schien; ich sei wieder wie im Jahre 1842 im Saale Engelhardt oder in der Adelsversammlung in Petersburg — dasselbe himmlisch verklärte Antlitz des „Künstlers aller Künstler", dieselbe elektrische, magnetische, magische Gewalt über die Zuhörer... dieselbe mit nichts auf der Welt zu vergleichende Virtuosität, die keine Schwierigkeiten kennt, und dennoch nur dem Gedanken d i e n t. Ich wundere mich über die konzertierenden Pianisten, daß sie sich (selbst Klara Schumann nicht ausgenommen) überhaupt unterstehen, öffentlich aufzutreten, solange auf der Welt solch ein D ä m o n der pianistischen Kunst existiert! — Wenn zwischen dem jetzigen Liszt und dem früheren ein Unterschied besteht, so äußerlich n u r der, daß er grau geworden ist, innerlich n u r der, daß er noch bezaubernder spielt und u n v e r g l e i c h l i c h b e s s e r komponiert. (Gestern vor der Abendgesellschaft spielte er — entre nous — einige Bruchstücke aus seiner Legende ‚Die heilige Elisabeth'; die Musik ist ganz wundervoll in ihrer Einfachheit, die Melodik — echt, von allem übrigen ganz zu schweigen, denn dieses ‚übrige' versteht sich in den Werken s o l c h eines Kopfes von selbst.) Als er die Wunder seiner Rhapsodie beendet hatte — es gab darin viele Triller und Figurationen, während sich an anderen Stellen der Flügel in einen ‚stahlgepanzerten Leviathan' verwandelte, und mit dem Flügel vibrierte Liszt selbst und wir alle und der ganze Saal — also nach all diesen Wundern erhob er sich, beschienen von der Aureole seines Ruhmes (Du erinnerst Dich, wie sein Gesicht sich verklärt, wenn er spielt) und wurde sofort von seinen Gästen umringt, besonders von den Damen, die ihn immer und überall mit Komplimenten überschütten. Unsereinem wird es schon schwerer, ihm irgend etwas zu sagen. Liszt ist so furchtbar klug, so verwöhnt durch Lobhudelei, daß ihm jeder Ausdruck der Begeisterung als Banalität erscheinen muß. Allein ich wollte mir das Vergnügen nicht versagen, ihm einige Worte zu sagen. Er war wirklich erfreut und drückte mir kräftig die Hand.

,Trève de compliments, mein neuer alter Freund! (Das gibt mir natürlich das Recht auf meinen Visitenkarten hinzuzufügen: amico di Liszt.)

Nach der Rapsodie sang Frl. Genast (die Tochter eines Weimarer Schauspielers und Gesangslehrers) sehr reizend zwei Lieder von Liszt: ,Über allen Gipfeln ist Ruh' (Goethe) und ,Loreley' (Heine). Er selbst begleitete. Die Loreley ist unvergleichlich schön. Der Verlobte dieser jungen Dame, ein gewisser „Suppe', ein Bariton (fast Tenor, sehr nett, hinkt aber) sang, von seiner Braut (die auch Klavier spielt) begleitet, zwei ungarische Lieder und die italienische Melodie „Angiolina" von Liszt.

Darauf spielte wieder er ,selbst' seine Don-Juan-Phantasie (in verkürzter Gestalt. Er ließ alle Variationen über ,Ci darem la mano' aus.)

Damit endete das Konzert, für das viele gern viel, viel Geld bezahlt hätten! — Was soll man nun zu den Menschen sagen, die behaupten, Liszt habe verlernt Klavier zu spielen oder zu denen, die sein Kompositionstalent leugnen!!

Man soupierte an kleinen Tischen in zwei Zimmern (Champagner, Trüffel, Eis). Mich setzte Liszt à la place d'honneur, d. h. neben sich (rechts von ihm saß das sehr hübsche Fräulein Genast). Sage, kann ich von mir nicht mit Recht sagen, daß ich mich irgendwo auf dem Olymp befinde? Ich kann es selbst nicht begreifen, wie ich da hinaufgekommen bin. Nach solch einem Leben und den allereinsamsten Stunden in meinem Weimarer Arbeitszimmer wird es mir schwer sein, mich wieder an das unvergleichlich inferiore Leben mit K. G. Golyzin zu gewöhnen. (Er ist ein guter, lieber Mensch, bleibt aber dennoch ein russischer Junker.) Vom Olymp ist er ein bißchen sehr weit."

Die kolossale Begeisterung Sseroffs für die Persönlichkeit Liszts als Mensch und als Künstler scheint nicht ohne Widerhall geblieben zu sein. Auch Liszt fand Gefallen an Sseroff, den er sonst schwerlich einen Monat lang bei sich im Hause behalten hätte. Ein Brief, den Liszt am 1. Juli 1858 an den Beethoven-Forscher Lenz richtete, enthält viel Schmeichelhaftes über Sseroff. Er mag hier in deutscher Übersetzung folgen (das Original ist französisch):

„Die Bekanntschaft mit Sseroff war für mich höchst angenehm . . . Die Art, wie er Beethoven interpretiert, indem er ganz in ihn eindringt, hat mir eine hohe Meinung von seinem musikalischen Verstande (sens musical) beigebracht. Er verfügt über jenes seelische Gehör, das durch nichts zu ersetzen ist. Wir plaudern mit ihm ungezwungen und verstehen einander. Seine Bearbeitungen der letzten Beethovenschen Quartette für zwei Klaviere sind vorzüglich gemacht. Wenn er noch ein wenig Mühe auf ihre Durchsicht verwenden will, so kann er leicht die höchste Vollendung erreichen. Zu diesem Zweck haben wir seine Arrangements gespielt und immer wieder gespielt (was für ein dummes Wort ist in solchen Fällen ‚spielen' — es sei denn, daß man unter ‚Spiel' den Erguß seelischer Emotionen versteht, der frei ist wie die Kräfte der Natur). Ungeachtet der Schwierigkeiten, die es bereitet, einen Verleger zur Herausgabe von Kompositionen für zwei Klaviere zu bewegen, will ich doch versuchen, den Druck der Sseroffschen Bearbeitungen in die Wege zu leiten. Für die Kunst bedeuten sie meiner Ansicht nach einen großen Nutzen, indem sie das Studium der ihnen zugrunde liegenden Meisterwerke propagandieren, jener chef d'œuvres, die bislang noch viel zu wenig Verbreitung gefunden haben . . ."

Mit dieser Zensur konnte Sseroff zufrieden sein, er wäre es wohl auch gewesen, wenn sie ihm bekannt geworden wäre.

Von Weimar wandte sich Sseroff nach Baden-Baden. Dort fand seine nimmer müde musikalische Aufnahmefähigkeit neue Nahrung in einer ganzen Reihe neuer Werke von Berlioz, die er bis dahin noch nicht kannte und die er nun in einem Kompositionskonzerte des französischen Meisters zu hören bekam.

In Weimar schon hatte er, von Liszt angeregt, mit größtem Eifer und wachsender Begeisterung die Partituren des „Benvenuto Cellini" und der „Trojaner" studiert. Bis dahin kein großer Freund der Muse Berlioz', verwandelt sich Sseroff nun in einen enthusiastischen Panegyriker des lange verkannten Tondichters. Er schreibt seiner Schwester aus Baden-Baden: „Ja! Es gibt noch einen gewaltigen, phänomenalen Künstler, der gleichzeitig ein inspirierter graziöser Poet ist, ein Künstler, der die Musik mit einer ganzen Galerie von Schätzen bereichert hat. Und wir haben ihn nicht begriffen! Nicht genug: Dir war er sogar antipathisch! — Du errätst vielleicht, daß ich von Berlioz spreche! — Ich habe einiges Recht, ihm böse zu sein und mit ihm durchaus nicht zu sympathisieren, denn als Mensch ist er ein kaltherziger, egoistischer Franzose . . . Aber der Mensch ist ein Ding und der Künstler ein ganz anderes. Nicht alle können so sein wie Liszt, der die allerverschiedensten Vorzüge und Tugenden in sich vereinigt . . ." Weiter heißt es in demselben Briefe: „Auf der Probe des Konzertes, nach einem reichlich langweiligen Chor a capella von Vittoria — eine grausame Monotonie — erklangen plötzlich die Töne des Orchesters — leicht, durchsichtig, ein schwebendes Sich-Wie-

380

gen des Rhythmus, Weiblichkeit, Grazie, unbeschreiblicher Charme und unendlich viel Poesie in jeder Note! Das war Musik von Berlioz: ‚Sarah la baigneuse', ein Chor mit Orchesterbegleitung nach Worten von V. Hugo. Ich hatte den Text (der den ‚Orientales' entnommen ist) vergessen, jetzt wurde er mir plötzlich verständlich, denn er spiegelte sich in der Musik — comme Sarah dans l'eau de la fontaine. Welch ein archi-graziöses Werk! Welch eine musikalische Musik! Ich möchte sie hören, hören ohne Ende. Vom Kolorit, von den Orchesterfarben ganz zu schweigen! Das ist ein erstklassiger Meister! Der Lehrer von Liszt und Wagner in dieser Beziehung."

Sseroff machte in Baden-Baden auch die persönliche Bekanntschaft von Berlioz, an den ihm Liszt ein Empfehlungsschreiben mitgegeben hatte. Allein der französische Meister war schlecht gelaunt, sehr beschäftigt und hatte nur wenig Zeit für den ihm gänzlich unbekannten und wahrscheinlich gänzlich uninteressanten russischen Kritiker. Das war wohl der Grund, weshalb Sseroff sich berechtigt fühlte, „ihm durchaus nicht zu sympathisieren". Allein eine Genugtuung wurde ihm doch seitens Berlioz' zuteil. Sseroff hatte kurz vorher in der belgischen Zeitung „Le Nord" einen geharnischten polemischen Artikel „M. Fétis et Michel Glinka, Reponse d'un Russe à M. Fétis" veröffentlicht anläßlich eines von groben Fehlern, Entstellungen und Nachlässigkeiten wimmelnden Aufsatzes des berühmten belgischen Musikgelehrten über Glinka. Wegen dieser „Dreistigkeit" hatte Sseroff seitens aller akademischen Musiker und der vielen Freunde und Verehrer Fétis' viele Schmähungen zu erfahren. Balsam war es für ihn, als er von Berlioz anläßlich dieser Angelegenheit folgendes zu hören bekam: „Fétis n'est qu'un préjugé et vous faites très bien, Monsieur, de le demasquer." Berlioz hatte freilich auch keinen Grund, Fétis besonders wohlwollend gesinnt zu sein.

Auf der Kurpromenade in Baden-Baden machte Sseroff auch die Bekanntschaft von Meyerbeer. Er erzählt diese Begebenheit in einer seiner ausländischen Korrespondenzen. Er vergleicht das Schicksal Berlioz' mit dem Meyerbeers: „Wer absolut keiner fremden Hilfe bedarf zur Vorbereitung des Erfolges und zur Hinwegräumung aller petites misères, die bei jeder neuen Oper unvermeidlich sind — das ist Meyerbeer. Ich war immer der Ansicht, daß sein diplomatisches Geschick seinem ungeheuren Talent für Bühnenmusik mindestens ebenbürtig ist. Außerdem ist der Ruhm des ,Robert' und der ,Hugenotten' ein ziemlich kräftiger Hebel für neue Erfolge. Mir war es sehr interessant, diese höchst beachtenswerte Persönlichkeit etwas näher zu besehen, als ich nach dem Konzert von Berlioz zufällig erfuhr, daß Meyerbeer in Baden sei ... Die Neugierde, ein Gespräch mit Meyerbeer anzuknüpfen, besiegte die Scheu, mich ihm selbst, ohne besondere Empfehlung, vorzustellen. So handelte ich denn auch, trat während eines Spazierganges auf ihn zu, direkt ohne alle Präliminarien (ich erkannte ihn nach einem Porträt), und wurde äußerst wohlwollend, ja ausgesucht höflich aufgenommen. Äußerlich ist Meyerbeer (falls Sie das interessiert) ein kleines dürres Männchen — brünett. Der stark ausgeprägte jüdische Typus seiner Physiognomie und seine etwas süßlich liebenswürdigen Manieren verleihen ihm etwas äußerst Banales. Weder Poesie noch tiefe Gedanken prägen sich in seinem ganzen Habitus aus; im Gegenteil, jeder Blick, jedes Wort, jede Geste verrät Berechnung, Vorsicht, Schlauheit. Die wenigen und natürlich nicht allzu langen Gespräche mit diesem ,Maëstro der Musik und der Diplomatie' waren für mich höchst interessant. Doch da ich Vorwürfe für journalistischen Klatsch befürchte, will ich mich enthalten, meine Beobachtungen mitzuteilen. Nur so viel kann ich sagen, daß Meyerbeer die Musik Wagners und die ganze neue Richtung —

wie nicht anders zu erwarten — aufrichtigen Herzens haßt (in diesem Fall ist auch bei ihm eine gewisse ‚Aufrichtigkeit‘ denkbar).“ „Le pauvre Wagner, il n'a pas aucune idée de la facture d'un opéra“ — war einer der Aussprüche, die Sseroff von Meyerbeer zu hören bekam.

In Baden-Baden war Sseroff wieder mit dem Fürsten Golyzin zusammengetroffen. Er muß es dem Fürsten allzu deutlich gezeigt haben, daß er ihn für „ein bißchen sehr weit entfernt vom Olymp“ hielt. Der Fürst war im höchsten Grade aufgebracht darüber, daß Sseroff „ihn gegen Liszt eingetauscht“ habe. „Quelle ambition mal placée“ ruft seinerseits entrüstet Sseroff aus. Aber es half ihm nichts. Die Verstimmung ließ sich nicht wieder gut machen. So mußte er wohl oder übel an die Heimreise denken. Doch dauerte es noch ein Weilchen, bis er diesen Gedanken ausführen konnte, denn nach dem Ausdruck Sseroffs „trennte ihn der uferlose Ozean seiner Geldlosigkeit von allen Städten des Erdballs“, und er mußte in Baden-Baden sitzen bleiben, bis ihm Hilfe kam.

Im nächsten Jahre hatte Sseroff wieder Gelegenheit, eine ausländische Reise zu unternehmen, diesmal sozusagen ex offizio, d. h. nicht etwa in musikalischen Angelegenheiten, sondern im Auftrage des Postressorts, an dem er nunmehr glücklich angestellt war. Allzuviel scheint er sich während dieser Reise um postalische Angelegenheiten nicht gekümmert zu haben. Seine Zeit wurde von allerhand musikalischen Erlebnissen vollauf in Anspruch genommen. Die Reise führte über Stettin und Berlin direkt nach Leipzig, wohin ihn Liszt zum ersten Tonkünstlerfeste des Allgemeinen Deutschen Musikvereins eingeladen hatte, das anläßlich des fünfundzwanzigjährigen Bestehens der von Schumann begründeten „Neuen Zeitschrift für Musik“ abgehalten wurde. Dort hörte Sseroff zum ersten Male eine ganze Reihe von Bruchstücken aus den neuen, ihm noch unbekannten Musikdramen von Wagner, u. a. das „Tristan"-Vorspiel, das einen tiefen Eindruck auf sein empfängliches Gemüt machte, ebenso einige andere Werke der Musikliteratur, die sein lebhaftes Interesse erregten. Die „Messe" von Liszt und die Oper „Genoveva" von Schumann. Bald darauf hörte Sseroff in Weimar, wohin er wieder der Einladung Liszts folgte, zum ersten Male den „Lohengrin". Seine Begeisterung kannte keine Grenzen. Er beschloß, Wagner, der damals in Triebschen bei Luzern lebte, aufzusuchen und seine persönliche Bekanntschaft zu machen. Es gelang ihm auch, diese Absicht auszuführen. Wagner empfing ihn aufs freundlichste und spielte ihm viel aus dem „Tristan" vor, an dem er damals gerade arbeitete. Leider ist über die für Sseroff und sein späteres Leben so außerordentlich denkwürdige Begebenheit seiner ersten Bekanntschaft mit Wagner sonst nichts Näheres bekannt. Die ausländischen Korrespondenzen, die Sseroff im „Musik- und Theaterboten" veröffentlichte, enthalten zwar eine Reihe enthusiastischer Abhandlungen über die neuen und alten Werke Wagners, die Sseroff überall, nicht nur in Leipzig und Weimar, sondern auch in Dresden, München und Wien zu hören bemüht war, aber kein Wort über seine persönliche Bekanntschaft mit dem Meister. Privatbriefe von dieser zweiten Reise haben sich leider nicht erhalten. Dagegen findet sich in „Mein Leben" von Wagner folgende lakonische Bemerkung: „. . . schließlich kam aber noch Alexander Sseroff aus Petersburg, um einige Zeit in meiner Nähe verbringen zu können, ein sonderbarer, intelligenter Mensch von ausgesprochener Parteinahme für mich."

Mit einem Gefühle tiefer innerer Befriedigung kehrte Sseroff dieses Mal aus Deutschland heim. Sein sehnlichster Wunsch hatte sich erfüllt: er war mit Wagner in persönliche Berührung getreten. Von diesem Augenblicke an war er dem persönlichen und musikalischen Zauber des Mei-

384

sters endgültig und unentrinnbar verfallen. Sein ganzes späteres Leben, soweit es sich nicht um die eigene Person drehte, stand im Dienste der Ideen Wagners. Man kann es getrost behaupten, daß Wagner kaum irgendwo in der Welt einen begeisterteren, opferfreudigeren und dabei verständnisvolleren Apostel gehabt hat, als den russischen Kritiker Sseroff. Daß die leidenschaftliche, mit gleicher Hingabe in Wort, Schrift und Tat geführte Wagner-Propaganda Sseroffs in Rußland nicht von besserem Erfolge gekrönt war, lag an Umständen, die aus der Welt zu räumen nicht in der Macht Sseroffs stand und von denen sogleich die Rede sein soll.

*   *

*

Mit dem Jahre 1860 beginnt ein neuer Abschnitt im Leben Sseroffs. Die schwarzen und die heiteren Lose des Schicksals mischen sich darin in einem für den Betroffenen glücklicheren Verhältnis als bisher.

Ein sehr schweres inneres Erlebnis mußte Sseroff zu dieser Zeit freilich durchmachen, ein Erlebnis, das ihn mehr verbitterte als alle bisher erlittene Unbill der äußeren Lebensumstände. Er verlor, nicht durch den Tod, sondern durchs Leben — den einzigen wirklichen Freund, den er je besessen hatte — Wladimir Stassow. Eine langsam, aber sicher wachsende Entfremdung der zwei „inséparables", wie man die Freunde früher genannt hatte, führte endlich zum offenen Bruch. Sseroff war sich bis zum Schluß seines Lebens nicht ganz klar darüber, was den Freund eigentlich veranlaßte, sein Benehmen ihm gegenüber so brüsk zu verändern. Fernerstehende, die den Niederschlag der Denkungsart beider Freunde in ihren schriftstellerischen Werken vor sich haben, sehen deutlicher.

Als Stassow und Sseroff noch Jünglinge waren, hatten

sie die Gewohnheit, sich zu stundenlangen Gesprächen im Zimmer Sseroffs einzuschließen. Der Vater Sseroffs belauschte einst solch ein Gespräch und war aufs höchste erstaunt, daß er, wie er behauptete, nichts anderes zu hören bekam, als immer wieder folgendes: „Du bist ein Genie!" — — „Du bist ein Genie!" — „Nein, du bist ein Genie!" — „Nein, du." — Stassow hatte kolossale Hoffnungen auf den Freund gesetzt. Daß die sich so ganz und gar nicht erfüllen wollten, machte ihn an Sseroff irre. „Der Mensch ist ein Ding, der Künstler ein ganz anderes" — diese Ansicht Sseroffs vermochte Stassow augenscheinlich nicht zu teilen. Wie wir aus dem Briefwechsel zwischen Stassow und Sseroff wissen, gingen die künstlerischen Ansichten beider Freunde, als sie noch Jünglinge waren, schon sehr bedenklich auseinander. Der Geschmack Sseroffs tendierte ausschließlich zur deutschen Musik, während Stassow „allenfalls" Beethoven verzieh, daß er ein Deutscher gewesen war. Dieser Gegensatz verschärfte sich mit den Jahren immer mehr. Sseroff freilich kam es gar nicht in den Sinn, in seine persönlichen Gefühle dem Freunde gegenüber irgendwelche künstlerische Differenzen hineinzumengen. Anders Stassow, dessen einigermaßen despotische Natur stets danach strebte, seine Freunde gerade in Kunstfragen zu gefügigen Werkzeugen seines Willens zu machen. Die unbefangene Selbständigkeit Sseroffs war ihm nicht nur unbequem und kränkend, sondern schürte in seiner Seele eine Animosität, die endlich in leidenschaftlichen Haß umschlug, besonders da er sich als kluger Kopf und künstlerisch fein empfindende Natur in Stunden einer von musikalischem Chauvinismus ungetrübten Erkenntnis sagen mußte, daß Sseroff eigentlich recht hatte.

Der Abgott Stassows war Glinka, derjenige Sseroffs Wagner geworden. Nach Stassow führte die direkte Entwicklungslinie der Tonkunst von Beethoven zu Glinka. Den

„Rußlan" pries er als höchste Emanation des Menschengeistes, dem allenfalls die Dramen Shakespeares zur Seite zu setzen waren. Gegen diesen vielleicht verständlichen, für Einsichtsvolle jedoch immerhin etwas lächerlichen musikalischen Chauvinismus erlaubte sich Sseroff erst bescheiden, dann jedoch mit stetig wachsender Heftigkeit, zu opponieren. Endlich schrieb er seine berühmte Abhandlung „Rußlan und die Rußlanisten", in der er seinen Gegner mit einer Fülle tatsächlichen und spekulativen Beweismaterials einfach erdrückte. Ohne das musikalische Genie Glinkas in Abrede zu stellen, vor dem er selbst, wie wir wissen, die allergrößte Hochachtung hatte, erkannte er ihm doch nur für Rußland die Rolle eines führenden Geistes auf dem Gebiete der dramatischen musikalischen Kunst zu, während er ihm für die allgemeine Evolution der Tonkunst eine wirklich wesentliche Bedeutung absprach. Eine solche erblickte er nur in dem Kunstschaffen Wagners. Die Klingen waren gekreuzt. Stassow und Sseroff standen sich gegenüber. Der Kampf wurde von beiden Seiten mit äußerster Erbitterung geführt. Zu einer Versöhnung ist es nie mehr gekommen. Während Sseroff den Streit gerne auf künstlerische Fragen beschränkt hätte, übertrug ihn Stassow auf persönliches Gebiet. Er versagte Sseroff den Gruß, ignorierte seine Existenz vollkommen und verfolgte jeden Schritt des früheren Freundes an der Öffentlichkeit mit gehässigen Kommentaren in der Presse.

Im Jahre 1856 war der junge vielversprechende Mili Balakirew nach Petersburg gekommen. Im Hause Glinkas, wo ihn auch Sseroff kennenlernte, fand er freundliche Aufnahme. In Balakirew und dem Kreise junger Komponisten, die sich im Anfang der sechziger Jahre um ihn scharten (Rimski-Korssakow, Borodin, Cui, Mussorgski), erblickte Stassow das einzige Heil der Musik. Jede musikalische Schöpfung, die aus dem Schoße dieses von Sseroff so getauften „mächtigen Häufleins" hervorging, wurde als nie dagewesenes Meisterwerk gepriesen. Das Sprachrohr dieses, später als „neurussische Schule" bekannten Komponistenkreises war Wladimir Stassow und erst später César Cui. Wäre Stassow weniger maßlos in seinen Expektorationen gewesen, so hätte sich Sseroff als Kritiker, dem Streben dieser jungen Komponisten gegenüber, das an sich gewiß sehr sympathisch war, sicherlich freundlicher verhalten. Aber die chauvinistischen, blind begeisterten Lobhudeleien Stassows veranlaßten ihn zu einer sehr scharfen Abwehr, die sonst sicher weniger temperamentvoll ausgefallen wäre. So kam es, daß Sseroff mit allen Mitgliedern der neurussischen Schule vom Moment ihres Auflebens an auf höchst gespanntem Fuße stand.

Alle diese jungen Komponisten waren ihm freilich persönlich vollkommen gleichgültig, nur Stassow nicht. Er hoffte immer noch auf eine Versöhnung mit dem früheren Freunde, an dessen Starrsinn jedoch jeder darauf hinzielende Versuch scheiterte. Im Jahre 1865 starb die Mutter Sseroffs, an der auch Stassow mit aufrichtiger Liebe und Verehrung hing. Bei ihrer Beerdigung traf Sseroff, wie seine nachmalige Gattin in ihren „Erinnerungen" erzählt, mit Stassow zusammen. Erschüttert durch den Verlust der Mutter, hoffte er seinen Schmerz durch Wiedergewinnung des früheren Freundes und Kameraden zu mildern. Über den offenen Sarg der Mutter streckte er Stassow die Hand entgegen, mit der Bitte, das Gewesene zu vergessen und die früheren guten Beziehungen wieder anzuknüpfen ... Stassow verweigerte die Annahme der Hand und wandte sich brüsk ab! Das hat ihm Sseroff bis zu seinem Tode nicht verzeihen können.

Ende 1859 wurde in St. Petersburg die „Russische Musikgesellschaft" gegründet, der bald darauf das Prädikat einer „Kaiserlichen" verliehen wurde. Der Initiator dieser Gründung war Anton Rubinstein, der gleichzeitig auch das Peters-

388

burger Konservatorium ins Leben rief. Sseroff, dessen Name als kenntnis- und geistreicher Musikschriftsteller damals schon in ganz Rußland bekannt war, wurde bei dieser Gründung umgangen, ja einfach ignoriert. Rubinstein bezog sein ganzes Lehrpersonal aus Deutschland. Man wundert sich darüber nicht, wenn man die Stellung Rubinsteins zu Wagner und Liszt kennt. Die leidenschaftliche Wagner-Propaganda Sseroffs beraubte ihn nun auch der Aussicht, jemals, wenigstens bei Lebzeiten Rubinsteins, am Petersburger Konservatorium wirken zu können. Sseroff, der sich merkwürdigerweise des wahren Grundes seiner Umgehung nicht bewußt gewesen zu sein scheint, war aufs tiefste gekränkt, wenngleich er einsah, daß er mit seinen freidenkerischen Ansichten in solch einer rein akademischen Anstalt unmöglich gewesen wäre. Er schreibt darüber an seine Schwester: „In Petersburg ist eine ‚Russische' Musikgesellschaft eröffnet worden unter dem Vorsitz von Rubinstein. Die übrigen Direktoren (die sich notabene selbst gewählt haben) sind Graf Wielhorski, Kologriwow und D. W. Stassow (der Bruder des Schriftstellers, ein dilettierender Pianist). Eine feine Gesellschaft! Stelle Dir neben diesen Namen den meinen vor und Du wirst begreifen, daß es mir unmöglich sein wird, irgendwelchen musikalischen ‚Gesellschaften' anzugehören. Ich bin stolz darauf, ‚que je ne suis rien, pas même academicien.' Wahrscheinlich ist es mir beschieden, mein ganzes Leben lang (ebenso wie es schon in der Schule war) — beiseite zu stehen."

Sseroff war doch, trotz seiner Vorliebe für die deutsche Musik, einsichtsvoll genug, um die Ironie zu erkennen, die darin lag, daß im russischen Konservatórium einer russischen Musikgesellschaft als Lehrer nicht ein einziger Russe angestellt war. Endlich ärgerten ihn die „mendelssohnischen" Neigungen, die Rubinstein in den Programmen der von ihm dirigierten Symphoniekonzerte der Russischen

389

Musikgesellschaft an den Tag legte. Kurz und gut, er hatte Grund genug, mit äußerster Erbitterung gegen den „Jüdischen Musikverein", wie er die russische Musikgesellschaft mit Vorliebe nannte, zu Felde zu ziehen. Nun mußte er nach zwei Fronten hin kämpfen. Auf der einen Seite — gegen Stassow und den chauvinistischen Modernismus der neurussischen Schule, auf der anderen gegen den „jüdischen Musikverein" und seine retrograden Tendenzen. „Mehr als je," schreibt er, „bin ich mit allen musikalischen Kreisen und Gesellschaften in Streit. Ich bin vollständig isoliert."

Als Trost blieb ihm nur die Propaganda für Richard Wagner und seine Kunst. Seit er die persönliche Bekanntschaft Wagners gemacht hatte, hätte er am liebsten seine ganze Persönlichkeit restlos in den Dienst der Wagnersache gestellt. Er war der Ansicht, „daß solch ein Wesen wie Wagner alles Recht darauf habe, daß selbst unsereiner (sans fausse modestie), unter Hintansetzung aller persönlichen Interessen, es für ein großes Glück ansehen muß, ihm auch im praktischen Leben nützlich zu sein, abgesehen von unentwegtem täglichen und stündlichen Aposteltum."

Mit großer Mühe, unter Anwendung all seiner Energie, war es Sseroff gelungen, den Direktor der Kaiserlichen Theater, Saburow, zu veranlassen, die Partituren der Wagnerschen Musikdramen für das Marientheater zu verschreiben. Wagner sollte dafür von Saburow 3000 Franken erhalten. In dieser Angelegenheit entspann sich zwischen Wagner und Sseroff ein sehr interessanter Briefwechsel. Die Stellungnahme Sseroffs wird am besten charakterisiert durch einen Brief, den Sseroff zu jener Zeit an seine Schwester Sophie, „sa parente plus que charnelle, sa parente intellectuelle", wie er sie gerne nannte, schrieb. Er sei daher ohne Kürzung wiedergegeben. Der Brief lautet:

„.. . Heute schreibe ich Dir, einige Minuten, nachdem

ich einen Brief von Wagner aus Paris erhalten habe. Sogleich werde ich auf diesen Brief und seine Geschichte zurückkommen. Vorher will ich Dir, um es nicht zu vergessen, mitteilen — indem ich Dir für Deine Mühewaltung danke —, daß die Direktion die Partituren der Wagnerschen Opern endlich, vor einigen Tagen erst, (!) erhalten hat — fast gleichzeitig mit der Quittung von Breitkopf, die Du mir zusandtest. — Wo wären wir geblieben, wenn wir auf diese Partituren gewartet hätten! Die Konzerte wären ihres Hauptinteresses beraubt gewesen. Wo diese Partituren so lange verschwunden waren, weiß kein Mensch. Jetzt sind sie bis zum nächsten Frühling zu nichts nütze, es sei denn dazu, um mir die Möglichkeit zu geben, den ‚Fliegenden Holländer' zu studieren, dessen Orchestrierung ich noch nicht kenne. Den ganzen ‚Lohengrin' (das Exemplar Liszts, wie Du weißt) habe ich zu Hause. Und der ‚Tannhäuser' wird auch beständig in meinen Händen sein. Odojewski hat mir seine Partitur ein für allemal zur Verfügung gestellt (ich habe das schriftlich). Die vier Opern Wagners wechseln auf dem Notenpulte meiner Orgel untereinander ab...

Du erinnerst Dich des Versprechens, das mir Saburow persönlich gegeben hat, Wagner 3ooo Franken zu schicken. Stell' Dir vor, seit diesem Versprechen sind genau zwei Monate vergangen, und Wagner hat das Geld noch nicht erhalten. Ja, ich fange an, zu denken, daß er es überhaupt nicht erhalten wird. Saburow ist, wie mir alle sagen, ein sehr unzuverlässiger Mensch. Sein Wort hat gar kein Gewicht. Es scheint sich herauszustellen, daß wir mit Wagner als dumme Jungen sitzen bleiben. Nous sommes les dupés de Mr. le général. Jetzt ist dieser Herr General in Paris (was Wagner noch nicht weiß), vielleicht kommt bei persönlichen Bemühungen Wagners die Sache in Ordnung. Aber wozu die ganze Trödelei in einer Angelegenheit, die für Saburow so unglaublich einfach ist. Wie Wagner in seinem heutigen Briefe bemerkt, hätte es genügt, wenn Saburow Rothschild eine Order mit dem einen Wort ‚payez‘ gegeben hätte, damit wäre der Vorfall erledigt gewesen. Statt dessen läßt er den armen Wagner in grausamster, quälendster Geldnot zwei Monate warten, ungeachtet seines Versprechens, ihm 3000 Franken zu schicken, veranlaßt ihn, den Armen, zweimal an mich zu telegraphieren, das letztemal mit bezahlter Rückantwort (alles das kostet Geld). Ich lief sofort zu Saburow (natürlich traf ich ihn nicht zu Hause, wie das in Petersburg ja immer ist). Nicht ohne Mühe setzte ich am Sonntag, den 17./29. April, eine Audienz durch. Saburow machte Miene, als ob er sich ein wenig ärgere, daß ich ihn an eine Angelegenheit erinnerte, in der er schon zweimal nach Paris geschrieben habe. (Dies seine eigenen Worte, die er mir ins Gesicht gesagt hat.) Ich fragte: wem er geschrieben habe. Das erstemal wollte er an Rothschild geschrieben haben, aber Wagner hat sich dort alle Augenblick erkundigt und nichts vorgefunden. — Darauf antwortete Saburow: ‚Nein, nicht an Rothschild, sondern an irgendeine Adresse: Chaussée d'Antin, 37, M. Pereyra. Ungefähr vor anderthalb Wochen ist zuletzt geschrieben worden.‘ — Was kann es besseres und einfacheres geben! — Ich fliege ans Telegraphenamt und schicke Wagner eine Depesche mit der Adresse, mit deren Kenntnis seine qualvolle Wartezeit zu Ende sein mußte. All diese Zeit war ich vollkommen beruhigt über Wagners finanzielle Angelegenheiten. In seinem heutigen Brief teilt mir Wagner mit, daß die ihm zugesandte Adresse falsch sei, daß in dem angegebenen Hause überhaupt kein Monsieur Pereyra wohne! Wagner hat sich darauf erkundigt, ob es nicht in Paris einen Bankier dieses Namens gebe, und hat auch richtig einen gewissen ‚Pereire‘ gefunden, der allerdings in geschäftlicher Verbindung mit Saburow steht, aber — NB. keinen Brief von ihm,

Wagner betreffend, erhalten hat. Was soll das nun alles heißen?! — Wenn Saburow nicht zahlen wollte, warum hat er es versprochen? — Wenn er nicht nach Paris geschrieben hat (was sehr wahrscheinlich ist), warum gibt er mir eine Adresse zur telegraphischen Übermittlung an? Das alles ist doch kein Spaß, sondern allerschmutzigste Betrügerei! Und so handelt der Eigentümer von Millionen, der Kavalier des Hl. Alexander-Newsky-Ordens (mit dem Bande über die Schulter), der unumschränkte Herr und Gebieter der Kaiserlichen Theater!"

Wagner hatte Sseroff die traurige Sachlage mitgeteilt, nach allem Vorgefallenen setzte er wenig Hoffnung auf Saburow. Er schrieb Sseroff: „Dennoch verstimmt auch dies mich noch nicht am meisten. Das Widerwärtigste ist, daß ich durch diesen üblen Erfolg gänzlich um die schöne Stimmung gekommen bin, in die mich Ihr erster Brief mit der ersten Mitteilung über Saburow versetzte. Ich kann Ihnen gar nicht sagen, welch eine eigentümliche Mischung von Freude und Wehmut ich empfand, als ich erfuhr, was eben gerade Sie für mich getan. Fast schien es mir zuerst, als ob mich solche Erfolge gar nicht freuen dürften, daß Sie durch Ihre Aufopferung gewonnen waren, und Sie selbst — der mir das mitteilte — den widerlichsten Verhältnissen preisgegeben seien. Allerdings mußte ich oft schon die Erfahrung machen, daß Aufopferung nur von denen geübt wird, die selbst der außerordentlichsten Teilnahme bedürfen. Es hatte mir wirklich etwas Frivoles, Ihnen meine Freude, über Ihr Gelingen melden zu sollen. Doch gerade Ihre Mitteilungen eröffneten mir wiederum auch die Aussicht, Ihnen selbst bald nützlich werden zu können.*) Ich

---

*) Sseroff hatte sich kurz vorher für das Projekt eingesetzt, Wagner nach Petersburg zu ziehen, ihm die Direktion der Symphoniekonzerte zu übertragen und den „Tannhäuser" auf der Bühne des Marientheaters aufzuführen.

akzeptierte die Einladung nach Petersburg, so fremd mir das im Anfange auch oblag, u n b e d i n g t, und der Gedanke, Ihrem Eifer für mich dort Ehre zu machen und schöne Erfolge mit Ihnen teilen, Sie zu meinem Teilhaber meines Petersburger Unternehmens machen, und Ihnen vor aller Welt die Hand dankbar reichen zu können, hatte eine schöne Gewalt über meine Vorstellungskraft. Ich verzögerte meine Antwort an Sie in der Voraussetzung, in wenigen Tagen Ihnen auch den ganzen vorläufigen Erfolg Ihrer Bemühungen für die Verbesserung meiner Tage melden zu können; und damit — habe ich denn nun auch diese angenehme Genugtuung verloren, Sie einen feurig dankenden Brief von mir erhalten zu lassen. Statt dessen müssen Sie nun nichts wie Notsignalschüsse von mir erfahren, widerliche Mahnungen und Verstimmungen. Wie meinen Sie nun wohl, daß ich über unseren General denke?"

„Jedes Wort unseres Gottes", schreibt Sseroff weiter, „ist für Dich nicht weniger als für mich — ein Heiligtum, und wenn Du Dir ordentlich vorstellst, an wen und von wem diese Worte geschrieben sind, so kann Dir das wohl, ohne daß ein Kommentar dazu nötig wäre, den Kopf verdrehen, ebenso wie es heute den meinigen, schon ein wenig schwachnervigen, verdreht hat.

Man muß jede Sache tun, um der Sache selbst willen, ohne den geringsten Gedanken an eine Erkenntlichkeit, sei sie noch so fein und delikat. Aber — da ich w e i ß, daß es Wagner angenehm sein wird, mir einen feurigen Dankesbrief zu schreiben — so werde ich ihm, koste es, was es wolle, dieses Vergnügen verschaffen. Je vais rémuer de nouveau ciel et terre. Ich werde ihm die 3ooo Franken auch ohne Saburow verschaffen!..."

Dieser Brief zeigt aufs deutlichste, wie grenzenlos ergeben Sseroff nicht nur dem Künstler, sondern auch dem Menschen Wagner war. Es liegt eine gewisse Tragik darin, daß

Sseroff auch mit seiner begeisterten Wagnerpropaganda in Rußland eigentlich ganz allein dastand. Die feurigen Raketen seiner Beredsamkeit verpufften, ohne irgendeine Spur zu hinterlassen, oder einen wirklich nachhaltigen Widerhall zu erwecken. Glücklicherweise war Sseroff optimistisch genug, sein Vertrauen auf das russische Publikum zu setzen, sonst hätte er wohl die Flinte ins Korn werfen müssen. Er übersah, daß dies Publikum damals noch längst nicht reif für die Kunst Wagners war. In einem seiner Briefe heißt es:

„Bei uns ist das Publikum besser, klüger, eindrucksfähiger, als irgendwo sonst in der Welt. Wagner würde sich auf diesem, in gewissem Sinne jungfräulichen Boden schnell einen Thron erobern."

Hätte Sseroff diese Hoffnung, die sich leider so ganz und gar nicht bewahrheiten sollte, nicht gehabt, so wäre ihm wohl längst der Mut gesunken und alle Kampfesfreudigkeit abhanden gekommen. Denn die „Zunft" — das sah er bald ein — war in Rußland für Wagner nicht zu haben. Die russischen Zeitungen wimmelten damals von gehässigen und verständnislosen Ausfällen gegen Wagner, den man, wie ja auch anderswo, durchaus zur komischen Figur stempeln, auf irgendeine Weise lächerlich machen wollte. Sseroff verteidigte Wagner — man verzeihe den Vergleich — wie eine Löwin ihr Junges gegen alle kleinlichen Angriffe, mit denen die russische musikalische Presse ihn verfolgte. Am meisten schmerzte es Sseroff natürlich, daß auch Stassow, dessen künstlerisches Urteil er früher über alles geschätzt hatte, der Kunst Wagners gegenüber blind und taub blieb. In welchem Maße der kritische Unverstand der Petersburger musikalischen Federhelden ihn aufbrachte, läßt sich am besten wieder aus seinen Briefen an die Schwester ersehen. In diesen Briefen haben wir den jungen Sseroff, der sich der Schwester gegenüber nie den geringsten Zwang antat und seinem Temperament noch unbekümmerter die Zügel schießen ließ, als in seinen Kritiken, die ja freilich auch keineswegs als Muster weiser journalistischer Mäßigung gelten konnten. In einem Briefe an die Schwester findet sich solch eine gegen seine lieben Kollegen von der musikalischen Presse gerichtete Expektoration, die für ·Sseroff überaus charakteristisch ist. Es heißt dort unter anderem: „Ich glaube es Dir gern, daß Dich die blödsinnigen ‚Kritiken‘ über Wagner in den Zeitungen zum Rasen bringen. Ich urteile in diesem Falle nach mir selbst. Wie war mir z. B., als ich dieser Tage in dem Journal die ‚Nordische Biene‘ (wo man auch mich häufig beehrt, indem man mich schimpft und zwackt, weil ich Warlamow*) nicht liebe und die ‚Zukunftsmusik‘ lobe) — zwischen einem Handarbeitsmuster und einem Rezept für Buchweizenkuchen (wörtlich so — ich übertreibe nicht) einen Artikel von Damke, unserem lieben Landsmanne, über Wagners Pariser Konzerte fand! Er lacht ihn aus und macht sich lustig, in einer noch dümmeren Weise als S. (Stassow) und B. (Bulgarin). Dann teilt er noch einen witzig seinsollenden Pariser Kalauer mit: ‚La musique de Wagner est v a g u e et agace les n e r f s (‚Vague-nerfs‘)!‘ Bedenke, daß Damke als ausgezeichneter Musikkenner gilt und tatsächlich nicht ohne Kenntnisse (obzwar höchst pedantischer und schon veralteter) ist. All dieses Zischeln der W ü r m e r (Schlangen kann man sie nicht nennen, das wäre zu viel Ehre) ist natürlich empörend, aber was ist zu machen! Die Kräfte eines Menschen genügen nicht, um jeden derartigen Hieb zu parieren. ‚Jedes Niesen bringt Dir nicht Gesundheit ein.‘ Was Wagner anbetrifft, so muß uns der Gedanke trösten, daß er, wie a l l e großen Genies, von der Majorität seiner Zeitgenossen gar nicht verstanden werden k a n n. Ihm kann nur ein kleines Häuflein sympathisieren. Folglich ist es schon gut,

*) Ein Modekomponist des damaligen Petersburg, der höchst seichte Gesangsmusik schrieb.

wenn man in den Urteilen der Presse irgendwo und irgendwann einer vernünftigen Ansicht über Wagner begegnet. Ja, das ist schon sehr viel. Alles übrige sind Machenschaften der ,Masse', d. h. der Majorität von stumpfsinnigen Dummköpfen und Idioten, die jeden Geschmackes, jeder Urteilskraft und aller Kenntnisse entbehren. La Bruyère hat einmal gesagt: ,Après l'esprit de discernement (und das ist der kritische Verstand, der imstande ist, das Genie zu bewerten) ce qu'il y a de plus rare au monde, ce sont les diamants et les perles.' Schopenhauer, dem dieser — nur zu wahre! — Ausspruch sehr gefiel, setzt hinzu: ,Der hier beklagte Mangel an Urteilskraft zeigte sich denn auch darin, daß in jedem Jahrhundert zwar das Vortreffliche der früheren Zeit verehrt, das der eigenen Zeit aber verkannt, und die diesem gebührende Aufmerksamkeit schlechten Machwerken geschenkt wird, mit denen jedes Jahrzehnt sich herumträgt, um vom folgenden darüber ausgelacht zu werden. Was galten Mozart und Beethoven bei ihren Lebzeiten? Was selbst Shakespeare?'

Daß nun also die Menschen das echte Verdienst, wenn es in ihrer eigenen Zeit auftritt, so schwer erkennen, beweist aber, daß sie auch die längst anerkannten Werke des Genies, welche sie auf ihre Autorität hin verehren, weder verstehen, noch genießen, noch eigentlich schätzen.

Mit Wagner konnte es gar nicht anders sein. Erinnere Dich, daß genau dreißig Jahre nach dem Tode Beethovens ein musikalischer Esel, ein vollständiger Rüpel, ein Fanfaron und ganz erbärmlicher Wicht, ein Pasquill gegen Beethoven drucken ließ*), in dem er die Fehler Beethovens gegen die musikalische Grammatik aufzählte (wo doch alle Grammatiken lügen, sofern sie auch nur um ein Jota mit der Beethovenschen Musik nicht übereinstimmen)

---

*) Gemeint ist der Mozart-Biograph Oulibicheff.

und in dem er die Neunte Symphonie als Ausgeburt eines kläglichen Verstandes nicht einmal einer Analyse ‚würdigt‘. Und was geschah? — Fast ganz Deutschland — dreißig Jahre nach der Neunten Symphonie! — begrüßte dieses Pasquille mit Händeklatschen und zollte dem kritischen Verstande und den Kenntnissen des Autors das höchste Lob. Und als einige ‚Frechlinge‘, wie Liszt, Bülow, Bronsart, Dein Bruder u. a. gegen diese Profanation, gegen diese Beschmutzung des Piedestals eines der größten Genies aller Zeiten zu Felde zogen — da sah man in uns Don-Quichotes, und schrieb die edelsten Bestrebungen der Welt persönlichen Intriguen und dem Geiste der Parteilichkeit zu!!! — So ist es immer und in allem. So ist es auch mit Wagner. Aber er wird zu dem Seinigen gelangen!"

Dieser felsenfeste Glaube hielt Sseroff aufrecht. Er ist nie auch nur für einen Augenblick an Wagner irre geworden. Den Triumph von Bayreuth sollte er leider nicht mehr erleben. Diese Genugtuung hätte alle Unbill und alle Sorgen, die er in Sachen Wagners erleben mußte, ausgeglichen.

Die erhöhte kritische Tätigkeit, für die Sseroff im Verlaufe eines Jahrzehntes seine ganze Persönlichkeit einsetzte, ließ, wie schon erwähnt, den Gedanken an tondichterisches Schaffen überhaupt nicht aufkommen. Die Muse Sseroffs schwieg. Die schöpferische Phantasie war außer Dienst gesetzt, es arbeitete nur der kritische Verstand. Im Jahre 1856 war Sseroff mit dem Dichter Iwanzow bekannt geworden, einem fast ebenso enthusiastischen Verehrer Wagners, wie Sseroff selbst. Iwanzow versuchte vergeblich, den begeisterten Pionier der Wagnerschen Musikdramen zu eigenen Versuchen auf dem Gebiete der Oper anzuregen. Er schlug ihm erst „Undine" (nach dem Gedichte von Shukowski), dann das Poem „Poltawa" von Puschkin als Opernstoff vor. Für kurze Zeit flammte das Interesse Sseroffs tatsächlich auf. Doch gedieh die Arbeit nicht weiter, als bis zu einigen flüchtigen Bleistiftskizzen. Ohne viel Herzschmerzen ließ Sseroff diese beiden Opernpläne unter den Tisch fallen. Erst im Jahre 1859 regte sich wieder die Lust zum Komponieren in ihm, wenn auch vorläufig auf ganz anderem Gebiete. Er schrieb drei Chöre in den alten Kirchentonarten (dorisch, mixolydisch und ionisch) und bald darauf zwei größere Vokalkompositionen, einen „Weihnachtshymnus" und eine kleine Kantate „Pater noster" für Chor und Orchester. Den „Weihnachtshymnus" reichte Sseroff zur Aufführung bei der Russischen Musikgesellschaft ein, doch brakierte der „jüdische Musikverein" die Komposition, was Sseroff, ohne sich weiter darüber zu wundern, ruhig hinnahm. Aber die wieder in ihre Rechte eingesetzte tondichterische Phantasie ließ sich nun nicht mehr zum Schweigen bringen. Immer gebieterischer regte sich der Schaffensdrang. Im November 1860 schreibt Sseroff seiner in Simferopol gewonnenen Freundin M. P. Anastassjewa: „Den Sommer habe ich, ohne mich zu rühren, im faulenden Petersburg verbracht. Doch bedaure ich das nicht. Ich befinde mich jetzt in solch einer Phase, in dem ,Stadium' meines Lebens, in dem es vor allen Dingen arbeiten, arbeiten und arbeiten heißt, selbst wenn ich auf Kamtschatka leben würde. Ich habe mich daran gewöhnt, mich als Gefäß zu betrachten, durch das der Menschheit viele gute künstlerische Ideen zugeführt werden sollen . . . Als Musikschriftsteller und Kritiker habe ich mir einen Namen gemacht, ja mir eine gewisse Berühmtheit erworben — aber die Hauptaufgabe meines Lebens besteht nicht darin, sondern im künstlerischen Schaffen! Die früheren Zeiten sind vorüber! Vor zehn Jahren probierte ich nur meine Kräfte, jetzt will ich Taten vollbringen. Die schöpferischen Gedanken belagern mich geradezu. Sie lassen mir keinen Frieden und geben mir keine Ruhe, bevor sie nicht in Gestalt fertiger Partituren zu Papier gebracht sind."

Der entscheidende Impuls, der Sseroff zu erneuter kompositorischer Tätigkeit anregte, ging vom Theater aus, dem seine künstlerische Schaffenskraft von nun an ja auch gehören sollte.

*   *
*

Im Winter 1860—61 absolvierte die berühmte italienische Tragödin Ristori ein Gastspiel im Petersburger Marien-Theater. Sseroff, dem ein Platz in der Redaktionsloge des neugegründeten Journals „Die Kunst" zur Verfügung stand, versäumte keine Vorstellung. Obgleich ihn die Ristori in einigen Rollen, besonders als Maria Stuart, sehr begeisterte, schätzte er ihr Talent doch weniger hoch ein, als das der Rachel oder Marie Seebach. Eine von den Glanzrollen der Ristori war die „Judith" in dem gleichnamigen, nebenbei gesagt, recht minderwertigen Drama von Giacometti. Iwanzow erzählt in seinen „Erinnerungen an Sseroff", daß er sich während einer Vorstellung der „Giuditta", in der die Ristori und ihr Partner Maieroni als Holofernes besonders hinreißend spielten, an Sseroff mit der Frage gewandt habe: „Ist das nicht ein prächtiges Opernfinale?" „Aber natürlich," rief Sseroff aus, „und zwar werde ich eine Oper ‚Judith' schreiben! Das reizt mich um so mehr, als ich von jeher eine Vorliebe für die Legenden des Alten Testaments gehabt habe." Gesagt, getan. Sseroff machte sich sofort an die Arbeit, und zwar begann er — was einen bei den Kreuz- und Quersprüngen seines Temperamentes nicht verwundern darf — nicht von vorne, sondern von hinten. Er komponierte zuerst die Szene, in der Judith mit dem Haupte des Holofernes vor dem hebräischen Feldlager erscheint und ihre Glaubensgenossen zu tumultarischen Ausbrüchen der Begeisterung hinreißt. Unter dem Eindrucke der Ristori konnte sich Sseroff seine Oper offenbar nicht anders als auf italienisch denken. Sein ursprünglicher Plan war, aus Judith eine richtige italienische Oper zu machen. Man kann hierbei ein leichtes Erstaunen nicht unterdrücken, wenn man daran denkt, was für Ideen Sseroff unter dem Banne Wagners als Musikschriftsteller verkündete und welche Ideale, seiner Ansicht nach, die Zukunft des musikalischen Dramas bestimmten! Wie dem auch sei, an Tatsachen läßt sich nichts ändern. Sseroff suchte den italienischen Improvisator und Verseschmied Giustiniani auf und bat ihn, nach einem genauen Szenarium, das Sseroff selbst entworfen hatte, das Libretto der „Judith" in Reime zu bringen. Begonnen wurde, wie gesagt, mit der Schlußszene, die natürlich der „dramatische Klimax" der ganzen Handlung ist. Die Arbeit ging mit einer für Sseroff gänzlich ungewohnten, kaum glaublichen Schnelligkeit vonstatten. In knapp vier Wochen war die ganze Szene in Partitur gebracht. Sseroff, der ja stets ein unverbesserlicher Optimist war, knüpfte schon gleich an dieses Bruchstück seiner Partitur die rosigsten Hoffnungen. Zuerst wollte er ein Subskriptionskonzert veranstalten, um es zusammen mit dem von der Musikgesellschaft abgewiesenen „Weihnachtshymnus" und dem „Pater noster" aufzuführen. Als dieser Plan scheiterte, wandte er sich an die italienische Primadonna Lagrois, die damals in Petersburg Triumphe feierte, mit der Bitte, die Szene zu ihrem Benefiz aufzuführen. Der Diva mochte dieses Ansinnen recht naiv erschienen sein. Sie wies die Bitte des ihr als Komponisten gänzlich unbekannten Kritikers zurück, wobei er noch den Tadel schlucken mußte, daß seine Szene „nicht effektvoll genug" sei. Die Künstlerin schlug ihm, statt des biblischen Sujets, „Marion de Lorme" von Victor Hugo als Opernstoff vor. Sseroff war durch diesen Mißerfolg aufs tiefste verstimmt. Er benahm ihm für eine Zeitlang sogar vollständig die Freude an der Arbeit. Den Gedanken an eine italienische Fassung seiner

Oper gab er nach dem Fiasko bei der Lagrois auf. Er beschloß die „Judith" zu „russifizieren". Zu diesem Zwecke setzte er sich wieder mit Iwanzow in Verbindung. Doch wurde aus der gemeinschaftlichen Arbeit nicht viel. Sseroff sah sich bald wieder auf seine eigenen Kräfte angewiesen. So wurde er nolens volens sein eigener Textdichter. Theoretisch vertrat er schon längst den Standpunkt, daß das Musikdrama als Gesamtkunstwerk einem Kopfe entspringen müsse, in praxi mußte er erst eine Reihe böser Erfahrungen mit der Verstocktheit und Langsamkeit der Textdichter machen, bevor er sich entschloß, die Verse seines Librettos selbst zu schmieden. Szene um Szene wurde nun in ziemlich rascher Aufeinanderfolge fertig. Gleichzeitig schob sich in seiner Phantasie der Rahmen des Szenariums immer mehr auseinander. Aus der ursprünglich dreiaktigen Oper wurde eine vieraktige, und zu diesen vier Akten gesellte sich endlich noch ein fünfter.

Die Arbeit an der Oper wurde durch zwei Episoden unterbrochen, die ein näheres Eingehen verdienen. Die eine war tragikomischen Charakters und insofern nicht bedeutungslos für Sseroff, als sie viel zu seiner Popularität in Petersburg beitrug.

Im März 1861 erschien auf der Bildfläche des Petersburger Konzertlebens eine höchst merkwürdige Persönlichkeit: Le chevalier Alexandre de Lazarew, compositeur russe, amico di Rossini. Dieser Chevalier de Lazarew, der sich zuweilen auch als „Abessinischer Maëstro" titulieren ließ, da er eine Zeit seines Lebens in der afrikanischen Wüste zugebracht hatte, kündigte vermittelst riesengroßer Plakate (die Lazarewschen Tischtücher nannte sie Sseroff) einige Orchesterkonzerte an, in denen seine in „Abessinien, Sachsen-Weimar und Paris" entstandenen Oratorien und Orchesterkompositionen zur Aufführung gelangen sollten. Von allen einsichtsvollen Musikern, darunter auch Sseroff, wurde Lazarew, natürlich noch bevor er eine Note seiner Kompositionen erklingen ließ, als Psychopath und Scharlatan erkannt. Das hinderte jedoch das Publikum nicht, in hellen Haufen zu den Konzerten des abessinischen Maëstro zu strömen, obgleich sich bald herausstellte, daß das, was Lazarew in seinen Konzerten hören ließ, eine unqualifizierbare, grobe Verhöhnung der Kunst war. Alles, was einen Beigeschmack von Sensation und Skandal hat, reizt die Schaulust der Menge bekanntlich in weit höherem Grade, als die größten und echtesten Kunstleistungen. Dem abessinischen Maëstro schwoll der Kamm, und er wurde immer dreister. Das Publikum begleitete seine musikalischen Geisteskrämpfe in der Art seines „Oratoriums" mit Johlen und Schreien, füllte ihm jedoch die Taschen. Und das war für diesen musikalischen Cagliostro entschieden die Hauptsache. Aus Dankbarkeit annoncierte er noch ein Konzert „zum Besten der syrischen Christen", deren Existenz wahrscheinlich nur ihm bekannt war. Die Annonce dieses Konzertes lautete: „Großes Konzert neuer Musik slawischen Charakters aus Kompositionen Lazarews vergleichsweise mit der Musik Beethovens." Sseroff als Kritiker hatte den abessinischen Maëstro bislang vollkommen ignoriert. Auch dieses Konzert wollte er nicht besuchen. Doch traf er kurz vor dem Konzerte den Dirigenten Karl Schubert und den Komponisten Dütsch, die ihn überredeten, mitzugehen. Über den weiteren Verlauf des Abends berichtet, laut einem Zitat Findeisens in seiner Sseroff-Biographie, ein Reporter der damaligen Zeit folgendes: Lazarew selbst besorgte beim Eingang den Billettverkauf und hatte längst die angesetzte Stunde verpaßt. Das Publikum wartete und wartete, daß Herr Lazarew endlich die Kasse schließen und sein Taschenbuch zuklappen würde. Man trampelte und lärmte... Endlich erschien Herr Lazarew, geschmückt mit Jetons und allerhand exotischen Orden und Rosetten. Rufe:

„Bravo, bravo, Lazarew von Abessinien" begleiteten den genialen, bisher verkannten Komponisten. Aber schon nach den ersten Stücken rief das Publikum: „Er zerreist uns die Ohren! Genug!" Trotzdem wurde das Konzert bis zur zweiten Abteilung fortgesetzt, in der, nach Ansicht des Konzertgebers, das Genie Lazarews einen Sieg über Beethoven davontragen sollte. Kaum jedoch erhob der Maëstro seinen Dirigentenstab, als Sseroff aufsprang und laut in den Saal hineinrief: „Wenn in diesem Konzerte auch nur eine Zeile von Beethoven gespielt wird, so ist das eine Beleidigung für Petersburg. Die Kompositionen des Herrn Lazarew sind derartig, daß dem Publikum nichts übrig bleibt, als ihn mit faulen Kartoffeln zu bewerfen!" „Die Worte des Herrn Sseroff, berichtet der Chronist weiter, erregten einen beispiellosen Lärm. Man hörte nichts als die Ausrufe: „Bravo, bravo, Sseroff! — Schweigen, Sseroff! — Weg mit Sseroff! — Lazarew hat das Wort! — Der Maëstro soll reden." Dem allgemeinen Wunsche folgend, erhob sich der Komponist slawischer Musik, rot wie ein Krebs, und bat mit der Würde und Kaltblütigkeit, die nur „großen Naturen" eigen ist, um Erlaubnis, seine eigene Ouvertüre in C-Dur spielen zu dürfen... Aber schon nach den ersten Mißklängen erhob sich derselbe Skandal, und mit den Rufen „Genug! Genug!" fand das Konzert einen reichlich stürmischen Abschluß. Sseroff wurde auf die Hauptwache abgeführt, und gegen Lazarew das Verbot erlassen, in irgendwelchen Konzerten öffentlich aufzutreten. Nicht ohne Bitterkeit knüpft Findeisen an diese Anekdote eine Betrachtung über das Niveau der Musikkritik und die Urteilsfähigkeit des damaligen russischen Publikums: nicht nur in Witzblättern, sondern auch in ernsthaften Rezensionen stellte man Lazarew zur Seite — Wagner und dessen russischen Propheten Sseroff.

Die ganze Geschichte endete für Sseroff damit, daß er von seiner Obrigkeit (dem Postminister) einen strengen

404

Verweis erhielt und sieben Tage Arrest auf der Hauptwache absitzen mußte. Er war in Petersburg ebenso unerwartet wie plötzlich eine populäre Persönlichkeit geworden. Die Damen der Gesellschaft schickten ihm Blumen und Konfekt, und das Publikum hatte für Wochen einen pikanten Gesprächsstoff.

Die Zeit auf der Hauptwache ließ Sseroff übrigens nicht ungenützt vorübergehen. Für ein Konzert zu Ehren des kleinrussischen Dichters Schewtschenko bearbeitete er vier kleinrussische Melodien für Chor und Orchester. Mit diesen Chören erlebte er, gleich nach seinem ersten öffentlichen Skandal, seinen ersten öffentlichen Triumph. Er schrieb darüber: „Man applaudierte grausam laut. Zum Schluß des Konzertes hob mich eine Gruppe mir völlig unbekannter junger Leute auf den Händen empor, zum Ausdruck ihrer Begeisterung und als Zeichen eines vollen Triumphes beim Publikum ... alles das sehe ich als geringfügige Anzeichen und als gute Vorbedeutung dessen an, daß vielleicht auch meine Oper nicht ganz unbemerkt vorübergehen wird."

Unterdessen ging die Oper „Judith" langsam aber sicher ihrer Vollendung entgegen. Die Musik machte dem Komponisten keine Sorge, wohl aber, wie schon erwähnt, der Text. Außer an Iwanzow, wandte er sich noch an einen gewissen Lobanow und an den bekannten Dichter Maikow, ohne jedoch viel Hilfe zu erfahren. Nur der letztgenannte gab einigen Seiten des Judith-Librettos den letzten literarischen Schliff. Im August 1862 konnte Sseroff in einem Brief berichten: „Jehova sei Dank! Das Libretto ist ganz fertig. Jetzt bedingt nur noch die Musik einen kleinen Aufenthalt (wie Sie wissen gibt es im vierten Akt noch einiges, was ernsthaft durchgearbeitet werden muß, das übrige ist Sache rein mechanischen Fleißes, d. h. seßhafter Notenschreiberei zwölf Stunden am Tage). Das würde mir alles keine Sorgen machen, doch aufs Entgegenkommen der Direktion ist nur wenig Hoffnung." Einige vorbereitende Schritte, die Sseroff unternommen hatte, um seine Oper beim Kaiserlichen Theater anzubringen, hatten ihm diese pessimistische Auffassung der Sachlage beigebracht. In einem anderen Briefe schreibt er: „Jetzt hängt alles von der Theaterdirektion ab. Da ich mich keines besonderen Glückes in derartigen Angelegenheiten rühmen kann, erwarte ich nicht, daß man meine Oper so ganz ohne weiteres annehmen, und eins, zwei, drei aufführen wird. Wahrscheinlich werde ich eine Unmenge von Schindereien und Plackereien jeder Art durchmachen müssen. Doch wenn es mir gelingt, alle derartigen Hindernisse zu überwinden, wenn die Oper erst glücklich auf die Bühne gebracht ist, dann bin ich über ihr ferneres Schicksal vollkommen beruhigt. Durchfallen, Fiasko machen kann sie einfach nicht." — Dieses erfreuliche Selbstvertrauen des Komponisten wurde in der Tat nicht getäuscht. Auch hinsichtlich der ihm bevorstehenden „Schindereien und Plackereien" hatte sich Sseroff unnütze Sorgen gemacht. Kein einziges Hindernis stellte sich ihm in den Weg. Die Oper wurde von der Direktion der Kaiserlichen Theater glatt angenommen. Dahinter steckte wahrscheinlich einer von den früheren hohen Gönnern Sseroffs, denn so einfach pflegten die Repertoirfragen in der Kaiserlichen Oper sonst meistenteils nicht gelöst zu werden. Am 20. September 1862 konnte Sseroff einem seiner Freunde mitteilen: „Wir haben die ganze Theaterdirektion in Aufruhr gebracht. Vom Hofminister ist ein offizieller Befehl eingelaufen: „sofort, ohne einen Tag zu verlieren, mit der Einstudierung der ‚Judith‘ zu beginnen. Das ist jetzt schon kein Spaß mehr".

Als die Proben zu „Judith" in vollem Gange waren, und der Komponist wohl noch hin und wieder eine letzte Feile an die Instrumentierung seines Werkes legte, wurde die Arbeit durch eine Störung unterbrochen, die Sseroff zwar hoch beglückte, ihm jedoch wahrscheinlich zu jeder anderen Zeit gelegener gewesen wäre: Wagner kam nach Petersburg, um, einer Einladung der Philharmonischen Gesellschaft folgend, einige Symphoniekonzerte zu dirigieren.

Während der Zeit, als Wagner in Petersburg war, vergaß Sseroff alles übrige in der Welt, seine eigene Oper nicht ausgenommen. Leichten Herzens versäumte er sogar die Proben zu „Judith". Statt dessen bemühte er sich, das Petersburger Publikum durch drei enorme Artikel über „Wagner und seine Opernreform" auf die Musik des Freundes vorzubereiten. Auch in mancher anderen Beziehung war er rastlos bestrebt, so weit es in seiner Macht stand, Wagner die Wege zu ebnen. Seine freundschaftliche Opferwilligkeit und Selbstverleugnung kannten keine Grenzen. Er fertigte alle Textübersetzungen für die Bruckstücke der Wagnerschen Musikdramen, die in Petersburg aufgeführt werden sollten, an, er suchte ihm die passenden Sänger und Sängerinnen aus und führte mit ihnen die Unterhandlungen, tagelang wich er nicht von der Seite Wagners, ihm überall als Ratgeber und Dolmetscher dienend. Sein eigenes Künstlertum wurde durch die Hingabe an den Freund vollständig in den Hintergrund gedrängt. Er äußerte sich darüber zu seiner späteren Gattin, wie diese in ihren „Erinnerungen" mitteilt, folgendermaßen:

„Meine Zuneigung zu Wagner war so uneigennützig, daß ich gar nicht den Wunsch hatte, ihm meine Kompositionen vorzuspielen. Er sollte nicht für einen Augenblick irgendeine Verpflichtung oder Gebundenheit auf Grund unserer Freundschaft spüren. Ich hatte nicht die Absicht, ihm irgendein Joch aufzuerlegen. Wußte ich doch, daß er für die Werke anderer Komponisten kein Interesse hatte. Er selbst brachte einmal das Gespräch auf ‚Judith', an der ich, wie er erfahren hatte, arbeitete. Er fragte mich, wie ich den szenischen Entwurf gemacht habe: ‚in fünf Akten, nicht? Erst Volk, dann Judith allein, dann sie im Lager,

der Mord und triumphierende Wiederkehr?' Punkt für
Punkt traf er ins Ziel. Einst trat er ins Zimmer, als ich an
der Orchestrierung der Oper arbeitete. Er blickte in die
Partitur und las aufmerksam einige Nummern durch.

‚Nun, was sagen Sie?' fragte ich.

‚Ich wußte es ja, daß Sie die Instrumentation vollkommen
beherrschen,' antwortete er. Später sind wir nie wieder auf
dieses Thema zurückgekommen."

Wagner hat übrigens die Freundschaft Sseroffs und die
ihm geleisteten Dienste dankbar anerkannt. In „Mein Leben"
setzt er dem russischen Freunde ein ehrenvolles Denkmal.
Es heißt dort:

„Diesen (Sseroff) lernte ich hier (in Petersburg) in einer
sehr ärmlichen Stellung als Zensor der deutschen Journale
kennen. Im Äußern sehr vernachlässigt, kränklich und
dürftig sich helfend, erwarb er sich meine Achtung zunächst
mit seiner großen unabhängigen Gesinnung und Wahrhaftig-
keit, durch welche, verbunden mit einem ausgezeichneten
Verstande, er sich auch, wie ich bald erfuhr, zu einem
der einflußreichsten und gefürchtetsten Kritiker erhoben
hatte. Ich lernte dies in der Folge bald kennen, als ich von
hochgestellter Seite darum angegangen wurde, meinen Einfluß auf Sseroff dahin zu verwenden, daß er den dort
schmerzlich protegierten A. Rubinstein fortan mit weniger
Bitterkeit verfolge. Als ich ihn hierum anging und er mir
die Gründe, aus denen er Rubinsteins Wirken in Rußland
als Künstler für so verderblich hielte, auseinandersetzte,
bat ich ihn, wenigstens mir zuliebe, der ich bei diesem
kurzen Aufenthalte in Petersburg nicht als Rubinsteins
Rivale angesehen sein möchte, mit seiner Verfolgung ein-
zuhalten, wogegen er mir mit der Heftigkeit eines krankhaft
Leidenden zurief: ‚Ich hasse ihn und kann kein Zugeständnis machen.' Hingegen trat er mit mir in das allerinnigste
Einvernehmen; er verstand mich und meine Art so voll-

ständig, daß wir fast nur noch scherzend miteinander umzugehen hatten, da wir über alles Ernste vollkommen einverstanden waren. Nichts glich seiner Sorgsamkeit, mit der er mir nach allen Richtungen hin behilflich war. Für die Gesangstexte der Bruchstücke aus meinen Opern, welche in meinen Konzerten vorgetragen werden sollten, sowie für meine explikativen Programme veranstaltete er die nötigen Übersetzungen ins Russische. Zur Auffindung der geeigneten Sänger war er nach vortrefflicher Einsicht besorgt. Dafür schien er denn auch durch die Assistenz bei den Proben und Aufführungen reichlich belohnt. Sein strahlendes Gesicht glänzte mir überall ermutigend und belebend entgegen."

Als Wagner Petersburg verließ, schenkte er Sseroff die „Tristan"-Partitur in luxuriösem Einbande mit seinem Porträt und der Aufschrift: „Hier, liebster Freund, haben Sie mich, wie ich bin und schaffe." Die Überreichung dieses Geschenkes vollzog sich unter feierlich scherzhaftem Zeremonial. Wagner setzte Sseroff in einen Lehnsessel, ließ sich vor ihm auf ein Knie nieder und händigte ihm sein Geschenk mit einer wohlgesetzten Huldigungsansprache ein. Kein Heiligtum der Welt hätte Sseroff bis an sein Lebensende sorglicher bewahren können, als diese „Tristan"-Partitur.

Nach der Abreise Wagners wandte sich Sseroff natürlich mit verdoppeltem Eifer wieder den eigenen Angelegenheiten zu. Die Proben zu „Judith" wurden, nicht zum wenigsten dank seiner Energie, zu schnellem Abschluß gebracht. Der große Tag nahte heran.

Am 16. Mai 1865 fand im Kaiserlichen Marien-Theater zu Petersburg die erste Aufführung der „Judith" statt.

Das Interesse, das diese Aufführung in allen Kreisen Petersburgs erregte, war natürlich ein außergewöhnliches. Unter den zünftigen Musikern Petersburgs gab es keinen einzigen, der Sseroff wohlgesinnt gewesen wäre. Voll gehässiger Schadenfreude verfolgten sie den gewagten und gefährlichen Schritt vom Kritiker zum Opernkomponisten, den Sseroff zu unternehmen im Begriffe stand. Einer seiner einflußreichsten Feinde, der Kritiker Rostisslaw (Theophil Tolstoi), veröffentlichte am Tage vor der ersten „Judith"-Aufführung einen in den gröbsten Ausdrücken gehaltenen Schmähbrief gegen Sseroff, und prophezeite seiner Oper, von der er, nebenbei gesagt, keine Note kannte, ein glänzendes Fiasko. Eine für Sseroff beängstigende gewitterschwüle Stille herrschte im Lager des Balakirewschen Kreises. Balakirew hatte den ersten Akt der „Judith" von Mussorgski zur Durchsicht erhalten. Er behielt die Partitur einen Monat lang bei sich und schrieb darauf: „Ich schicke Ihnen die ‚Judith' zurück, über die ich noch nichts sagen kann: erstens, weil ich sie nur sehr flüchtig und nicht einmal bis zu Ende durchgesehen habe, zweitens aber, weil man ein vernünftiges Urteil nur dann fällen kann, wenn man die ganze Oper kennt ... Nur so viel kann ich sagen, die Massen beherrscht der Autor schlecht, ihm liegt die leichte Orchestrierung besser ..." Man kann sich leicht denken, daß Sseroff über die wegwerfende Behandlung seitens des viel jüngeren Balakirew nicht sehr erbaut war. Nur beim Laienpublikum, das für den äußeren Erfolg seines Werkes allerdings maßgebend ist, konnte Sseroff auf Sympathien rechnen, da er sich als Kritiker, trotz aller fachmännischen Anfeindungen, einer von Jahr zu Jahr wachsenden Beliebtheit erfreute.

Das Marien-Theater war am 16. Mai bis auf den letzten Platz gefüllt. Tagelang vorher war zu dieser Aufführung kein Billett mehr zu haben. Die Hauptrollen, deren es in dieser Oper außer dem fast ununterbrochen beschäftigten Chor nur zwei gibt, lagen in den besten Händen. Die Judith sang die Primadonna der Kaiserlichen Theater, Bianchi, eine in jeder Beziehung hervorragende Künstlerin, den Holofernes — ein zwar noch sehr junger Bariton, Sariotti, der jedoch, was bei dieser Rolle von größter Wichtig-

410

keit ist, über ein stark ausgeprägtes schauspielerisches Talent verfügte.

Die Oper hatte einen durchschlagenden Erfolg. Von Akt zu Akt steigerte sich die allgemeine Begeisterung. Vom ersten Zwischenakt an mußte Sseroff unzählige Male, von Judith und Holofernes flankiert, vor der Rampe erscheinen. Zum Schluß artete der Beifallssturm in regelrechte Ovationen aus. Diesen Ausgang hatte niemand erwartet, allenfalls nur der Komponist selbst, den seine langjährige Tätigkeit als Kritiker gelehrt hatte, den Geschmack des Publikums mit absoluter Sicherheit zu beurteilen. Über den Eindruck der ersten „Judith"-Aufführung berichtet Sseroff an seinen ci-devant Librettisten Iwanzow nach Dresden: „Vor allen Dingen will ich Ihnen meine innersten Gefühle beichten. Ich habe den R u h m geschmeckt und mich davon überzeugt, daß dieser vielbegehrte Trank mich ganz und gar nicht berauscht. Weder vor der Aufnahme, die meinem Geisteskinde durchs Publikum zuteil wurde, fühlte ich irgendwelche Furcht, Verlegenheit oder Herzbeklemmungen, noch empfand ich nach dem Erfolge (der kolossal war) eine besonders berauschend glückliche Trunkenheit. So bin ich nun einmal!... Die Hervorrufe und Applaudissements nach jedem Akt und besonders zum Schluß nahmen überhaupt kein Ende. In der Stadt spricht man natürlich viel über ‚Judith'. C'est la grande nouvelle du jour. Die Majorität habe ich jedenfalls f ü r mich."

Aber auch die Minorität, wenigstens die kritikenschreibende, hatte Sseroff mit der Judith erobert. Die Zeitungen waren alle einig, daß der Erfolg der Oper ein vollkommen verdienter sei. Sogar „Rostisslaw" widerrief seinen ersten Artikel und gehörte von Stund an zu den aufrichtigen Verehrern des Komponisten der „Judith". Nur aus dem Lager der „neurussischen Schule" erschien ein mit drei Sternen unterzeichneter (César Cui) Artikel, der in Judith nichts zu loben fand, als die einigermaßen geschickte Instrumentation.

Nun ist es freilich wahr; von dem Ideal eines musikalischen Dramas, wie es Sseroff selbst auf Grund eines wirklich in die Tiefe dringenden Wagnerverständnisses vorschwebte, ist die „Judith" sehr weit entfernt. Die Grundbedingung ist allerdings erfüllt: wir haben ein regelrechtes Drama vor uns, das der Komponist jedoch, entgegen seinem unzählige Male ausgesprochenen musikalischen Kredo, veräußerlichte, statt es zu verinnerlichen. Der dramatische Kern der Handlung ist, wo es nur immer angeht, zu theatralisch wirksamen Effekten ausgenutzt. Das innere Erleben der handelnden Personen versucht uns Sseroff nicht zu verdeutlichen, obwohl er gerade das in all seinen Artikeln über musikalische Bühnenkunst als erste Forderung den Opernkomponisten gegenüber aufstellt. An Wagner wird wird man beim Anhören der „Judith" schwerlich denken. Auch in rein musikalischer Beziehung sind irgendwelche wirklich wesentliche Einflüsse Wagners in der „Judith" nicht nachweisbar. Denen verfiel Sseroff erst später. Der Stil der ersten Oper Sseroffs ist durchweg der — Meyerbeers (man erinnere sich dessen, was Sseroff als Kritiker über Meyerbeer zu sagen hatte) oder, in den sehr ausgedehnten Chorpartien, der Mendelssohns in seinen Oratorien. Diese Chöre sind von der Bühne herab außerordentlich wirkungsvoll, besonders das wahrhaft glänzende hebräische Kriegslied. Die Melodik Sseroffs ist, ohne in irgendeiner Hinsicht originell zu sein, von breitem Schwung und langatmigem Phrasenbau. Richtiger Alfreskostil, für den die Bühne der einzige geeignete Rahmen ist. In harmonischer Beziehung eröffnet die Musik Sseroffs keine neuen Perspektiven. Er hält sich durchaus ans Althergebrachte, ohne irgendwelche kühne Seitensprünge zu riskieren. Seine modulatorische Logik mutet, besonders in den Rezitativen, oft recht unbeholfen an. Der Quartsextakkord als plötzliches Modulationsmittel muß immer wieder von Zeit zu Zeit als Retter in der Not erscheinen. Sehr ausgedehnten Raum nimmt in der „Judith", wie es das Sujet verlangte, die musikalische Orientalik ein. Die Tänze der Odalisken, ein indisches Lied und einige Chöre tragen durchaus orientalisches Kolorit. Doch ist Sseroff in dieser Beziehung von den Mitgliedern der „neurussischen Schule" (Borodin, Rimski-Korssakow) später weit übertroffen worden. Ein großer Vorzug der Partitur, im Sinne der Bühnenwirksamkeit, sind die fast durchweg angewandten schnellen Tempi, die eine dramatisch bewegte Aktion auf der Bühne ermöglichen. „Die Hauptsache in allem ist Leben!" Diesem Wahlspruch ist Sseroff, sehr zum Vorteil seiner Bühnenwerke, auch als Komponist treu geblieben. Instrumentiert ist die Oper, wie ja auch Wagner sofort mit Kennerblick erkannte, vorzüglich. Das gilt besonders von den Tänzen, denen im übrigen das eigentliche musikalische „Fleisch" mangelt. Das prächtige, schillernde und glitzernde Orchestergewand umhüllt ein recht dürftiges musikalisches Gerippe.

Alles in allem präsentiert sich „Judith" als das Werk eines Komponisten, der zwar nicht über ausgesprochene musikalische Eigenart verfügt, jedoch dank seinem ästhetisch gebildeten Geschmack durchaus imstande ist, annehmbare Musik zu schreiben. Die Musik zu „Judith" klingt nie gequält oder erzwungen. Sie hat einen merkwürdig jugendlichen, frischen Charakter, der keinesfalls darauf schließen ließ, daß sie einen dreiundvierzigjährigen Mann zum Verfasser hatte. Tschaikowski meinte von der ersten Oper Sseroffs: „Wenn ich an ‚Judith' denke, ist mir zumute, als schiene mir die Frühlingssonne ins Herz."

Der Erfolg, den „Judith" bei der ersten Aufführung fand, blieb dem Werke lange treu. Sseroff war nun mit einem Schlage ein berühmter Mann in Petersburg geworden. Daran lag ihm, wie wir wissen, sehr wenig. Weit wichtiger für ihn war es, daß der Erfolg der „Judith" seine pekuniäre Lage in höchst erfreulicher Weise aufbesserte. Zehn Jahre lang hatte er als armer Schlucker eine kümmerliche Existenz gefristet. Nun flossen ihm durch die Tantiemen seiner Oper, die jahrelang nicht vom Repertoire des Marien-Theaters verschwand, Einnahmen zu, wie er sie sich so reichlich nie erträumt hatte.

Er bezog eine geräumigere Wohnung und konnte nun, von den Sorgen ums tägliche Brot unberührt, sein Dasein ganz der geliebten Kunst weihen.

*   *

*

Im Glanze seines Ruhmes und einer sorgenfreien Existenz mag Sseroff nun das Bewußtsein seiner Einsamkeit drückender empfunden haben als früher. Außer seiner alten Mutter, die in Petersburg lebte, gab es keinen einzigen Menschen, der ihm wirklich nahestand. Unter den Musikern hatte er, wie schon erwähnt, keinen Freund, mit Stassow war er zur Zeit der „Judith"-Aufführung schon ganz auseinander gekommen, wenn auch noch nicht direkt verfeindet. Das Einzige, was der frühere Freund nach der Aufführung der „Judith" zu sagen hatte, war: „Warum stehen die Stiere im assyrischen Lager?" Das Bedürfnis nach Geselligkeit, das von Zeit zu Zeit in ihm erwachte, befriedigte Sseroff fast ausschließlich durch Teilnahme an verschiedenen literarischen Zirkeln. Bei den Dichtern Maikow und Dostojewski war er ein gern und häufig gesehener Gast; ein besonders freundschaftlicher Verkehr bahnte sich zwischen ihm und dem bekannten Literarhistoriker Apollon Grigorjew an, aber Sseroff empfand es doch sehr stark, daß alle Menschen, mit denen er in Berührung trat, in ihm entweder den geistreichen Kritiker oder den plötzlich berühmt gewordenen Komponisten sahen, auch seine sogenannten „Freunde", die zahlreichen Personen, die seine jours fixes am Donnerstag besuchten und unter denen sich einige jüngere Musiker, Konservatoriumsschüler u. dgl. befanden, bildeten keine Ausnahme. Es fehlte ihm die „fühlende Brust", nach deren Vorhandensein er sich immer mehr und mehr sehnte.

Aus dieser Stimmung heraus wird ein Schritt verständlich, den Sseroff im Herbst 1863 unternahm und durch den er seine Umgebung in nicht geringes Erstaunen versetzte. Er verheiratete sich, und zwar mit einem blutjungen, kaum den Kinderschuhen entwachsenen Mädchen, Valentine Bergmann, die nach Petersburg gekommen war, um am Konservatorium Musik zu studieren. Der akademisch trockene Ton, der den Charakter des Musikunterrichtes im Konservatorium bestimmte, befriedigte die junge Kunstenthusiastin nicht. Ihr außergewöhnlich reger Verstand verlangte lebendige Nahrung, und ihr nicht gewöhnliches musikalisches Talent mochte sich der engen Zwangsjaoke des akademischen Drills nicht fügen. Über Sseroff zirkulierten damals unter der studierenden Jugend des Konservatoriums natürlich die abenteuerlichsten und interessantesten Gerüchte. Ihn zu besuchen, war den Schülern des Konservatoriums offiziell „verboten". Doch fanden sich einige waghalsige Jünglinge (darunter der nachher in Rußland berühmt gewordene Musikkritiker Laroche, später auch Tschaikowski), die dieses Verbot übertraten und sich von Zeit zu Zeit an den „musikalischen Donnerstagen" bei Sseroff einstellten, wo ihnen in wenigen Stunden mehr künstlerische und intellektuelle Anregung zuteil wurde, als in monatelangen Kursen trockenen Solfeggien- und Theorieunterrichtes. Diese Glücklichen berichteten dann ihren neidisch aufhorchenden Mitschülern Wunderdinge aus dem „Hause gegenüber" (Sseroff lebte damals in einer Wohnung direkt vis-à-vis dem Konservatorium). Der Geist der Opposition, der in Sseroff damals reger als je war, machte dank dem glänzenden Rednertalent, mit dem die ihm zugrundeliegenden Anschauungen vorgetragen wurden, auf alle jungen Gemüter, die mit Sseroff in Berührung traten, sehr verständlicher Weise einen unauslöschlichen Eindruck.

In ihren „Erinnerungen", die für den letzten Lebensabschnitt Sseroffs das wertvollste biographische Material bilden, erzählt Valentine Bergmann, daß sie vom Augenblick ihres Eintritts ins Konservatorium keinen sehnlicheren Wunsch gehabt habe, als den, mit Sseroff bekannt zu werden. Endlich ging dieser Wunsch in Erfüllung. Durch Vermittlung eines jungen Pianisten, Slawinski, den Sseroff sehr gern hatte, wurde sie im „Hause gegenüber" eingeführt. Der rege, fast männlich geartete Verstand seiner jugendlichen Verehrerin, ihre schnelle und lebendige Auffassungsgabe fesselte Sseroff von vornherein ebensosehr, wie ihn ihr bedeutendes musikalisches Talent interessierte, von dem sie durch den Vortrag einiger Bachschen Fugen und durch freie Improvisationen überzeugende Proben ablegte. Als Sseroff von den künstlerischen Enttäuschungen hörte, die seine Besucherin täglich im Konservatorium erlebte, schlug er ihr vor, sie selbst zu unterrichten. „Schade, daß Sie kein Junge sind!" rief er dabei einmal über das andere aus. — „Warum?" — „Weil wir dann viel unbefangener miteinander verkehren könnten."

Je häufiger sich Sseroff von nun ab mit seiner Schülerin sah, die, ohne sich einen Augenblick zu besinnen, ihm zuliebe das ganze Konservatorium mitsamt dem Unterrichte Anton Rubinsteins aufgab, desto fester und inniger knüpfte sich das geistige und künstlerische Band, das die Seelen beider verband. Ein derartig hingebungsvolles Verständnis nicht nur für die Kunst überhaupt, sondern speziell für seine eigene Persönlichkeit mit all ihren scharfen Ecken und Kanten, mit allen Phantastereien und allen inneren Widersprüchen, war Sseroff noch nicht begegnet. Das feinfühlige Interesse, das seine Schülerin nicht nur seinen künstlerischen Hoffnungen und Plänen, sondern auch allen Regungen seines internen Gefühlslebens entgegenbrachte, rührte ihn tief. Zu vertraulichen Aussprachen boten die oft über einen halben Tag ausgedehnten Unterrichtsstunden reichliche Gelegenheit. Mit dem ihm eigenen Enthusiasmus gab sich Sseroff der einmal übernommenen künstlerischen Erziehung seiner jugendlichen Freundin restlos hin. Die eigene Arbeit ließ er vollkommen ruhen, und war nur mit dem Gedanken beschäftigt, womit und auf welche Weise er die reiche Begabung, die sich vertrauensvoll in seine Hände gegeben hatte, am besten fördern und am schönsten zum Blühen bringen könne. Immer stärker und überzeugender kam es ihm zum Bewußtsein, daß sein Leben nun einen neuen Inhalt erhalten hatte. Der Gedanke ans Heiraten kam ihm überhaupt nicht, Sseroff war fast ein Vierteljahrhundert älter als seine Schülerin, und nichts lag ihm ferner, wie die Absicht, als Mann Interesse bei ihr zu erregen. Immer wieder mußte sie es von ihm hören: „Schade, daß Sie nicht ein Junge sind!“

Sseroff beabsichtigte in diesem Sommer ins Ausland zu reisen, erstens, um Liszt zu besuchen, dann aber auch, um womöglich Wagner wiederzusehen. So sehr er sich auf diese Reise freute, so schien es ihm doch undenkbar, sie auf Kosten einer Trennung von seiner neugewonnenen jungen Freundin zu genießen. Aus diesem Dilemma gab es nur einen Ausweg: sie mußte mitreisen. Das aber ging nicht so ohne weiteres, denn die „déhors“ muß man doch schließlich wahren. Vor den Augen der Welt war dieser Ausgang nur gerechtfertigt, wenn sie als seine Frau mitreiste. Sseroff kämpfte lange mit sich, bevor er sich entschloß, die inhaltsschwere Frage zu tun. Er war vernünftig genug, um einzusehen, daß, trotz des idealsten seelischen Einverständnisses, der große Altersunterschied eine Ehe doch bedenklich erscheinen ließ. Endlich besiegte seine Liebe alle Bedenken. Zu seiner unbeschreiblichen Freude wurde der Antrag angenommen, wie etwas Selbstverständliches, worauf es nur eine Antwort gab und geben konnte. Man gewinnt fast den Eindruck, als versuchte das Schicksal nun mit einem Male alle Leiden gutzumachen, die es Sseroff während der ersten vier Jahrzehnte seines Lebens auferlegt hatte. Seine Frau ist ihm bis zu seinem letzten Atemzuge eine treue Lebensgefährtin gewesen. Aus ihren unlängst veröffentlichten „Erinnerungen an A. N. Sseroff" spricht eine unendliche Liebe und fast abgöttische Verehrung, die sie für ihren Gatten nicht nur als Künstler, sondern auch als Mensch hegte.

Um alles unnötige Gerede zu vermeiden, beschloß Sseroff nach Moskau zu reisen, sich dort in aller Stille trauen zu lassen, und seine Freunde dann mit der Tatsache seiner Verheiratung zu überraschen. Dieser Plan gelang jedoch nicht. Sseroff traf mit seiner Braut während der Großen Fasten in Moskau ein, und in dieser Zeit — sieben Wochen vor Ostern — darf in der alten Zarenstadt keine Trauung vorgenommen werden. Weder durch die raffiniertesten Überredungskünste, noch durch beträchtliche Geldsummen, die Sseroff bot, ließen sich die Moskauer Popen bewegen, die Trauung zu vollziehen. So kehrte das junge Paar, offiziell verheiratet, in Wahrheit jedoch ungetraut, aus Moskau zurück. Erst später wurde in einer kleinen Kirche Petersburgs in aller Heimlichkeit, unter Assistenz der notwendigsten Zeugen, die Trauung vollzogen.

In den ersten Kapiteln ihrer „Erinnerungen" entwirft Frau V. S. Sseroff ein überaus anziehendes und rührendes Bild von dem sonnigen, ungetrübt glücklichen Leben, das sie während der ersten Zeit ihrer Ehe an der Seite Sseroffs genießen durfte. Von der fast kindlich frohen Stimmung jener Tage zeugt z. B. das Bekenntnis, daß Sseroff sein Tagewerk regelmäßig — mit einigen Touren Mazurka begann, die er mit seiner kleinen Frau durch sein geräumiges Arbeitszimmer tanzte.

Als der Sommer nahte, rüstete sich das junge Paar zur geplanten Auslandsreise. Die erste Etappe war Wien. In der reizvollen lieblichen Umgebung der Kaiserstadt gefiel es den beiden glücklichen Menschen so gut, daß sie beschlossen, einen Teil des Sommers dort zu verleben. In Neuwaldegg, in der Nähe von Dornbach, mietete Sseroff eine kleine Sommervilla, in der er sich mit seiner jungen Frau häuslich einrichtete.

„Eines Tages", erzählt die Gattin des Künstlers in ihren „Erinnerungen", „flog Sseroff buchstäblich ins Zimmer herein, aufgeregt, außer Atem, mit strahlendem Gesicht, und rief mir zu: ‚Heute wird Wagner bei uns zu Gast sein.' Mein Gott! . . . das Herz schlug mir bis zum Halse . . . und ich stand wie angewurzelt . . . Sseroff begann wie ein Tobsüchtiger unsere zwei Zimmerchen aufzuräumen. Bis dahin hatten wir sie sehr präsentabel gefunden, jetzt schienen sie uns plötzlich über alle Maßen dürftig und ärmlich. Wir stellten die Möbelstücke so und so und noch anders, es half alles nichts, die Zimmer blieben so dürftig wie sie waren, das konnten selbst einige schnell zusammengeraffte Blumensträuße nicht verbergen . . . Wir waren noch nicht recht zur Besinnung gekommen, als in unserer einsamen Allee Hufschläge erklangen, und fast im selben Augenblick schon hielt vor der Anfahrt eine prächtige Equipage, mit zwei Rappen bespannt. Ich fütterte gerade ein Singvögelchen, das zu uns hereingeflogen und seit einigen Tagen unser Pflegekind war, Sseroff eilte Wagner entgegen, mir legte sich ein Schleier vor die Augen. Ohne den Vogel aus der Hand zu lassen, verfolgte ich mit den Augen die Begrüßung der beiden Freunde. Da . . . sie umarmen sich ... jetzt sind sie im Vorzimmer ... die Tür öffnet sich ... meine Hand erzitterte und das Vögelchen flatterte unter den Divan ... Wagner steht auf der Schwelle. Sseroff machte Anstalten, mich vorzustellen: Meine Frau — weiter kam er nicht, einem dunklen Impuls gehorchend, lief ich dem Vogel nach und kroch unters Sofa. Wagner erfaßte wahrscheinlich sofort, wes Geistes Kind die vorgestellte Frau Sseroff sei; ohne sich zu besinnen, folgte er mir, fing den Vogel und überreichte ihn mir mit liebenswürdigem Lächeln. Als wir den Schauplatz unserer ersten Bekanntschaft, unter dem Sofa, verlassen hatten, wandte er sich mit gutmütiger Schelmerei zu Sseroff:

,Ich habe schon Bekanntschaft geschlossen mit Ihrer lieben Frau,' und indem er scherzend mit dem Finger drohte, fügte er hinzu: ,Sapperlot, zu alt ist Ihre Frau gewiß nicht. — Na, also hier hausen Sie, Freundchen?' —

War Sseroff schon lebhaft, schnell und beweglich, so vereinigte Wagner all diese Eigenschaften noch in weit höherem Maße. Er konnte nicht einen Augenblick still sitzen.

Wagner schlug uns einen weiten Spaziergang in den Wald vor und wir fuhren in seiner Equipage einen herrlichen Weg in die Berge. Hier war seine gute Laune nicht zu bändigen. Er wollte auf die Bäume klettern, sprang, tollte und scherzte wie ein Knabe. Irgendein Leiermann spielte auf einer Drehorgel eine Offenbachsche Melodie aus Orpheus in der Unterwelt! Wagner gab dem Manne ein Goldstück und versicherte ihm, daß der Komponist der Operette ihm das aus Dankbarkeit für die Verbreitung seiner Melodien sende. Das Gesicht des Mannes war unbezahlbar ..."

Unmittelbar vor diesem Besuche bei Sseroff hat Wagner das berühmte Handschreiben von König Ludwig II. erhalten, der ihn nach München einlud und ihm die Verwirklichung aller seiner künstlerischen Pläne in Aussicht stellte. Das erklärt die gehobene Stimmung des fünfzigjährigen Meisters, der sich, nach Aussage der Frau Sseroff, geradezu in einen Jüngling verwandelt hatte.

In den „Erinnerungen" von Frau Sseroff heißt es weiter: „Im Gespräch mit Sseroff über seine Zukunftspläne, über das Münchener Theater, über die Bearbeitung des ‚Tannhäuser' verging die Zeit bis zum Mondaufgange. Wagner verabschiedete sich aufs zärtlichste von Sseroff, brachte uns zu unserem Häuschen zurück und rollte davon, berauscht von Hoffnungen auf die Zukunft und vom Glauben an die Gegenwart. Gleich einem hellen, lichten, strahlenspendenden Phöbus verschwand er in der schattigen Allee, die sich nach seiner Abfahrt in geheimnisvolles Schweigen und magische Dämmerung hüllte. Bescheiden blickte der Mond durch das dichte Laubgewirr.

Wir standen mit Sseroff lange wie verzaubert auf der Schwelle unseres Hauses und konnten von den betäubenden Eindrücken des wundervoll verbrachten Tages nicht recht zur Besinnung kommen. Beide empfanden wir ein schmerzlich bitteres Bedauern, daß der Tag schon vorüber war."

Sseroff kam häufig mit Wagner zusammen und stand zu ihm in sehr freundschaftlichen Beziehungen. Und dennoch wurde Sseroff in Gegenwart Wagners stets schweigsam und war nur darauf bedacht, dem Gedankengange des Freundes zu folgen, der seine Richtung jeden Augenblick wechselte. Auch geistig besser trainierte Köpfe, als Sseroff, hatten oft Mühe, Wagner zu folgen. Es ist allerdings wahr, daß Sseroff es ganz besonders gut verstand, Wagner dazu anzuregen, seine geistigen Schätze von sich zu geben.

‚Der einzige Musiker unserer Zeit, hinter dem ich in bezug auf die Stärke meines Denkapparates und meiner geistigen Energie zurückstehe, das ist er, aber auch nur er!' meinte Sseroff. ‚Vor ihm strecke ich die Waffen und fühle mich durchaus als schwächeren Partner. Deshalb bin ich immer so glücklich, wenn ich ihn sehe. Ich bewundere ihn wie ein herrliches Phänomen der reichen Natur.'"

Sseroff ließ sich die Partitur der „Judith" nach Wien kommen, und zwar mit der deutschen Textübersetzung, die der Petersburger Musiktheoretiker J. Arnold in seinem Auftrage angefertigt hatte. Er hoffte, seine Oper an einer deutschen Bühne, vielleicht sogar in der Wiener Hofoper, anzubringen. Im stillen hatte er in dieser Angelegenheit auf die Unterstützung Wagners und Liszts gerechnet. Sie wurde ihm jedoch nicht zuteil, und „Judith" ist bis auf den heutigen Tag dem österreichischen und deutschen Opernpublikum unbekannt geblieben.

Auch ein anderer musikalischer Plan Sseroffs während dieser Auslandsreise mißlang. In Karlsruhe fand ein Musikfest des Allgemeinen Deutschen Tonkünstlervereins statt, dem Sseroff als Mitglied angehörte. Bei Gelegenheit dieses Musikfestes wollte er in Karlsruhe einige symphonische Bruchstücke der „Judith"-Partitur zur Aufführung bringen und außerdem einen Vortrag über das „Tonartenverhältnis im Streichquartett op. 131 von Beethoven" halten. Doch lief seine Anmeldung zu spät ein, die Programme waren schon festgesetzt und seine Wünsche erfuhren keine Berücksichtigung.

In Karlsruhe traf Sseroff mit Liszt zusammen, der das Musikfest dirigierte. Liszt empfing seinen russischen Freund, wie immer, mit offenen Armen. „Mon chère tartare, soyez le bienvenu!" An Wagner trat Sseroff, wie schon erwähnt, niemals mit seinen eigenen Ambitionen heran. Sein Verhältnis zu Liszt war ein ganz anderes. Natürlich interessierte es ihn lebhaft, die Meinung Liszts über seine Oper zu hören. Auch Liszt mochte es interessieren, das Werk seines Freundes, dessen „sens musical" er so hoch schätzte, kennen zu lernen. Den Klavierauszug, der zum Teil der ungeübten Feder der

Gattin des Komponisten entstammte, legte er mit der Bemerkung aus der Hand: „Mais où, diable, avez vous péché cette fichue écriture et ce clavier de l'autre monde!" und griff nach der Partitur. Vom weiteren Verlaufe dieser Szene entwirft Frau Sseroff in ihren „Erinnerungen" ein sehr anschauliches Bild:

„Nun hieß es, nach der Partitur spielen. So meisterlich der gewaltige Musiker das Orchester beherrschte, so gelang es ihm doch nicht, die komplizierte Orchestrierung Sseroffs ganz glatt abzuspielen. Außerdem hinderte der russische Text das volle Verständnis des Werkes. Nach Beendigung des ersten Aktes rief Liszt aus:

,Comment? Tout un acte avec des juifs, les cruches en l'air demandant de l'eau? Cela n'est pas amusant, parbleu!'

Als er den zweiten Akt begann, war die ganze Stimmung verdorben ... Eine ,falsche Note' klang durch, beide, der Spieler und der Verfasser, waren unlustig und ächzten gleichsam unter einer schweren Bürde. Sseroff erklärte ohne jeden Schwung, ohne jede Lebhaftigkeit das Szenarium, Liszt spielte bloß richtig — augenscheinlich waren ihm ,Judith' und ,Aura' ebenso uninteressant wie die weinenden Hebräer. Vorläufig bewahrten jedoch beide Freunde äußerlich die Ruhe. Plötzlich hielt Liszt an und sagte:

,Hier werden die Harfen nicht zu hören sein.' —

,Ich habe sie genau zweiunddreißigmal gehört," antwortete Sseroff, seine Gereiztheit verbergend.

,Ich sage Ihnen, daß sie nicht zu hören sein werden, die Harfen in der Mittellage klingen immer schwach.'

,Ich habe sie zweiunddreißigmal gehört," wiederholte Sseroff schon in ärgerlichem Tonfall.

Nach diesem Inzident war es natürlich unmöglich, weiterzuspielen. Liszt erhob sich und gestand freimütig ein, daß ihm die Oper nicht gefalle. Als er auf unseren Gesichtern den Ausdruck der Verlegenheit und eine sehr verständliche

Niedergeschlagenheit bemerkte, sagte er mit Festigkeit und, wie mir schien, vollkommen aufrichtig:

‚Mir gefällt die Oper nicht, sie ist nicht genügend interessant. Ich sage die Wahrheit nur meinen Freunden — das ist ihr Privilegium, ich mache Ihnen nichts vor.‘

Ich sah ihn an und sein Ausdruck überzeugte mich, daß er uns in der Tat nichts vormachte. Nur verstand ich nicht, wie man so wenig zart mit einem Freunde umgehen konnte. Wenn Liszt die ganze Oper aufmerksam durchgespielt oder sie von der Bühne herab gehört hätte, um daraufhin sein grausames Urteil zu fällen, so hätte man auf einen so wahrhaftigen Freund nur stolz sein können. Allein so, ohne jede genügende Berechtigung, einen nahestehenden Menschen zu vernichten! Dieser Zug ist mir an diesem edlen und genialen Künstler unverständlich geblieben. Während des Nachhauseweges sprachen wir kein Wort miteinander. Doch war ich nicht imstande, lange zu schweigen.

‚Glaubst Du an die Aufrichtigkeit Liszts?‘ unterbrach ich das Schweigen.

‚In diesem Falle — ja! Er kann eher sein Lob bis zur Unaufrichtigkeit übertreiben.‘

‚Warum wollte er die Oper nicht zu Ende spielen?‘

‚Du hast es ja gehört — sie gefällt ihm nicht … sie ist uninteressant! Du siehst, wie leicht man einen Künstler vernichten kann. Wenn ich ‚Judith‘ nicht von der Bühne herab gehört hätte, so würde sie jetzt das Schicksal der ‚Mainacht‘ treffen, nach einer Minute würde sie im Ofen brennen. Ja, vielleicht wäre es besser so … sie hat mich unnütz in die Komponiererei hineingezogen.‘ …‘‘

Auf das gegenseitige Verhältnis der „jungen alten‘‘ Freunde konnte die wegwerfende Art, mit der Liszt den Komponisten Sseroff behandelt hatte, natürlich nicht ohne Einfluß bleiben. Die frühere Wärme und Herzlichkeit wollte sich nicht wieder einstellen. Sseroff schied aus Karlsruhe ohne Bedauern.

Den Schluß dieser Auslandsreise, die das Ehepaar Sseroff von Karlsruhe über Frankfurt a. M., die Schweiz und Oberitalien nach Hause führte, krönte noch eine ärgerliche Begebenheit. Sseroff verlor die handschriftliche Partitur der „Judith", dieselbe, die er vergeblich am Wiener Opernhause und zum Tonkünstlerfest in Karlsruhe eingereicht und mit der er das Mißfallen Liszts erregt hatte. Im Herbst 1864 traf Sseroff wieder in Petersburg ein.

*   *
*

Die öffentliche musikalische Tätigkeit Sseroffs in den Jahren 1863—64 beschränkte sich, außer einigen gelegentlichen journalistischen Artikeln, auf musikalische Vorlesungen, die er von Zeit zu Zeit in Petersburg abhielt. Wissenschaftliche Gründlichkeit war nicht ein Vorzug dieser Vorlesungen, von denen sich nur einige gedruckte Proben erhalten haben. Doch war das auch nicht ihr Zweck. Sseroff wollte bildend auf die große Masse des Publikums wirken. Der Gedanke, ein musikwissenschaftliches Spezialstudium heranzuziehen, für das es in Rußland noch viel zu früh gewesen wäre, lag ihm ferne. Außerdem entbehrte auch sein eigenes Wissen, trotz seines enzyklopädischen Charakters, doch entschieden der für exakte Wissenschaftlichkeit notwendigen Tiefgründigkeit. Die Vorlesungen Sseroffs fanden von Jahr zu Jahr mehr Anklang. Er versammelte oft eine sehr stattliche Zuhörerschar, deren sich kein „ordentlicher" Professor zu schämen gebraucht hätte, in seinem Auditorium. Die Berichte der Zeitgenossen, soweit sie nicht dem Lager seiner speziellen Feinde entstammen, preisen Sseroff, der seine Vorlesungen stets improvisierte, als Redner von hoher Schwungkraft des Geistes, blitzartiger Schlagfertigkeit und starker Suggestivkraft. Sseroff las über die allerverschiedensten Fragen der Musikwissenschaft und Ästhetik. Meist vereinigte er mehrere Vorlesungen zu einem Zyklus. Bald behandelte er „die Musik als weiteres Entwicklungsstadium der Sprache" (eine Art musikalischer Hermeneutik), bald lautete sein Thema „die Entwicklung der Vokalmusik, der Instrumentalmusik und der Oper als Vereinigung beider", dann wieder las er über das „Ideal musikalischer Pädagogik", oder über die „historische Entwicklung des Opernideals als musikalischem Drama". Der Schauplatz seiner Vorlesungen war anfangs die von Lomakin und Balakirew gegründete „Musikalische Freischule", dann die Aula der Petersburger Universität, endlich der Saal der Petersburger Künstlergenossenschaft. Den Gedanken, Geld mit seinen Vorlesungen zu verdienen, hatte Sseroff nach dem ersten mißglückten Versuche, von dem schon die Rede war, aufgegeben. Er las später stets „publice" und hatte dafür wenigstens die innere Genugtuung, stets ein überfülltes Auditorium vor sich zu sehen.

Die Vorlesungen und auch seine schriftstellerische Tätigkeit raubten Sseroff in diesen Jahren verhältnismäßig wenig Zeit. Seine Hauptarbeitskraft widmete er dem künstlerischen Schaffen. Der Erfolg der „Judith" hatte ihn, wie er sich selbst ausdrückte, in die Komponiererei hineingezogen. Gleich nachdem seine erste Oper aus der Taufe gehoben war, machte er sich an die zweite. Der Stoff war einem verunglückten Versuch seiner Jünglingsjahre „Askolds Grab" entnommen und hieß nun „Rogneda". Die Handlung spielt sich zur Zeit der „Taufe Rußlands" durch den Fürsten Wladimir den Großen ab. In ihrem Mittelpunkte steht die Lieblingsfrau Wladimirs, Rogneda; die Tochter des nordischen Heidenfürsten Rogwolod.

Es ist kaum glaublich, läßt sich aber dennoch nicht in Abrede stellen, daß sich Sseroff in diesem Werke, vielmehr noch als in seiner ersten Oper, weit von dem als richtig erkannten Opernideal, dem musikalischen Drama, entfernt. Nie wohl haben bei einem Künstler Theorie und Praxis, Wort und künstlerische Tat weniger in Einklang miteinander gestanden, als bei Sseroff.

Charakteristisch war schon die Art und Weise, wie er komponierte. Nietzsche schildert — hypothetisch — den Schöpfungsprozeß Wagners wie folgt: „Zuerst geht ihm eine theatralische Situation von ungeheurer Wirksamkeit auf, da heraus schafft er seine Charaktere, deren Ineinandergreifen er dann zu einer dramatischen Handlung verarbeitet.“

Man erinnere sich, was Sseroff als Jüngling an Stassow schrieb: „Meyerbeer komponiert seine Musik zu einem vollständig fertiggestellten Sujet, nur die Worte werden später zur Musik hinzugefügt. So handelten und handeln alle Komponisten...“ Wenn man diese beiden Aussprüche nebeneinander stellt, so hat man ganz genau den schöpferischen Vorgang, wie er sich in Sseroff bei Abfassung der „Rogneda“-Partitur abspielte. In einer autobiographischen Skizze, die er kurz vor seinem Tode verfaßte, schreibt Sseroff: „Die Musik dieser Oper ist nicht zu den Textworten entstanden, die überhaupt noch gar nicht existierten, sondern lediglich zu den Situationen, die sich in der Phantasie des Autors klar abzeichneten. Infolgedessen mußten die Textworte zu der fertigen oder halbfertigen Musik hinzugefügt werden.“

Sseroff komponierte planlos, indem er einzelne Szenen, die seine Phantasie gerade beschäftigten, herausgriff und fertigstellte. Diese einzelnen Stücke wurden dann notdürftig aneinander geflickt. Das Resultat war natürlich ein dramatisches Monstrum, aber ein außerordentlich effektvolles Theaterstück. Einem unvorbereiteten Zuhörer dürfte es schwerlich gelingen, den Sinn und den Zusammenhang der Handlung der „Rogneda“ zu erraten, dafür hat er jedoch während fünf Akten ununterbrochen ein glänzendes theatra-

lisches Schauspiel vor Augen, das hin und wieder durch
einige dramatische Szenen von starker unmittelbarer Wirkung unterbrochen wird. Und der Verfasser dieses musikalischen Spektakelstückes war — Sseroff, derselbe Sseroff,
der Zeit seines Lebens mit äußerster Heftigkeit gegen einen
derartigen musikdramatischen Unfug protestiert hatte, der
Glinka für die ballettmäßige, zusammenhanglose, undrama-
tische Aufmachung des „Rußlan"-Librettos mit Vorwürfen
überhäufte, der die verinnerlichte Dramatik des Tristan und
des Nibelungenringes als einzig erstrebenswertes Ideal der
Opernbühne der Zukunft pries! Um des theatralischen
Effektes willen scheute Sseroff weder vor historischen Fäl-
schungen, noch vor den abenteuerlichsten psychologischen
und szenischen Gewaltsamkeiten zurück. Um Gelegenheit
zu einem „Pilgerchor" à la Tannhäuser zu haben, führt er
irgendwelche phantastische Urchristen in die Handlung ein,
die an dieser Stelle nie existiert haben, auch konnte es ihm
bei der flickartigen Arbeit des Entwurfes passieren, daß
eine Hauptperson der Handlung, von der immerzu die Rede
ist, kein einziges Mal auf der Bühne erscheint. Dafür jedoch
gibt es Tänze, Märsche, glänzende Aufzüge, Jagden, Hexen,
wilde Tiere, Götzen, Narren, Pilger, Mord und Totschlag
in Hülle nüd Fülle. Doch bleibt es immerhin fraglich, ob
sich wenigstens der Komponist selbst in diesem wirren,
bunten, betäubenden Durcheinander zurechtgefunden hat.
Was die Musik zu „Rogneda" anbetrifft, so weist sie in
mancher Beziehung einen Fortschritt im Vergleich zur
„Judith"-Partitur auf. Die Harmonik ist interessanter. Der
Einfluß Wagners macht sich stellenweise stark bemerkbar.
Die Rezitative sind natürlicher, logischer in der Modulation,
geschlossener im Ausdruck. Das Orchester entfaltet einen
fabelhaften Prunk und Glanz. Wirksam gesteigert sind die
Szenen höchster dramatischer Spannung. Alles in allem
steckt in dem Werke viel Talent und wenig oder gar keine

künstlerische Kultur. Bei keinem anderen Künstler würde einem diese Zusammenstellung so verwunderlich erscheinen, als gerade bei Sseroff, dessen künstlerische Tätigkeit bis zum Beginne seiner Laufbahn als Opernkomponist eher auf das umgekehrte Verhältnis hätte schließen lassen.

Mit der Direktion der Kaiserlichen Theater hatte Sseroff dieses Mal noch weniger Schwierigkeiten, als bei seiner ersten Oper. Die Partitur der „Rogneda" wurde ohne weiteres zur Aufführung angenommen. Für die beiden Hauptrollen (Rogneda und Wladimir der Große) hatte Sseroff wieder die Bianchi und Sariotti bestimmt. Doch mußte diese Besetzung geändert werden, da beide Künstler zur Aufführung der „Judith" in Moskau ans dortige Kaiserliche Theater abkommandiert waren. Daraus ergab sich eine nicht unbedeutende Schwierigkeit. Die Künstlerin, die die Bianchi an der Petersburger Oper ersetzte, schien Sseroff für die Rolle der Rogneda völlig ungeeignet. Er entschloß sich daher in zwölfter Stunde, die ganze Partie der Rogneda umzukomponieren und aus der Sopran-Rolle eine Alt-Rolle zu machen, die er dann ruhigen Herzens der vorzüglichen Altistin des Marientheaters, Frau D. M. Leonowa, anvertraute. Den Wladimir sang der Veteran der Petersburger Opernbühne, Petrow, einer der hervorragendsten Künstler, die das russische Theater je besessen hat und der vor dreißig Jahren den Sussanin in Glinkas „Leben für den Zaren" kreiert hatte.

Die äußerst komplizierte Inszenierung der „Rogneda" machte nicht weniger als vierzig Proben notwendig, bis das Werk reif zur Aufführung war. Die Seele dieser Proben war Sseroff, dessen Energie und Aktionsfestigkeit, ähnlich wie bei Wagner, durch die Theaterluft aufs äußerste gesteigert wurde. Ein charakteristisches Bild von der Persönlichkeit Sseroffs bei den Theaterproben entwirft seine Gattin:

„Der Mittelpunkt des Theaterpersonals während der ganzen Zeit der Inszenierung der Oper, war — Sseroff. — ‚Man bittet Sie in den Synod, Alexander Nikolajewitsch, es ist eine Vorladung für Sie da.' — Sseroff stürzt in den Synod. Es stellte sich heraus, daß die Hohe Geistlichkeit nicht gestattete, das Schwert gegen die heilige Person des Großfürsten Wladimir zu zücken. Das Szenarium mußte umgemacht, der Fürst hinter einer Gardine versteckt werden — das Bild seines Traumes wurde unverständlich... Man bittet Sie zu den Kostümen! Es ist verboten worden, den Ballettänzerinnen russische Sarafane zu nähen (das war eine Neueinführung Sseroffs, die Damen des Corps de Ballett mußten immer und unter allen Umständen in ihren kurzen Reifröckchen tanzen). Sseroff gab natürlich nicht nach und forderte russische Kostüme nach den Zeichnungen. — In der Kulisse wartete der Ballettmeister. — ‚Alexander Nikolajewitsch, es ist unmöglich, in so schnellem Tempo diesen »Pas« auszuführen, es geht einfach nicht, dabei soll noch ein Bär tanzen und sollen die Narren herumspringen...' Zuweilen unterbrach eine humoristische Episode die ernste Arbeit. — ‚Guten Morgen, Alexander Nikolajewitsch, habe die Ehre' — begrüßt ein Jüngling Sseroff mit tiefem Bückling. — ‚Mit wem habe ich das Vergnügen?' — ‚Ich bin die Ziege.' — ‚Ach so, sehr erfreut, sehr erfreut.' — Ein warmes freundschaftliches Gefühl verband alle Mitwirkenden, jeder bemühte sich, Sseroff, der dieses Gefühl zu wecken verstand, seine Aufmerksamkeit und Liebe zu bezeugen. — Aber auf der Bühne wechseln die Eindrücke in schneller Aufeinanderfolge. — ‚Man bittet Sie, die Dekoration des fünften Aktes anzusehen, Alexander Nikolajewitsch.' — ‚Das ist ja ein Ziegenstall, aber kein großfürstlicher Palast! Was soll das heißen!' hört man die laute Stimme des Komponisten. — Bevor man sichs versieht, ist Sseroff schon im Orchester, um irgendeine Korrektur vorzunehmen. Mit fabelhafter Beweglichkeit springt er über die Rampe auf die Bühne, hier stellt er die Choristen auf, dort entwirft er die Zeichnung zu einem altrussischen Beleuchtungskörper und eilt in die Requisitenkammer; überall findet er Zeit, seine Anordnungen zu treffen und doch im Fluge eine Anekdote zu erzählen, oder mit einem treffenden Witzwort alles zum Lachen zu bringen.

‚Der dritte Akt, meine Herrschaften!‘ — Der Dirigent klopft energisch mit seinem Stab ans Pult. — Da bringt man plötzlich eine ganze Meute Jagdhunde aus dem Kaiserlichen Hundezwinger auf die Bühne. — Gebell, Getrampel, ein unbeschreibliches Durcheinander. Man gruppiert die Hunde auf Stufen, die nachher Hügel im Waldesdickicht vorstellen werden. — Die Choristen betragen sich wie Schuljungen. Sseroff und der Regisseur bemühen sich, sie in möglichst malerischem Durcheinander aufzustellen. — ‚Gebt mir die Felle!‘ schreit der Regisseur. — ‚Die Falkenträger mehr in den Vordergrund!‘ erhitzt sich Sseroff. — ‚Ach, welch eine wunderschöne Oper!‘ himmeln die Choristinnen...‘

In bezug auf den Geschmack des Publikums hatte Sseroff mit seiner „Rogneda“ wieder ins Schwarze getroffen. Die Oper errang einen kolossalen Erfolg und ließ in dieser Beziehung sogar „Judith“ weit hinter sich.. „Wie soll es auch den Opern Sseroffs an Erfolg fehlen,“ meinte Dargomyshski, „in der einen gibt es Kamele, in der anderen Hunde.“

Die zweite Oper Sseroffs erlebte nacheinander zwanzig Aufführungen vor ausverkauftem Hause. Im Verlaufe von fünf Jahren wurde „Rogneda“ siebzigmal im Petersburger Marientheater gegeben — eine Aufführungszahl, die noch keine russische Oper erlebt hatte, auch „Das Leben für den Zaren“ nicht. Die Kritik begrüßte das Werk mit einmütigem Beifall. Der bekehrte „Rostisslaw“ tat sogar ein Übriges. Er schrieb schon nach der Generalprobe einen fulminanten Artikel, in dem er die Behauptung aufstellte, daß das Erscheinen der „Rogneda“ eine neue Epoche für die russische Musikgeschichte bedeute. Ebenso wie man dreißig Jahre lang die musikalische Chronologie in Rußland vom Erscheinen der Oper „Das Leben für den Zaren" datierte, so würde man vom Tage der Aufführung der „Rogneda" (27. Oktober 1865) eine neue musikalische Zeitrechnung beginnen. „In diesem breit angelegten lyrischen Drama ist alles vereinigt," ruft der entzückte Kritiker aus, „russische Freimütigkeit und reckenhaftes Heldentum, deutsche harmonische Spitzfindigkeit und italienische Melodik." Daß diese buntscheckige Vielseitigkeit gleichzeitig eine Stillosigkeit bedeutete, — dahinter kam der Kritiker ebensowenig, wie das vom üppigen Schaugepränge der „Rogneda" begeisterte Publikum.

Durch die „Rogneda" erweckte Sseroff das Interesse des russischen Hofes für seine Person. Der Zar und die Großfürsten zeichneten die Aufführungen der Sseroffschen Oper mehrfach durch ihren Besuch aus. Der Autor wurde in die Hofloge „zu einer Tasse Tee" geladen, und Alexander II. ließ sich des öfteren in längere Unterhaltungen mit ihm ein. Als Zeichen der besonderen zarischen Gnade wurde Sseroff bald darauf eine lebenslängliche Pension von tausend Rubel jährlich aus dem Kabinett Seiner Majestät angewiesen.

Während Sseroff mit der „Rogneda" Triumphe in Petersburg feierte, wurde die „Judith" in Moskau aufgeführt. In der alten Zarenstadt fand dieses Werk längst nicht den enthusiastischen Beifall, wie in der Residenz an der Newa. Die Kritik stieß sich daran, „daß in der russischen Oper eines russischen Komponisten keine russischen Töne erklängen (wie sollte sich das wohl mit dem hebräisch-assyrischen Sujet vertragen!) und suchte, da Sseroffs Wagnerpropaganda auch bis Moskau gedrungen war, emsig nach Anklängen aus „Tannhäuser" und „Lohengrin", behauptete auch sie zu finden. Das Publikum verhielt sich anfangs kühl, erwärmte sich jedoch dieser Oper gegenüber von Jahr zu Jahr mehr, besonders nachdem „Rogneda" in Moskau einen ebenso durchschlagenden Erfolg davongetragen hatte, wie in Petersburg.

In seinem Familienleben erfuhr Sseroff im Jahre 1865 rasch nacheinander eine große Freude und einen tiefen Schmerz. Im Anfang des Winters wurde ihm ein Sohn geboren, der nachmalige berühmte Porträtmaler Valentin Sseroff, ein hervorragender Künstler, auf den Rußland mit Recht stolz ist. Bald darauf starb die Mutter Sseroffs, die sich durch Wind und Wetter nicht abhalten ließ, ihren Großsohn zu besuchen und sich dabei eine heftige Erkältung zuzog.

* *
*

Der große Erfolg der „Rogneda" hatte die Popularität Sseroffs in Petersburg noch gesteigert. N. Findeisen behauptet mit vollem Recht, daß Sseroff damals neben Anton Rubinstein unzweifelhaft die bedeutendste musikalische Persönlichkeit der russischen Residenz war. Die Mitglieder der „neurussischen Schule" waren noch nicht mit irgendwelchen hervorragenden Schöpfungen an die Öffentlichkeit getreten, der Jüngling Tschaikowski stand eben erst im Begriff, das Konservatorium zu absolvieren. Nun war Sseroff, seit er die „Rogneda" komponiert hatte, kein anderer, etwa bedeutenderer geworden, als er es früher gewesen war, aber in den Augen des Publikums stieg seine Bedeutung doch ganz gewaltig, als er sich nun auch mit der zweiten Oper einen Erfolg eroberte, wie er im Petersburger Marientheater immerhin zu den größten Seltenheiten gehörte.

Berühmtheit erlegt Pflichten auf, die nicht immer zu den angenehmsten gehören. Das mußte nun auch Sseroff an sich erfahren. Eine Zeitlang mag es für ihn, den das Leben in dieser Beziehung bisher nicht verwöhnt hatte, einen gewissen Reiz gehabt haben, sich im Glanze seines Ruhmes zu sonnen. Er empfand es mit Genugtuung, der musikalische Held des Tages zu sein. In der Gesellschaft riß man sich förmlich um ihn, und es machte ihm eine Zeitlang Vergnügen, fast allabendlich auszufahren, musikalische Abende, feierliche Diners und aristokratische Routs zu besuchen, auf denen man ihn als „Berühmtheit" feierte und seinem Talent, seiner Gelehrsamkeit und seinem Verstande die gebührende Achtung, von Zeit zu Zeit wohl auch etwas mehr, in Form von Schmeicheleien und übertriebenen Lobhudeleien, entgegenbrachte.

Auch die musikalischen „Donnerstage" in seinem eigenen Hause nahmen nun einen ganz anderen Charakter an. Früher waren sie von einigen Literaten, Bohémiens und grüner Jugend besucht worden. Jetzt drängte sich die Elite der Petersburger Theater- und Künstlerwelt dazu, auch Vertreter der Aristokratie mit „künstlerischen Neigungen" und angereiste Berühmtheiten fanden sich ein. Sseroff hatte eine große Wohnung bezogen, da der anhaltende Erfolg seiner beiden Opern in beiden Residenzen ihm eine vollkommene pekuniäre Unabhängigkeit gewährte, aber auch die größeren Räume der neuen Wohnung vermochten die Zahl der Gäste oft kaum zu fassen. Es wurde musiziert, gesungen, gespielt, deklamiert, gelesen, schauspielerische Improvisationen wechselten mit literarischen Vorträgen ab, anregende Gespräche über Kunst, Literatur, Theater — mit Tanz und allerhand jugendlicher Allotria. Wer kennt nicht die Petersburger Geselligkeit! Sie beginnt um Mitternacht und endigt am frühen Morgen — oft noch lange nicht. Die Zeit setzt der russischen Gastfreundschaft keine Grenzen.

An Arbeiten war unter solchen Umständen natürlich nicht zu denken. Sseroff gönnte sich eine kleine Pause, wenngleich sein Leben damals nicht gerade ein „Ruhen" auf Lorbeeren genannt werden kann.

In seinem Kopfe freilich bewegte er mancherlei Pläne,

434

doch kam er vorläufig nicht dazu, einen von ihnen auszuführen. Eine Zeitlang schwankte Sseroff, ob er sich nun
an eine dritte Oper, oder an ein Ballett machen sollte. „Das
ganze Jahr 1866," schreibt er in seiner autobiographischen
Skizze, „verlor ich mit dem Suchen nach einem Sujet."
Einige neue Ballette wurden damals mit außergewöhnlichem
Erfolge am Marientheater aufgeführt. Sseroff hatte die
großen Tanzeinlagen in seinen Opern mit besonderer Liebe
geschrieben und mußte sich selbst sagen, daß sie gewiß
nicht zu den schlechtesten Nummern seiner Partituren gehörten. Für szenischen Pomp, dekorative Prachtentfaltung
und allerhand musikalischen Klimbim, den Sseroff so liebte,
war in einem Ballett mehr Gelegenheit, als in einer Oper, ja
die meisten Ballette bestanden überhaupt aus nichts anderem.
Augenscheinlich in Erwägung aller dieser Umstände dachte
Sseroff eine Zeitlang ernstlich daran, ein Ballett zu komponieren. Als Stoff wählte er die phantastische Novelle von
Gogol „Die Nacht vor Weihnachten", die später Rimski-
Korssakow und Tschaikowski als Opernsujet diente. Für
das kleinrussische Leben, für die Ukraine und ihre Poesie
hatte Sseroff von jeher eine besondere Vorliebe gehabt,
besonders die Typen Gogols zogen ihn mächtig an. Seit er
sich — während seiner „Sitzung" auf der Hauptwache —
auch mit der Musik der Ukraine beschäftigt hatte, war dieses
Interesse noch gesteigert. — Aus dem geplanten Ballett
wurde nichts, nur zwei Tänze „Gretschaniki" und „Gopak",
die später in Konzerten mehrfach aufgeführt, aber nicht
herausgegeben wurden, gelang es ihm, zu vollenden. Inzwischen fesselte ihn eine andere Novelle von Gogol aus
dem kleinrussischen Kosakenleben, „Taras Bulba" als Opernstoff. Doch kam er auch hierbei nicht über eine einzige
Nummer hinaus, einen „Tanz der Kosaken", der später als
musikalische Illustration zum zweiten Kapitel der Gogolschen Novelle veröffentlicht wurde. Seine Begeisterung für

dieses Sujet ließ bald nach. Er schreibt darüber an Iwanzow, seinen früheren literarischen Beirat: „Kleinrußland und das Kosakentum zogen mich mächtig an. Ich entschloß mich zum ‚Taras Bulba‘ von Gogol, aber... dann las ich in russischen Büchern über die Geschichte Kleinrußlands nach und überzeugte mich davon, daß Gogol alles verdreht hat und die Geschichte nicht kannte. Auch waren andere Einzelheiten im Stoff, die mich abstießen. Doch ist meine ‚Palette‘ schon für Polen und Kosaken vorbereitet." Iwanzow hatte Sseroff einen polnischen Roman als Libretto vorgeschlagen. Weiter heißt es nun in demselben Briefe: „Ihre ‚Epistolia‘ kam gerade zur rechten Zeit. Sie hat mir neue Horizonte eröffnet. Ich hatte immer solch eine dumpfe Ahnung, daß man in der polnischen Literatur nach Sujets suchen müsse... ich will irgend etwas Wahnwitzig-Blutiges haben, Mord, Totschlag, womöglich Schießereien..." Iwanzow schlug ihm darauf noch eine ganze Reihe polnischer Romane von Maltschewski, Goschtschinski, Saljesski, Stovatzki u. a. vor, doch kam es zu keiner Einigung. Endlich gab Sseroff das Suchen in der polnischen Literatur als völlig hoffnungslos auf. Er tröstete sich, wie Iwanzow in seinen „Erinnerungen" mitteilt, mit folgender Erwägung: „Lassen wir die Polen! Ich will gar nicht, daß das Publikum zu meiner Musik zischt, wie das neulich während der polnischen Szenen im ‚Leben für den Zaren‘ in Moskau der Fall war."

Im Jahre 1867 wurden die Gedanken Sseroffs für eine Zeitlang von jeder öffentlichen Tätigkeit abgelenkt. Er wandte sie einem Unternehmen zu, das auf Initiative seiner Frau entstand und zeitweilig auch sein Interesse vollständig in Anspruch nahm. Das Ehepaar Sseroff gründete eine Zeitschrift „Theater und Musik". Sie sollte halbmonatlich erscheinen und speziell kritischen Inhalts sein. Die Besucher der „Donnerstage" wurden in corpore als Mitarbeiter vereidigt, dem Unternehmen schien eine glänzende Zukunft be-

436

vorzustehen. Sseroff, dessen Optimismus in solchen Fällen nie versagte, sah sich schon vom Redaktionssessel aus die theatralischen und musikalischen Geschicke Rußlands leiten. Allein es kam anders, als man glaubte. Gemäß den publizistischen Neigungen Sseroffs, nahm die Zeitschrift von vornherein nicht einen speziell „kritischen", sondern einen „speziell polemischen" Charakter an. Sseroff war in dieser Redaktion endlich sein eigener Herr und brauchte niemandem als sich selbst über seine Expektorationen Rechenschaft abzulegen. Der Tonfall seiner Artikel wurde immer schärfer, immer giftiger, immer apodiktischer. Unbekümmert um die Folgen, ließ er seiner Bosheit und seinem galligen Witz nach allen Richtungen die Zügel schießen. Vorzugsweise waren es natürlich seine beiden Erzfeinde, das Konservatorium und das um Balakirew geschaarte „mächtige Häuflein", gegen die er die immer schärfer zugespitzten Pfeile seiner geistreichen Beredsamkeit abschnellte. In vielen Fällen hatte er gewiß recht, noch häufiger jedoch passierte es ihm, daß er in der Hitze des Gefechts weit übers Ziel hinausschoß. Durch diesen polemischen Ton verlor seine Zeitschrift das allgemeine Interesse. Polemiken in Kunstfragen arten immer in Kleinigkeitskrämerei aus und sind schließlich nur für die Beteiligten interessant. Seine Gegner hatten den Vorteil, daß sie ihre auch nicht gerade sehr milden Repliken auf den Spalten der großen Tageszeitungen brachten, die natürlich einen unvergleichlich größeren Leserkreis hatten. Fast ungestraft konnten sie das Sseroffsche Organ in den Augen des Publikums diskreditieren, und Sseroff selbst als eine Art kritischen Don Quichote hinstellen, der mit heißem Bemühen gegen Windmühlen kämpfe, oder als einen musikalischen Heiligtumsschänder, der durch seine Schmähungen Glinkas sich der größten Pietätlosigkeit schuldig mache. Natürlich mußte Sseroff in diesem Kampfe den Kürzeren ziehen. Die Anschuldigungen gegen ihn wurden von jedermann gelesen, während seine Repliken nur dem verhältnismäßig sehr kleinen Leserkreise seiner Zeitschrift bekannt wurden. Dazu kam noch, daß fast alle „Mitarbeiter" ihn mit den versprochenen Beiträgen im Stich ließen, und er infolgedessen fast die ganze Zeitschrift allein schreiben mußte. Da er außerdem nicht über das geringste organisatorische Talent verfügte, und die „geschäftliche" Seite des Unternehmens ihm ein Buch mit sieben Siegeln war und blieb, ließ auch der pekuniäre Mißerfolg nicht lange auf sich warten. Kurz, sehr bald wurde Sseroff die Sache zu dumm und er machte endgültigen Redaktionsschluß, bevor noch ein Jahr um war. Siebzehn Nummern der Zeitschrift „Musik und Theater" sind erschienen — denkwürdige Dokumente für die spezielle Theatergeschichte Rußlands.

Unter den Persönlichkeiten, denen Sseroff in dieser Periode seines Lebens näher trat, befand sich der Schriftsteller Potjechin, bekannt als vorzüglicher Kenner des russischen Bauernstandes und des Volkstums in allen seinen Lebensäußerungen.

Das Volkstum war damals in der russischen Literatur und besonders in der dramatischen Literatur — Trumpf. Seit der Aufhebung der Leibeigenschaft begann man im „mushik" einen Menschen zu sehen, statt des Arbeitstieres, das er bis dahin gewesen war, und interessierte sich für seine „Psychologie". Außerdem drang in die russische Literatur von Westen her eine neue Strömung ein — der Realismus. Potjechin war einer ihrer ersten Vorkämpfer. „Ausdruck, Lebenswahrheit, Bodenständigkeit, Individualisierung — das waren die Losungen unseres Kreises," schreibt Frau Sseroff in ihren „Erinnerungen," „Schönheit war ein Begriff, der nicht als obligatorisches Element in unseren künstlerischen Katechismus Eingang fand, wenigstens spielte sie keine wesentliche Rolle. ‚Wie wahr! wie lebensvoll!' das war das höchste Lob, das wir für eine Kunstleistung zu vergeben hatten."

Man bestürmte Sseroff von allen Seiten, eine Volksoper, die unbedingt russisch sein mußte, zu schreiben.

Nun fehlte aber dem Verfasser der „Judith" und der „Rogneda" eigentlich der Sinn für das bodenständig Russische. Schon als Jüngling hatte er für die deutsche Richtung seiner künstlerischen Neigungen die heftigsten Vorwürfe von Seiten Stassows über sich ergehen lassen müssen. Später, anläßlich der Wagnerpropaganda Sseroffs wurden diese Vorwürfe vom ganzen Chorus der russischen Presse wiederholt. Und nicht mit Unrecht. Die eigentliche Domäne Sseroffs war geistige und künstlerische Hochkultur in jeder Form. Der Primitivität der Volkskunst, auch der russischen, stand er lange Zeit kühl und interesselos gegenüber. Allein die Begeisterung für Volkskunst, die damals die gebildeten, speziell die literarischen Kreise Rußlands ergriff, ging auch an ihm nicht eindrucklos vorüber. Wir sahen ihn schon beschäftigt mit der Bearbeitung von Volksmelodien der Ukraine. Später schrieb er noch eine Abhandlung über das „russische Volkslied und seine theoretischen Grundlagen".

Dennoch sträubte er sich anfangs gegen die Idee, eine volkstümliche russische Oper zu schreiben, aber allmählich ergriff dieser Gedanke immer mehr Besitz von ihm. Eines Tages las er seiner Frau das gemütvolle Bauerndrama „Lebe nicht so, wie es Dir gefällt" von Ostrowski vor.

„Welch ein musikalisches Sujet," entfuhr es ihm plötzlich.

„Welch ein lebenswahres Drama!" klang es zurück.

„Wie wär's, wenn ich eine Oper daraus machen würde!?"

Endlich war der lang gesuchte Stoff gefunden. Sseroff machte sich, wie das seine Art war, sofort mit Feuereifer an die Arbeit.

„Auf dem Klavier und dem Schreibtisch," erzählt seine Frau, „lagen bald alle möglichen Sammelwerke russischer Volkslieder, sein Zimmer belebte sich, zur Freude seines kleinen Sohnes, von den Klängen russischer Tanzweisen. Sseroff saß in seinem Zimmer vom Morgen bis zum Abend, ohne sich zu rühren, bis über den Kopf vertieft ins Studium russischer Volksgesänge. Bald knüpfte sich ein Brief-wechsel mit Ostrowski an, der versprach, sein Drama selbst in Verse zu bringen und als Opern-Libretto umzuarbeiten. Sseroff war im siebenten Himmel! . . ."

Die Bereitwilligkeit des berühmten Dramaturgen, selbst das Libretto für die zukünftige Oper zu dichten, war für Sseroff natürlich ein Geschenk des Himmels. So sollten ihm, wie es schien, wenigstens bei dieser Oper alle Schere-reien und Sorgen hinsichtlich des Textes erspart bleiben. Aber es kam dennoch anders. Anfangs ging die gemein-same Arbeit des Dichters und des Komponisten vortrefflich vonstatten. In verhältnismäßig sehr kurzer Zeit waren drei Akte der Oper in Partitur gebracht. Jedoch der vierte Akt, den Ostrowski Sseroff übersandte, brachte diesem eine Ent-täuschung. Der vierte Akt sollte der „clou" der Oper werden. Es handelt sich darin um die Darstellung des russischen Karnevals, der sogenannten „Butterwoche", mit allerhand Volksbelustigungen, Liedern, Tänzen, ungebun-dener Fröhlichkeit und allgemeiner Betrunkenheit. Gemäß den realistischen Tendenzen seiner Zeit, wollte Sseroff gerade diesen Akt in fast veristischer Weise musikalisch aus-statten. Ostrowski aber führte als handelnde Personen ins Karnevaltreiben alle Kobolde, Dämonen und Spukgeister, die nach dem russischen Volksaberglauben die Butterwoche beleben, in die Handlung ein. Er wollte der Szene, um sie ihres etwas rohen Anstriches zu berauben, einen durchaus phantastischen Charakter verleihen. Das paßte Sseroff nun gar nicht. Er sandte das Libretto dem Dichter zurück, mit der Bitte, es seinem Wunsche gemäß umzuarbeiten. Ostrowski versprach es auch, ließ jedoch, ungeachtet wiederholter Mahnungen des Komponisten, nichts wieder von sich hören. Augenscheinlich hatte die Unzufriedenheit des Komponisten das reizbare Selbstgefühl des berühmten Dramaturgen aufs äußerste gekränkt. Er ging sogar einem persönlichen Annäherungsversuch des Komponisten aus dem Wege. Sseroff war in Verzweiflung. Das einzige, was er dem Libretto des vierten Aktes von Ostrowski entnahm, war der Titel seiner Oper. Er war darin dem Ausdrucke „Feindesmacht" begegnet, und dieses kurze Schlagwort schien ihm geeignet, das lange Sprichwort auf dem Titelblatte seines Werkes zu ersetzen.

So sah sich denn Sseroff wohl oder übel gezwungen, die Arbeit an seiner Partitur zu unterbrechen und sich auf die Suche nach einem neuen Textdichter zu machen. Dieses Vorhaben wurde von einer Reise unterbrochen, die Sseroff im Jahre 1868 nach Moskau unternahm. Der Hauptgrund dieser Reise war der Wunsch des Komponisten, bei der Neueinstudierung seiner „Judith" in Moskau zugegen zu sein. Wie wir gleich sehen werden, verband Sseroff jedoch mit dieser Reise den Nebenzweck, sich Moskau daraufhin anzusehen, ob er sich nicht dort niederlassen könne. Das Petersburger gesellige Leben und Treiben mochte ihm mit der Zeit über den Kopf wachsen, besonders da er mit seinen pekuniären Existenzmitteln, die kleine Pension des Kaisers ausgenommen, doch immerhin recht unsicher bestellt war.

In Moskau gab Sseroff ein großes Orchesterkonzert, das ausschließlich aus seinen eigenen Kompositionen bestand. In Petersburg hatte er das noch nicht gewagt. In diesem Konzert gelangten unter anderem auch schon einige Nummern aus der neuen Oper „Feindesmacht" zur Aufführung. Das Konzert hatte einen sehr großen Erfolg. Ebenso einige musikästhetische Vorlesungen, die er auf eine Aufforderung des Moskauer Konservatoriums hin in der Aula der Universität abhielt. Der außerordentlich freundliche Empfang, der Sseroff in Moskau bereitet wurde, scheint in ihm, dem unverbesserlichen Optimisten, die rosigsten Zukunftshoffnungen erweckt zu haben. Von besonderer Wichtigkeit erschien es ihm, daß er mit dem Bruder seines Erzfeindes Anton Rubinstein, Nikolai, der Direktor des Moskauer Konservatoriums war, in freundschaftliche Berührung trat. Über die damalige hoffnungsfreudige Stimmung Sseroffs unterrichtet uns ein Brief, den er im April des Jahres aus Moskau an den Pianisten Slawinski richtet. Es heißt darin: „...Ich wäre aus Moskau schon früher abgereist, doch sind meine letzten Vorlesungen verlegt worden. Ich lese (unentgeltlich) zum Besten armer Studenten in der Universität, und zwar über das russische Lied ... Wenn wir uns wiedersehen, wollen wir meine **neue** Lage und die **neue** Phase meiner Künstlerlaufbahn besprechen. Alles das ist so unerwartet gekommen, daß man wahrhaftig dem Schicksal keinen Glauben schenken möchte. Bin ich doch keineswegs zu dem Zwecke nach Moskau gefahren, um dorthin überzusiedeln und mich mit Nikolai Rubinstein anzufreunden. Ich bin hierher gekommen, um ‚Judith‘ auf der Moskauer Bühne einzustudieren. Doch es ist so herausgekommen, daß gerade das nicht herausgekommen ist. Die Schließung des Theaters ermöglicht es, ‚Judith‘ zum Herbst sorgfältiger vorzubereiten. ‚Rogneda‘ wird zum Schluß dieses Jahres auf zwei Bühnen gleichzeitig gespielt werden. Ebenso wie in Petersburg sind mir die Pforten des Theaters hier sperrangelweit geöffnet. Doch kommt hier noch manches andere Plus dazu. Die ganze Musikwelt, mit Ausnahme der Theater, kommandiert hier als Diktator N. Rubinstein. Er ist der musikalische Selbstherrscher der ‚Weißsteinernen‘*). Nun

---

*) Eine volkstümliche Bezeichnung Moskaus.

will dieser selbe Autokrat die offiziellen und administrativen Funktionen seiner Wirksamkeit, ebenso seine Tätigkeit als Kapellmeister, beibehalten (in allem ist er ‚erste Sorte‘), die intellektuelle Seite seiner Tätigkeit beabsichtigt er jedoch einem Ihrer guten Bekannten zu übergeben. Diesem Ihrem Bekannten, als Komponisten, Kritiker und Pädagogen von Ruf, der noch dazu ein Russe ist, unterwirft sich die hiesige Musikgesellschaft voller Stolz ganz ‚eo ipso‘, als ob es sich so von selbst verstünde (in Petersburg habe ich das erwartet und immer umsonst erwartet). Im Unterricht der Theorie und Geschichte der Musik, verbunden oder gesondert, habe ich carte blanche, kann ich handeln wie es mir einfällt, mit der einzigen Bedingung, daß ich den ganzen Unterricht (auch den elementarsten) meinen Gesichtspunkten gemäß umgestalte. Selbstverständlich werde ich auch auf die Konzerte der Musikgesellschaft, d. h. auf ihren Personalbestand und die Programme, den allergrößten Einfluß haben. Man bittet mich schon jetzt darum, die Programmfrage nach allen Richtungen hin durchzudenken. Zur Vorbereitung des Publikums werde ich vor jedem Konzert Artikel über die aufzuführenden Werke und ihre Verfasser schreiben. Auszüge aus diesen Artikeln werden in den Programmbüchern abgedruckt werden. Auf dem Gebiete der musikalischen Kritik, die in Moskau so gut wie ganz fehlt, hat man mir die beständige Mitarbeiterschaft an der „Zeitgenössischen Chronik‘ (der Sonntagsbeilage der Moskauer Nachrichten mit 20 000 Abonnenten) angeboten. Und noch eine Perspektive öffnet sich: mein eigenes, selbständiges musikkritisches Journal ins Leben zu rufen. Ich beabsichtige es in zwei Sprachen herauszugeben, d. h. außer in russischer Sprache auch auf deutsch für die Unmenge musikalischer Deutscher in Rußland und im Auslande. N. Rubinstein verspricht mir, das Geld dafür zu verschaffen..., doch sind alle diese Pläne vorläufig noch in embryonalem Zustande. Sie wundern sich, daß ich bereit bin, mich für fünf Jahre festzulegen. Ich finde, daß sogar ein Jahr als Probezeit etwas viel ist. Wer weiß, wie sich das alles anlassen wird. Die Aussichten sind jedenfalls gut. Etwas Schlechtes ist nicht zu erwarten. Alles geht wie geschmiert."

Wie nicht anders zu erwarten, hat sich von diesen kühnen Zukunftsplänen nicht ein einziger erfüllt. Mit seiner ständig durchgehenden Phantasie hielt die Wirklichkeit ja niemals Schritt. Sseroff verließ Moskau, um nie wieder dahin zurückzukehren.

In Petersburg erwartete Sseroff eine Aufgabe, die fernab von seinem eigenen tondichterischen Schaffen lag. Nicht zum wenigsten dank seiner eifrigen und hingebungsvollen Bemühungen hatte sich die Direktion der Kaiserlichen Theater in Petersburg entschlossen, den „Lohengrin" aufzuführen. Auf speziellen Wunsch Wagners sollte Sseroff bei der Einstudierung des Werkes auf der Bühne des Marientheaters ihn vertreten. Sseroff erfüllte diesen ehrenvollen Auftrag nach bestem Gutdünken, wenigstens mit nie versiegender Begeisterung und nie versagender Arbeitsfreudigkeit. Die Aufführung kam am 4. Oktober 1868 zustande, mit gutem, wenn auch keineswegs durchschlagendem Erfolge. Sseroff selbst war zufrieden. Er veröffentlichte im „Journal de St. Petersbourg" einen offenen Brief an Wagner, in dem er über diese Aufführung berichtet. Der Brief hat insofern Interesse, als er der erste ist, der über die erste Aufführung einer Wagnerschen Oper in Rußland (nur an den Stadttheatern der baltischen Provinzen waren der „Fliegende Holländer" und der „Tannhäuser" schon früher aufgeführt worden) berichtet. Er lautet in deutscher Übersetzung:

„Mein berühmter Freund! Infolge Ihres Briefes an den Direktor der Kaiserlichen Theater hatte ich das Vergnügen, als Ihr Bevollmächtigter alle Proben des ‚Lohengrin', die im

444

Juli begannen, zu leiten. Am 4./16. Oktober ist der ‚Lohengrin' mit glänzendem Erfolge vor dem Petersburger Publikum erschienen. Sie kennen seit langer Zeit meine glühende Bewunderung für Ihre Schöpfungen, und wissen, daß ich nicht nachlasse, Ihre letzten Werke zu studieren, die den ‚Lohengrin' meiner Ansicht nach bei weitem übertreffen, daher werden Sie es nicht von mir verlangen, daß ich an dieser Stelle eine lange Reihe von Lobpreisungen der Schönheiten dieses lyrischen Dramas vorbringe, das schon seit zehn Jahren vom Repertoire aller Opernbühnen Deutschlands nicht verschwindet und sich einen unbestrittenen Ehrenplatz an der Seite der größten Meisterwerke erobert hat.

Jedoch Ihr Erfolg in Rußland, obgleich er etwas spät kommt, ist ein Ereignis von höchster Wichtigkeit, sowohl für das Schicksal des musikalischen Dramas bei uns, als auch für die Erziehung des Publikums. Dieser Erfolg, der auf der ganzen Linie ohne die geringste Opposition erfochten wurde, erscheint fast verwunderlich im Hinblick auf die bisherige zögernde und mißtrauische Haltung der ‚Residenz der Welt' Ihren Werken gegenüber, doch ist er eine Tatsache und muß als Markstein in der Geschichte der Kunst und der Zivilisation der Slawen erscheinen. Sie haben das Recht, von mir einen Rechenschaftsbericht über alle Einzelheiten der Übersetzung, Inszenierung und Darstellung Ihres Meisterwerkes zu erwarten. Ich bin glücklich, daß dieser Bericht in jeder Beziehung günstig ausfallen kann. Die Übersetzung ist von M. Swanzow sehr verständnisvoll angefertigt worden. Sie erinnern sich seiner vielleicht von Dresden her. Ich habe es Ihnen schon früher gesagt, daß er einer Ihrer begeisterten Anhänger ist, mehr Wagner als Wagner selbst. Er schwört auf die ‚verba magistri' und nimmt buchstäblich und ohne Einschränkung alle Ihre kühnsten Utopien an, selbst diejenigen, die Ihre eigene Einsicht nicht ohne bedeutende Veränderung passieren dürften. In seiner Übersetzung ist er diesem Fanatismus treu geblieben. Seine Übersetzung ist peinlich wortgetreu, der musikalische und prosodische Sinn überall treulich gewahrt, oft allerdings auf Kosten der Schönheit des russischen Verses. Er hat stets die Bühnenaufführung des Werkes im Auge und opfert dem akustischen Effekt alle Ansprüche auf rein literarische Vorzüge seiner Übersetzung. Das ist eine Art Selbstverleugnung. Allein stellenweise, wie z. B. in der ersten Szene Elsas und in der wunderbaren Erzählung Lohengrins (Schlußszene des letzten Aktes), erhebt sich seine Übersetzung zu wahrhaft poetischem Schwung.

Ihre Hauptperson — das Orchester — entledigte sich seiner Aufgabe unter der bewährten Leitung unseres vorzüglichen russischen Kapellmeisters Ljadow*) in ausgezeichneter Weise. Ljadow, der zu solch einer ernsthaften musikalischen Prüfung durch unsere einheimischen Opern vorbereitet war, bewies, daß er sich der Verantwortlichkeit seiner neuen Aufgabe voll bewußt war. Zum Schlusse jeder Vorstellung wurde er vom ganzen Hause stürmisch gerufen, was unseren Kapellmeistern höchst selten passiert. Ich glaube, ich übertreibe nicht, wenn ich sage, daß selbst Sie mit Ljadow und unserem Orchester, dessen Kräfte Ihnen ja seit 1863 bekannt sind, zufrieden gewesen wären.

Was die szenische Aufführung anbetrifft, so kann ich Ihnen nicht verschweigen, daß das Personal einer russischen Truppe in den Geist solch eines vorzüglich deutschen lyrischen Dramas niemals vollkommen eindringen kann. Die Verschiedenheit des Geschmackes und der ganzen Kultur beider Nationen ist in solchen Fällen zu fühlbar und kann nur durch die lange Arbeit einer ganz speziellen Erziehung gemildert werden. Genau genommen, lassen sich alle Sünden unseres Theaters auf einen Mangel an Erziehung zurück-

---

*) Der Vater des Komponisten Ljadow.

führen. Es fehlt uns weder an Begabungen noch an Kräften, noch an Talenten jeder Art — aber alles das ist zu primitiv, zu unkultiviert. So war in der Darstellung des ‚Lohengrin‘ auf der russischen Szene — wenigstens für alle, die das Original kennen — die Abwesenheit des geheimnisvollen Grundzuges der germanischen Poesie, welcher dem ganzen Ensemble dieser mystischen Legende solch einen charakteristischen Anstrich gibt, sehr fühlbar. Ich spürte ihn nicht wieder, jenen bezaubernd geheimnisvollen Hauch, der mich während der Szenen zwischen Lohengrin und Elsa in Dresden und Wien durchschauerte. Die energischen und martialischen Partien gelangen bei uns vielleicht glänzender als in Deutschland, aber die zarten geheimnisvollen Töne der sentimentalen Szenen gingen verloren. Die Konturen erschienen deutlicher, näherten sich ein wenig einem leichthin prosaischen Realismus. Das ist, wie Sie sehen, ein wenig weit entfernt vom ‚Schillerschen‘ Idealismus, der in Ihrer Musik solch einen bewunderungswürdigen Ausdruck gefunden hat.

Mit dieser Einschränkung war die Aufführung mehr als befriedigend.“ Nun folgt eine detaillierte Kritik aller Einzeldarsteller, dann heißt es weiter: „Ich füge noch einige Worte über den Eindruck der Oper bei unserem Publikum hinzu. Wir sind bei der dritten Vorstellung angelangt. Das ist noch zu wenig, um den endgültigen Eindruck eines Werkes von solcher Bedeutung bestimmen zu können. Aber, wie gesagt, Ihr Sieg über das russische Publikum vollzog sich ohne die geringste Opposition beim ersten Wurf. Ungeachtet der geringen Sympathien unseres Publikums für die Mythen des deutschen Mittelalters, spürten die Zuhörer doch von Anfang an, daß sie es mit einem Genie von höchster Kraft, mit einem poetischen Kunstwerk ‚allerersten Ranges‘ zu tun hatten.

Man geht nicht in ein Drama von Schiller oder Shakepeare,

um sich zu ‚amüsieren‘. Ebensowenig werden beim Anhören des ‚Lohengrin‘ jene Zuhörer auf ihre Rechnung kommen, die eine vergnügte Vorstellung mit leichtfertig klimpernder Musikbegleitung davon erwarteten. Aber wie in allen großen Städten, gibt es auch bei uns neben einem Publikum, das die ‚Schöne Helena‘ vergöttert, neben einem solchen, das sich von ‚Lucia‘ und ‚Traviata‘ nährt, auch Zuhörer, die es verstehen, ein ernsthaftes Kunstwerk zu genießen. Dieses Publikum füllte zum ‚Lohengrin‘ den Saal bis auf den letzten Platz und begegnete Ihrem Werke mit aufrichtiger Begeisterung.

Was unsere musikalische Kritik anbetrifft — so ist das unser schwacher Punkt. Es fehlt uns auf diesem Gebiete vollständig an talentvollen und gebildeten Vertretern. Die einzige anerkennenswerte Seite unserer Presse, die größtenteils rein persönlich gefärbt ist, ist eine Anständigkeit, die in einigen anderen Ländern schon vergessen ist. Unsere Presse entscheidet sich ‚pro oder contra‘ aus Überzeugung, die vielfach fanatisch ist, sehr oft aus Dummheit, aber niemals ist die Feder unserer Journalisten käuflich.

Dennoch war es mir interessant, die Berichterstattungen unserer Zeitungen über den ‚Lohengrin‘ zu verfolgen. Im allgemeinen ist es ein Konzert von Lobpreisungen, man bewundert die Größe und Originalität dieses imposanten Werkes. Der Eindruck ist der gleiche, wie beim Publikum. Ein Einziger bildet in diesem, wie in vielen anderen Fällen, eine Ausnahme. Dieser obskure Federfuchser *) gebärdet sich mit geschlossenem Visier (wahrscheinlich schämt er sich, seinen Namen zu nennen) als Ihr erklärter Feind und vergöttert Schumann, Berlioz, Glinka und — ein Häuflein russischer Musiker ohne Berühmtheit. Er erklärt Ihnen offenen Krieg auf der ganzen Linie, aber indem er Sie mit

_____

*) Das war César Cui.

unentschuldbaren Ausdrücken angreift, die nicht nur seiner Zeitung, sondern der gesamten russischen Presse zur Schmach gereichen, verstrickt er sich in offen zutage liegende Widersprüche. Er will so boshaft als möglich sein, sagt dabei jedoch genau das Gegenteil von dem, was er beabsichtigt, und verläuft sich in Sackgassen. Alles das kann nur ein mitleidiges Lächeln erregen. Zum Beispiel: indem er Ihnen jeden Funken schöpferischen Genies abspricht, findet er im ‚Lohengrin' Beethovensche Züge; er leugnet in Ihrem Werke das Vorhandensein jeder Originalität und gesteht doch, daß es in Ihrer Orchestrierung von originellen und entzückenden Einzelheiten wimmele. Er bemüht sich, Ihre vollkommene Unfähigkeit als Musiker nachzuweisen, und kann Ihnen doch das Verdienst nicht absprechen, energisch und siegreich gegen die Mißbräuche der modernen Oper gekämpft zu haben. Indem er Ihre Anstrengungen diskreditieren will und sich verächtlich genug über die leicht errungenen Erfolge ausspricht, stellt er sie doch in Parallele mit den Errungenschaften eines Gluck.

Wie Sie sehen, ist es dieselbe Geschichte, an die Sie schon von der deutschen und französischen Presse her gewöhnt sind. Diese Sorte von ‚Zoilussen' will Sie nach Ihren Triumphen erniedrigen und beschmähen — und bestätigt doch nur Ihre Größe.

Dieser wilde Haß, den Sie in der Presse aller Länder entfachen, trägt nicht zum wenigsten zu Ihrem Ruhm bei. Auch bei uns durfte er als Begleiterscheinung Ihres Triumphes nicht fehlen. Es ist der Zoll, der Ihrem großen Namen zu entrichten war. Wo so viel Licht ist, darf der Schatten nicht fehlen."

Diese rosige Schilderung des Lohengrinerfolges entsprach zwar keineswegs den Tatsachen, aber man ist es an Sseroff ja gewöhnt, daß er in glücklichen Stunden einer gehobenen Stimmung die Gebilde seiner Phantasie für reinste Wirklichkeit annimmt. Der „Lohengrin" hielt sich nicht auf dem Repertoire des Marientheaters, und es dauerte noch reichlich dreißig Jahre, bis Wagner auf den Bühnen Rußlands einigermaßen festen Fuß faßte. Ob Sseroff später selbst einsah, wie sehr er sich inbezug auf die Stellung des russischen Publikums gegenüber dem „Lohengrin" geirrt hatte, entzieht sich der Kenntnis. Aber selbst wenn das der Fall wäre, wer wollte es ihm verübeln, daß er dem über alles geliebten Freunde die bittere Wahrheit vorenthielt.

Im Winter desselben Jahres mehrten sich bei Sseroff in erschreckender Weise die Anzeichen einer schweren Krankheit. Die Diagnose der Ärzte lautete auf Angina pectoris, doch waren sich weder Sseroff noch seine Angehörigen über die Hoffnungslosigkeit dieser Krankheit klar. Durch eine zerstreuende, abwechslungsreiche Lebensweise und besonders durch Klimawechsel hoffte man den Verlauf der Krankheit aufzuhalten. Die Ärzte rieten Sseroff, ins Ausland zu reisen, jedoch der Bestand von Sseroffs Wirtschaftskasse gestattete ihm diesen Luxus nicht. Da kam ihm die Freigebigkeit des Zaren zu Hilfe. Alexander II. spendete Sseroff speziell zum Zwecke einer ausländischen Reise 1500 Rubel aus seiner Privatschatulle.

Im Frühling 1869 begab sich Sseroff in Begleitung seiner Frau und seines kleinen Sohnes von Petersburg aus per Schiff wieder nach seinem geliebten Deutschland. Die Reise führte zuerst nach München, das damals im Zeichen musterhafter Wagneraufführungen unter Hans v. Bülow und Hans Richter stand. Sseroff hörte zum erstenmal den „Tristan" und die „Meistersinger". Er rechnete diese Aufführungen zu den größten Ereignissen seines Lebens. Seine Begeisterung für Wagner wuchs ins Unermeßliche. Wagner selbst befand sich damals nicht in München. Er lebte mit Cosima von Bülow auf der Villa Triebschen bei Luzern. Es versteht sich von selbst, daß dieser Ort das nächste Reiseziel Sseroffs wurde. In Luzern, in der Pension Sonnenberg, nahmen Sseroffs für längere Zeit Aufenthalt. Ihr erster Ausflug führte sie nach der Villa Triebschen. Von Wagners Faktotum Johann wurde das russische Paar, das wahrscheinlich reichlich phantastisch kostümiert war — Sseroff trug seit zwanzig Jahren ein und denselben Hut, undefinierbar in Form und Farbe, von dem er sich nie trennte —, mit jenem Mißtrauen begrüßt, das man „armen Reisenden" entgegenzubringen pflegt. Um so freudiger empfing Wagner selbst seinen russischen Freund. Auch Frau Cosima, die Sseroff zum erstenmal sah, trat den Ankömmlingen mit äußerster Liebenswürdigkeit entgegen. Es entspann sich ein lebhafter Verkehr zwischen der Villa Triebschen und der Pension Sonnenberg. Häufiger waren Sseroffs bei Wagner zu Gast, doch hatte man von Zeit zu Zeit auch in der Pension Sonnenberg die Ehre, die Herrschaften von der Villa Triebschen begrüßen zu dürfen. Wagner war in jenem Sommer in äußerst gehobener Stimmung. Frau Sseroff in ihren Memoiren schwelgt in der Erinnerung an die genußreichen und anregenden Stunden, die sie mit Wagners zusammen verlebten. In der Villa Triebschen gab es zu jener Zeit häufig Gäste. Sseroff lag natürlich viel daran, mit Wagner allein zu sein, um sich in Debatten über allerhand Kunstfragen, die den Meister und ihn in gleicher Weise interessierten, einlassen zu können. Er erbat sich von Wagner die Erlaubnis, ihn des Sonnabends am Abend allein besuchen zu dürfen.

„Was machen Sie mit mir?" scherzte Wagner. — „Ich wüte gegen das Judentum, und Sie veranlassen mich, den ‚Schabes' zu feiern!"

An diesen für Sseroff unvergeßlichen „Schabes"-Abenden ergingen sich die beiden Freunde in Gesprächen über die altdeutschen Sagen und Mythen, über die philosophischen Lehren der alten Griechen und allerhand allgemeine Kunstfragen. Mit großer Geduld und Liebe führte Wagner seinen Freund in das Verständnis der Nibelungen-Trilogie ein, die damals ihrer Vollendung entgegenging. Oft spielte er auch die frisch entstandenen Szenen vor. Von diesen Eindrücken erzählt Frau Sseroff:

„Eines Abends spielte uns Wagner die soeben fertiggestellte Szene der Erscheinung Erdas aus seiner Trilogie. Er spielte schlecht, schlug zuweilen mit der Faust auf die Tasten und deklamierte mit heiserer Stimme zur komplizierten Klavierbegleitung, mit der er augenscheinlich nicht zurecht kam, doch die lebhafte nervöse Art zu deklamieren verlieh seinem Vortrag solch eine Kraft, wie ich sie auch bei den besten Sängerinnen im Theater nie gehört habe. Es ist verständlich, daß die Interpretation des Autors, ungeachtet mancher Mängel, uns unvergeßlich blieb und unsere aufrichtige Begeisterung entfachte. In geradezu genialer Weise verstand es Wagner, alle wichtigen Pointen hervorzuheben, die bei den meisten Darstellerinnen im charakterlosen und gleichmütigen Vortrage verloren gehen."

Eines Tages schickte Wagner nach Sseroff. In der Villa Triebschen sollte eine häusliche Probe zu „Rheingold" abgehalten werden. Aus München war das gesamte männliche Personal angekommen. „Wir durften," erzählt Frau Sseroff, „Zeugen dessen sein, in wie bemerkenswerter Weise der Autor die kleinsten Einzelheiten jeder Rolle ihren Darstellern erklärte und vormachte ... Man hat behauptet, daß Wagner während der Proben grob, schroff und ungeduldig gewesen wäre. Vielleicht! Wir haben ihn im Theater nicht gesehen, hier jedoch war er äußerst liebenswürdig und unterbrach nur selten den ruhigen Tonfall seiner Stimme, obgleich bei jeder ungeschickt vorgetragenen Phrase seine Mundwinkel nervös zuckten. Es ist möglich, daß bei einer gewöhnlichen Probe Wagner die Sänger unbarmherzig durchgescholten hätte, hier jedoch beherrschte er sich. Erst als sie weggegangen waren, warf er sich mit höchst verstimmter Miene in einen Lehnsessel und rief, außerstande, seinen Zorn noch länger zurückzuhalten: ‚Herrgott, kann doch der Mensch ein so hirnloses Wesen sein!‘ In solchen Fällen verstand es Frau Cosima mit feinem weiblichen Takt, Wagner zu beruhigen. Bald lächelte der erzürnte Meister wieder und brummte nur noch vor sich hin: ‚Aber so viel Esel auf Erden! Du hast sie übrigens gern, mein Junge,‘ fügte er auflachend hinzu, indem er unserem Knaben über den Kopf strich. Es war ihm augenscheinlich eingefallen, daß dieser kürzlich einem feierlichen Mittagessen bei Wagner einen Eselritt in die Berge vorgezogen hatte.

Trotz der freundlichen Eindrücke Luzerns und der glücklichen Stimmung, in die ihn die Nähe des vergötterten Freundes versetzte, fühlte sich Sseroff nicht wohl. Seine körperlichen Leiden machten ihm immer mehr Beschwerden, und er gab sich oft trüben Gedanken hin. Wagner und Frau Cosima nahmen, nach dem Zeugnis von Frau Sseroff, den innigsten Anteil an dem besorgniserregenden Zustande ihres Gatten.

Endlich schlug die Abschiedsstunde. Wagner war besonders weich gestimmt. Er erzählte uns viel von seiner Krankheit und jener Zeit, als er in Venedig im Sterben lag. Zum Abschied schenkte er Sseroff den ganzen „Ring der Nibelungen" mit seinem Bildnis und der Aufschrift: „Also Triebschen!" Als sie sich zum Abschied brüderlich umarmten, blickte Wagner Sseroff wehmütig zärtlich an und rief traurig aus:

„Nun sind die Freuden Triebschens zu Ende."

Wir fuhren weinend ab. Die Ufer erschienen düster, der See ungastlich. Uns war zumute, als hätten wir das beste Teil unseres Lebens verloren! Wir waren gleichsam verwaist. Mit einem unbestimmt trüben Vorgefühl fuhren wir weiter südwärts, da sogar das Klima der Schweiz für den Gesundheitszustand Sseroffs zu rauh war. Es war das letzte Wiedersehen mit Wagner."

Die ausländische Reise hatte, trotz allen trüben Vorahnungen, den Gesundheitszustand Sseroffs nicht unerheblich gebessert. Als er in Petersburg eintraf, fühlte er sich verhältnismäßig wohl und von neuem Schaffensdrange beseelt. Die unvollendet daliegende Partitur der Oper „Feindesmacht" bereitete ihm die größten Sorgen. Die Suche nach einem Textdichter begann aufs neue. Zuerst wandte sich Sseroff an den Literaten Kalaschnikow, bestellte bei ihm die beiden letzten Akte und bezahlte dafür dreihundert Rubel. Als ihm die Dichtung vorgelegt wurde, sah er zu seinem Entsetzen, daß er sie nicht brauchen konnte. Der hilflose Zustand des Komponisten ohne Text erregte das Mitleid seiner Freunde. Endlich erbarmte sich der junge Schriftsteller Shukow seiner und schwur ihm zu, ihm den Text zum vierten und fünften Akt zu verschaffen. Er hielt Wort. Nach wenigen Tagen legte er Sseroff das fertige Libretto zum vierten Akt vor, mit dem der Komponist höchst zufrieden war. Mit größtem Eifer und jugendlicher Energie machte er sich an die Arbeit. Die Musik zu den Karnevalsszenen des vierten Aktes muß er halbfertig in sich herumgetragen haben, denn in kürzester Frist war sie in Partitur gebracht. Auch der fünfte Akt muß wenigstens im Kopf des Komponisten fertig gewesen sein. In seiner autobiographischen Skizze, die Sseroff im Jahre 1870 abfaßte, schreibt er:

„Die Oper ‚Feindesmacht' wird in fünf Akten sein. Sie ist vollkommen beendet und soll noch in dieser Saison in Szene gehen." Die Tatsachen entsprachen jedoch dieser Behauptung nicht. Sseroff hinterließ seine dritte Oper unvollendet. Die vier ersten Akte hatte er allerdings schon der Direktion des Marientheaters eingereicht, von der sie, angesichts des kolossalen, immer noch andauernden Erfolges der „Rogneda" natürlich ohne weiteres angenommen wurde.

Im Kreise seiner Freunde führte Sseroff damals häufig Bruchstücke seiner neuen Oper vor. Er hatte damit sehr verschiedenen Erfolg. In den fashionablen Kreisen der Petersburger Aristokratie war man entsetzt über den groben, unparfümiert bäurischen Charakter der Dichtung und der Musik. „C'est un elefant qui danse une corde," war das Urteil jener Kreise, die ja auch Glinkas „Das Leben für den Zaren" als „Kutschermusik" begutachtet hatten. Um so begeisterter wurde das neue Werk dagegen von dem intimeren literarischen Zirkel, dem Sseroff angehörte, aufgenommen. Diesem Kreise gehörten außer Potjechin und Dostojewski noch die Dichter N. J. Ge, der Maler J. E. Repin, der Bildhauer Antokolski, Peter Tschaikowski, J. Safonoff (der Vater des bekannten Dirigenten), die Schriftsteller Wodowosow, Theophil Tolstoi und andere mehr oder weniger hervorragende Persönlichkeiten des literarischen und musikalischen Petersburg an. Über den ersten Eindruck, den die Vorführung von „Feindesmacht" bei diesen Getreuen hervorrief, berichtet die Gattin des Komponisten sehr anschaulich.

„Die ganze Gesellschaft wurde von den feurigen geistreichen Reden Sseroffs über Fragen der Kunst beherrscht. Seine Stimme verband gleich einem weichen Zement die buntscheckige Gesellschaft und bereitete alle zur Aufnahme künstlerischer Eindrücke vor. Da setzt sich Sseroff schon ans Klavier.

,Ich werde Ihnen das Neue spielen, was Sie noch nicht gehört haben, den vierten Akt.'

Allgemeiner Protest.

,Alles spielen! Von Anfang an!' ertönte es nun um ihn herum. Sseroff gibt gerne nach. Ernsthaft und mit konzentrierter Aufmerksamkeit verfolgen die Zuhörer die

Entwicklung des Dramas. Ungeduldig wartet man die ,Zwischenakte' ab, die notwendig sind, um den Komponisten etwas zu Atem kommen zu lassen. Alle sind tief erschüttert von der Oper und dem kunstvollen Vortrage Sseroffs. Der Beginn des vierten Aktes wird mit brennendem Interesse erwartet. Kaum erklangen die Töne des bunten Karnevalstreibens, so bemächtigte sich aller Zuhörer die ungebundene Stimmung der ,breiten russischen Butterwoche'. Es ist unmöglich, die Wirkung dieser Szene auf die Anwesenden zu beschreiben. Alle sprangen von ihren Stühlen auf, die Stimmen der Künstler vermischten sich mit den begeisterten Ausrufen irgendeines Kosakenatamans, alles ist in Bewegung, lärmt, jeder äußert seinen Enthusiasmus, wie es ihm gefällt. So verschieden die einzelnen Personen das Gehörte verstanden und auffaßten, darin waren alle einig, daß in diesen einfachen Klängen eine gewaltige Kraft zum Ausdruck gelangt, die Kraft Rußlands — roh und ungehobelt!

Die zahlreichen Zuhörer empfanden mit einemmal ein gewisses Zugehörigkeitsgefühl, vergaßen die Schranken, die sie trennten, Sseroff war die Seele dieser ganzen Gesellschaft, die er kraft seines Talentes zu allgemeiner Begeisterung über die verwandten heimatlichen Klänge vereinigte."

Die Begeisterung für die Heimatkunst, in welcher Form sie immer auch gegeben wurde, war bei dem Kreise, in dem Sseroff sich bewegte, verständlich, entsprach sie doch vollkommen den schon geschilderten literarischen Tendenzen der damaligen Zeit. Sseroff hatte gewiß sein möglichstes getan, um in seiner Oper ein anschauliches Bild des russischen Volkslebens zu entwerfen. Seine Oper konnte als erster realistischer Versuch in dieser Richtung gewiß Interesse und sogar Enthusiasmus erregen. Man wußte damals noch nicht, wie weit Sseroff in dieser Beziehung von Mussorgski und Rimski-Korssakow übertroffen werden sollte.

Man verstand es damals noch nicht, daß Sseroff, trotz der primitiv volkstümlichen Klänge, die er anschlug, vom Verständnis der russischen Volksseele und der dieser als Ausdruck dienenden Musik doch noch recht weit entfernt war. Es fehlten die Vergleichsobjekte, die uns heute in Gestalt der genialen Partituren Mussorgskis, „Chowanschtschina" und „Boris Godunow", und der Opern Rimski-Korrsakows vorliegen.

Irgend jemand hat einmal den Unterschied zwischen den musikalischen Schilderungen des römischen Karnevals Mendelssohns und Berlioz' sehr treffend folgendermaßen gekennzeichnet. Mendelssohn steht fein behandschuht auf dem Balkon seines Hotels und schaut mit belustigtem Lächeln dem Treiben unter sich auf der Straße zu, während Berlioz mitten drin in der Konfettischlacht steckt und mit erhitztem Kopfe nach allen Seiten selbst Peitschenschläge austeilt. Genau derselbe Unterschied besteht in bezug auf die musikalischen Schilderungen des russischen Volkslebens, zwischen Sseroff und Mussorgski.

Den Bauern Sseroffs fehlt der Erdgeruch, sie haben doch alle etwas den Anstrich des Salons und singen von Zeit zu Zeit Duette im Lohengrinstil, deren breite Gesangsmelodien in der ständigen Melodik à la russe auf die Dauer monoton wirken und deren Harmonisierung nur einen kleinen Teil der unendlich vielgestaltigen Möglichkeiten ausbeutet. Seine Bauern singen regelrechte Arien, deren endlose Textwiederholungen sich hier ganz besonders unwahr und gekünstelt ausmachen. Nur in Momenten höchster dramatischer Spannung erzielt Sseroff auch in dieser Oper unmittelbar und äußerst stark wirkende Eindrücke.

Bei der Konzeption des fünften Aktes seiner Oper scheute Sseroff nicht vor einer dramaturgischen Fälschung zurück, die seinem künstlerischen Geschmack und seinem literarischen Gewissen wenig Ehre macht. Das angesponnene

457

Liebesdrama findet in dem Stück von Ostrowski eine friedliche, der Psychologie der handelnden Personen durchaus entsprechende Lösung. Das paßte Sseroff nicht. Er sehnte sich, wie wir wissen, nach einem „wahnwitzig-blutigen Sujet, Mord und Totschlag". Dementsprechend veranlaßte er seinen Textdichter, den Schluß des Dramas abzuändern. Die erste Idee zu einem melodramatischen effektvollen Schluß hatte ihm Swanzow gegeben, der ihm, laut seinem eigenen Zugeständnis, schon zu Anfang der Arbeit an „Feindesmacht" folgenden Vorschlag machte:

„Lassen Sie Ihren Peter Iljitsch bei der Rückkehr nach Haus seine Frau hinterm Bettschirm wie ein Huhn abschlachten. Über dem Haupt des Bösewichts ertönt dann der erste dumpfe Schlag der Kirchenglocke, die die Großen Fasten einläutet."

„Ach mein Liebchen," antwortete Sseroff damals lächelnd, „mein transmoskowitischer Held ist kein Othello! Peter Iljitsch wird noch nach alter Gewohnheit einige Jahre weiter saufen. Alle diese tragischen Abschlüsse liegen nicht im Charakter unserer Sitten."

Leider blieb Sseroff dieser richtigen Einsicht nicht treu. Als er die ersten drei Akte seiner Oper beendet hatte, teilte er, wie Swanzow in seinen „Erinnerungen" weiter erzählt, diesem folgenden Beschluß mit: „Wissen Sie was? Sie haben recht behalten: ich habe beschlossen, meine Kaufmannsfrau wie ein Huhn abzuschlachten, aber nur nicht hinterm Bettschirm, sondern auf einsamem Felde bei ihrer verfallenen Hütte vor der Stadt. In der Ferne hinter gewaltigen Schneeverwehungen ist eine Kirche sichtbar. Von dorther ertönt das Glockengeläute. So wird es am besten sein."

Dieser schauerliche, blutrünstige Schluß der Oper wirkt nach der ausgelassenen lustigen Stimmung des vorhergehenden Aktes wie ein Schlag ins Gesicht. Dieses Mal

458

hatte sich Sseroff bei der Beurteilung der Bühnenwirkung ganz und gar verrechnet. Der Popularität seiner dritten Oper hat die gräßliche Melodramatik des letzten Aktes immer hindernd im Wege gestanden.

Das Schicksal wollte es, daß Sseroff, gerade während er an seiner letzten Oper arbeitete, durch die Leistungen der italienischen Oper aus dem seelischen Gleichgewicht gebracht wurde. Der Bestand der italienischen Oper, die im Winter 1870 in Petersburg gastierte, war ein glänzender: Adelina Patti, Pauline Lucca, Mario, Graziani. Der Gesang der Patti versetzte Sseroff in einen ekstatischen Zustand der Begeisterung. Er vergaß alle nationalistischen Ideen und beschloß, eine regelrechte italienische Oper für die Patti zu schreiben, und zwar nach dem Roman „Consuelo" von George Sand. Er kam jedoch nicht weiter, als bis zu einigen flüchtigen Skizzen und beschränkte sich vorläufig darauf, eine Koloraturarie „Ave Maria" für die Diva zu komponieren. Ein höchst oberflächliches und seichtes Machwerk, das die Patti nur einmal nach dem Tode Sseroffs in Petersburg, später sicherlich nie wieder gesungen hat. Auch ein „Stabat Mater" für Chor und Soli komponierte Sseroff zu jener Zeit erneuter Schwärmerei für italienische Gesangskunst.

Diese Schwärmerei, die zu dem bisherigen musikalischen Kredo Sseroffs in schärfstem Gegensatz stand, gab seinen musikalischen und literarischen Gegnern natürlich Gelegenheit zu den heftigsten Ausfällen gegen den „charakterlosen" Komponisten der „Feindesmacht", über die natürlich schon mancherlei Gerüchte in die verschiedensten Kreise der Petersburger Musikwelt gedrungen waren. Sseroff, auch nicht faul, wehrte sich mit Hilfe äußerst scharfer Repliken. Sein Verhältnis zu dem „mächtigen Häuflein" spitzte sich immer mehr und mehr zu. Dagegen erfuhren seine Beziehungen zu der Kaiserlich Russischen Musikgesellschaft eine wesentliche Änderung. Daran war wohl sein Moskauer Freund,

Nikolai Rubinstein, nicht ganz unschuldig. Als Anton Rubinstein seinen Petersburger Posten verließ, trat an Sseroff die Aufforderung heran, den Vorsitz im musikalischen Komitee der Musikgesellschaft zu übernehmen. In dieser Stellung hatte er wenigstens während einer Saison Gelegenheit, auf die Zusammenstellung der Programme für die Symphoniekonzerte der Gesellschaft einen entscheidenden Einfluß auszuüben. Bald darauf erwählte ihn die Kaiserlich Russische Musikgesellschaft zu ihrem Ehrenmitgliede — eine kleine Genugtuung für alle Unbill und die kränkende Nichtachtung, die ihm Zeit seines Lebens seitens der „deutschen" Partei des Konservatoriums zuteil geworden war.

Im Jahre 1870 reiste Sseroff zum letztenmal ins Ausland, und zwar als Delegierter der Kaiserlich Russischen Musikgesellschaft zur Beethovenfeier, die anläßlich des hundertsten Geburtstages des Meisters in Wien veranstaltet wurde. Während seines Wiener Aufenthaltes mehrten sich die bedrohlichen Anzeichen seiner schweren Krankheit in erschreckender Weise. Doch maß ihnen Sseroff selbst nur geringe Bedeutung bei. Er kehrte nach Petersburg als körperlich schwer Leidender, jedoch mit ungebrochener Tatkraft, zurück. Gleich nach seiner Ankunft veranstaltete er auch in Petersburg eine Beethovenfeier, bei der zum erstenmal in Rußland die „Missa solemnis" zur Aufführung gelangte. Mit größtem Eifer entwarf er mancherlei Pläne, die sein eigenes künstlerisches Schaffen in Zukunft bestimmen sollten. Augenscheinlich war er sich über seinen körperlichen Zustand nicht klar. In seiner autobiographischen Skizze, die er, wie schon gesagt, 1870 niederschrieb, findet sich folgender Passus:

„Nach Beendigung der Oper ‚Feindesmacht' wird Sseroff mit der Komposition einer komisch-phantastischen Oper nach Gogols reizvoller Novelle ‚Die Nacht vor Weihnachten' beginnen. Darauf wird eine große tragische Oper folgen, deren Sujet den Hussitenkriegen entnommen ist und zu dem der

Komponist sein musikalisches Material in Prag zu sammeln beabsichtigt. Sseroff ist fünfzig Jahr alt. Da er jedoch erst in seinem vierzigsten Lebensjahr als Komponist vor das Publikum getreten ist, hat er schwerlich mehr als die Hälfte seiner Laufbahn erreicht. Im Verlaufe von sieben Jahren hat er der russischen Bühne drei kapitale Werke geschenkt. Noch drei, vier Opern kann man mit Sicherheit von ihm erwarten."

Das Schicksal jedoch hatte es anders beschlossen. Sseroff sollte keinen einzigen seiner musikalischen Pläne mehr zur Ausführung bringen. Von der Oper „Die Nacht vor Weihnachten" gelang es ihm nur einige Nummern im Entwurf zu beenden, außer den zwei Tänzen für Orchester, die er aus der früher geplanten gleichnamigen symphonischen Pantomime in das neue Werk herübernahm. Diese Bruchstücke wurden nach seinem Tode zu einer symphonischen Suite „Die Nacht vor Weihnachten" vereinigt und Ende der siebziger Jahre von der Firma Stellowski herausgegeben.

Mit dem Beginn des Jahres 1871 machte die Krankheit Sseroffs rapide Fortschritte. Am 20. Januar dieses Jahres besuchte Sseroff der Pianist M. Slavinski, der in seinen „Erinnerungen" erzählt, daß sich Sseroff mit ihm, ungeachtet seiner Krankheit, äußerst lebhaft unterhalten habe. Kurz vorher war in Berlin das bekannte Buch „Die Kulturgeschichte der Tonkunst" von Emil Naumann erschienen. Sseroff hatte es soeben durchgelesen und beschloß, gegen manche der darin vorgebrachten Behauptungen und zur Verteidigung der Russen und Wagners einen Artikel in der „Augsburger Allgemeinen Zeitung" zu veröffentlichen, die ihn während seines Wiener Aufenthaltes zur Mitarbeiterschaft aufgefordert hatte. Nach dem Mittagessen, gegen vier Uhr, begaben sich die Freunde in das Kabinett Sseroffs, um den Tee dort einzunehmen und die angefangene Unterhaltung fortzusetzen. Sseroff nahm das Buch Naumanns zur

461

Hand und sang stehend Slavinski eines von den Notenbeispielen, ein Motiv aus Mendelssohns „Atalia", vor. „Plötzlich," erzählt Slavinski weiter, „verzerrte sich sein Gesicht zu einem merkwürdigen Lächeln, nahm jedoch gleich darauf seinen gewöhnlichen Ausdruck an. Nur die Augen blieben geschlossen, die Füße knickten ein und er sank langsam zu Boden. Ich hatte keine Zeit, ihn zu stützen und konnte ihn auch nicht aufheben. Der Tod war, wie der rasch herbeigerufene Arzt feststellte, augenblicklich durch einen Herzschlag eingetreten". „Sseroff starb, wie er sterben wollte," bemerkt sein Biograph Findeisen, „plötzlich und unvorbereitet, er starb vielleicht zur Freude einiger seiner Gegner, denen das Schicksal nun die Hände frei machte, indem es für alle Zeiten den Mund eines der hervorragendsten und kühnsten russischen Kämpen für die Kunst schloß."

*　　*

*

Die Oper „Feindesmacht" hinterließ Sseroff, entgegen den Behauptungen seiner autobiographischen Skizze, unvollendet. Auf Wunsch der Witwe wurden der fünfte Akt und das Vorspiel vom Professor des Petersburger Konservatoriums N. Solowjew beendet und instrumentiert. Die erste Aufführung des Werkes fand drei Monate nach dem Tode des Komponisten unter Leitung Naprawniks im Petersburger Marientheater statt. Ihr wurde ein Achtungserfolg zuteil. Auch später hat sie sich nicht gleich den beiden ersten Opern Sseroffs ständig im Repertoir der russischen Opernbühnen einzubürgern vermocht.

Die Stellung des Musikers Sseroff in der russischen Kulturgeschichte wird durch folgende Worte des Moskauer Musikschriftstellers Larosche treffend gekennzeichnet:

„In der Geschichte unseres geistigen und ästhetischen Lebens nimmt Sseroff eine wichtige und originelle Position ein. Seine ausgedehnte journalistische Tätigkeit, der er sich mit solch einer heißblütigen Leidenschaft ergab, seine kompositorischen Arbeiten, die allerdings weniger zahlreich sind, sein bemerkenswertes Talent und sein umfassendes Wissen haben tiefe Spuren hinterlassen. Welchen Grad von innerer Anteilnahme seine Kompositionen bei den zukünftigen Generationen auch erwecken mögen, keinesfalls wird man ihnen eine ernsthafte und in mancher Beziehung schwerwiegende Bedeutung absprechen können. Wenn der Komponist der ‚Judith‘ nichts anderes als diese Oper geschrieben hätte, so würde er, meiner Überzeugung nach, auch dann das Anrecht auf einen Ehrenplatz inmitten der europäischen Musiker seiner Zeit haben.“

Daß auch der Mensch Sseroff, wenigstens da, wo ihm am meisten daran gelegen war, das rechte Verständnis und die rechte Würdigung erfahren hatte, beweist ein Brief Wagners, der kurz nach dem Tode Sseroffs in Petersburg eintraf. Die Worte Wagners mögen das Lebensbild seines treuen russischen Freundes abschließen. Wagner schreibt:

„Das Ende unseres Freundes erweckt in mir den Gedanken, daß der Tod uns eines wahrhaft edlen und heißgeliebten Menschen nicht berauben kann. Für mich ist Sseroff nicht gestorben, sein Bild lebt unveränderlich in mir, nur seinem sorgenden Mühen um mich ist ein Ziel gesetzt. Er ist und bleibt das, was er war — einer der edelsten Menschen, die ich mir vorstellen kann. Seine zarte Seele, sein reines Gefühl, sein lebhafter und gebildeter Verstand machten die aufrichtige Freundschaft, mit der er an mir hing, zu einem der kostbarsten Besitztümer meines ganzen Lebens...“

M. I. Glinka

Die nächtliche Heerschau

Worte von W. A. Shukowski

rühret die Trommel be-hende. Im Dunkel der Gräber erwacht   Bei

seinem Alarmschlag das Fußvolk: Die Scharfschützen treten schon an, Es

folgen die Leibgrenadiere   In Rußlands Gefilden verschneit, Die

Söhne des sonn'gen I - ta-lien; Sie zogen von Af-ri-ka her, Vom

glühenden Sand Pa-lä-sti-nas. Um zwölf in der Mit-ter-nacht-stund; Um

poco riten.

zwölf in der Mit - ter-nacht-stund!

a tempo

poco riten.

Um zwölf in der Mit-ter-nacht-stund' Ent-

steigt der Trompeter dem Grabe Er sprenget das Schlachtfeld entlang Und

3

schmettert Alarm in die Lüfte. Sein Ruf weckt die mächtige Schar Im

Todesschlaf ruhen die Reiter; Die greisen Husaren erstehn, Und

bärtige Leib-küras-sie-re; Es kommen von Nord und von Süd, Von

Osten und Westen gejagt Auf Rossen so leicht wie die Luft Schwa

4

drone mit wehenden Fahnen. Um zwölf in der Mitter-nacht-stund'; Um

poco ritenuto

zwölf in der Mit - ter - nacht-stund'!

a tempo

poco ritenuto

Um

Meno mosso.

zwölf in der Mit-ter-nacht-stund' Dem Gra-be ent-stei-get der Feldherr In

sempre p

5

fal-ti-gen Mantel ge-hüllt, Im Drei-spitz,den De-gen zur Sei-te. Er

reitet seinSchlachtroß wie einst, Nun lenkt er es langsam zum Hee-re Ge-

poco a poco riprendendo il **Tempo I.**

folgt vom gar zahl-rei-chen Stab Der Mar:chäl-le und Ad-ju-tan-ten. Das

risoluto

Heer präsentiert das Gewehr. Der Feldherr macht Halt vor den Kriegern Und

p   *sf*   *cresc.*

läßt dann mit klingendem Spiel Die Truppen vorbei de-fi-li - ren. Um

sf   *sf*

poco riten.

zwölf in der Mit-ter-nacht-stund; Um zwölf in der Mit-ter-nacht -

p   *poco riten.*

stund'!   Um

a tempo

zwölf in der Mit-ternachtstund'Um-rin-gen ihn sei-ne Ge-treu-en; Er

sempre p

flüstert dem Nächsten ins Ohr Für heut' die Pa-ro-le und Losung; Und

bald sind ver-brei-tet im Heer Die e-ben vernommenen Wor-te. Und

8

riten.

a tempo

„Frank- reich" ist die Pa-rol, Sanct He-le-na" lau-tet die Losung. Um

pp riten.

a tempo

zwölf in der Mit-ternachtstund' Er-scheinet dem Gra-be ent-stie-gen Vor

seinem erschlage-nen Heer Zur nächt-li-chen Heerschau der Kaiser. Um

pp

p zwölf in der Mit-ternachtstund' Um zwölf in der Mit - ter-nacht -stund!

pp

p ma ben sostenuto

perdendosi

9

A. Dargomyshski

Orientalische Romanze

Worte von A. Puschkin

Gesang. ... Du gibst dem

Piano.

Dich-ter kei-ne Ruh', Du läßt sein Herz aufs Neu er-

be-ben. Dein Gruß dein Lä-cheln im-mer-zu

Er-füllt auch mich mit neu-em Le-ben. Da-zu der

Spra-che fremd Ge-dicht Der sanf-ten Au-gen dunk-les

Licht Und dei-nes Füß-chens vor-laut We-sen....

An dei-ner Brust laß mich ge - ne - sen,

Ver-ges-sen mir dein Kuß ver-spricht, An dei-ner

Brust laß mich ge-ne-sen, Ver-ges-sen mir dein Kuß ver-

spricht, An dei-ner Brust laß mich ge - ne-sen, Ver-ges-sen

mir dein Kuß ver-spricht.

Lied mit Chor

aus der Oper: „Feindesmacht"

Piano.

Piú vivace.

Jeromka

Die Ba - la - lai - ka laß ich klin - gen, Da - zu will

ich ein Lied euch sin - gen:

Du lu - sti - ge

13

Fa - schings - zeit ___ Was hälst du be - reit? Was

hälst du be - reit? Lust und Freud und Ver - gnüg - lich - keit und die

sü - ße - ste Sü - ßig - keit und die Krap - fen und Ap - fel -

mus und die Bre - zeln mit Zuk - ker - guß Mu - si - kan - ten mit

14

Gei-ge und Baß Die sin-gen und spie-len dir was. Und mit

Bier und mit Met und mit Wein und mit lu-sti-gen Schnurrpfeife-

Spiridon

Mu - si - kan-ten mit Gei - ge und Baß, Komm, sie

rei'n.

Chor: Tenöre u. Bässe

Mu - si - kan-ten mit Gei - ge und Baß, Komm, sie

Picc.

16

- schings - zeit.

- schings - zeit. Du lu - sti - ge

- schings - zeit.

- schings - zeit.

Fa - schings - zeit __ Was treibt man heut, was treibt man

rit.

f

a tempo

Heu-te spielt man und tanzt sich . heiß mit den

heut?

Alto

Mä - deln im wil - den Kreis, Pa-ra-die - ren im

Schel - len - kleid will ein je - der, daß ihn's nicht

19

reut. Heu-te spielt man und tanzt sich heiß mit den

Mä-deln im wil-den Kreis, Pa-ra-die-ren im

Schel-len-kleid will ein je-der, daß ihn's nicht

20

reut.

Tenöre

Chor Heu-te spielt man und tanzt sich heiß mit den
Bässe

Mä - deln im wil - den Kreis, Pa-ra - die - ren im

Pa-ra - die - ren im

21

Schel-len-kleid will ein je - der, daß ihn's nicht reut. Du lu-

Schel-len-kleid will ein je - der, daß ihn's nicht reut. Du lu-

sti - ge Fa - - - - schings-zeit.

sti - ge Zeit.

sti - ge Fa - - - - schings-zeit.

22

Jeromka

Du lu-sti-ge Fa-schings-zeit___ Wie ver-läßt du

uns? Wie ver-läßt du uns? Weit hin-aus vor die

Stadt aufs Feld fah-ren Mäd-chen und

Bur-sche mit. Weit da drau-ßen der Schlit-ten

hält.

fällt.

Weit hin-aus vor die Stadt aufs Feld Fah-ren Mädchen und Bursche

Cl.
3 Tromb.
Corni

Weit da draußen der Schlit-ten hält und der Schnee immer-zu noch

mit. Weit da draußen der Schlit-ten hält und der Schnee immer-zu noch

25

27